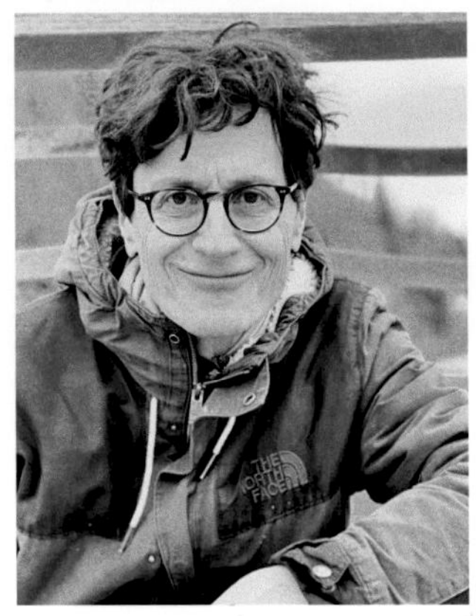

Volker Kreisl, Jahrgang 1967, ist Redakteur bei der „Süddeutschen Zeitung“ mit den Schwerpunkten Wintersport und Olympische Spiele. Über das Skispringen schreibt er intensiv seit 2014. Wie die meisten Kollegen bleibt Kreisl lieber am Boden, dass er einst ein Probespringen für Journalisten schwänzte, bereut er aber bis heute.

Fotonachweis

Horstmüller: 91, 96.

imago images: 2/3, 9, 15, 16/17, 19 (2), 20/21, 22, 23, 25, 27 (u.), 28, 29, 30, 33, 35, 36, 37, 38, 40/41, 43 (2), 44, 47 (2), 49 (2), 50, 51, 53, 54/55, 56, 59, 60 (2), 61, 62, 67, 68, 71, 72, 73, 75, 76, 78/79, 83, 84, 85, 86, 89, 97, 99, 100, 101, 103, 105, 106/107, 109, 110, 111, 113, 114, 116, 117, 118, 123, 124 (u.), 129 (2), 130, 133, 134, 137, 138/139, 143, 145, 146 (2), 149, 151, 152, 155 (2), 156, 158, 159, 161, 163, 164, 167 (2), 169 (2), 170, 172/173, 175, 176 (2), 183, 185, 189 (o.), 190/191.

pa · picture alliance: 14 (u.), 27 (o.), 81, 82, 92, 95, 120/121, 127, 177, 179.

S. 180: „Matti Nykänen Kiuruveden Iskelmäviikko -musiikkitapahtumassa 2013“ by Tumi-1983 http://commons.wikimedia.org/wiki/File:Matti-Nyk%C3 %A4nen-2013.jpg?uselang=de is licensed under a Creative Commons license: http://creativecommons.org/licenses/by-sa/4.0/

Bibliografische Information der Deutschen Nationalbibliothek:
Die Deutsche Nationalbibliothek verzeichnet diese Publikation in der Deutschen Nationalbibliografie; detaillierte bibliografische Daten sind im Internet über http://dnb.d-nb.de abrufbar.

Siekerwall 21, 33602 Bielefeld
www.werkstatt-verlag.de

Satz und Gestaltung: Die Werkstatt Medien-Produktion GmbH, Göttingen
Druck und Bindung: Grafisches Centrum Cuno, Calbe

ISBN 978-3-7307-0575-9

DAS BUCH VOM

SKISPRINGEN

VOLKER KREISL

VERLAG DIE WERKSTATT

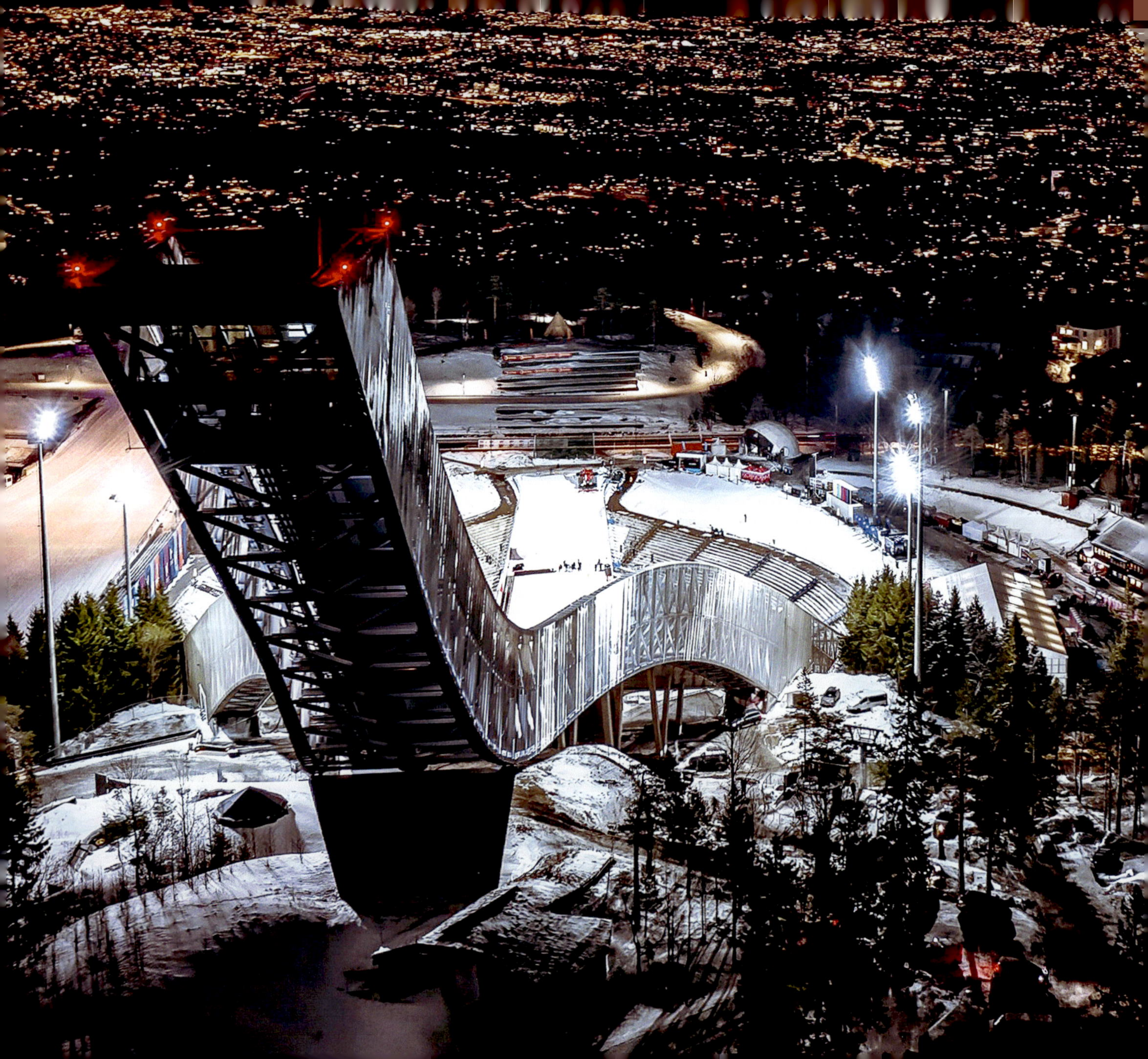

Inhalt

Vorwort

Alles beginnt mit einem Punkt.

Man hat ihn endlich erfasst, ganz hinauf sollte man schauen, über den Schanzentisch hinaus, immer die Anlaufspur rauf, bis zu dem Querbalken, und ja! Da sitzt er, nur ein schwarzer Punkt, aber das muss er sein. Dann gerät auch eine rote Fahne unten links ins Blickfeld, ein Arm hält sie hoch und reißt sie auf einmal nach unten. Nun setzt sich der Punkt vom Balken ab. Erst langsam, dann schneller. Größer wird er, Kopf und Rumpf sind erkennbar, dann wird er zu einem hockenden Menschen, rasend schnell, und ist plötzlich weg.

Wer zum ersten Mal bei einem Skispringen hinterm Zaun am Schanzenauslauf steht, der wird für den Moment wieder zum Kind. Alles ist riesig, die Höhe der Schanze, der Lärm der Menge, die Länge der Skier. Das Kind ahnt, dass es diesen ersten Anblick eines Sprunges nicht vergessen wird, und genau jetzt, zack – schnellt der Hockende hinter dem Tisch hervor und liegt bequem als immer größer werdendes V auf der Luft. Die Menge dröhnt und schreit – und tost schließlich, als der Liegende elegant heruntergesprungen ist von seinem Luftkissen. Er rast im Schnee in Richtung der Zuschauer, schwingt lässig rechts und links und bremst ab, mit einem Lachen, als wäre er hier in Titisee-Neustadt gerade von einer Mondreise gelandet.

In unserem Fall war das erste Mal Skispringen der Weltcup im Schwarzwald vor der WM im eigenen Land, 2005 in Oberstdorf. Da herrscht Vorfreude, alles ist greller und aufgeregter, und auch ein Reporter denkt: „Skispringen, das will ich auch." Der zweite Impuls aber sagt: „Geht nicht." Denn Skispringen ist im Grunde eine Frechheit. Es begeistert Hunderttausende, aber nur wenige beherrschen es. Die anderen stehen unten und staunen, sie stellen sich vor, wie es da oben wohl ist, aber sie sind nie selber dabei. Kaum ein anderer Sport leistet sich das. Die meisten Sportarten am Boden kann auf Amateurniveau jeder ein bisschen lernen. Und der Rausch vieler Luft-Disziplinen lässt sich wenigstens nachvollziehen, als Tandemgast am Fallschirm oder beim Gleitschirmfliegen.

Wer beim Skispringen aber nicht rechtzeitig ins richtige Milieu gefunden hat, etwa, weil er in der Großstadt oder weit weg von der nächsten Schanze lebt, bleibt Zaungast. Trotzdem wen-

Titisee-Neustadt 2005: Der Springer mit dem Glücksgesicht neben dem Finnen Janne Ahonen ist einer der Superadler: Thomas Morgenstern. Er landete auf Platz drei, ein Jahr später wird er Olympiasieger, später gewinnt er alle großen Titel.

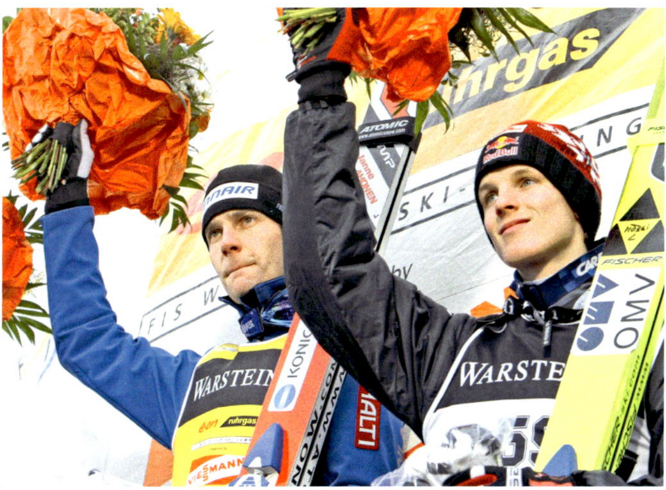

den sich die Zuschauer nicht ab, im Gegenteil, sie schauen zu oder schalten ein, und wenn ein oder zwei Siegertypen dabei sind, dann drehen alle zusammen ein bisschen durch. Die Springer werden als Helden regelrecht überhöht, was auch daran liegt, dass ihr Sport ungewöhnliche Geschichten schreibt und Geheimnisse birgt.

Von einer Sucht ist die Rede, von Freiheit und vom Stillstand der Zeit da oben in der Luft. Der leidenschaftliche Skiflieger Markus Eisenbichler hatte in einem Anflug von Poesie einst das schöne Bild vom „Aladin auf sei'm fliegenden Teppich“ gefunden, als er beschreiben sollte, wie man sich fühlt, und kam dem Ganzen wohl doch nur nahe. Diesem Hochgefühl steht ein anderes Extrem gegenüber, die wackelige geistige und körperliche Form, die plötzlich verschwinden kann. Es ist nie Ruhe, weil man immer darauf achtgeben muss, Neuerungen nicht zu verpassen, oder umgekehrt diese vielleicht mal ignorieren sollte. Zum Sieger wird der Springer nicht durch Kraftbolzen, denn zu schwere Muskeln stören. Die innere Ruhe muss gepflegt werden, damit der Schlüsselmoment Absprung gelingt. Und wenn der Erfolgsflow stockt, probieren es manche Teams auch mit gemeinsamem Trommeln oder Tanzen, wie Österreichs Superadler. Die hatten Erfolg, ob es am Trommeln lag oder nicht.

Der gelandete Springer mit dem Glücksgesicht, damals in Titisee-Neustadt, war einer der Superadler: Thomas Morgenstern. Er kam auf Platz drei, ein Jahr später wurde er Olympiasieger, gewann später alle großen Titel und machte auch schwere Zeiten durch. Morgenstern repräsentiert diesen Sport also perfekt, wie auch die Deutschen Sven Hannawald, Martin Schmitt oder heute Karl Geiger, genauso wie der Pole Kamil Stoch, ach was, wie alle – etwa auch der 1988 umjubelte Letzte: Eddie The Eagle. Sie erleiden Sturzverletzungen, kämpfen mit neuem Material, mit Windböen, mit psychischer Überlastung und vor allem mit dem magischen Moment des Absprungs. Sie erzählen den Reportern von ihren Hochs und Tiefs, und viele Geheimisse und Phänomene lassen sich doch nicht ganz aufklären. Man kann es, wie auch in diesem Buch, nur immer wieder versuchen.

November 2021,
Volker Kreisl

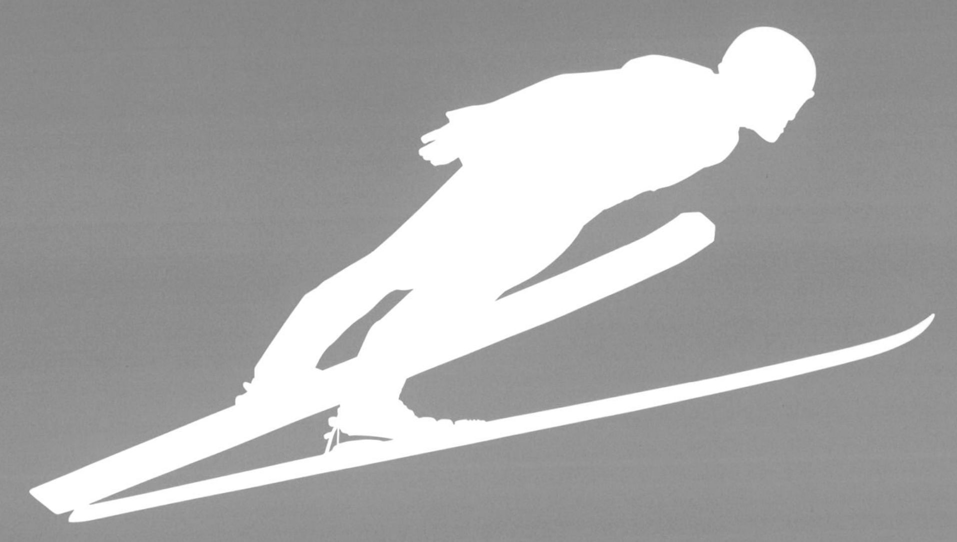

I Sprungform

1

„Schlecht für die Gebärmutter“

Von den Anfängen zur Neuzeit – die ersten selbstgebauten Schanzen, die ersten Ski-Springer und die Frage, warum es erst seit den 1990er-Jahren auch wettkämpfende Ski-Springerinnen gibt.

Wann wohl der erste Skispringer gelebt hat? Gemeint ist einer, der auf Latten weiter gesprungen ist als nur ein, zwei Meter. Der also einen echten, technisch anspruchsvollen Sprungversuch gestanden hat, in einem direkten Vergleich, etwa nach einer Wette. Herausfinden wird man das heute nicht mehr, nach grob geschätzt 4000 Jahren.

Aus jener Zeit stammen die Spuren der ersten Skifahrer weit oben im Norden Europas. Auf Felsen in der norwegischen Provinz Finnmark befinden sich auch Malereien von Menschen mit gespreizten schmalen Latten an den Füßen, und wenn man nicht wüsste, dass diese Spreizung erst 1988 erfunden wurde, könnte man meinen, in Finnmark habe vor vier Jahrtausenden jemand den ersten V-Stil-Springer verewigt.

Diese Menschen aber benutzten ihre Skier zur Fortbewegung für den Lebensunterhalt, etwa bei der Jagd. Weil Jagen aber kein Sport war, weil dies genauso im Mittelalter für die Ski-Truppen Norwegens galt, weil auch der erste vermerkte Skisprung des norwegisch-dänischen Leutnants Olaf Rye im Jahr 1808 auf immerhin gut neun Meter eher ein privater Versuch auf selbstgebauter Schanze war, endet die Suche nach dem ersten Skispringer erst bei Sondre Norheim aus Morgedal in der südnorwegischen Provinz Telemark.

Sondre Norheim – ein Tänzer im Schnee

Norheim war kein Jäger und auch kein Leutnant, sondern zunächst ein Lausejunge mit Unternehmergeist. Etwa in den 1830er-Jahren, noch als Teenager, überredete er seinen zwei Jahre älteren, eher skeptischen Bruder Eivind dazu, das Dach seines bescheidenen, am Hang gelegenen Elternhauses als Sprungschanze umzudeuten, wie die norwegische Schriftstellerin Anne-Gry Blikom berichtet. Demnach war Sondres Mutter gerade in der Küche beschäftigt, als sie ein schleifendes Rutschgeräusch über ihrem Kopf vernahm, zum Fenster sprang und ihren Sohn davonfliegen sah.

Längst war klar: Sondre hatte den unstillbaren Drang zur Bewegung im Schnee, ein außerordentliches Gespür für dieses Element und die Kreativität, um sein Material immer weiter zu verbessern. Weil er oft Neues probierte, erkannte Norheim bald, dass für leichteres Laufen, Fahren und Springen eine aus Weidenzweigen gefertigte Schuhbindung besser geeignet war. Diese war vorne stabil, gewährte aber

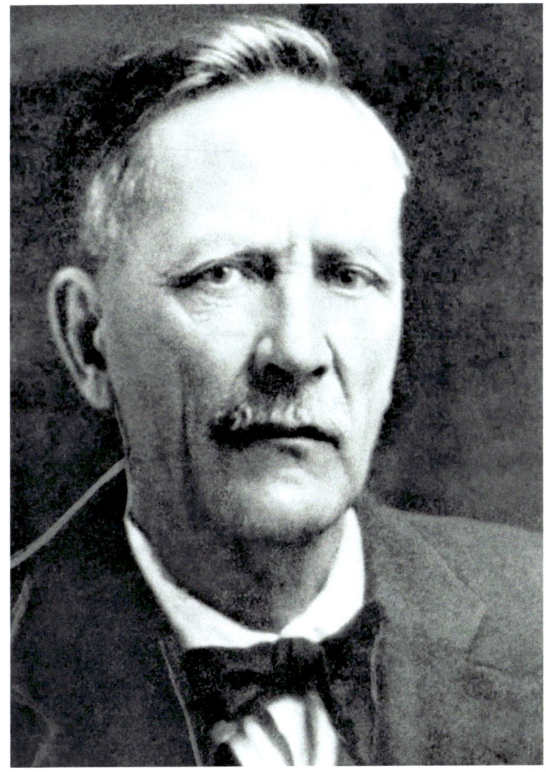

Sondre Norheim, der erste bekannte Skispringer.

Fersenfreiheit. Im Jahr 1866 war es dann so weit. In der Nähe, in Høydalsmo, das damals noch Ofte hieß, wurde ein Skisprungwettbewerb mit Preisen veranstaltet, er gilt als der erste der Geschichte. Der Sieger: Sondre Norheim.

Der gewann zwei Jahre später zudem das erste nationale Bergab-Skirennen und stellte dabei auch den Telemarkschwung vor, also die Drehung im Ausfallschritt, mittels der er schneller um die Kurven kam und zum Sieg fuhr. Norheim blieb mit seiner kreativ-verspielten Art ein Tänzer im Schnee, das Prinzip Ski aber verbreitete sich allmählich weiter, auch bis nach Amerika, wohin Mitte des 19. Jahrhunderts wegen der Hungersnot zahlreiche Norweger auswanderten. Einer von ihnen war John Albert „Snowshoe" Thompson, der ebenfalls in die örtliche Geschichte einging, allerdings nicht als Skispringer, sondern als Langlauf-Postbote. Thompson entdeckte eine Abkürzung über einen Pass, wodurch die Einwohner in den Höhen der Sierra Nevada im Winter an die Welt angeschlossen blieben. Damit zeigte er wie Norheim das, was nun allgemein immer mehr Skifahrer entwickelten: Sportsgeist.

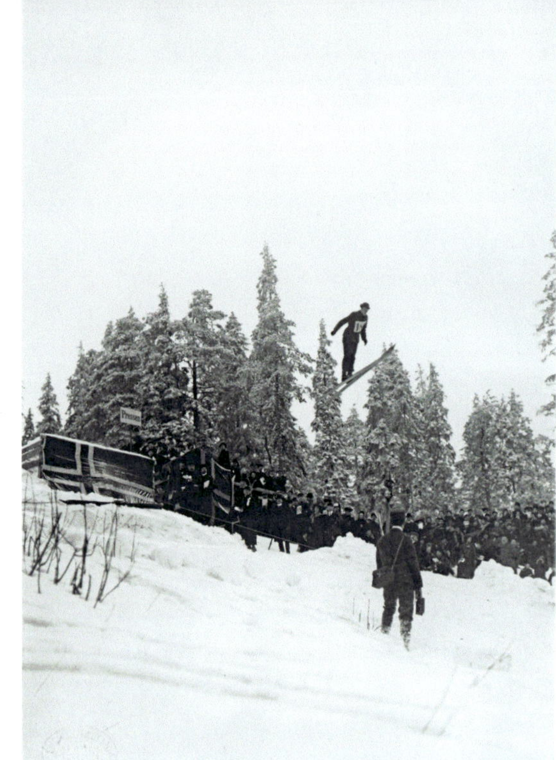

Die Sprungtechnik entwickelte sich rasant: Zuerst wird mit rudernden Armen gesprungen, wie hier in den 1910er-Jahren am Holmenkollen in Oslo.

Von rudernden Armen über Hechtsprünge zum V-Stil

Dieser Wettkampfspirit und dazu der Erfindergeist schoben die Entwicklung des organisierten nordischen Skisports an. 1868 präsentierte Norheim in Kristiania, heute Oslo, einem Fachpublikum seinen Telemarkschwung, dazu die von ihm erfundenen taillierten Ski und die Fersen-Bindung. 1879 wurden in Kristiania beim Huseby-Springen erstmals 20 Meter erreicht. 1883 führte der Springer Torju Torjussen erstmals eine Telemark-Landung vor. Das Huseby-

Dann setzte sich der Hechtsprung durch, wie hier im Februar 1961 mustergültig von Helmut Recknagel (DDR) in Oberstdorf gezeigt.

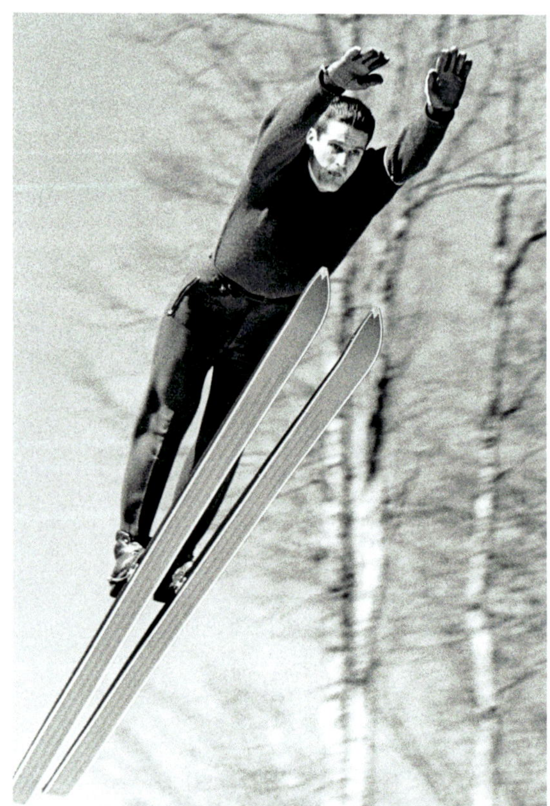

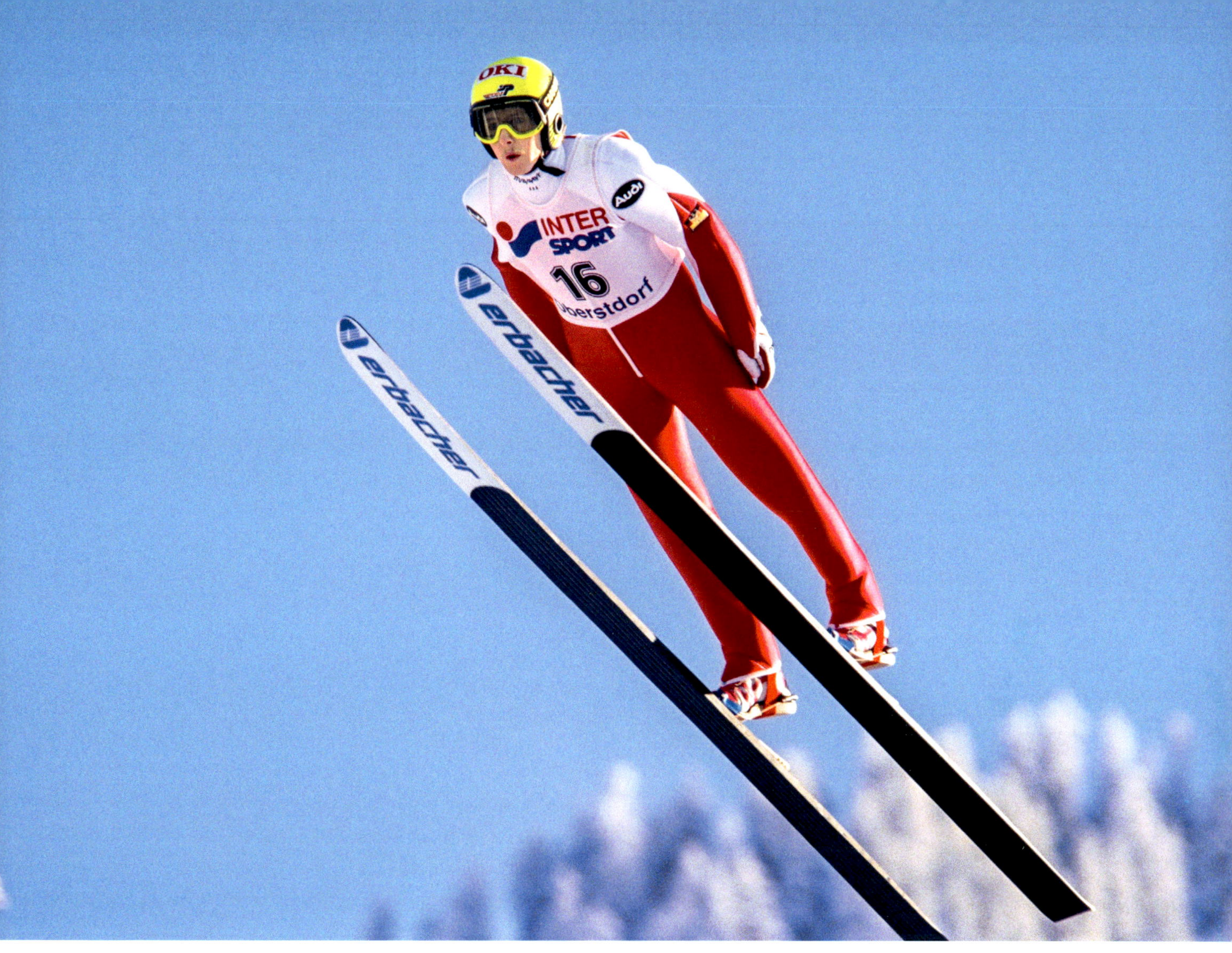

Viele Jahre wird der Parallelstil bevorzugt, wie hier Jens Weißflog im Dezember 1990 bei seinem dritten von insgesamt vier Siegen bei der Vierschanzentournee …

Springen setzte man fort, allerdings ab 1892 auf der Schanze am Holmenkollen, dem 371 Meter hohen Berg im Nordwesten der Stadt.

Das Skispringen wurde organisiert, die Wintersportler gründeten Vereine, zunehmend auch in Mitteleuropa. Bei den ersten Olympischen Winterspielen 1924 war Skispringen dabei, 1936 erreichte der Österreicher Sepp Bradl erstmals die 100-Meter-Marke. Längst erfanden Skispringer Neues, verbesserten vor allem den Sprungstil, sie ruderten ab 1950 mit den Armen, warfen sich dann per Hechtsprung hinaus, erfanden die Parallelhaltung mit angelegten Armen und wechselten ab 1988 in den V-Stil.

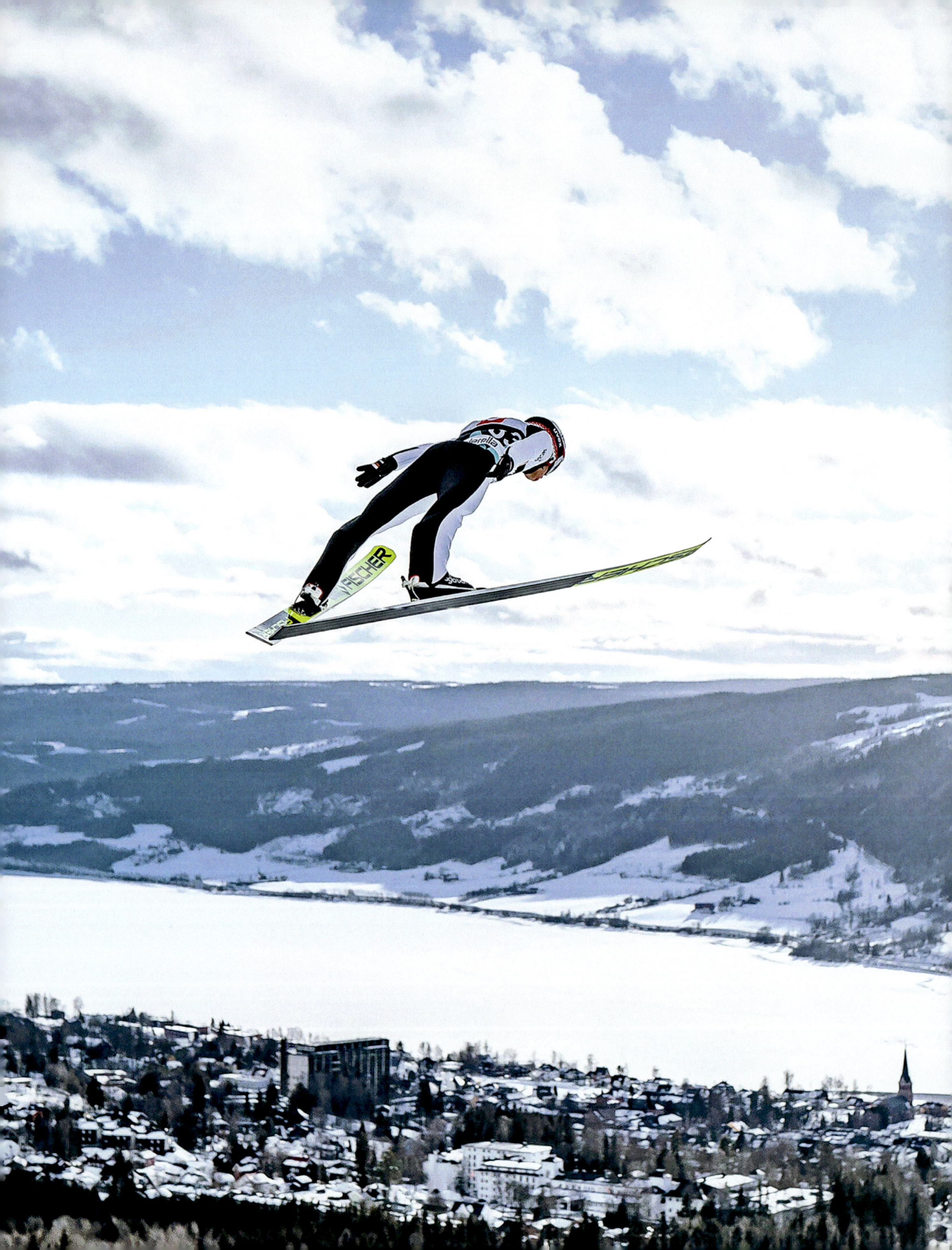
FISCHER

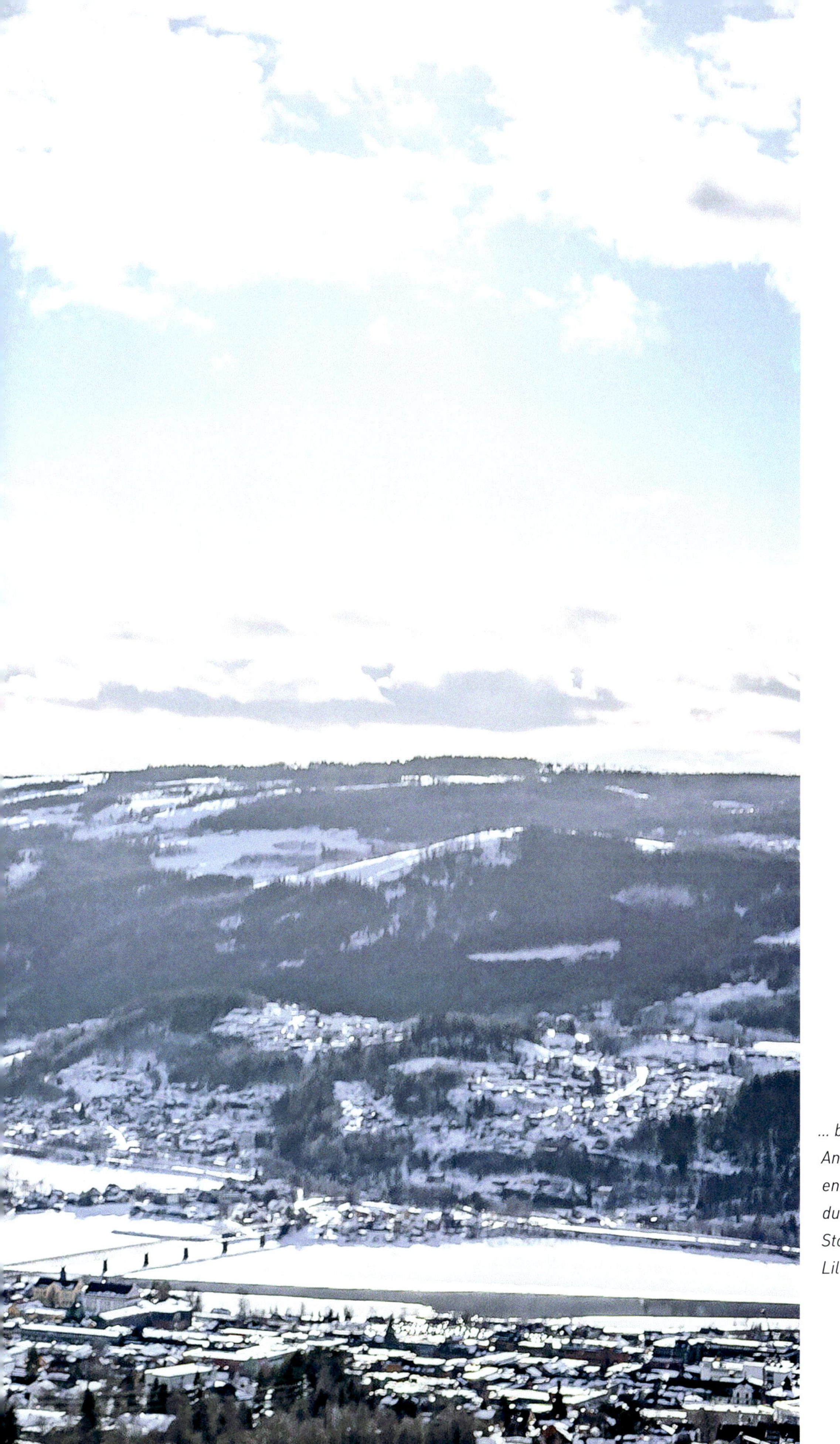

... bevor sich der V-Stil dann Anfang der 1990er-Jahre endgültig und bis heute durchsetzt. Der Pole Kamil Stoch im März 2020 in Lillehammer.

1951 schon war die Vierschanzentournee geboren, 1956 wurde in Deutschland von der ARD das erste Neujahrsspringen übertragen und 1972 die erste Skiflug-WM in Planica in den Bergen Sloweniens ausgesprungen. Der Österreicher Toni Innauer gewann 1979 den ersten Weltcup. Andreas Goldberger überflog 1994 in Planica als Erster die 200-Meter-Marke, er griff jedoch bei der Landung in den Schnee, weshalb der Sprung ungültig war. Der Geschichte kann das egal sein, weil der Finne Toni Nieminen am selben Tag 203 Meter sprang – korrekt und gültig.

Trotz vieler Innovationen keine Gleichberechtigung

Insgesamt also hat dieser Sport gehalten, was die Anfänge versprochen hatten. Wegmarken und Traditionsserien waren aufgestellt worden bis kurz vor der nächsten Jahrhundertwende, auf drei Kontinenten wurde gesprungen, unvergessliche Wettkämpfe bot man, Fernsehübertragungen zur besten Zeit, Geld floss von Sponsoren und Werbepartnern, aber irgendetwas fehlte doch. Nur was? Ach ja: die Skispringerinnen.

Bei allen Innovationen, die die Tüftler dieses Sports über Jahrzehnte präsentierten – in der modernen Disziplin Gender-Gerechtigkeit standen sie ganz hinten. Seit 1987 schossen und loipten schon die Biathletinnen in Weltcups, Langläuferinnen gab es ohnehin seit Urzeiten des Wettkämpfens, wie viele andere Disziplinen auch. Nur Skispringen blieb Männersache, die Frauen mussten sich ihre Teilnahme erarbeiten, ja, erkämpfen. Ulrike Gräßler, eine der ersten Topspringerinnen, sagt: „Schon möglich, dass einige der älteren Herren im Weltverband das damals so wollten, vielleicht wollte man dieses Alleinstellungsmerkmal erhalten, dass dies ein reiner Männersport ist.“

Gräßler gewann 2009, beim ersten WM-Springen der Frauen in im tschechischen Liberec, Silber, und in den Jahren zuvor stand sie mittendrin, im Kampf um die gleiche Chance auf der Schanze. Noch gut erinnert sie sich an die Argumente, mit denen die Springerinnen, selbst als sie schon Wettkampfroutine hatten, gebremst wurden: zu große Gefahr, zu wenig Spannung, allgemeine Prinzipien.

Die WM in Tschechien, ein Jahr vor den Spielen in Vancouver, war zunächst ein Rückschritt für die Springerinnen. „Es hatte stark geschneit“, erinnert sich Gräßler, Wind kam hinzu, der Wettkampf verzögerte sich. Eine Springerin stürzte, und irgendwann wurde der zweite Durchgang gestrichen. Ein packender Kampf ums Podest war somit ausgefallen und in der Österreicherin Daniela Iraschko-Stolz verpasste auch noch die große Favoritin eine Medaille. Also erwachte, so empfanden es viele, der alte Vorbehalt: Die Frauen sind halt doch noch nicht so weit. Und obwohl es bei den Männern kaum spannender ablief, wähnten sich vor allem die jungen Springerinnen im Fokus, erinnert sich Gräßler: „Wir mussten uns dafür rechtfertigen, dass wir überhaupt gesprungen sind, warum Medaillen vergeben wurden.“

Der Kampf gegen die alten Männer

Mit 22 Jahren fühlte sich Ulrike Gräßler aber in ihrer ersten guten Form, sie war fit, hatte die Technik gelernt und die Intuition für den pünktlichen Absprung. Da lag es nahe, sich dem Kampf um ein Frauenspringen bei den Olympischen Spielen 2010 in Vancouver anzuschließen. Die

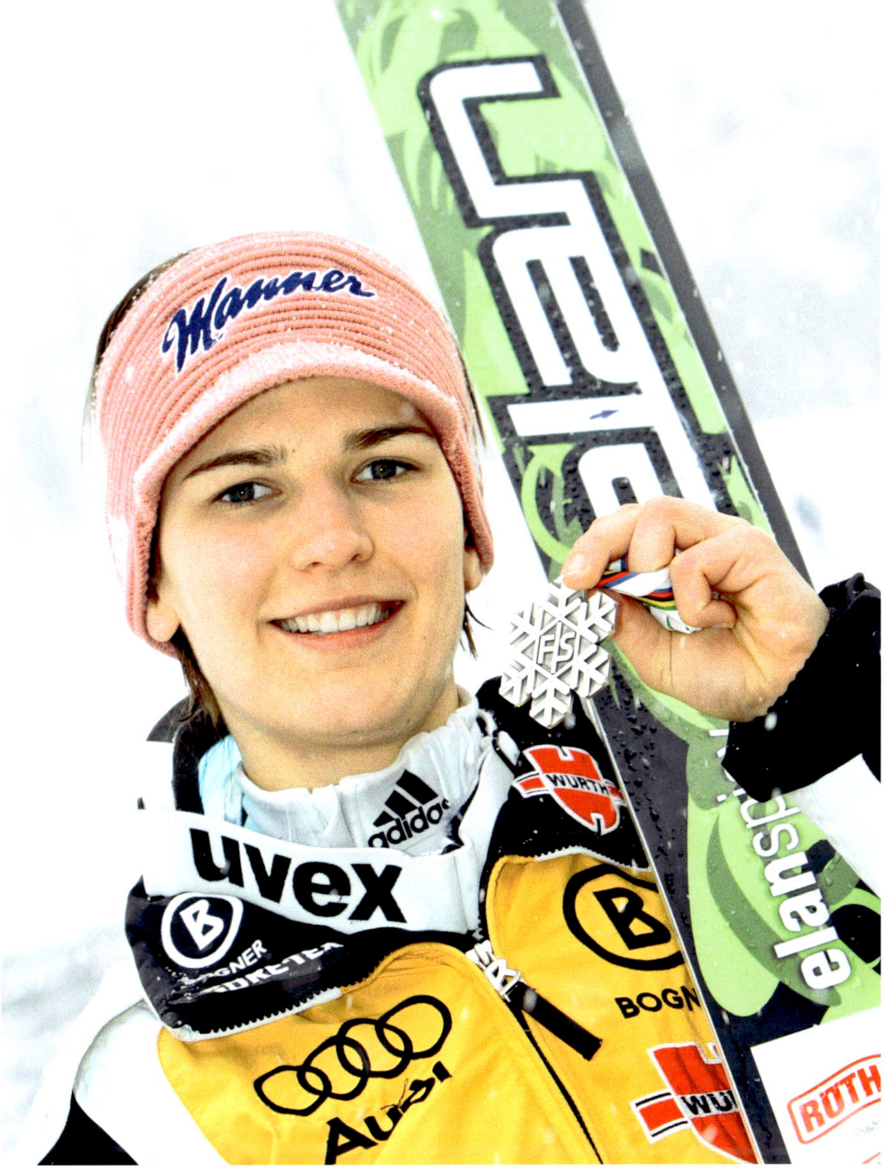

Ulrike Gräßler mit der Silbermedaille von der WM 2009 in Liberec …

… und im März 2015 beim Weltcup im Holmenkollen in Oslo.

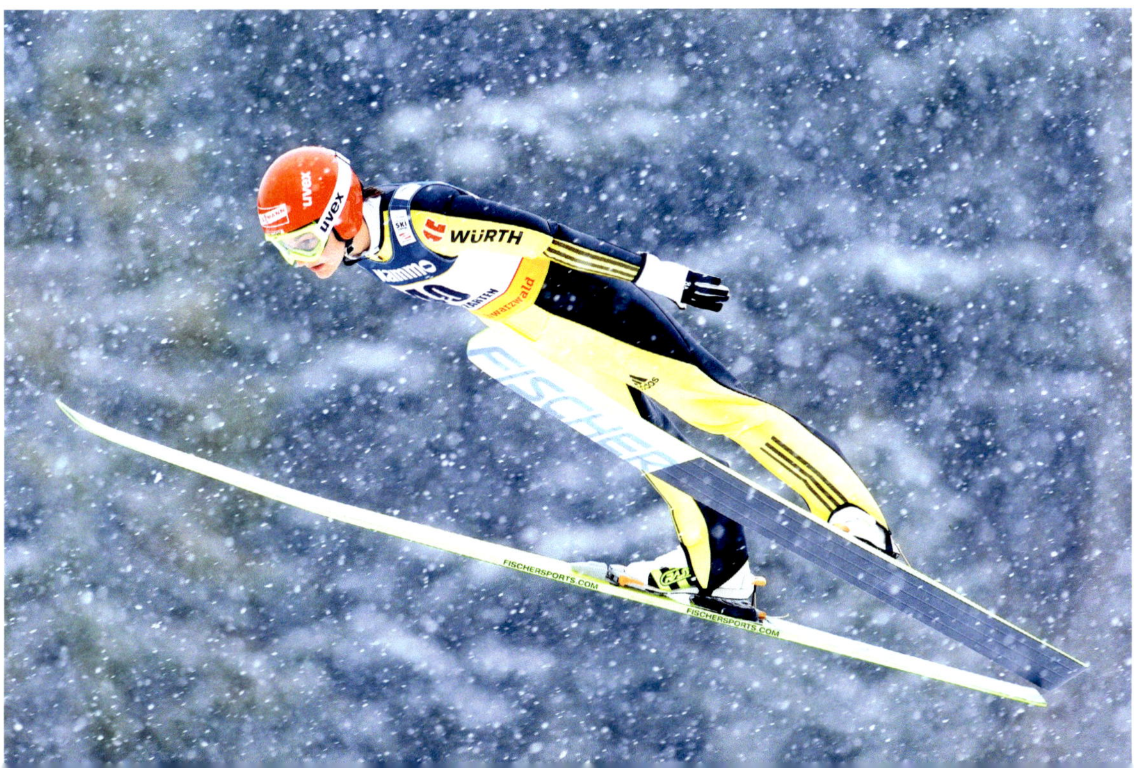

US-Athletinnen klagten vor einem Zivilgericht in Vancouver, Gräßler und weitere Europäerinnen waren dabei. Am Ende gab die Kammer den Springerinnen inhaltlich Recht, erklärte aber, für diesen Fall sei statt ihr der Internationale Sportgerichtshof Cas in Lausanne zuständig.

Am Ende verloren die Pionierinnen, wobei dieser Sommer 2009 Einblicke gab in die nicht immer stimmige Argumentation der Bewahrer der alten Ordnung. IOC-Präsident Jacques Rogge bestand auf den Statuten: Neue Olympia-Sportarten müssen auf drei Kontinenten Wurzeln geschlagen haben, schon Weltmeisterschaften hinter sich haben und ein hinreichend starkes Teilnehmerfeld aufbieten. Dabei waren etwa die Bob-Pilotinnen bei ihrem Debüt 2000 nur in Nordamerika und Europa wirklich etabliert. Dennoch befürchtete Rogge 2009, eine zu schnelle Zulassung der Springerinnen führe zu einer „Abwertung" der anderen Wettkämpfe.

Neben dieser etwas konstruierten, aber immerhin auf Regeln fußenden Abwehrhaltung, beriefen sich Sportfunktionäre auch auf eher diffuse Überlegungen. Ski-Weltverbandschef Gian Franco Kasper hatte noch in den Nullerjahren das Gebärmutter-Argument herangezogen: „Die Wucht des Aufpralls zerstört die Gebärmutter", sagte er. Diese Behauptung war durch keine verlässliche Studie oder Untersuchung abgesichert, erinnerte aber stark an das Bild der Frau, wie es Männer auch schon hundert Jahre zuvor gepflegt hatten. Fruchtbarkeit und Grazie der Springerinnen seien durch Krafteinsatz und Stürze bedroht. Ob jemals Überlegungen zur Gefährdung männlicher Fortpflanzungsorgane durch heftiges Springen oder Landen angestellt wurden, ist unbekannt.

Carina Vogt mit ihrem Sprung zur ersten olympischen Goldmedaille einer Skispring in der Geschichte dieses Sports.

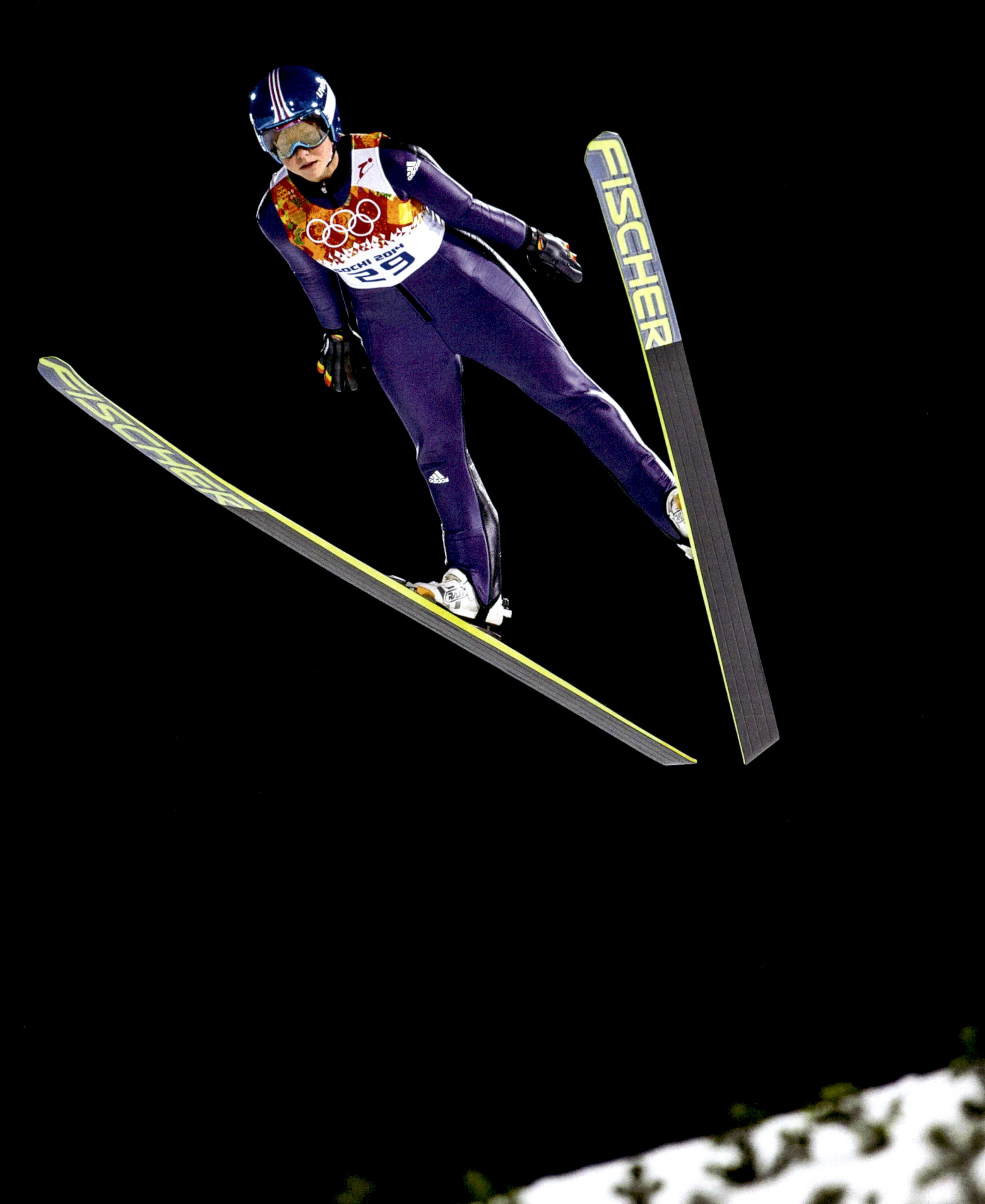
FISCHER
FISCHER
29

2014 in Sotschi: Skispringerinnen dürfen endlich zu den Spielen

Die Realität im Sport des frühen 21. Jahrhunderts war längst eine andere: Eishockey, Rennrodeln, Ski alpin, Bobfahren galten ebenfalls als gefährlich, waren aber längst olympisch. Die Vorfälle bei den Spielen 2010 zum Beispiel ergaben ein verstörendes Bild. Da schickte man die Frauen im Zweierbob den neuen, weltweit schnellsten Eiskanal von Whistler in Kanada hinab. Manche kippten bei voller Fahrt, rieben sich die Rennanzüge auf und zogen sich Verbrennungen zu. Denn der Rutsch kopfüber auf dem Rücken bei rund 120 km/h erzeugte hohe Reibungskräfte zwischen dem Eis und der Haut. Die Skispringerinnen aber, die auf einer vergleichsweise beherrschbaren Schanze hätten springen können, mussten zu Hause bleiben, nicht zuletzt wegen übertriebener Sorgen um den weiblichen Unterleib.

Umgedacht wurde erst später. Mehr und mehr drang die Erkenntnis durch, dass die Entwicklung des Frauen-Springens ohnehin nicht aufzuhalten sei und nicht sich selber überlassen werden sollte. Man beschloss, es aktiv zu

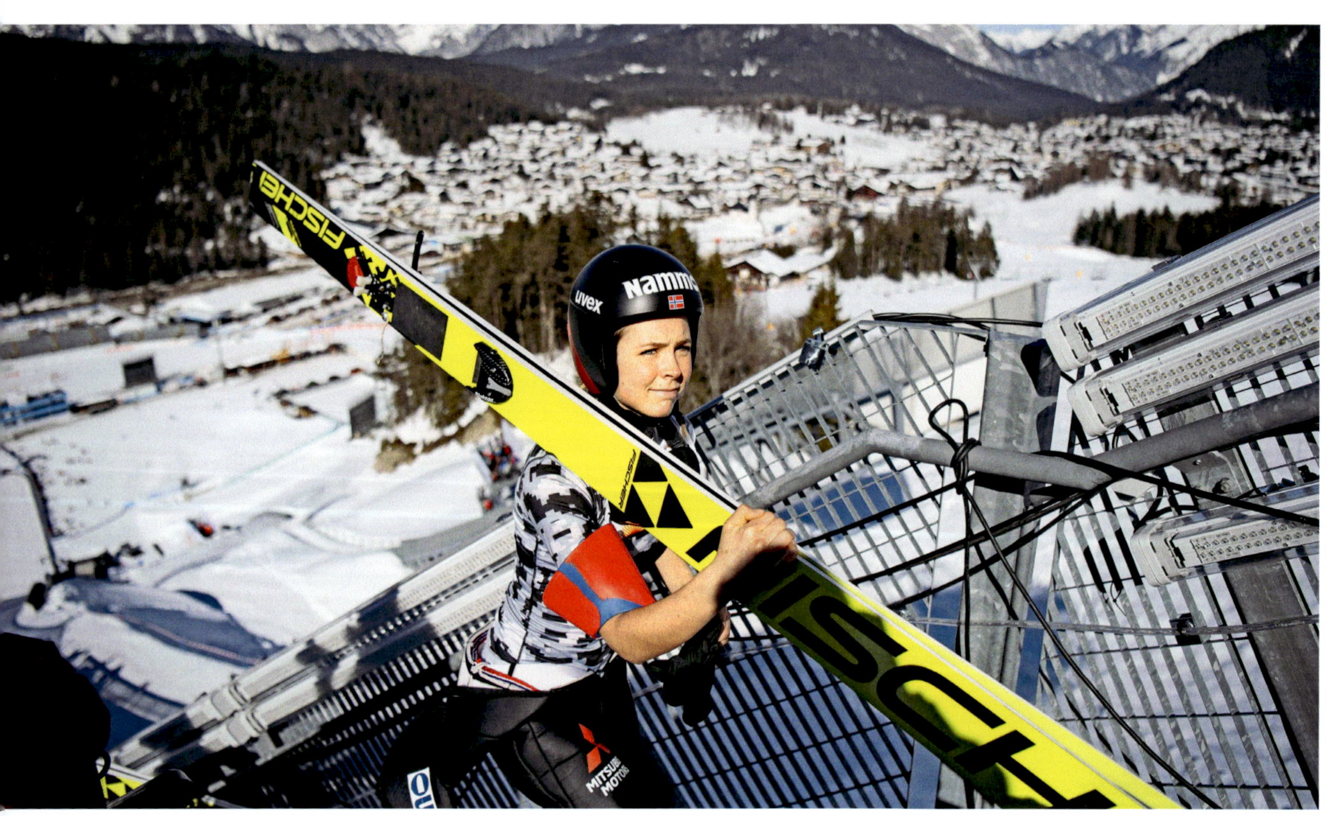

„Es geht allein darum, dass wir dieselben Möglichkeiten wie die Männer bekommen", sagte die Norwegerin Maren Lundby in einem Interview. Für die Gewinnerin des Gesamtweltcups 2017/18, 2018/19 und 2019/20 geht der Kampf um die Gleichberechtigung noch weiter.

fördern, denn alle jungen Sportarten stecken immer auch in einem Teufelskreis. Weil sie noch zu wenige Athleten haben, stehen sie nicht auf großen Bühnen, ohne diese fehlen Gelder, Strukturen und Zulauf, weshalb sie wiederum nicht auf großen Bühnen stehen … Schon damals, erzählt Gräßler, fragte man sich: „Wenn es keine olympischen Springen vor allem mit dem Team für Frauen gibt, warum soll ein Nationalverband dann diesen Sport fördern?“

Der Antrag für Vancouver 2010 war noch gescheitert, für 2014 in Sotschi im Süden Russlands kam dann die Zusage recht schnell. Dass die Integration voranschritt, lag auch daran, dass Gendergerechtigkeit in der Gesellschaft ein immer größeres Thema wurde und die olympische Bewegung nicht länger alt aussehen wollte. Als das IOC unter Präsident Thomas Bach erkannte, dass sich die Gesellschaft auf allen Ebenen für mehr Gleichberechtigung entschied, ging es relativ schnell: Erwägungen Anfang der 2010er-Jahre, jede Olympiadisziplin für beide Geschlechter anzubieten, wurden 2018 in den „Gender Equality Report“ gegossen, mit einem Fahrplan zur Umsetzung. Unter anderem bedeutet das für die Springerinnen: Sie treten bei den Winterspielen in Peking 2022 auch in einem Mixed-Wettbewerb an, womit sie eine Woche länger bleiben dürfen und sich die weite Reise nach China auch lohnt.

Der Rest der weiten Reise von den ersten Sprüngen bis zur vollständigen olympischen Gleichstellung dauert jedoch weiter an. Noch sind für die Frauen erst die Hälfte der möglichen Wettkämpfe olympisch. Wie die Männer, so springen auch sie im Winteralltag längst auf Großschanzen und in Teamwettbewerben. Bei Olympia dürfen das jedoch weiterhin nur die Männer.

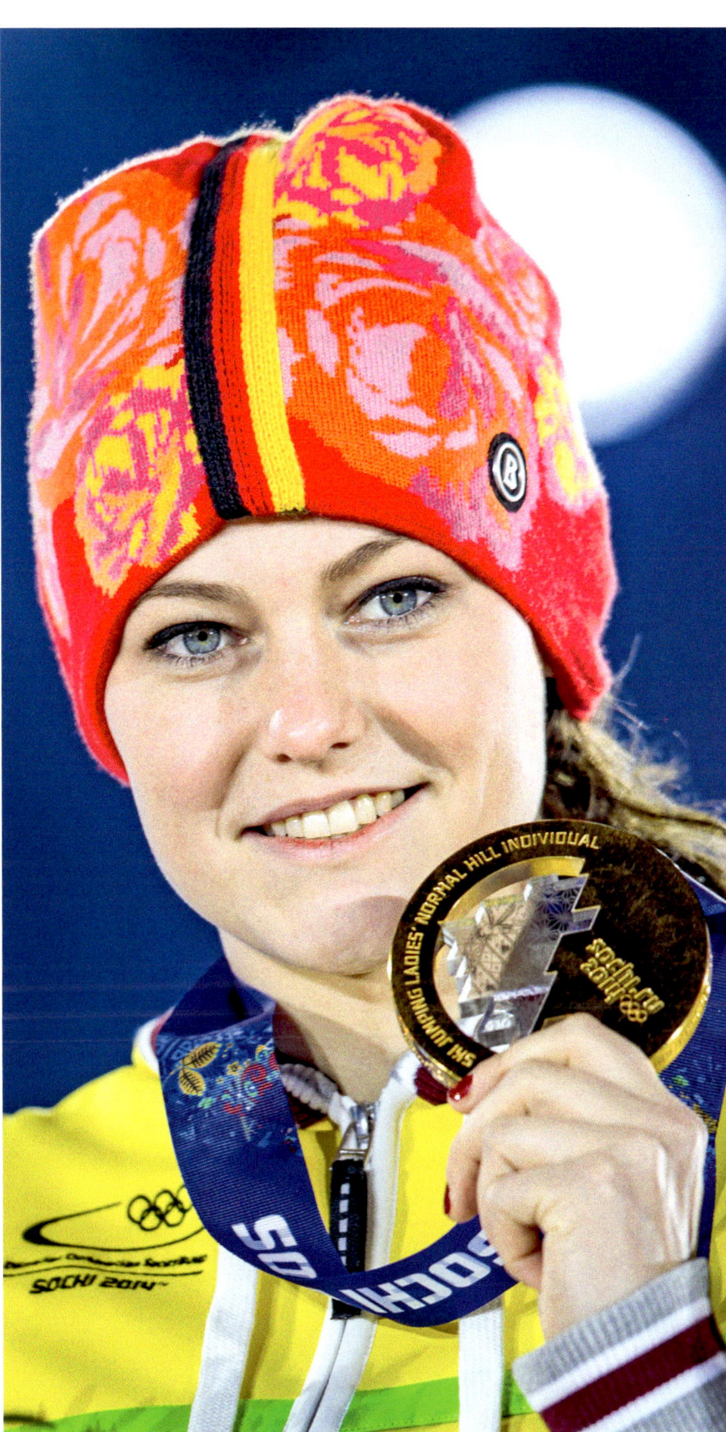

Premiere: die erste olympische Goldmedaille geht an die deutsche Springerin Carina Vogt.

2

V-Stil, Bindungsstab, Zauberei

Wie ein Schweizer Junge mit einem kleinen Detail die Skisprung-Welt auf den Kopf stellte.

In ihrer erfolgreichsten Phase, etwa ab Mitte der 2000er-Jahre, sprangen und flogen die Österreicher in einer höheren Etage. Unter Trainer Alexander Pointner war eine beispiellose Erfolgsgeneration entstanden. Im Team befanden sich zwei Ausnahmeathleten, dazu eine Gruppe weiterer Springer, gut genug, um auch mal die Vierschanzentournee zu gewinnen. Also nannten sie sich irgendwann die „Superadler", sie hatten ein starkes Selbstbewusstsein. Bei den Olympischen Spielen 2010 in Vancouver und Whistler in der kanadischen Provinz British Columbia trat der ÖSV mit fünf Team-Weltmeistern an, einem aktuellen Olympiasieger, einem aktuellen Weltmeister und drei Weltcup-Gesamtsiegern der vergangenen Jahre. Und natürlich befanden sie sich alle in blendender Form. Die Superadler waren bereit, im Whistler Olympic Park abzuräumen. Doch es kam anders. Sie wurden geschlagen, und zwar von einem Zauberlehrling.

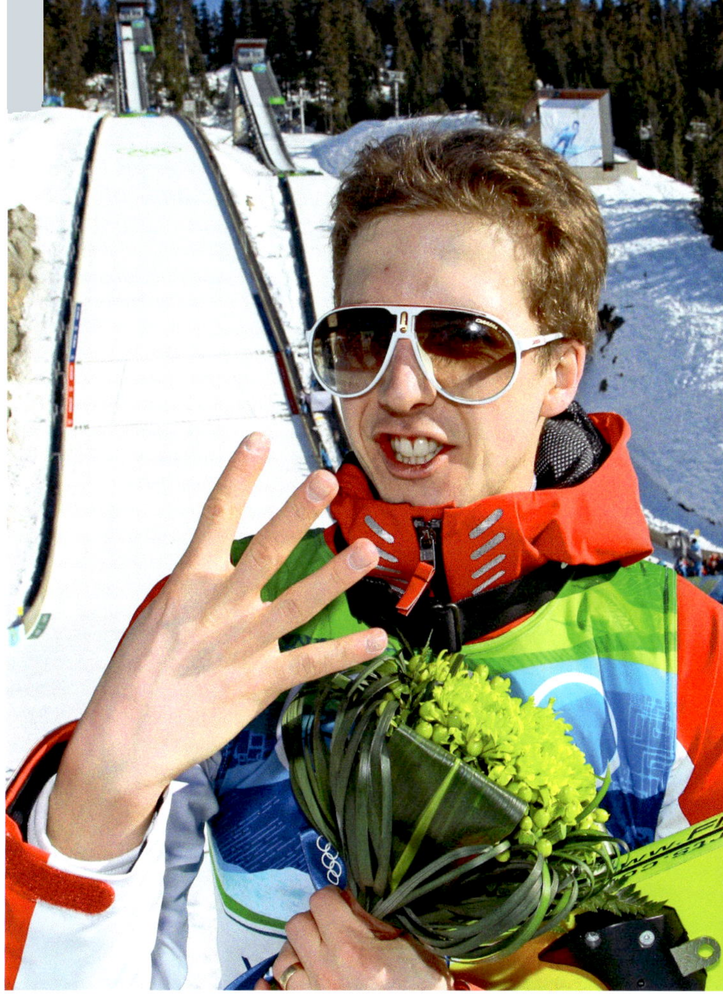

Simon Ammann zeigt es an: Vier olympische Goldmedaillen hat er gewonnen, 2002 und 2010 jeweils zwei. Damit ist er nun der erfolgreichste Schweizer Olympionike. Außerdem gelang ihm als erster Skispringer in der Olympia-Historie das Kunststück, vier Einzel-Goldmedaillen zu gewinnen.

Ein Hochbegabter gegen die Superadler

Der Sprungsport lebt nicht nur von Helden in der Luft, sondern auch von jenen meist Unscheinbareren, die sich im Sommertraining ganz ohne Zuschauer Gedanken über ihre Technik, ihr Material und neue Entwicklungen machen. Denn Skispringen ist auch ein Erfindersport, und das wiederum ist einer der Gründe, warum es, anders als in den meisten sonstigen Disziplinen, eine starke Fluktuation an der Spitze gibt. Athleten, die soeben noch unbesiegbar wirkten, verschwinden auf einmal, weil sie sich auf eine neue Bewegungstechnik, neue Regeln oder neue Erfindungen nicht schnell genug einstellen können.

Der Zauberlehrling hieß Zauberlehrling, weil er schon acht Jahre zuvor, bei den Olympischen Spielen 2002 in Salt Lake City, als Skisprungsieger für die Zuschauermassen völlig unvermittelt dahergekommen war und zudem aussah wie ein Wiedergänger des von der Schriftstellerin Joanne K. Rowling erfundenen Harry Potter. Er hatte ein blasses Jungengesicht, trug eine schmale Brille und hatte eine dünne Skispringer-Figur. Aber natürlich handelte es sich nicht um Harry Potter aus Hogwarts, sondern um Simon Ammann aus Grabs bei St. Gallen in der Schweiz.

Der war ein hochkarätiges Talent aus einer kleinen Skisprungnation. Schon in Salt Lake City hatte Ammann alle Olympiakontrahenten geschlagen, bei den Spielen 2010 kam er nach acht Jahren voller heftiger Formschwankungen triumphal zurück. Angekündigt hatte sich alles schon neun Tage zuvor, beim Weltcupspringen in Sachsen, auf der Schanze von Klingenthal. Dort, im Vogtland, fand der letzte Vergleich vor Olympia statt, es war ein denkwürdiger Wettkampf, bei dem sämtliche Flieger, allen voran Österreichs Superadler, Ammanns Sprünge betrachteten, und die meisten ahnten wohl, dass es nichts werden wird mit dem Olympiasieg.

Magie in der Skibindung

Das Harry-Potter-Bild sollte man nicht zu sehr strapazieren, dennoch sollte der Umstand erwähnt werden, dass auch im Koppelstab einer Skibindung etwas Magisches stecken kann. Man muss wissen, neue Technik, verbesserte Sprung-Anzüge, optimierte Schuhe, all das wird lange geheim gehalten, doch dann, auf der Schanzentreppe, wo die Springer auf ihren Einsatz warten, da kommt spätestens alles ans Licht, und alle Blicke fallen auf das Material der anderen. Es dürfte also manchen Topspringern schon in Klingenthal der Verdacht gekommen sein, dass Ammanns neue und verdächtig krumme Koppelstange die Zeiten ändern würde.

Zumindest von ihrer unheimlichen Wirkung her. Technisch war diese kurze dünne Stange leicht durchschaubar, wie so viele Erfindungen. Ferse und Ski sind im Springsport wie im Langlauf nicht fest verbunden. Beim Sprungski hält ein Eisenstab die hochgestellte Ferse am Ski. Stellt der Springer in der Luft seine Beine zum V aus, dann weisen seine Fußsohlen leicht nach außen, also zur Seite, und dadurch automatisch auch die Unterseite seiner Skier. Wegen dieser Schrägstellung verkleinerte sich aber die Tragflächenwirkung der Skier. Der entscheidende Trick Ammanns war nun eine leichte Biegung in den Bindungsstäben, die den Ski auch in der Luft bei hochgestellter Ferse sichern. Von hinten erinnert der Stab am linken Schuh an ein Klammer-auf-, am rechten an ein Klammer-zu-Zeichen. Durch dieses ( ) an den Fersen ergibt sich nach dem Absprung zunächst eine banale Folge: Die ausgestellten Skier hängen in der Luft wegen der Krümmung des Stabes etwas planer, und die Tragfläche wird etwas größer. Überwältigend, ja, fast magisch war indes die Wirkung bei Ammanns ersten Krummstab-Flügen.

Nicht nur in Klingenthal hatte er gewonnen, auch in den meisten Vorbereitungssprüngen in Whistler war er vorne und dann natürlich auch in den ersten und zweiten Durchgängen, als es um die Medaillen ging. Auf der olympischen Großschanze bekam er sogar schlechte Haltungsnoten im ersten Durchgang, weil ihn die

Olympia 2010 im kanadischen Vancouver: Simon Ammann triumphiert auch dank einer neuen Technik in der Bindung. Der entscheidende Trick Ammanns war eine leichte Biegung in den Bindungsstäben, die den Ski in der Luft bei hochgestellter Ferse sichern. Von hinten erinnert der Stab am linken Schuh an ein Klammer-auf-, am rechten an ein Klammer-zu-Zeichen. Durch dieses ( ) an den Fersen ergibt sich nach dem Absprung zunächst eine banale Folge: Die ausgestellten Skier hängen in der Luft wegen der Krümmung des Stabes etwas planer, und die Tragfläche wird etwas größer. Überwältigend, ja, fast magisch war die Wirkung dieser „kleinen" Neuerung.

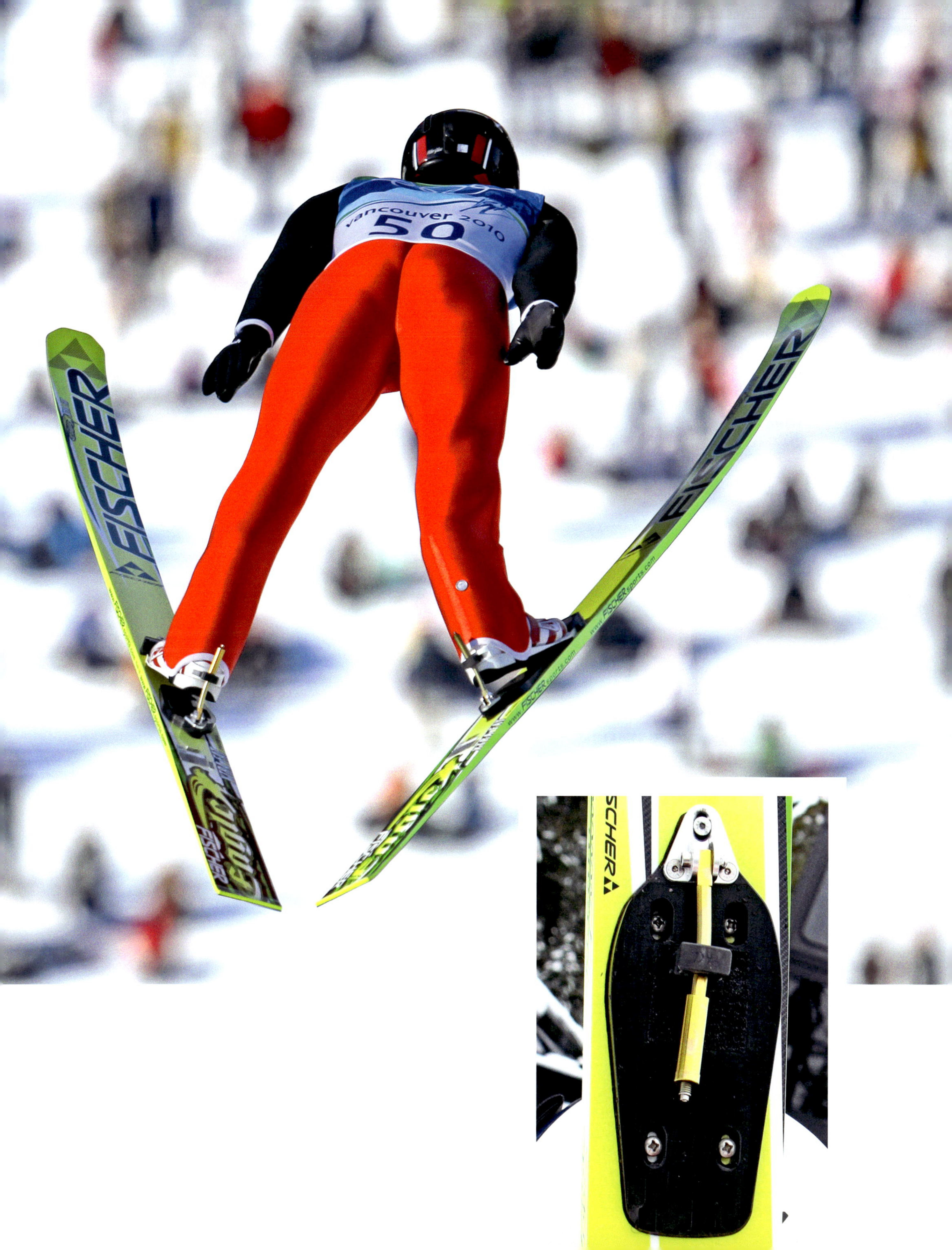
vancouver 2010
50
FISCHER
FISCHER
www.FISCHERsports.com

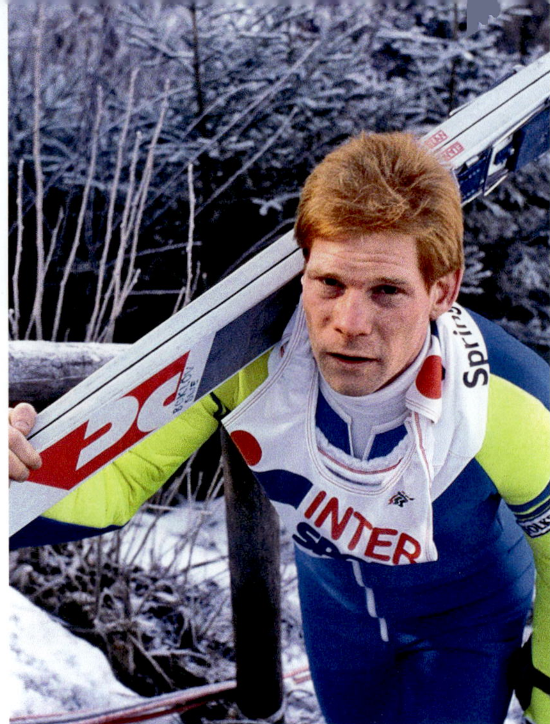

Landekräfte stark heruntergedrückt hatten. Das machte aber nichts, denn Ammann war dabei 144 Meter weit gesprungen, was die schlechten Noten mehr als wettmachte. Es war der bis dahin weiteste Skisprung in der Geschichte der Olympischen Spiele.

Wie ein Beinahe-Crash einen neuen Stil formte

Skispringer sind sensible Menschen, denn in diesem Sport, in dessen Wettkämpfen nicht geschwitzt wird und in dem kein Muskel zu groß werden darf, ist Feingefühl das A und O. Die Athleten bekommen mittlerweile vom Ausrüster etliche neue Anzüge für die nächste Saison, manche aber vertrauen den ganzen Winter über nur einem einzigen. Kommt plötzlich eine neue Bindung mit gebogenem Stab auf den Markt, die sich jeder, der mithalten will, auf die Skier schrauben muss, dann geraten zunächst manche auch aus dem Tritt. Doch Ammanns Stab war nur der nächste von etlichen Entwicklungsschritten. Schon immer mussten sich die Athleten mit neuem Material, mit besserer Sprungtechnik und veränderten Regeln befassen. Besonders beschleunigt wurde die Reifung des Skispringens ab Ende der 1980er-Jahre, jener Phase, in der sich der V-Stil durchsetzte. Das geschah im Wesentlichen deshalb, weil es dem schwedischen Skispringer Jan Boklöv in Falun im Training plötzlich die Ski verrissen hatte.

Im Winter 1985 war das. Boklöv lag gut in der Luft, er hatte die Ski parallel gestellt und kam gerade ins Fliegen, als der Wind, der stramm über den hohen Bakken in Mittelschweden pfiff, in die Skisprunggeschichte eingriff. „Der Wind kam stark von vorne", erzählte Boklöv später in der Schweizer Zeitung „Blick". Kurz nach dem Absprung geschah es, seine parallel geführten Skier öffneten sich an den Spitzen, „mein Körper formte sich wie eine Banane." Er drohte zu stürzen, hielt sich aber irgendwie in der Luft und landete dann bei 90 Metern. Sonst erreichte er kaum mehr als 70.

Viele Erfinder bleiben arm, weil sie keinen Sinn fürs Geschäft haben, sondern nur die Liebe für ihre Passion. Boklöv, ein eher stiller und bescheidener Sportler, arbeitete hartnäckig an der Verbesserung seines neuen Stils, aber ein Siegspringer wurde er nicht. Weil er mit seinem V-Stil zunächst auf abenteuerliche Weise die Schanze hinabtrudelte, verhängte die Jury saftige Abzüge in den Haltungsnoten. Aber Boklöv flog weiter und weiter und setzte sich im Winter 1988 durch. Seine Erfindung wurde zu einem besonders eindrucksvollen Beispiel für die Folgen einer neuen Entwicklung. Auch diesmal gab es Sportler, die die Zeichen der Zeit zu spät erkannten, die mit dem neuen Stil nicht zurechtkamen oder ihre Vorteile, etwa einen besonders perfekten Parallelstil, verloren und verschwanden. Denn alle mussten zugeben, ohne V ging nichts mehr.

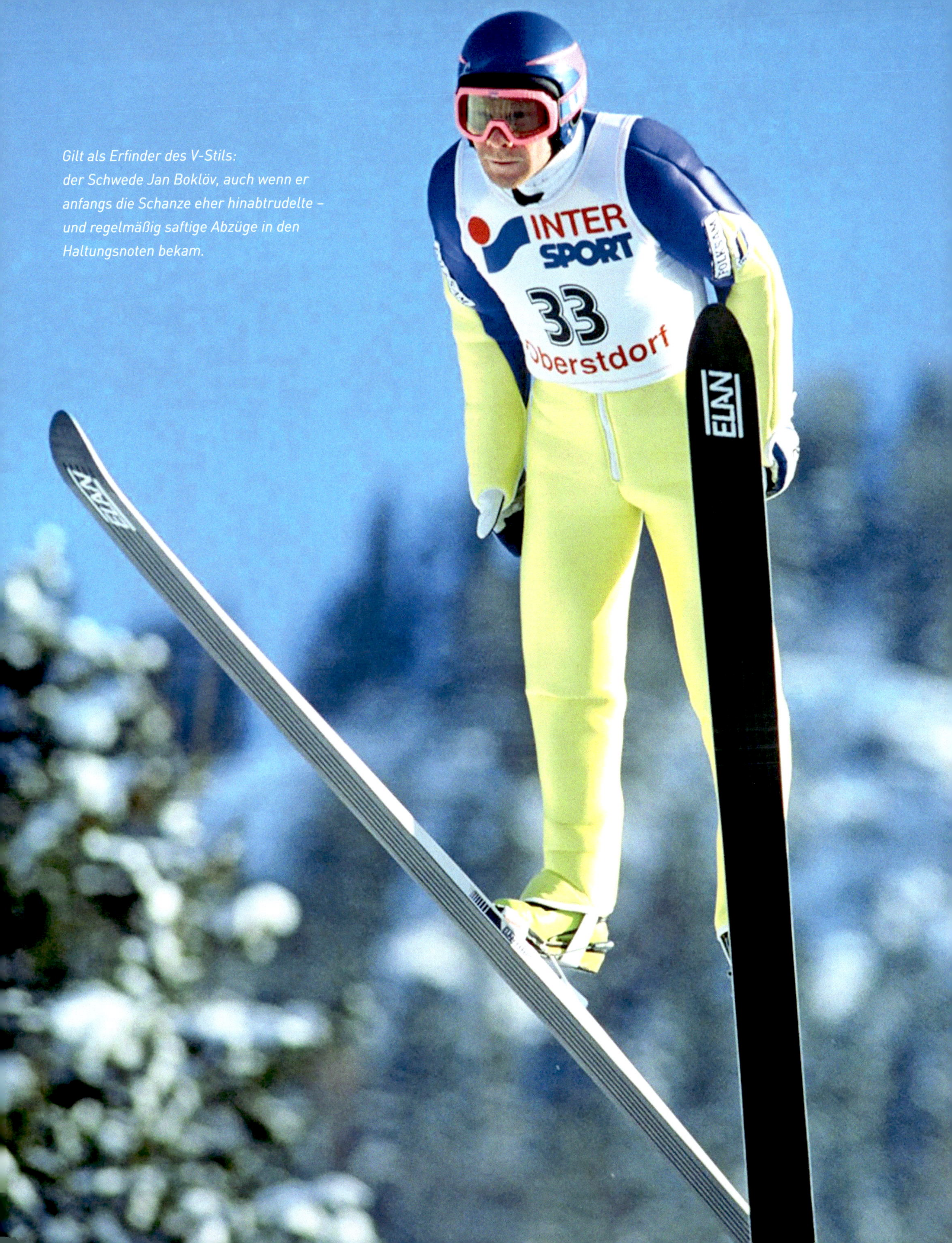

Gilt als Erfinder des V-Stils: der Schwede Jan Boklöv, auch wenn er anfangs die Schanze eher hinabtrudelte – und regelmäßig saftige Abzüge in den Haltungsnoten bekam.

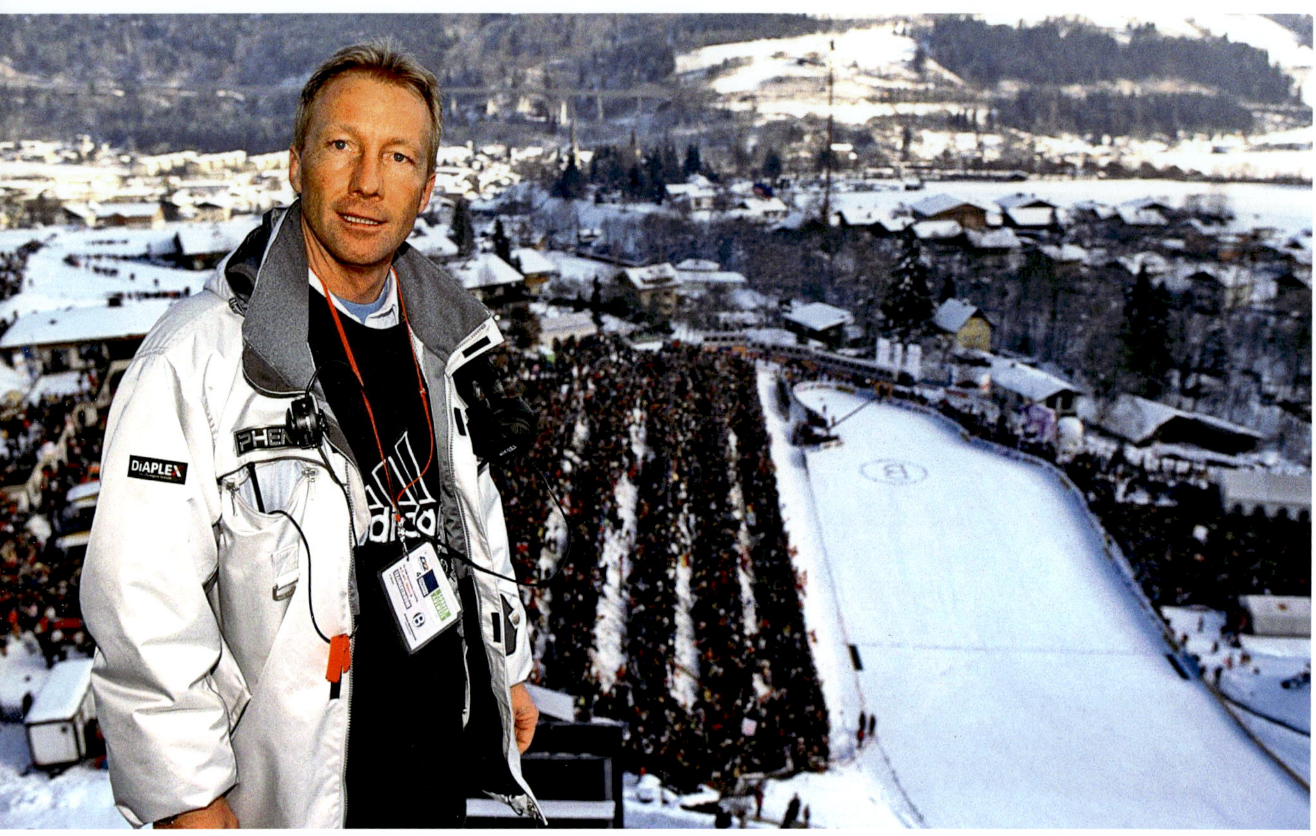

Reformierte das Skispringen von Grund auf: Fis-Renndirektor Walter Hofer.

„Wir haben ein Problem"

Aber auch der Wettkampf selber erreichte neue Höhen. Auf einmal hatten die Springer mehr Tragfläche, sie legten sich auf die Luft, immer weiter wurde geflogen, immer spektakulärer wurde der Sport, der längst mehr war als nur bloßes Springen. Die großen Nationen, Österreich, Deutschland, Norwegen und Finnland, brachten neue Sportstars hervor, die Zuschauer jubelten über Helden, die sie wiedererkannten, die Einschaltquoten wiesen nach oben, nur einer war noch von gestern, nämlich der Wettkampfablauf.

Anfang der 1990er-Jahre wurde dann das alte Reglement von der Wirklichkeit überholt. Der Ski-Weltverband „Fédération Internationale de Ski" (Fis) hatte fürs Skispringen alle möglichen Mitarbeiter und Posten, jedoch noch keinen Renndirektor, der sich speziell um einen modernen und professionellen Ablauf kümmerte. Wegen seiner damals noch 125 Starter, vieler Pausen und einer verwirrenden Reihenfolge war das Programm zu lang, um von einem Sender mit größerem Erfolg übertragen zu werden. Als dann der erste Renndirektor, der Österreicher Walter Hofer, die Arbeit aufnahm, musste dieser bald erkennen, dass das Spezialspringen noch nicht im Bewusstsein aller Altersgruppen als spannende Sportart angekommen war. Einmal besuchte Hofer einen Wettkampf der Nordischen Kombination, in der sowohl gelaufen als auch gesprungen wird. Hofer beobachtete gerade das Springen, als ihn eine ältere Zuschauerin fragte: „Wann kommt denn endlich der Jens Weißflog?“ – Und der Renndirektor erkannte: „Wir haben ein Problem.“

Denn der Sachse Jens Weißflog war damals zwar einiges, er war viermaliger Tourneesieger, mehrmaliger Skisprung-Weltmeister, zudem Olympiasieger, aber er war definitiv kein Kombinierer. Die Zuschauer des nordischen Sports liebten einige wenige Helden, doch die Sportart war zweitrangig, kombinierte Hofer und dachte: „Das Skispringen hat kein Alleinstellungsmerkmal.“ Da sich in dieser Zeit die Programmdirektoren des Privatsenders RTL mit dem Gedanken trugen, aus dem Skispringen einen Publikumserfolg zu machen, saß man irgendwann an einem Tisch, wobei der Sprungdirektor Hofer unter anderem die drei ungeschriebenen Gesetze erfolgreicher Sportübertragungen lernte. Erstens: Kein Wettkampf darf länger dauern als ein Fußballspiel, Ausnahme ist nur der Fußball. Zweitens: Eine Pause darf nie länger dauern als das, was danach noch kommt. Drittens: Der Beste darf im Finale erst ganz zum Schluss kommen.

Die große Show: Skispringen bei RTL

Mit dem Einstieg des Privatsenders begann eine erfolgreiche Zusammenarbeit. Diese brachte das Skispringen einer breiten Öffentlichkeit nahe, doch sie endete mit dem Abflauen des Erfolges des deutschen Topduos Sven Hannawald und Martin Schmitt schon nach sieben Jahren. Es war eine spannende und auch turbulente Zeit, mit viel Show und auch mit Fernsehpreisen für den Moderator Günther Jauch und seinen Gesprächspartner, den Tourneesieger Dieter Thoma. Bilder wurden von nahezu überall gesendet, auch aus einem der heiligsten Räume: dem Wartebereich im Schanzenturm, in dem sich die Springer konzentrieren. Doch das Fernsehen suchte nun nicht nur nach den besten Bildern, sondern immer auch nach Geschichten. Verletzungen, Rekorde, Wetterkapriolen und andere Gefahren – das Skispringen bot vor allem in dieser Zeit jede Menge davon. Zudem war die Materialentwicklung noch voll im Gange, weshalb die Siegerlisten abermals neu gemischt wurden und Magersucht ein Thema wurde.

Zunächst waren die weiten Anzüge in Mode, in denen sich so viel Luft zwischen Haut und Stoff ballen konnte, dass die Springer am Himmel immer weiter segelten. Insbesondere die Naht am Schritt musste bald streng kontrolliert werden, denn der Mittelpunkt des Körpers, also des Flugsystems, ist entscheidend. Ein Springer, dessen Hosennaht nur zwei Zentimeter tiefer hängt, so erklärt Hofer, „ist unschlagbar“. Als dies reglementiert war, begannen manche Sportler abzunehmen und zu gewinnen. „Leicht fliegt leichter“, war die Erkenntnis der neuen Sieger, nur – war das noch Sport, zu dem ja auch Athletik zählt?

So einfach kann man einem Sportler das Abnehmen nicht verbieten, wenn er dabei nicht dopt. In dieser Zeit waren die muskulösen, schwereren Springer nahezu chancenlos. Wie immer lösten Hofer und seine Mitarbeiter das Problem mit einer neuen, alle gleich betreffenden und somit gerichtsfesten Regel. Wer abnehmen wollte, der durfte das, er musste aber kürzere Ski anschnallen – und hatte damit also weniger Tragfläche. Die schmalen Flieger, zu denen streckenweise auch Hannawald und Schmitt zählten, hatten keinen Vorteil mehr. Leicht flog nun also genauso schwer wie Schwer, mit der Folge, dass die Athletischeren wieder siegten.

Kein Ende der Tüftelei in Sicht

Dennoch, das Tüfteln am Material, das Probieren neuer Stoffe und das Optimieren vom System, bestehend aus Ski, Bindung und Schuh, regte die Fantasie kreativer Springer weiterhin an. Und trotz immer exakterer Regeln wird es wohl immer neue Erfindungen geben, wenn auch nicht alle einen derart einprägsamen Namen haben wie der Spezialschuh des österreichischen Norwegen-Trainers Alexander Stöckl. Dieser Schuh hieß ab sofort? Genau.

Der gebogene Bindungsstab des viermaligen Olympiasiegers Simon Ammann hatte keinen besonderen Namen, er heißt bis heute einfach gebogener Bindungsstab. Vielleicht hatte dies auch damit zu tun, dass es in Wirklichkeit nicht ausschließlich Ammanns Idee war, der den einfachen Zaubertrick allerdings aufgegriffen hatte. Alexander Pointner, bis 2014 der erfolgreiche Trainer der Österreicher, berichtet in seiner Biografie, wie er und sein Team sich in Vancouver von Ammanns Bindung aus dem Tritt bringen ließen, wie auch der Versuch, Ammanns Bindungsstange verbieten zu lassen, kläglich scheiterte. Vor allem auf der Großschanze sei deren Effekt klar erkennbar gewesen, schreibt Pointner. Dazu sei ein psychologischer Effekt gekommen: „Der wahrhaftige Vorteil war jener, dass der Schweizer natürlich mitbekam, dass wir uns wegen seiner Bindung verrückt machten."

Je panischer die Medaillen-Konkurrenz wird, desto sicherer fliegt ein Skispringer. Zumal dann, wenn die neue Idee aus dem Stall von genau dieser Konkurrenz stammte, nämlich aus Österreich. Bastian Kaltenböck, ein Springer aus der zweiten Mannschaft des österreichischen Verbands, hatte schon länger mit dem Bindungsstab experimentiert, aus Sicherheitsbedenken verfolgte man die Idee zunächst aber nicht weiter. Ein ehemaliger österreichischer Techniker, der mittlerweile für die Schweiz arbeitete, hatte sie mitgenommen, Simon Ammann schließlich verfeinert. „Es ist klar, was den Erfolg ausgemacht hat", sagte dieser später der „Neuen Zürcher Zeitung", „aber ich bin immer noch erstaunt, dass alles aufgegangen ist."

Diese Schuhe sorgten bei der Vierschanzentournee 2012/13 für Aufsehen: die Stöckl-Schuhe des norwegischen Teams von Trainer Alexander Stöckl. Hier Anders Jacobsen bei der Vorbereitung auf seinen Sprung von der Bergisel-Schanze in Innsbruck, wo er den Gesamtsieg verspielte, nachdem er die ersten zwei Springen gewinnen konnte. Am Ende wurde er Zweiter, knapp geschlagen von Gregor Schlierenzauer.

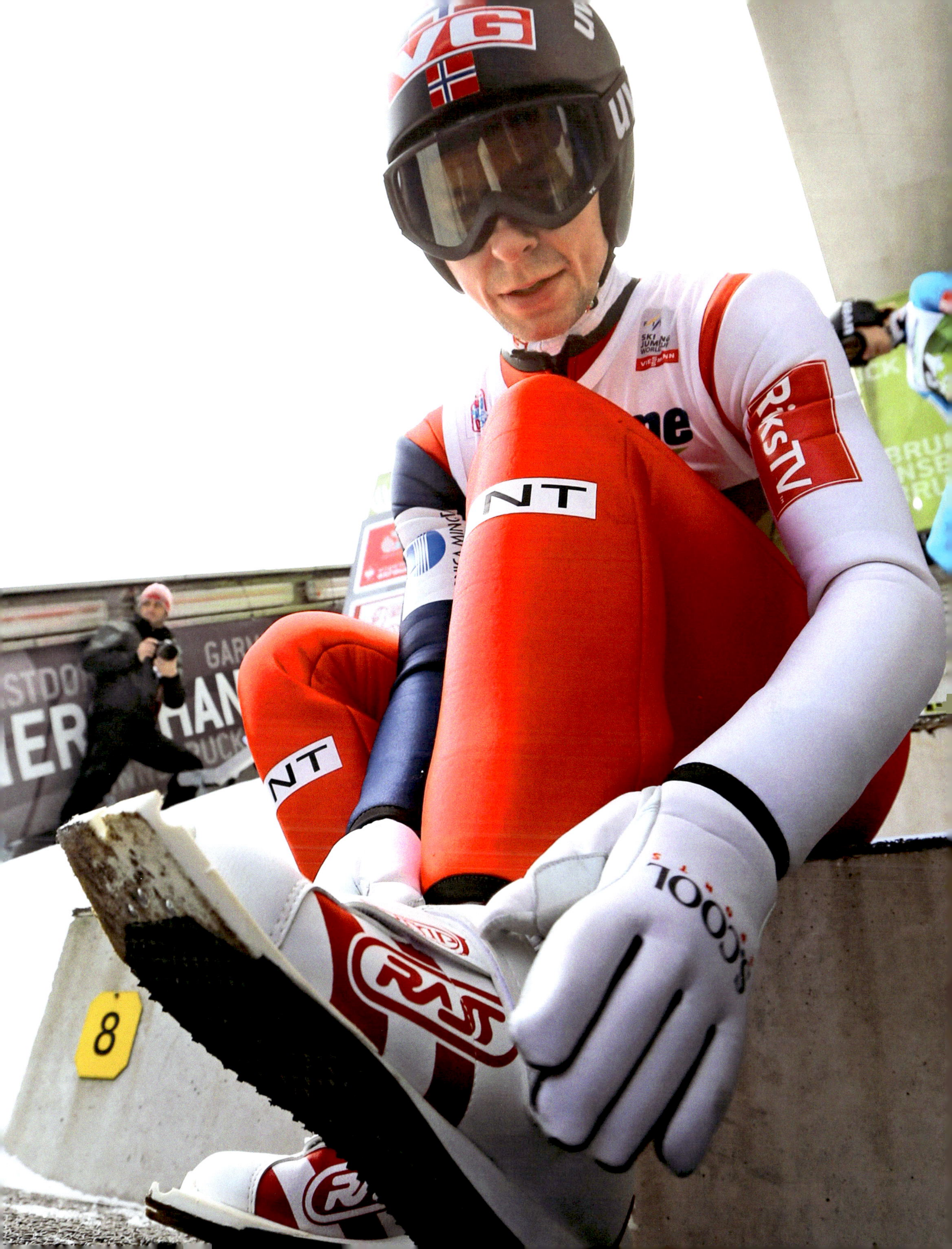
VG
NT
RiksTV
NT
8

3 Mentaltrainer, Notizbücher oder Visualisierungen

Tunnel, Konzentration, Loslassen, Leichtigkeit: Die Mentalstärke als eine der Hauptdisziplinen des Skispringens – oder die Leichtigkeit des Ingenieurs Karl Geiger.

Nun sitzt er da oben. Auf einem etwa 30 Zentimeter schmalen Balken, seine Skier deuten Richtung Abgrund, seine Augen starren hinterher. Rechts von ihm tut sich die Seitentribüne auf, das Gerüst, auf dem die Trainer stehen, auch sein Coach ist dabei. Der Sitzende wartet darauf, dass die Fahne nach unten geschwenkt wird, aber der Wind weht noch zu stark. Was denkt er wohl? Schafft er's, die Selbstzweifel endlich zu besiegen? Aber Zweifel kann man nicht besiegen, besser ist es, sie zu beobachten. Denkt er positiv? Denk positiv – das ist einer der abgedroschensten Tipps, aber vielleicht hilft es ja. Oder denkt er jetzt, da es kurz vor der WM in seinem eigenen Dorf langsam klappen muss, das Sinnvollste, was man denken kann – nämlich gar nichts?

Der Verlust der Form ist der hinterhältige und unbekannte Gegner im Skispringen. Niemanden kann man dafür verantwortlich machen, und nicht nur das: Das Gemeine an einer Formkrise ist, dass sie im schlimmsten Fall überhaupt keine Gründe hat, jedenfalls keine fassbaren. Karl Geiger war Anfang Januar 2021 aktueller Weltmeister im Skifliegen, er hatte ein großartiges erstes Saisondrittel hinter sich, aber dann fiel er in ein rätselhaftes Tief. Ein Phänomen, das es so plötzlich nur im Skispringen gibt. Vergleichbare Miseren durchleben allenfalls noch die Golfprofis, hatte einmal der Fis-Renndirektor Walter Hofer gesagt. Auch die haben ja eine einzige, alles entscheidende Bewegung im Gesamtablauf, die irgendwo aus den Tiefen des Unterbewusstseins gesteuert wird. Eine automatische Bewegung des Körpers, derart schnell, dass man diese dem Körper selbst überlassen muss. Was für den Golfer der Schwung ist, das ist für den Skispringer der Absprung.

Karl Geiger: Volle Konzentration auf dem Balken …

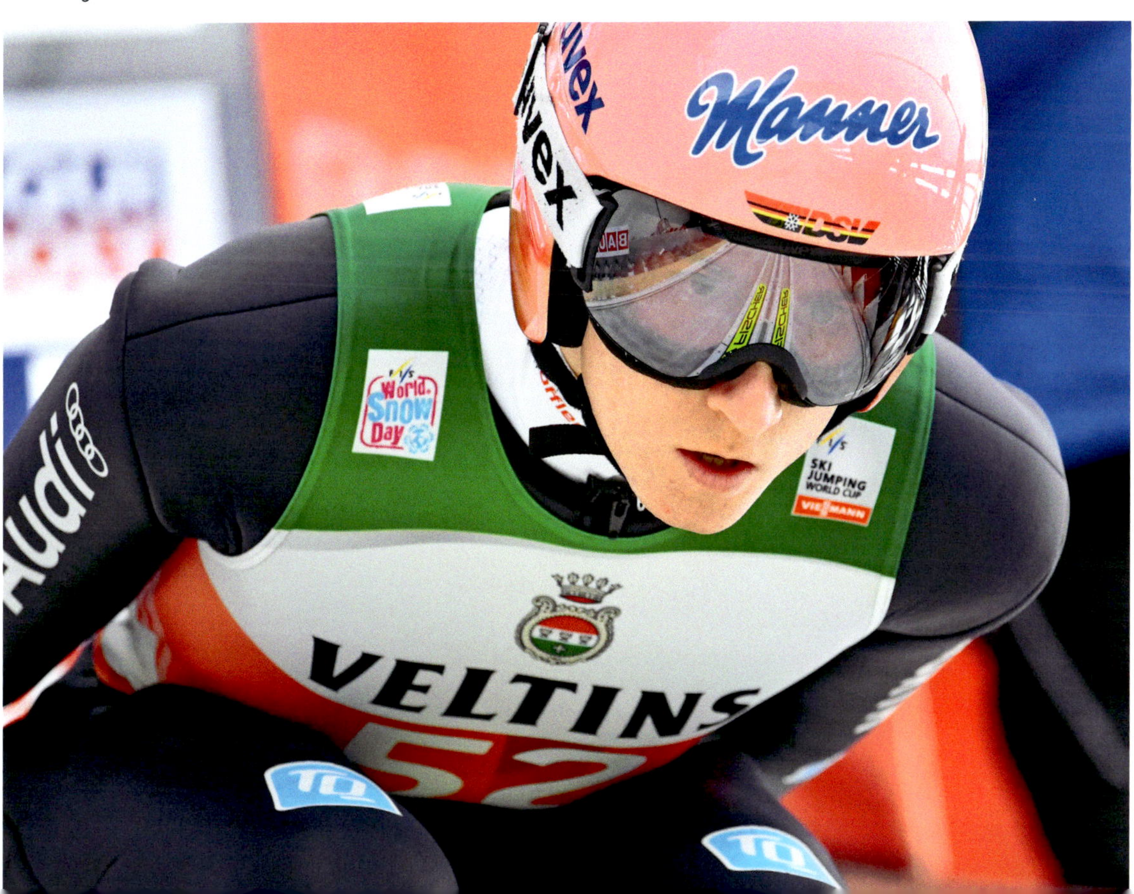

Und Geiger, eben noch hochgelobt, befand sich nun schon zwei, drei Wochen in dieser Lage, die alle Springer fürchten: Nichts geht mehr, die Bewegung, die er eben noch wie im Schlaf ausführen konnte, war auf einmal weg. Als wäre der Absprung ein Programm, das man irgendwann geladen hatte, und dann gab es einen Stromausfall, die Festplatte war gelöscht und basta, nichts funktioniert mehr wie gewohnt.

Es sah wirklich schlecht aus, im Januar, aber schon im Februar 2021 wurde Geiger in seiner Heimat Oberstdorf Weltmeister. Er holte dazu noch drei weitere Medaillen, also in allen seinen Wettkämpfen bei dieser WM. Sein Trainer Stefan Horngacher überschlug sich fast mit seinem Lob über Geiger. Sein Coach hält sich bei der öffentlichen Beurteilung der Sportler sonst zurück, nun sagte er: „Ich habe noch nie einen Athleten trainiert, der eine solche mentale Stärke hat."

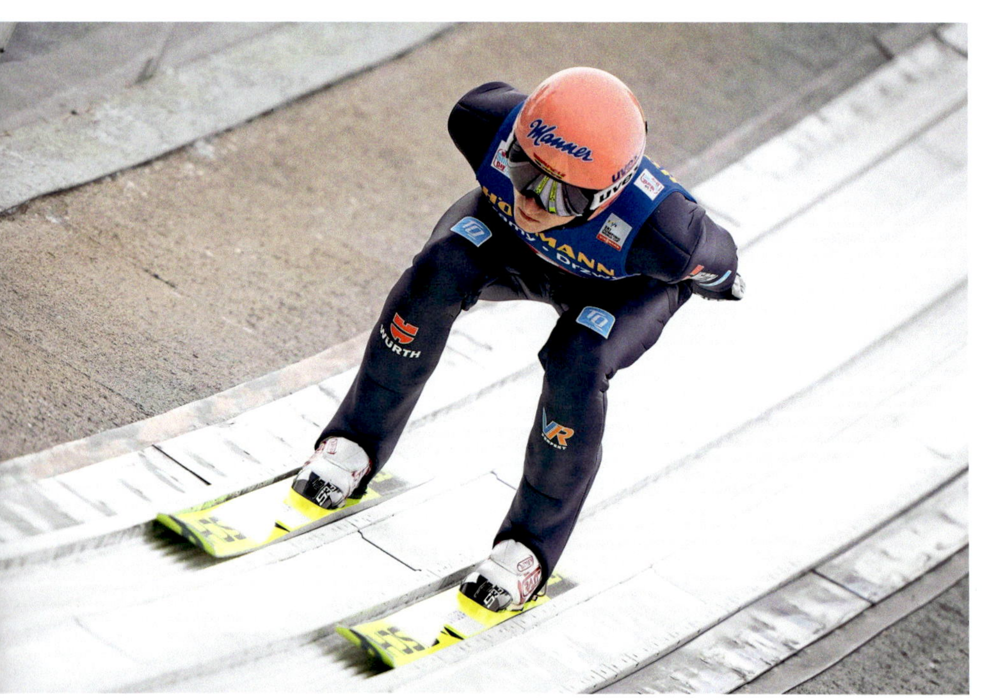

Im Radius spürt der Springer den Druck in seinen Beinen.

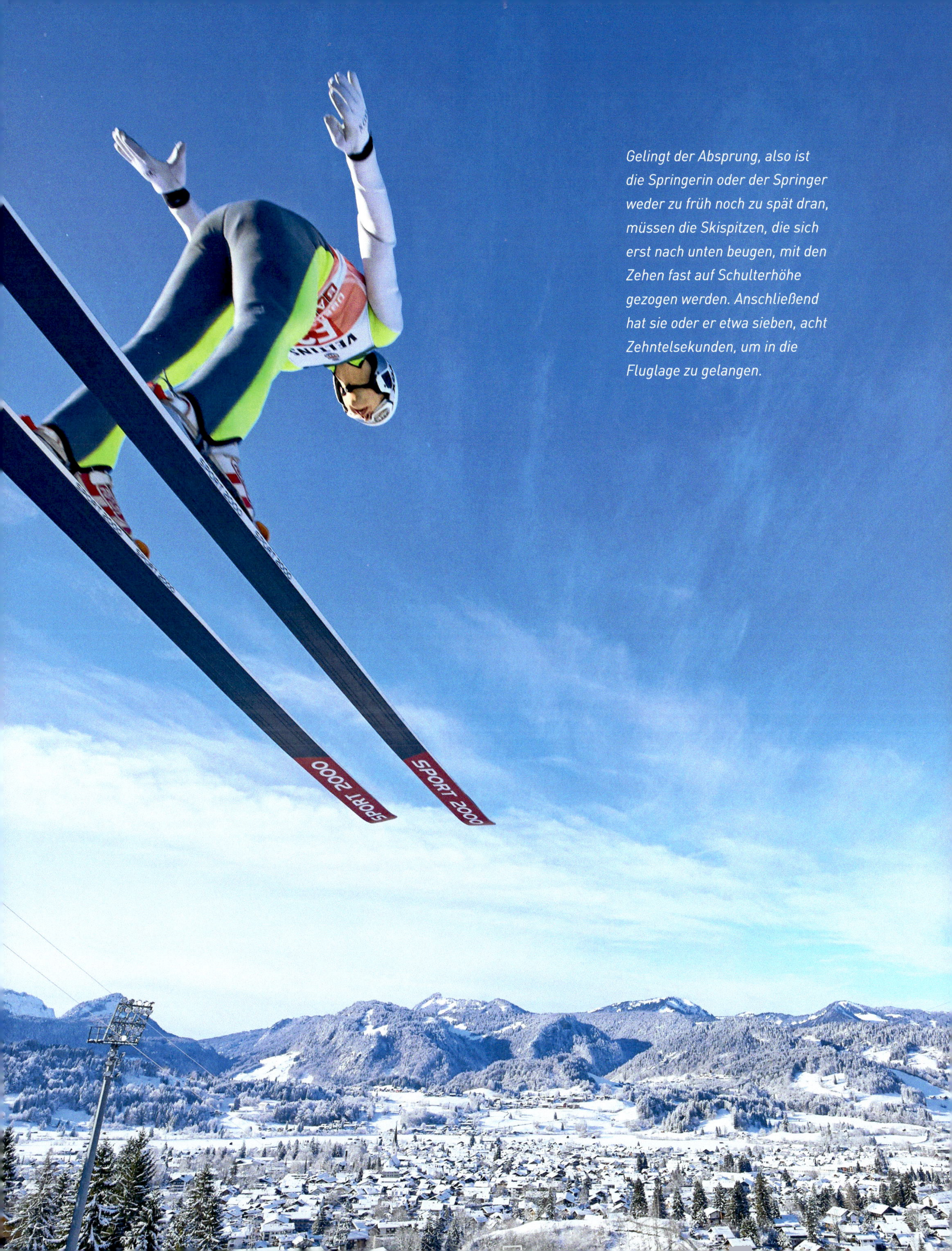

Gelingt der Absprung, also ist die Springerin oder der Springer weder zu früh noch zu spät dran, müssen die Skispitzen, die sich erst nach unten beugen, mit den Zehen fast auf Schulterhöhe gezogen werden. Anschließend hat sie oder er etwa sieben, acht Zehntelsekunden, um in die Fluglage zu gelangen.

In nicht einmal einer Sekunde entscheidet sich alles

Und jetzt fragten sich viele, wie das kommen konnte. Mentale Stärke – die hat doch damit zu tun, die Gedanken auszublenden und sich ganz hingeben zu können. Denn das ist doch eine Qualität, die mit Gespür für die Form, mit Balancegefühl und innerer Freiheit zu tun hat, vielleicht mit jahrelanger Übung in autogenem Training oder Meditation. Kurzum, die Frage war: Wie konnte Karl Geiger mental so stark werden, obwohl er doch anders als die intuitiven Gefühlsspringer gerade von seinem Kopf mit den vielen Gedanken darin profitierte? Einer, den sein Zimmergefährte Markus Eisenbichler und auch sein ganzes Team den „Denker" nennen, oder gerne auch den „Ingenieur".

So wurde dieser Skisprungwinter 2020/21 auch zu einer allgemeinen Lektion in Sachen Mentalstärke. Man lernte, warum diese im besonderen Maße erforderlich ist und auf welchen unterschiedlichen Wegen sie zu erreichen ist. Das Grundproblem in diesem Sport besteht bekanntermaßen darin, dass die Absprungbewegung nahezu komplett über Erfolg oder Miss-

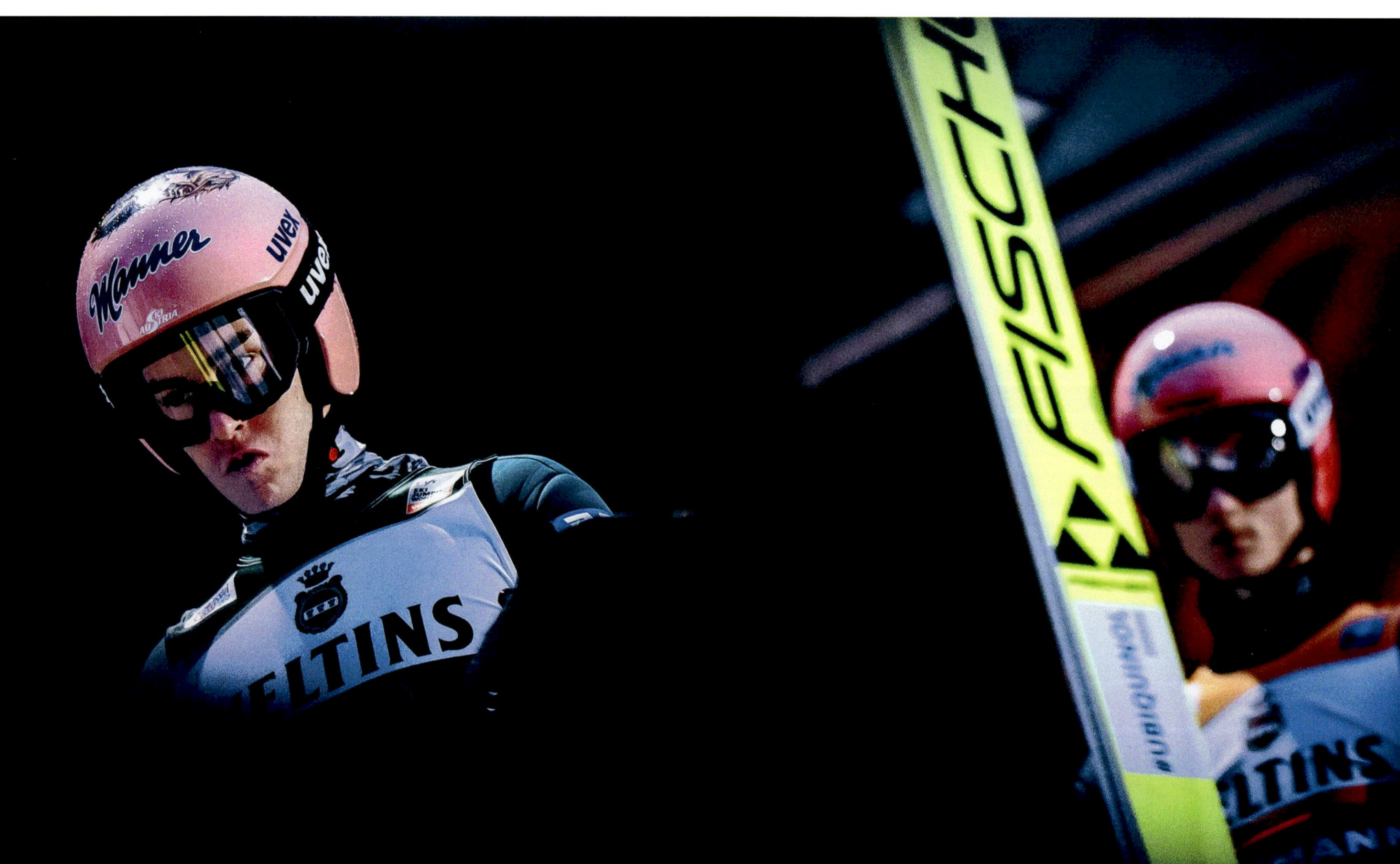

erfolg entscheidet. Beim Absprung befindet sich der Athlet in einer Lage, die das menschliche Bewusstsein eher nicht steuern kann. Der Skispringer rast mit etwa 90 Stundenkilometern auf die Kante zu und passiert kurz davor den sogenannten Radius. Das ist die Stelle, an der sich die Anlaufspur wie ein Löffel leicht biegt. Der Sportler spürt diese Passage deutlich in den Beinen und muss nun in voller Fahrt die ideale Stelle treffen, an der er die Kraft für den Sprung einsetzen muss. Andernfalls ist er, wie es heißt, zu früh dran – oder zu spät. In beiden Fällen verpufft ein wichtiger Teil seiner Kräfte.

Dafür hat er etwa zwei Zehntelsekunden. Schon hat es ihn in die Luft geschleudert, aber der Absprung ist noch nicht vorbei. Die kommenden sieben, acht Zehntelsekunden braucht er, um in die Fluglage zu gelangen. Er sollte im Idealfall sofort die Skier, die sich durch die Kräfte an den Enden nach unten biegen, mit den Spitzen fast auf Höhe der Schultern lupfen, eine Bewegung die aus den Zehen gesteuert wird. Will er die Chance auf den Sieg wahren, dann sollte er den Körperschwerpunkt, also Rumpf und Gesäß, noch im Aufsteigen nach oben bringen und zugleich die Flugzeugschnauze, also Kopf, Schultern und Skispitzen, leicht nach unten drehen. Gelingt dies, dann hat er kein Tempo verloren, dann fliegt er ruhig und windschlüpfrig und landet weit unten. Unterläuft ihm irgendein Fehler, dann kommt er zu früh auf. Vielleicht viel zu früh. Und dann beginnt er zu grübeln. Was genau ist passiert? Er weiß es nicht, es ging zu schnell.

Im Tunnel: Der Österreicher Stefan Kraft kurz vor seinem Sprung im Weltcup in Titisee-Neustadt im Januar 2021. Dahinter Karl Geiger.

Stabil anfahren, pünktlich abheben und weich aufkommen

Gewinnen die Selbstzweifel die Oberhand, wie bei Geiger im Januar 2021, dann beginnt die beschwerliche Reise zurück zur Bestform. Die kann sich über mehrere Jahre hinziehen. Karl Geiger aber hatte nur wenige Wochen Zeit, weil man eine WM, wenige hundert Meter vor der eigenen Haustür, als Aktiver nur einmal erlebt – wenn überhaupt. Auf der Oberstdorfer Schattenbergschanze und ihren kleinen Nebenschanzen hatte er einst das Skispringen gelernt, Stück für Stück hatte er sich in immer größere Weiten gewagt. Zunächst lernen Grundschüler mit Alpinskiern und ohne Stöcke auf Minischanzen das kleine Einmaleins: stabil anfahren, pünktlich abheben und weich aufkommen. Anders gesagt: ducken, sich etwas strecken, landen und in die Knie gehen. Dann folgen die ersten Einheiten auf Zehn-Meter-Schanzen, erstmals mit Jugend-Sprungskiern, die etwas breiter und mit einer Springerbindung versehen sind. Oft wird dieses Erlebnis zu einem magischen Moment. Denn nun erfahren die Schüler, wie es ist, wenn man ein Luftkissen unter sich spürt, das einen kurz tragen kann. Für Nichtspringer lässt sich das schwer nachvollziehen, aber vermutlich fühlt man sich auf Alpinskiern eher wie ein geworfener Stein, auf den ersten Sprungskiern dagegen schon wie ein kleines, noch etwas schief gefaltetes Papierflugzeug.

Gleich neben den zahlreichen Weltcup-Schanzen sind auch Lern-Versionen errichtet worden, wie Orgelpfeifen stehen sie am Hang, 20-, 40-, 60-Meter-Bakken. Dazu die 90-Meter-Anlage, die als Kleinschanze im Programm der Besten steht und die Karl Geiger wegen

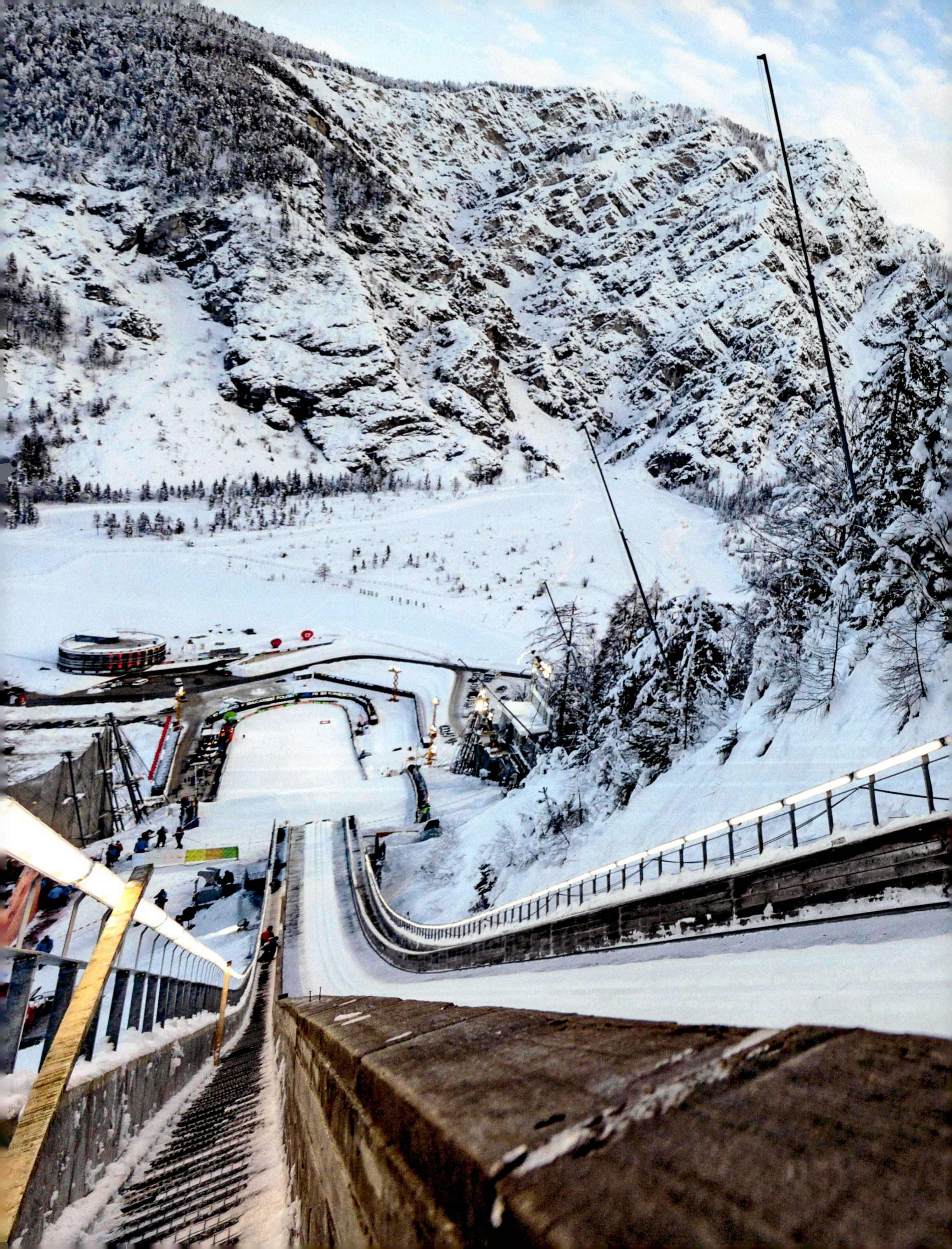

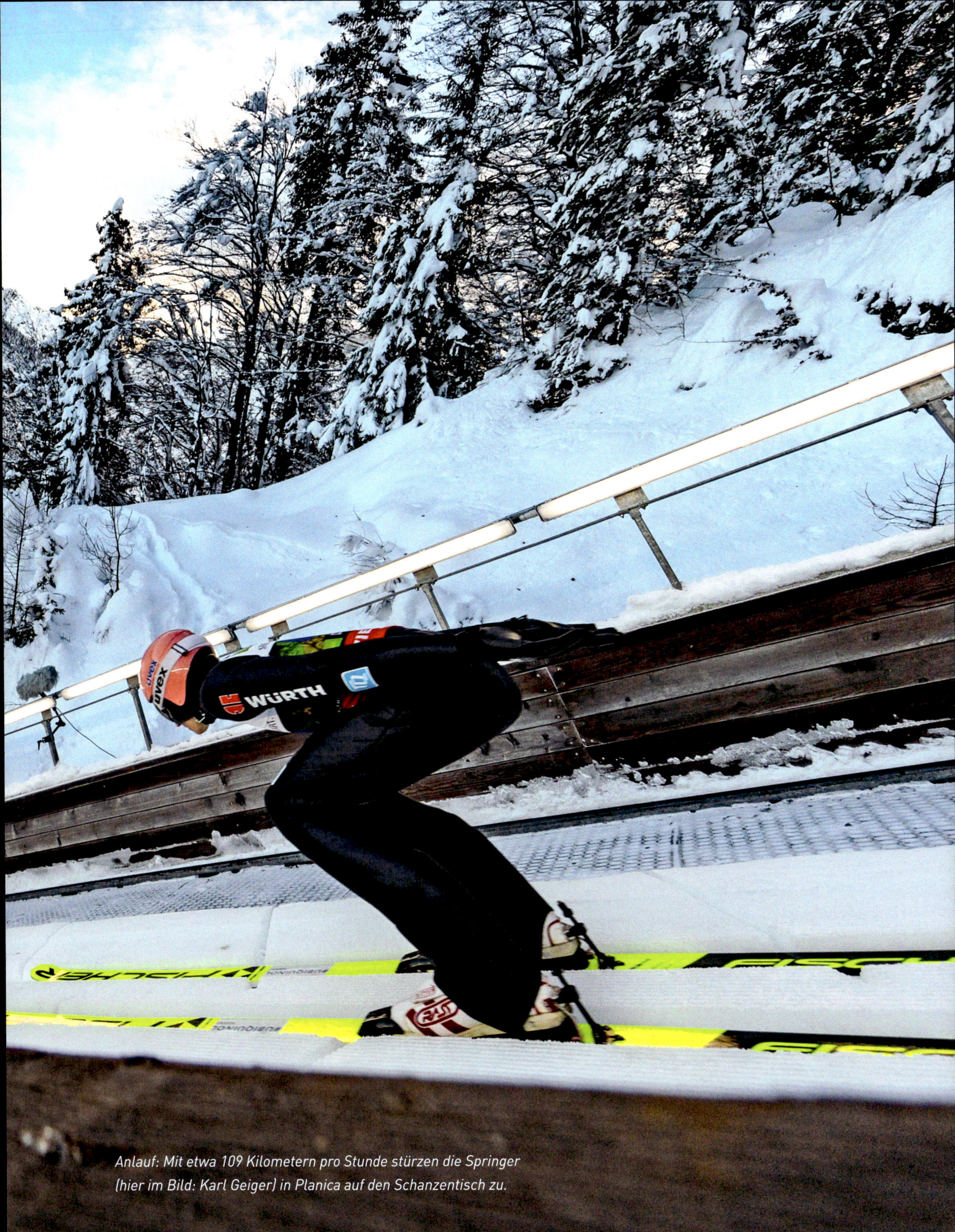

Anlauf: Mit etwa 109 Kilometern pro Stunde stürzen die Springer (hier im Bild: Karl Geiger) in Planica auf den Schanzentisch zu.

der Sprungkraft in seinen langen Beinen schon immer besonders gut beherrschte, was ihm den Spitznamen „Kleinschanzen-Karle" bescherte.

So einen Namen wird ein Sportler dann erst mal nicht mehr los, und wenn ein Skispringer mit zunehmender Verzweiflung nach seiner Form sucht, dann kann er womöglich nicht mehr wie sonst darüber lächeln. Vielleicht fragt er sich sogar, ob es sich nun bewahrheitet, dass er eben doch kein stabiler Weitflieger geworden ist, der auch die Großschanzen beherrscht. Und womöglich glaubt er, dass die Erfolge, die er in diesem Winter schon eingefahren hat, eben nur auf Glück beruhten.

Ein anderer Tonfall

Wer im Dunkeln seine verlorene Form sucht, wer zweifelt, verzagt, hofft und immer wieder von vorne durch diesen Kreislauf geht, dem hilft eher keine Anweisung, sondern nur Unterstützung. Im Skispringen haben die Teams daher schon eine andere Grundlage für ihren Sport als viele andere Disziplinen. Der Tonfall ist tendenziell entspannt, es geht weniger ums Antreiben und Selbstüberwinden als um ein inneres Gleichgewicht. Weil Skispringer nicht nur von November bis Ende März, sondern auch noch im Sommer fortwährend auf Reisen sind, wird Wert auf ausgesuchte Hotels gelegt, die eine ruhige Lage bieten, dazu die richtige spezifische Ernährung, auch Sauna, Fitnessraum und Behandlungsmöglichkeiten, kurz: Unterkünfte, bei denen man im nächsten Jahr wieder einkehrt. Zudem herrscht untereinander meist ein professioneller, achtsamer Umgang und oftmals auch optimistischer, respektvoller Grundton. Severin Freund etwa hat 2015, als er schon Weltmeister und Team-Olympiasieger war, über sein nächstes großes Ziel gesagt: „Irgendwann kommt die Vierschanzentournee auch mal zu mir."

Weil aber die Wege der Form in diesem Sport so verschlungen sein können, nutzten die Protagonisten zwangsläufig schon sehr früh eine neuartige Methode, die in manchen Sportarten noch lange von den Schleifern unter den Trainern belächelt wurde: die psychologische Beratung oder, weniger nach Krankheit klingend, die Mentalarbeit. Die meisten Teammitglieder fanden sofort einen Zugang zu dieser Arbeit, denn ihr Sport ist ja auch eine teils bizarre Veranstaltung, die einen zwingt, über den Tellerrand hinauszuschauen. Skispringen verlangt zusätzliche, sogar gegensätzliche Disziplinen, die mit Kraft oder Lungenvolumen nichts zu tun haben: Gleichgewichtssinn, Luft-Anströmungsgespür, Eleganz, Detailtreue, technisches Verständnis, Gefühl in den Fußsohlen und Geschick an Körperstellen, die andere Sportler vielleicht niemals bewusst einsetzen. Ohne die Zehenspitzen beim Absprung geht gar nichts, auch die Fingerspitzen sind wichtig, mit ihnen steuert man den Flug. Und einige wenige setzen auch ihre Lippen ein, vielleicht auch nur aus Gewohnheit, jedenfalls fliegen sie seit Jahren mit offenem Mund.

Denk halt einfach positiv

In den Nullerjahren begannen sich also mehr und mehr Sprungtrainer für Formen externer Unterstützung zu interessieren, was ja irgendwann passieren musste in einem Sport, der in der entscheidenden Phase nicht bewusst steuerbar ist. In Österreich setzten die Superadler unter Alexander Pointner auf alle möglichen Formen der Mentalarbeit. Sie arbeiteten unter anderem mit Techniken der Visualisierung von

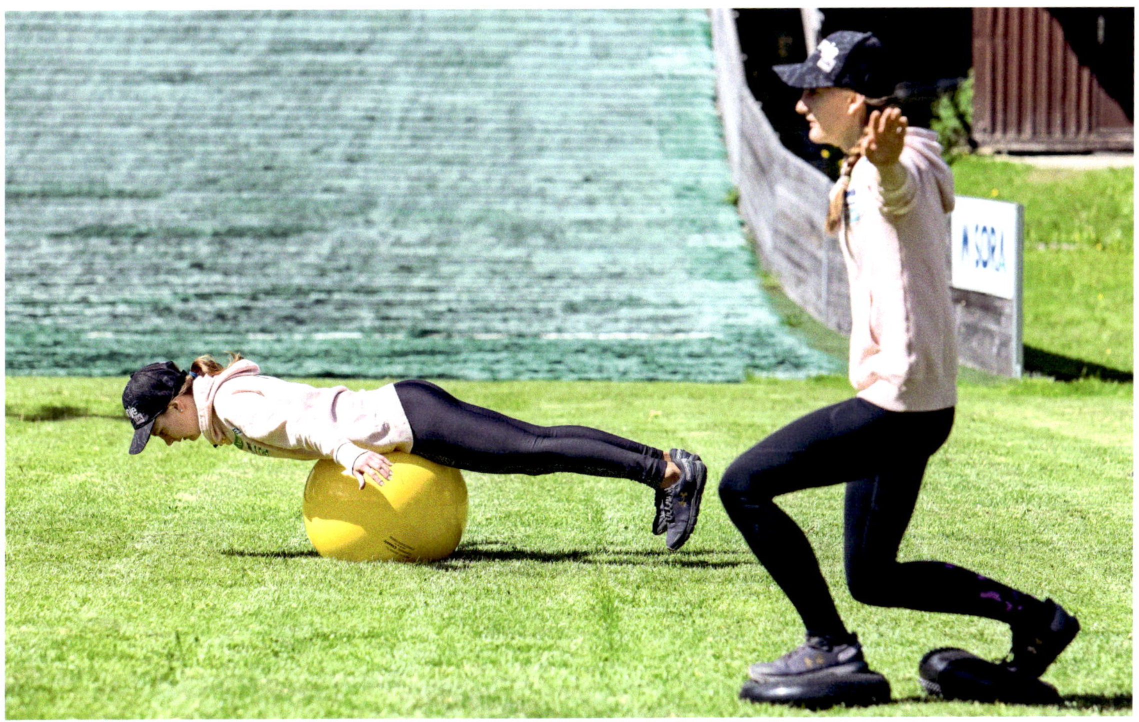

Skispringen erfordert neben Athletik ganz viel Gleichgewichtssinn, der ständig trainiert werden muss. Hier trainieren Weltmeisterin Ema Klinec (2021 in Oberstdorf von der Normalschanze) und Nachwuchsspringerin Katra Komar im slowenischen Žiri.

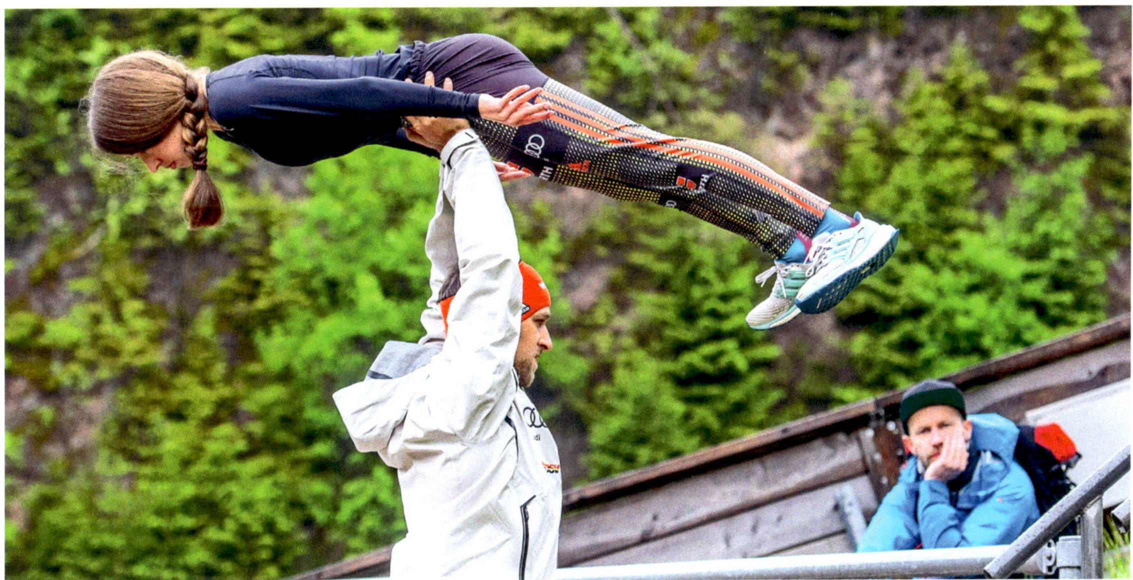

Klassiker der Trainingsübungen. Vorgeführt von der deutschen Springerin Juliane Seyfarth.

Situationen, sie erweiterten ihre optische Wahrnehmung oder trainierten ihr Gedächtnis.

Viele Nationalteams lassen sich mittlerweile von Profis helfen, manche Topathleten vertrauen speziellen Mentaltrainern. Der Österreicher Werner Schuster, elf Jahre lang Chefcoach bei den Deutschen, holte sich Unterstützung von Oskar Handow, einem Diplom-Psychologen, der auch in der Wirtschaft Teams und Führungskräfte berät. Das deutsche Sprungteam und dessen Medaillenerfolge begleitete Handow über viele Jahre. Es ging um alles Mögliche: das Umfeld, die Ansprache, die Herangehensweise des Coaches und natürlich die Springer und ihre wiederkehrenden typischen Probleme, die Zweifel im Formtief oder die Sorgen vor übergroßen Aufgaben wie Weltmeisterschaften.

Denk halt einfach positiv – das ist tatsächlich allen möglichen Menschen geraten worden, doch wenn man es nicht allgemein, also nach dem Motto von Think Pink versteht, sondern in einem konkreten Sinne, dann wird dieser Hinweis hilfreich. Handow schreibt als Gastautor in Schusters Biografie „Abheben. Von der Kunst, ein Team zu beflügeln" über die Fähigkeit, Ängste zu überwinden. Ansetzen kann der Zweifelnde am besten an dem, was jeder Mensch kennt und was jeden Menschen in Gedankenstrudel reißt: die inneren Selbstgespräche. Diese zu bearbeiten, so Handow, könne mit einer Technik namens Selbstgesprächsregulation gelingen. Allerdings nur, wenn man, nachdem man seine destruktiven Gedanken wahrgenommen hat, das Selbstgespräch bewusst lenkt und positive Sätze formuliert. Denn es sei unserem Unterbewusstsein nicht möglich, Verneinungen zu verarbeiten, erklärt Handow. Weise man sich selber an, eine fälschlich angewöhnte Bewegung in den zwei Zehntel-

Aufwärmprogramm von Karl Geiger vor dem Sprung von der Hochfirstschanze in Titisee-Neustadt.

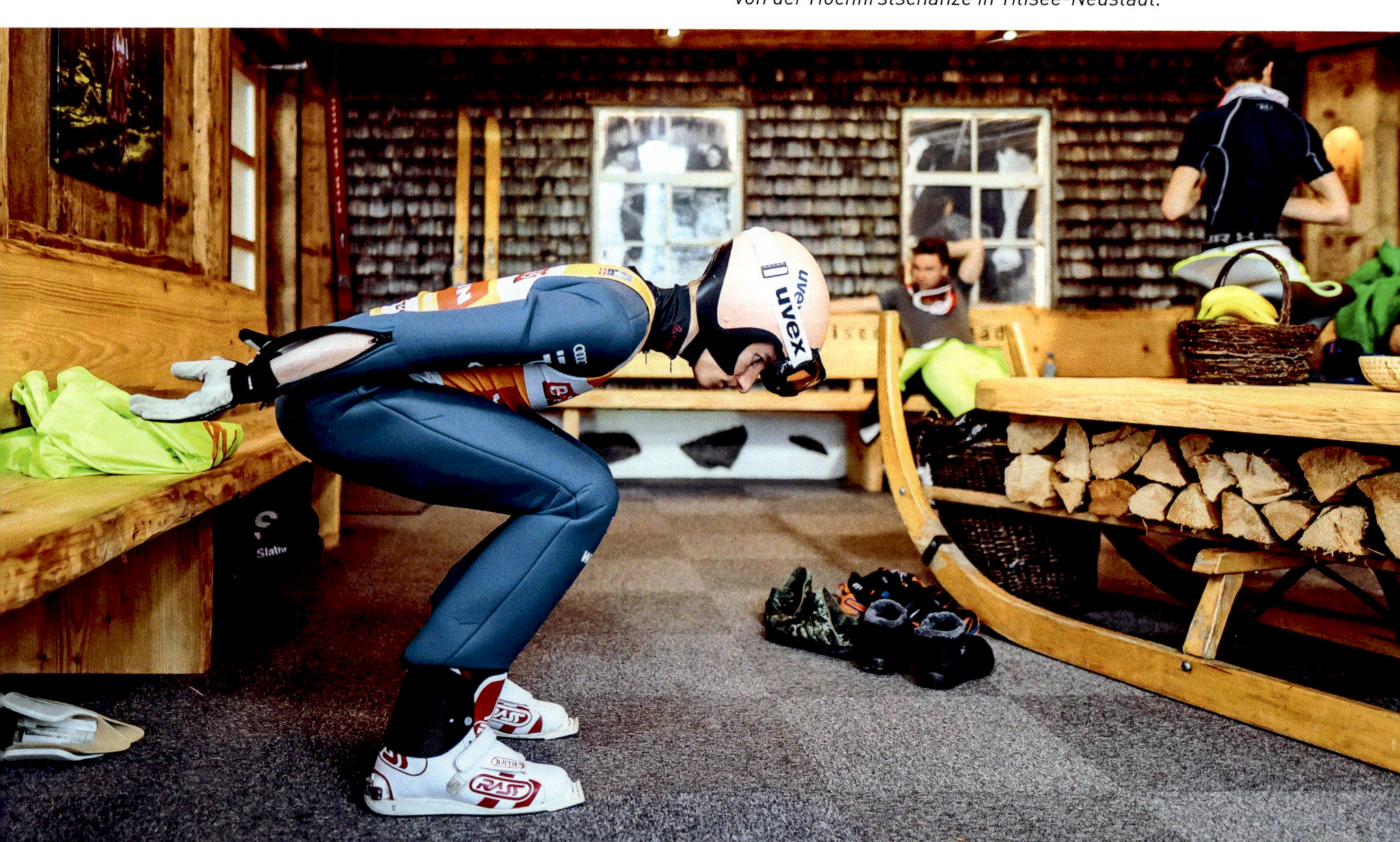

sekunden des Absprungs endlich zu unterlassen, dann wird das kaum funktionieren. Denke man indes in positiv formulierten Gedanken, und am besten nicht über ein Ergebnis, sondern über einzelne konkrete Handlungen, so kann das Unterbewusstsein einen Ausweg finden.

Dies ist eines von etlichen Beispielen für Mentalarbeit. Und nicht nur der Einzelne, auch der Teamgeist braucht mentale Unterstützung. Vieles wurde probiert, manches verworfen, anderes führte zu interessanten Ergebnissen. Pointners Superadler suchten 2008 mittels Improvisationstheater nach ihrem Status, ihrer Stellung im Team. Mögliche Spannungen sollten so erkannt und angesprochen werden. Zufällig im selben Sommer war Schuster bei den Deutschen eingestiegen. Sein langfristiger Erfolg beim DSV beruhte auch auf einer Kultur des gegenseitigen Helfens. Jeder könne einmal seine Form verlieren und dann auch umgekehrt sich als Topspringer wieder vor andere Formverlierer stellen – dieses Denken hatte Schuster nicht zuletzt auf einer Radtour zu Beginn seiner Amtszeit angestoßen. Die Springer, die zumeist Radfahren verachteten, fanden dennoch zusammen, und auch die Trainingsexperten, die einen zu starken Muskelaufbau an den Pedalen befürchteten, mussten sich damit abfinden, dass die gesamte Mannschaft drei Tage lang von Garmisch-Partenkirchen über den Oberjoch-Pass nach Oberstdorf radelte.

Mentaltrainer, Visualisierungstechniken und ein Notizbuch

Karl Geiger, damals erst 15 Jahre alt, war noch nicht dabei. Sein Weg führte erst später an die Spitze, mit 25 Jahren, als er unter anderem WM-Zweiter in Innsbruck wurde. Anders als etwa der impulsive Markus Eisenbichler, mit dem er sich auf Reisen ein Doppelzimmer seit Juniorenzeiten teilt, ist Geiger mehr ein Verstandesmensch. Und der Spitzname „Ingenieur“ ist ein Kompliment, das er sich hart verdient hat. Unter den vielen emotionalen, launischen, intuitiv handelnden Sprung-Genies reihte sich Geiger nun ein als sachlicher, zielstrebiger Denker. Seine Welt ist weniger die Gefühlsarbeit als die Logik. Denn er ist ja tatsächlich ein Ingenieur, nachdem er an der Hochschule in Kempten während seiner Sprungjahre den Bachelor of Engineering in Energie- und Umwelttechnik abgelegt hatte. Für seine Mentalarbeit hatte er nun drei Trümpfe: einen Abschluss, also eine offizielle Bestätigung als Technik-Versteher, wissenschaftliches Interesse an seinem Sport – und sein Notizbuch.

Um einen verkorksten Absprung wieder zu einem Katapult zu machen, programmieren sich manche Springer also mit Hilfe von Mentalcoaches neu, manche behelfen sich mit Übungen wie Visualisierungstechniken, Geiger aber schreibt alles auf. Seit Jahren führt er das Notizbuch, gewissenhaft ordnet er seine Erkenntnisse, möglichst bald nach dem Sprung, solange diese noch frisch sind. Dabei unterscheidet er in Ursache, Wirkung und Lösungswege, wie er in einem Interview mit dem Bayerischen Fernsehen erklärte. „Ich schaue nach: Welche Fehler kommen immer wieder?“, sagte er, diese würden sich „in gewissen Schleifen wiederholen“. Entscheidend aber sind die Bewegungen, Veränderungen, durch die er dann irgendwann doch den Absprung hingekriegt, „die Schanze geknackt“ hatte. Auch das steht alles in seinen Notizen, und weil man an den meisten Wettkampforten auch im nächsten Jahr wieder springt, hat Geiger nun ein persönliches, immer präziser werdendes Schanzen-Logbuch zur Hand.

Karl Geigers Corona-Saison 2020/21: wie eine Karriere im Zeitraffer

Geiger zählte zunächst zu den grauen Athleten, die kaum auffallen, natürlich auch deshalb, weil zunächst der Erfolg ausbleibt. Jedoch auch, weil sie immer in Gedanken sind und sich in Interviews bemühen, nichts Falsches zu sagen. Geiger blieb bei den leisen Tönen, man glaubte, er würde wohl nie im Mittelpunkt stehen wie sein Freund Eisenbichler, der bei Olympia vor versammeltem Publikum einen Schuhplattler im Deutschen Haus hinlegte. Aber dann kam der Corona-Winter 2020/21, und der Oberstdorfer war plötzlich jedem wintersportinteressierten Zuschauer ein fester Begriff.

Geiger zeigte in den ersten Weltcups zunächst noch durchschnittliche Ergebnisse, lag aber im Bereich der besten 30 Springer. Dann, vielleicht weil ihm sein Logbuch den Weg wies, war er plötzlich Weltmeister. Weil die zuvor im März ausgefallene Skiflug-Weltmeisterschaft nun in den Dezember verlegt wurde, konnte er erstmals richtig zeigen, was in ihm steckt. Geiger gewann äußerst knapp mit einem halben Punkt Vorsprung vor dem norwegischen Favoriten Halvor Egner Granerud. In Oberstdorf erwartete seine hochschwangere Frau die Wehen, was Geiger aber nicht ablenkte. Mit der Goldmedaille flog er auf schnellstem Wege nach Hause, und kurz nachdem seine Tochter zur Welt gekommen war, erfuhr er, dass er Corona-positiv war. Die wohl aufregendsten Tage seines bisherigen Lebens durfte er also in Quarantäne verbringen, alleine mit sich und wohl auch seinem Notizbuch. Als er zurückkam, gewann Geiger das Auftaktspringen der Vierschanzentournee, bestätigte die Leistung in Garmisch und verlor aber die Serie schon in Innsbruck, wegen Windes und auch wegen eines schlechten Sprunges. Was zeigt, dass auch die positive, schriftlich fixierte Selbsterfahrung nicht immer hilft.

Geiger fiel in den kommenden Wochen sportlich in ein Loch. Zweifelnd saß er oben auf dem schmalen Startbalken und schlug nach der Landung manchmal die Hände vors Gesicht. Sein Notizbuch aber begleitete ihn weiterhin, allein das war eine Stütze, außerdem seine Erfahrung. Man könne sich ja im Sport nichts davon kaufen, was vor zwei Jahren war, sagt Geiger, es sei denn, man suche nüchtern nach dem Fehler und lerne dazu: „Jeder Tag ist wieder neu", und alles kann passieren. Er machte also weiter, schöpfte nach Teilerfolgen wieder Hoffnung und war pünktlich zur Heim-Weltmeisterschaft in Oberstdorf zurück unter den Besten. Diese Form behielt er bis zum Saisonschluss, dem siegreichen Happyend eines erlebnisreichen Winters, der natürlich noch lange nicht Geigers Karriereende darstellte. Obwohl – mit einem, sagte Trainer Stefan Horngacher, mit einem Vorurteil sei es nun tatsächlich vorbei.

Karl Geiger, der am Ende der Saison auf der Skiflugschanze von Planica zwei weitere Male im Einzel und einmal mit dem Team gewann, der hier sogar einen Schanzenrekord aufstellte, der sich zwar nicht schulmäßig mental coacht, aber doch systematisch optimiert und immer gelassener wirkte, dieser Geiger beherrschte also auch die großen Hügel, die 250-Meter-Monsterbakken. „Kleinschanzen-Karle", erklärte Trainer Stefan Horngacher, sei nun Geschichte.

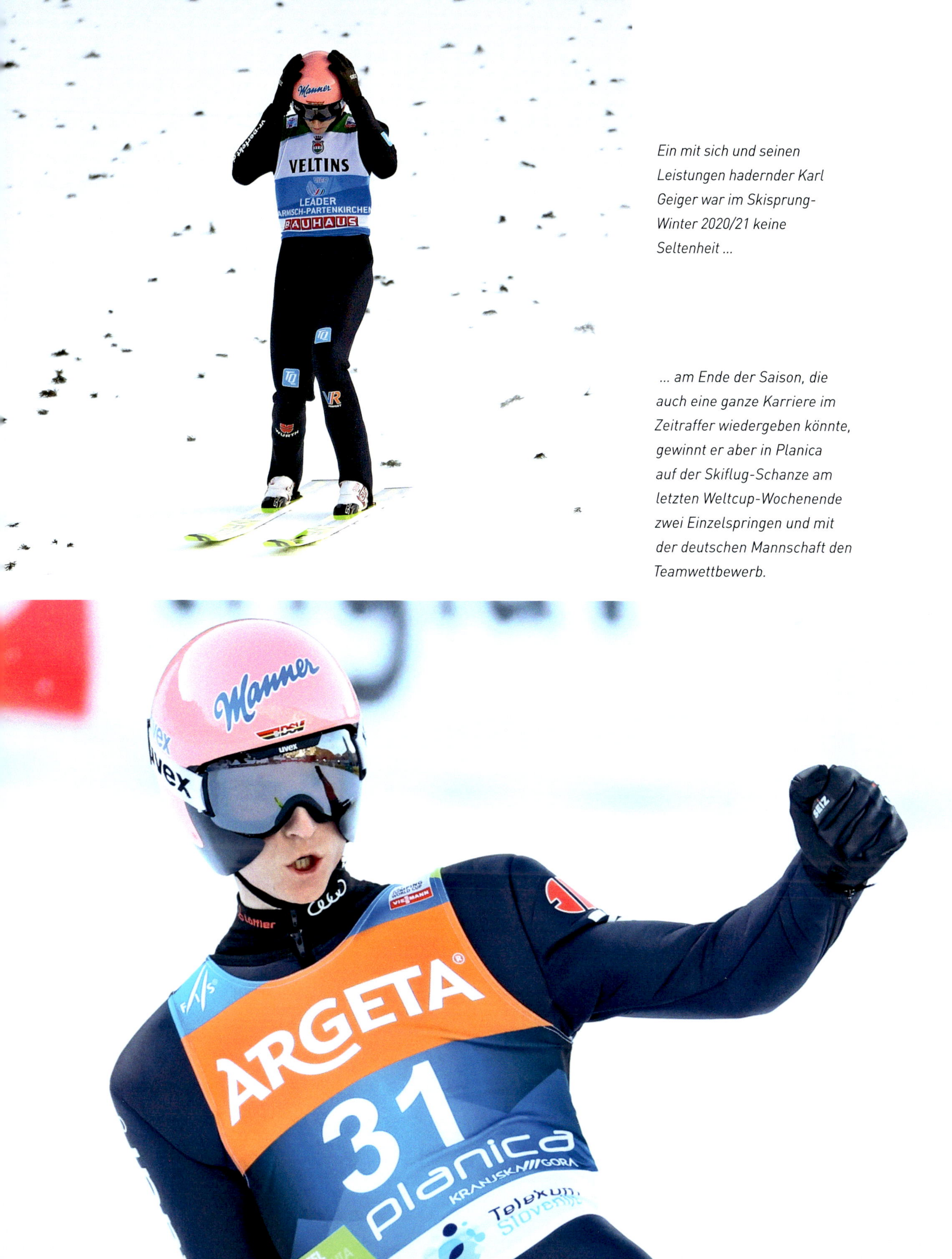

Ein mit sich und seinen Leistungen hadernder Karl Geiger war im Skisprung-Winter 2020/21 keine Seltenheit …

… am Ende der Saison, die auch eine ganze Karriere im Zeitraffer wiedergeben könnte, gewinnt er aber in Planica auf der Skiflug-Schanze am letzten Weltcup-Wochenende zwei Einzelspringen und mit der deutschen Mannschaft den Teamwettbewerb.

4 Stürze, schwere Verletzungen

Was ein Aufprall aus sechs bis acht Metern mit dem Selbstvertrauen von Springern anstellt. Vom Kampf gegen Seitenwind, schlechte Sicht und eigenen Leichtsinn.

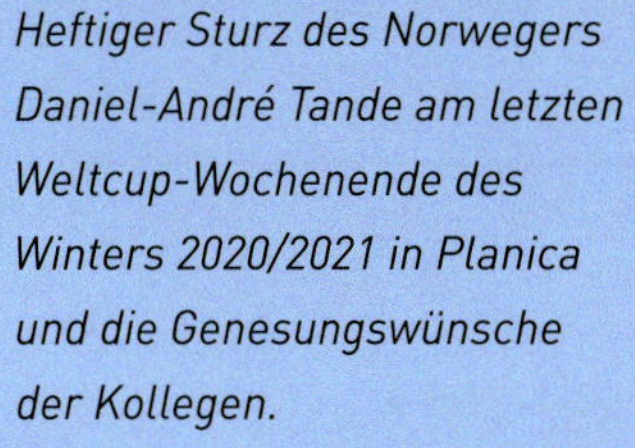

Heftiger Sturz des Norwegers Daniel-André Tande am letzten Weltcup-Wochenende des Winters 2020/2021 in Planica und die Genesungswünsche der Kollegen.

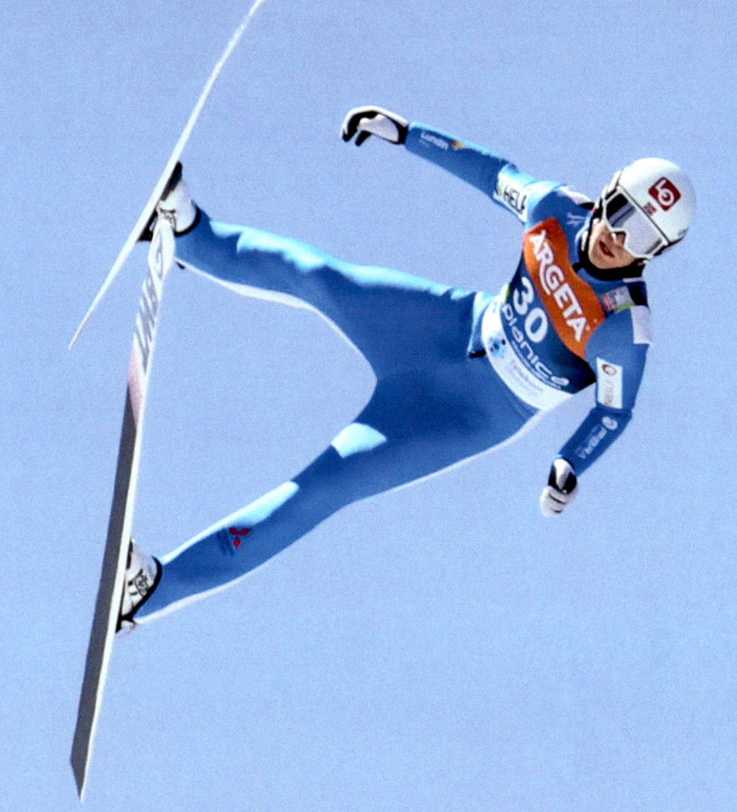

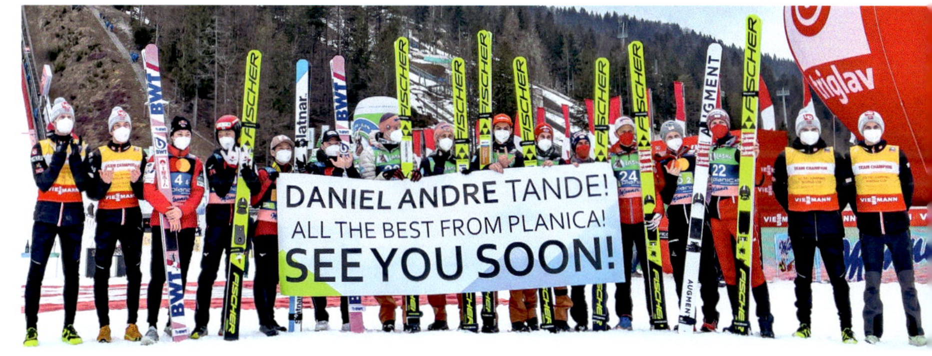

Die Sekunden, in denen Daniel-André Tande stürzte und den Hang hinabrutschte, wollten nicht enden. Wegen des Zuschauerverbots war es ohnehin schon fast still an der Skiflug-Schanze von Planica in Slowenien. Es lief gerade der letzte Weltcup des Winters 2021, der Saison in der Corona-Pandemie. Und dann, in der Qualifikation, war auf einmal gar keine Stimme mehr zu hören, weil jeder den Atem anhielt, als Tande zu Beginn der Flugphase auf den Vorbau der Schanze gefallen war, dabei das Bewusstsein verlor und weiter rutschte. Sein Körper hüpfte leicht, schlug wieder auf und stürzte unkoordiniert den Hang hinab, bis er irgendwann endlich liegen blieb.

Skispringer, ihre Betreuer und auch das Publikum sind vieles gewohnt, aber diese Szene und vor allem das stundenlange Bangen danach um die Gesundheit Tandes konnten sie ins Grübeln bringen. Natürlich würde ein populärer und etablierter Sport wie das Skispringen, ein wichtiger Teil der Unterhaltungsbranche des Winters, wegen eines einzigen Vorfalls nicht aus dem Programm genommen, und doch meldete sich die Frage: Warum eigentlich nicht? Wenigstens für den Moment, für diesen Tag.

Am Nachmittag dann gaben die Ärzte Entwarnung, und im Laufe des Abends wurde immer deutlicher, dass Tande viel Glück hatte, dass wohl erstaunlich wenig passiert war, ein Schlüsselbeinbruch, eine leichte Lungenverletzung, Prellungen. Ob und wann dieser Weltklassespringer zurückkehren würde, konnte niemand abschätzen. Deutlich wurde aber noch einmal, wie viel Vorsicht und Konzentration immer wieder nötig ist, damit in dieser Unterhaltungssparte nichts passiert, und wie nahe die Springer sich im Wettstreit immer wieder bis an – oder über – die Grenze des sicheren Bereichs wagen.

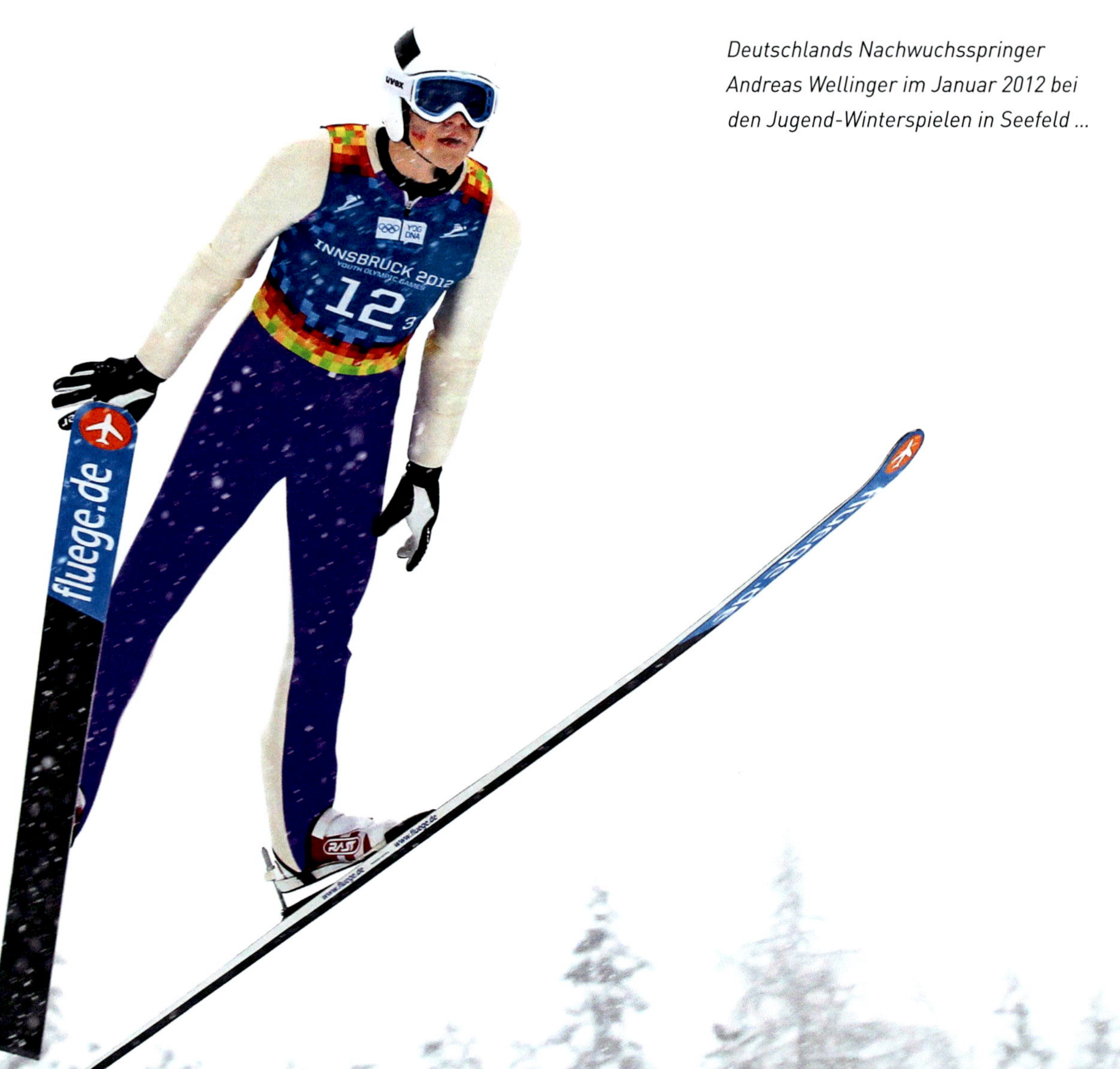

Deutschlands Nachwuchsspringer Andreas Wellinger im Januar 2012 bei den Jugend-Winterspielen in Seefeld …

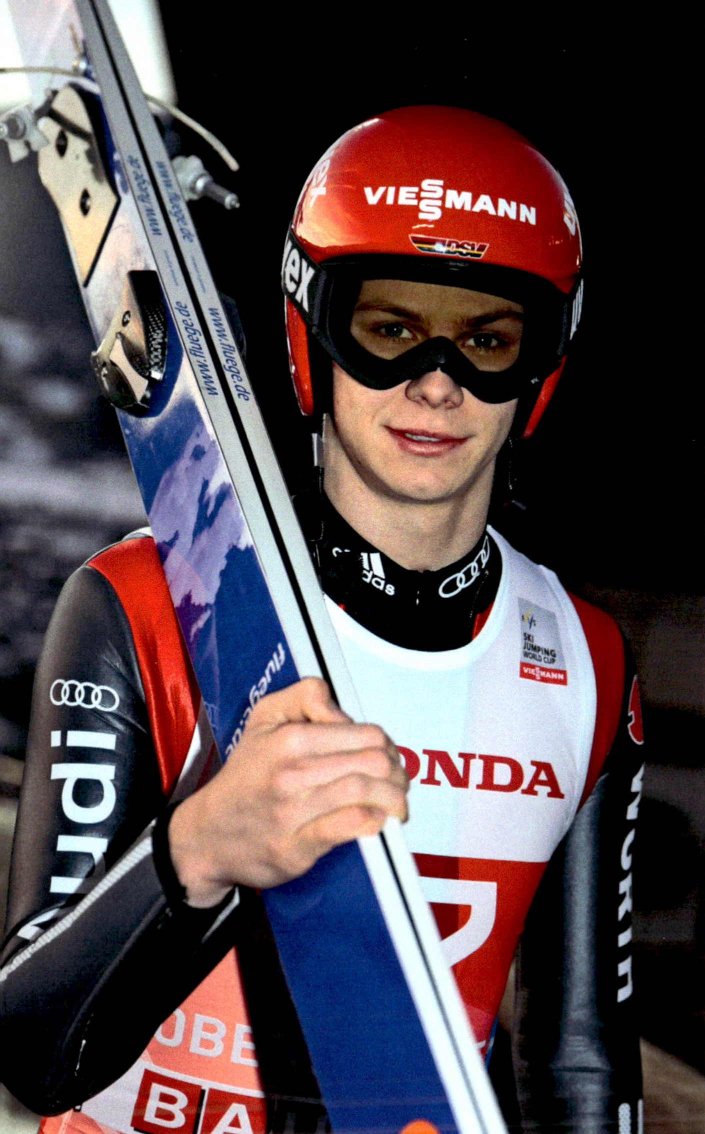

... und schon im Oktober 2012 als 17-jähriger Weltcup-Springer in Oberstdorf.

„Ist das einer von uns?"

Dabei gäbe es keinen Anlass, sich über schwere Verletzungen zu wundern. Wie im Motorsport, im alpinen Abfahrtsrennen, wie in jeder Disziplin, in der Tempo und enorme Kräfte im Spiel sind, kommt es auch im Skispringen zu heftigen Unfällen. Sie sind nicht nur Folge von Fehlern, sondern hängen auch mit dem Motiv Gefahr zusammen, das vielen Sportarten zugrunde liegt. Auch das Skispringen vermarktet sich mit der Außergewöhnlichkeit seiner Adler, die die Schwerkraft überwinden und dabei ins Risiko gehen. Die Konsequenz sind Sturzverletzungen. Und obwohl fast alle körperlichen Blessuren wieder komplett ausheilen, haben sie doch Folgen.

Nicht selten bekommt die einst wie im Schlaf beherrschte Wettkampfform des gestürzten Springers einen Knacks. Schon die geringste Änderung aus Vorsicht, ein minimal weniger dynamischer Absprung, eine Verspätung beim Abheben vom Schanzentisch, eine zu steile, somit bremsende Haltung der Skispitzen im Flug führt dazu, dass ein einst routinierter Siegspringer nur noch jenseits der besten 30 landet und womöglich selbst nicht versteht, warum er keine Chance mehr hat. Viele werden ungeduldig, blockieren innerlich und entfernen sich noch weiter vom alten Fluggefühl. Ein Kreuzbandriss ist normalerweise nach gut einem halben Jahr verheilt. Fußballer, Leichtathleten, Turner und die meisten anderen Sportler wissen, dass sie nach entsprechendem Training bald wieder zurückkommen. Bei Skispringern dauert es meistens länger, manchmal viel länger – wie etwa beim Olympiasieger Andreas Wellinger.

Wellinger, geboren und aufgewachsen im Chiemgau, springend für den Skiclub Ruhpolding, gilt als das größte deutsche Skisprungtalent in dieser Zeit. Aber das große Publikum hat ihn, seit er auf die Bühne kam, oft nur für einen Moment fliegen und gewinnen sehen, ehe er wieder abtauchte in Operation, Ruhephase, Regeneration und sich dann aufmachte auf den langen Weg der Formsuche.

Der damalige Bundestrainer Werner Schuster beschreibt in seiner Biografie „Abheben" ausführlich, wie er im Sommer 2012 bei einem Lehrgang in Courchevel in den französischen Alpen ins Staunen geriet. Der Trainingskurs in Frankreich sollte mal wieder Dynamik und Transparenz in die Mannschaft bringen. Die Besseren erkannten, dass ihre Position nicht selbstverständlich war, die Jüngeren konnten sich zeigen. Schuster kannte noch nicht alle und schaute erst mal nur zu. Weil zeitgleich auch das französische Nachwuchsteam trainierte, herrschte reger Betrieb. Doch schon beim Betreten des Trainerstandes war Schuster ein junger Springer aufgefallen. Der trug einen blauen Anzug, hatte lange Beine und sprang unbekümmert ab. Offenbar war es einer aus dem C-Kader. Beim nächsten Sprung wiederholte dieser seine Vorführung, natürlich noch mit gewissen Ecken und Kanten im Gesamtablauf, aber doch für sein Alter mit außergewöhnlicher Leichtigkeit. Nach dem nächsten Versuch staunte Schuster noch mehr und befürchtete plötzlich: Hoffentlich ist das nicht einer von den jungen Franzosen. Er funkte den C-Kader-Trainer an: „Der im blauen Anzug, ist das einer von uns?“ Ja, gab der Kollege durch, „das ist der Andi Wellinger“.

Die große Verantwortung der Trainer

17 Jahre alt war er damals, das deutsche Skispringen hatte nach Jahren mäßigen Erfolges gerade wieder zwei Weltklassespringer aufgebaut, nämlich Severin Freund und Richard Freitag, und dazu eine Reihe solider Teamkollegen. Und nun kam offensichtlich vom Stützpunkt Ruhpolding ein überragendes Talent. Wellinger hatte eine unerschrockene Art, war technisch begabt und ehrgeizig. Noch in der folgenden Saison schaffte er es in das Weltcupteam, erreichte im November einen fünften Platz, bald darauf wurde er in Engelberg Zweiter, zeigte für einen Weltcup-Neuling weiterhin eine erstaunliche Saison, an deren Ende er unbedingt auch den nächsten Schritt wagen wollte, nämlich das Skifliegen auf der Riesenschanze in Planica.

Schuster rang mit sich, eigentlich kam dieser Einsatz noch zu früh, denn Wellinger fehlte die Erfahrung für die Herausforderung, für die Kräfte, die bei einem 200-Meter-Flug herrschen. Doch war er auch kein normaler Schüler, er hatte schon eine Saison auf hohem Niveau hinter sich. Und er sprang, als wäre er ganz im Fluss, zeigte instinktiv die richtigen Bewegungen, und der Wind in Planica blieb ruhig. Und als Schuster ihn also zur Probe fliegen ließ, erreichte Wellinger zunächst auch 192 Meter.

Die Verantwortung der Trainer ist ohnehin groß, und bei jungen Springern, die kaum Erfahrung haben, um auf überraschende Situationen zu reagieren, noch größer. Im Probedurchgang fürs Teamspringen am nächsten Tag verspätete sich Wellinger am Schanzentisch, er geriet in Vorlage, dann zeigte sein rechter Ski zu Boden und der Springer sackte weg. Die Beobachter auf dem Trainerstand hielten den Atem an. Die zweite Phase des Sturzes hinter dem Vorbau, dem oberen Teil des Aufsprung-Hanges, konnten sie nicht sehen. Doch über Funk kam Entwarnung. Hatte Wellinger eine instinktiv richtige Schutzbewegung gemacht? Profitierte er noch von seinem jungen und widerstandsfähigen Körper? Oder war es einfach Glück? Jedenfalls, so hörte es Schuster über Funk, stand Wellinger gerade auf und suchte auf dem riesigen Auslauf nach seinen Skiern.

Am 27. März 2013 stürzt Andreas Wellinger auf der Skiflugschanze in Planica. Allerdings hat er Glück im Unglück, nach dem Sturz kann er einfach aufstehen – und praktisch gleich wieder springen, um das negative Erlebnis zu „überschreiben“.

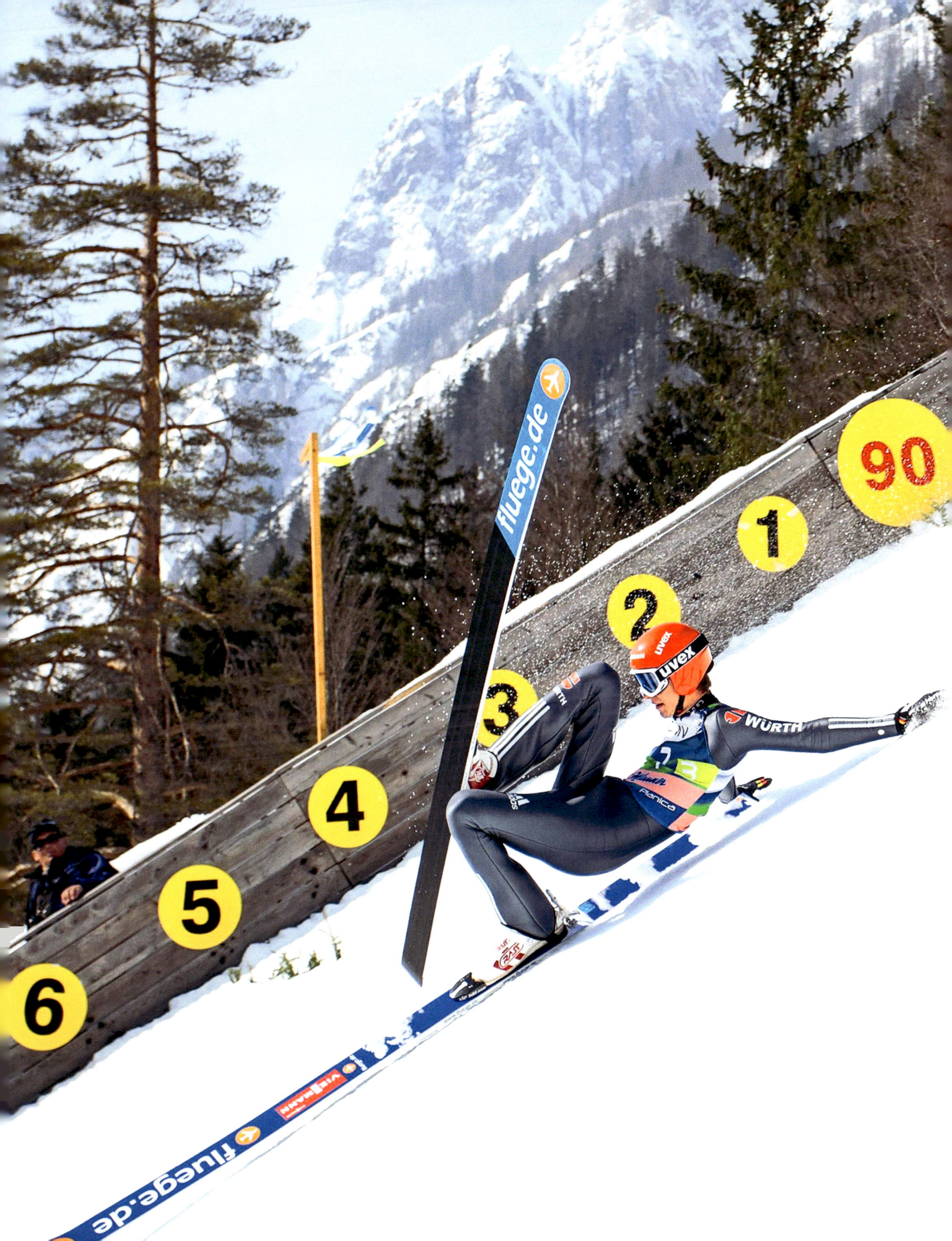

fluege.de
90
1
2
3
4
5
6
uvex
WÜRTH
Planica
fluege.de

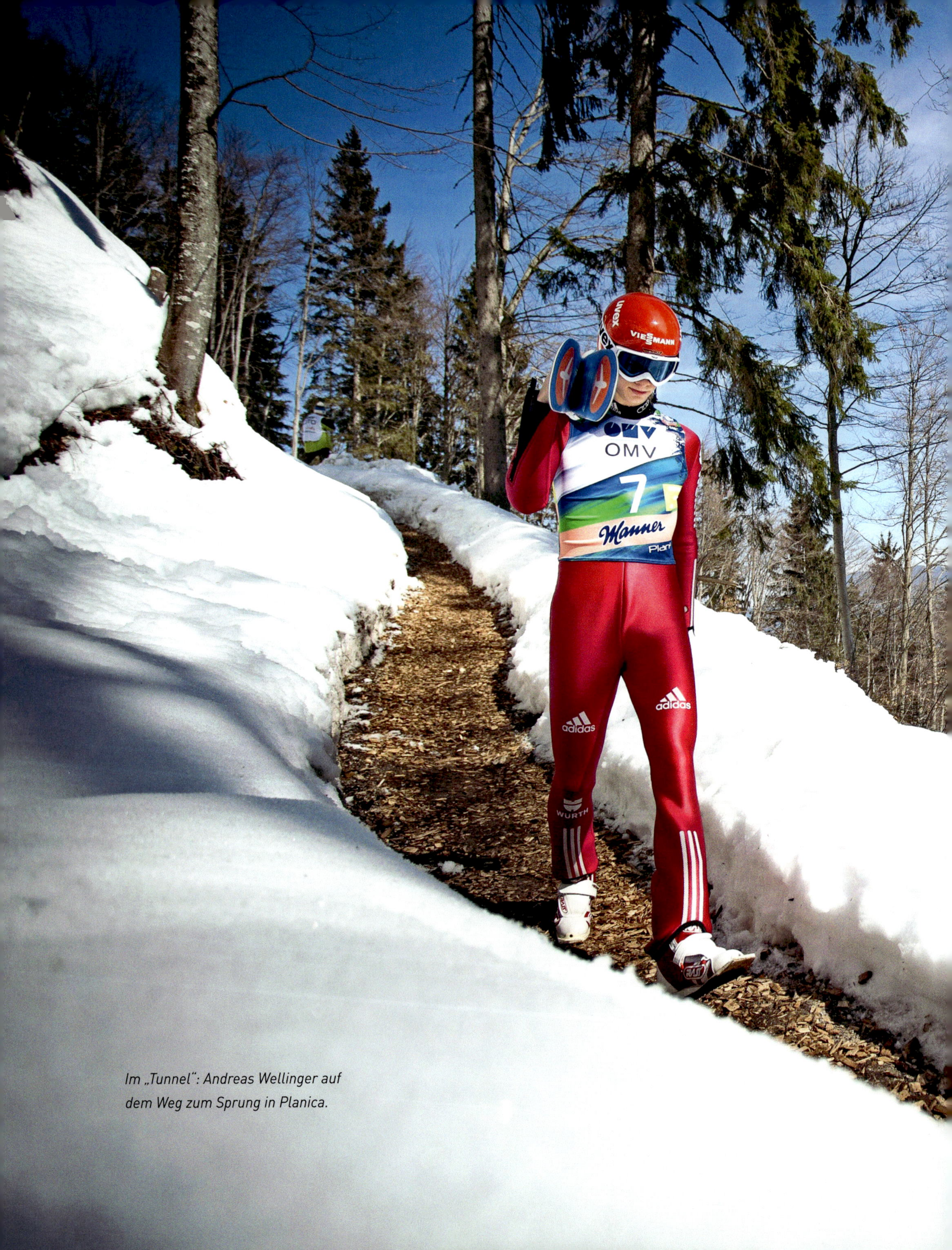

Im „Tunnel": Andreas Wellinger auf dem Weg zum Sprung in Planica.

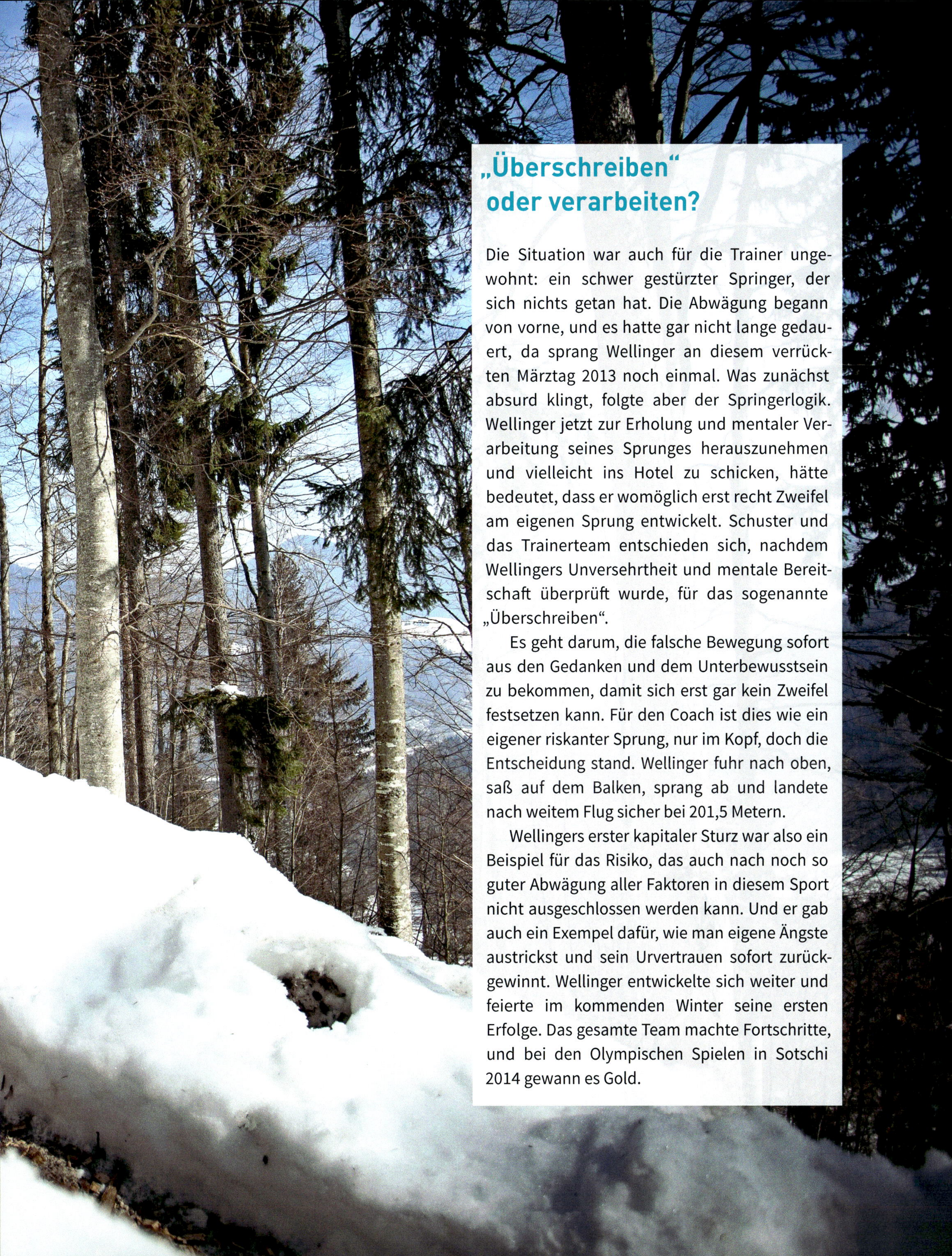

„Überschreiben“ oder verarbeiten?

Die Situation war auch für die Trainer ungewohnt: ein schwer gestürzter Springer, der sich nichts getan hat. Die Abwägung begann von vorne, und es hatte gar nicht lange gedauert, da sprang Wellinger an diesem verrückten Märztag 2013 noch einmal. Was zunächst absurd klingt, folgte aber der Springerlogik. Wellinger jetzt zur Erholung und mentaler Verarbeitung seines Sprunges herauszunehmen und vielleicht ins Hotel zu schicken, hätte bedeutet, dass er womöglich erst recht Zweifel am eigenen Sprung entwickelt. Schuster und das Trainerteam entschieden sich, nachdem Wellingers Unversehrtheit und mentale Bereitschaft überprüft wurde, für das sogenannte „Überschreiben“.

Es geht darum, die falsche Bewegung sofort aus den Gedanken und dem Unterbewusstsein zu bekommen, damit sich erst gar kein Zweifel festsetzen kann. Für den Coach ist dies wie ein eigener riskanter Sprung, nur im Kopf, doch die Entscheidung stand. Wellinger fuhr nach oben, saß auf dem Balken, sprang ab und landete nach weitem Flug sicher bei 201,5 Metern.

Wellingers erster kapitaler Sturz war also ein Beispiel für das Risiko, das auch nach noch so guter Abwägung aller Faktoren in diesem Sport nicht ausgeschlossen werden kann. Und er gab auch ein Exempel dafür, wie man eigene Ängste austrickst und sein Urvertrauen sofort zurückgewinnt. Wellinger entwickelte sich weiter und feierte im kommenden Winter seine ersten Erfolge. Das gesamte Team machte Fortschritte, und bei den Olympischen Spielen in Sotschi 2014 gewann es Gold.

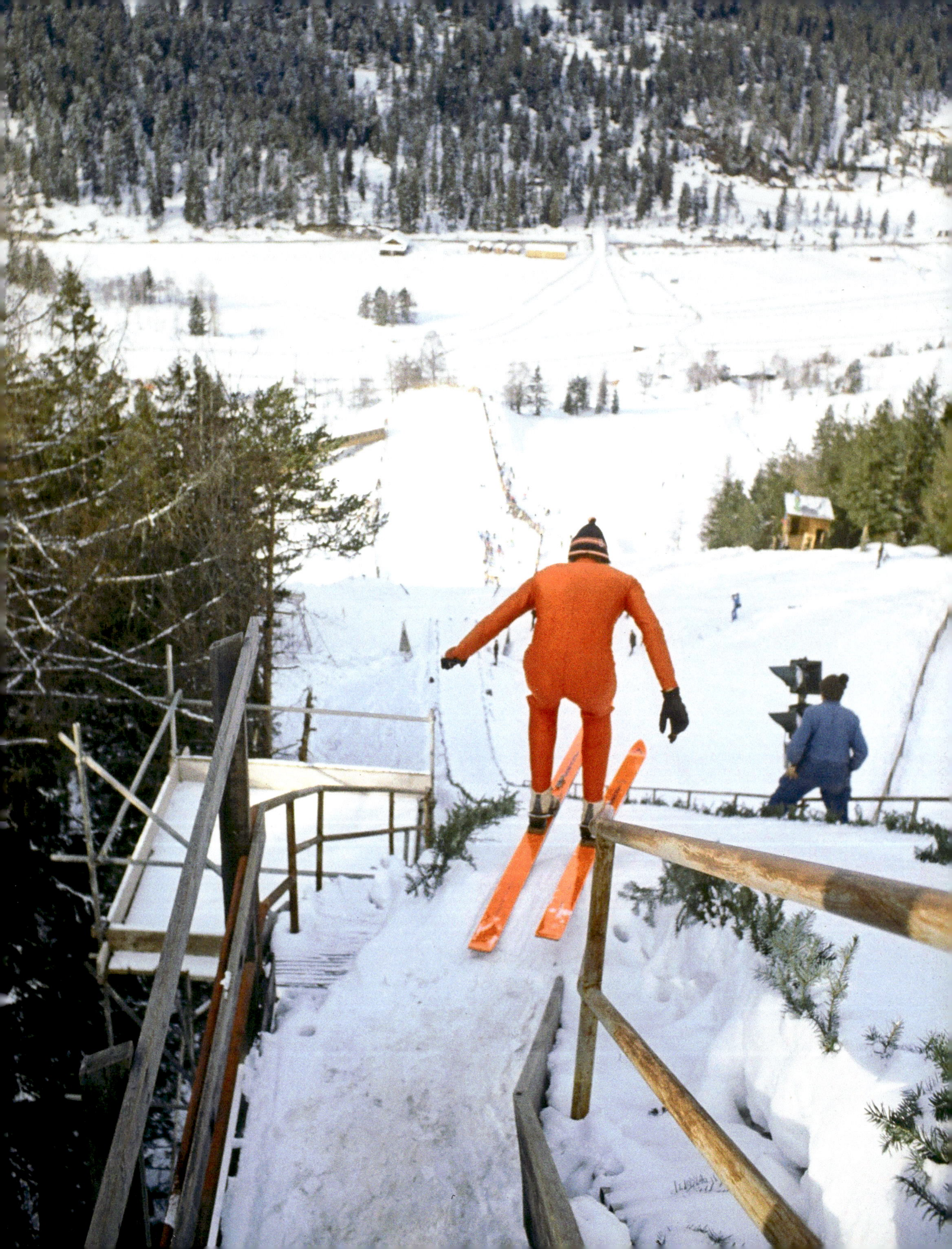

Rausch des Fliegens

Die Verantwortung in diesem Sport ist verteilt auf Betreuer, Athleten und Veranstalter, und sie alle profitieren von den Erfahrungen, die im Laufe der Skisprunggeschichte gesammelt wurden. Doch egal, ob Trainer oder Springer oder Schanzenbauer – das Restrisiko lässt sich nicht ausschließen, es ist Teil eines der Motive des Skispringens. Spätestens seit der Norweger Sondre Norheim vor fast 200 Jahren als Junge die tollkühne Idee umsetzte, vom Dach seiner Eltern den Hang hinabzuspringen, da war sie in der Welt, die Freude am Springen und die Faszination der Gefahr.

Skispringer sind da nicht anders als Fallschirmspringer, Gleitschirmflieger, Piloten, Zirkus-Artisten, Kletterer und sonstige Himmelstürmer, vielleicht sogar noch konsequenter – denn Skispringer haben unter sich kein Fangnetz, sie hängen an keinem Seil, sie erleben die dreidimensionale Freiheit im Element Luft ohne Knautschzone. Besonders heftig ist der Rausch im Skifliegen von den wenigen Riesenschanzen, eine Verstärkung dessen, was auch auf den nur halb so großen Sprungschanzen erlebt wird. Der Adrenalinspiegel bleibt noch lange nach der Landung auf hohem Niveau.

Es ist also kein Wunder, dass die Springer diesen Rausch stetig aufs Neue suchen. Nicht nur das Messen mit dem Gegner treibt die Athleten zur maximalen Leistung, sondern auch das Erlebnis. Eine der Großschanzen, die eine längere Flugphase von fünf, sechs Sekunden ermöglicht, steht in Finnland. Bis im Jahr 1963 die Anlage in Willingen in Deutschland eröffnet wurde, hatte die Rukatunturi-Schanze bei Kuusamo im Norden des Landes den Status der weitesten Großschanze der Welt. Ihr Anlaufturm steht auf einer Hügelkette und ragt von dort hinauf in den Himmel. Ihre offizielle Schanzengröße, der Hill Size, erstreckt sich über 142 Meter, der bislang weiteste Sprung ging bis 152 Meter. Die Rukantunturi-Anlage ist also ein traditionsreicher, klassisch in die Natur gefügter Riese, der aber wechselnden Winden besonders ausgesetzt ist, wie sie beim Weltcup am 9. November 2014 herrschten. Da stürzte Andreas Wellinger vom Zenit seiner Flugbahn auf den Vorbau, man könnte auch sagen, vom Zenit seines damaligen Könnens.

Ende November war es, die Springer hatten den Saisonauftakt in Klingenthal schon hinter sich, und falls sie sich in dieser Anfangsphase gut fühlen, falls auch ihr Material stimmt, dann gehen die meisten fortan aufs Ganze. Andreas Wellinger, so hatte Trainer Schuster beobachtet, steckte voller Tatendrang. Team-Olympiasieger war er erst im Februar geworden, und in Klingenthal stand er schon wieder auf dem Podest. Auch die ersten Sprünge in Kuusamo hatten ihn bestätigt. Am Sonntag dann aber blies der Wind besonders stark von vorne. Wellingers Qualifikation war technisch unsauber, zudem hatte Schuster bei ihm eine „extrem hohe Risikobereitschaft“ erkannt. Womöglich wollte er es nun besonders gut machen, jedenfalls deutete Wellingers Fehler im Wettkampf darauf hin. Er war zu spät abgesprungen, suchte, weil ihm das Drehmoment fehlte, mit Macht Vorlage, bis der Wind auf seine Skier griff. Den rechten konnte er in Position halten, der linke wurde nach unten gedrückt und zog seinen Passagier in die Tiefe. Wellinger drehte sich, landete auf dem Rücken, schlitterte kreiselnd herab, setzte sich einmal kurz auf und blieb dann liegen.

Heute unvorstellbar, früher normal. Im Februar 1976, beim Training auf der Normalschanze in Seefeld, hüpfen die Skispringer von einer seitlichen Zufahrt in die Anlaufspur.

Diesmal hatte er sich verletzt. Das Schlüsselbeingelenk war ausgekugelt, die Wirbelsäule gestaucht. Und die Karriere bremste und verlief erst mal wie in Zeitlupe. Zunächst bestand die Hoffnung, Wellinger könne vielleicht schon zur Tournee im Dezember wieder fit sein, doch die Heilung brauchte Zeit. Es wurde Januar, dann Februar, in dem er immerhin eine Junioren-WM bestritt, aber dann war die Saison auch schon bald vorbei. Wellinger kurierte sich aus, musste aber seine gute Form und seine Unbekümmertheit erst einmal wiederfinden.

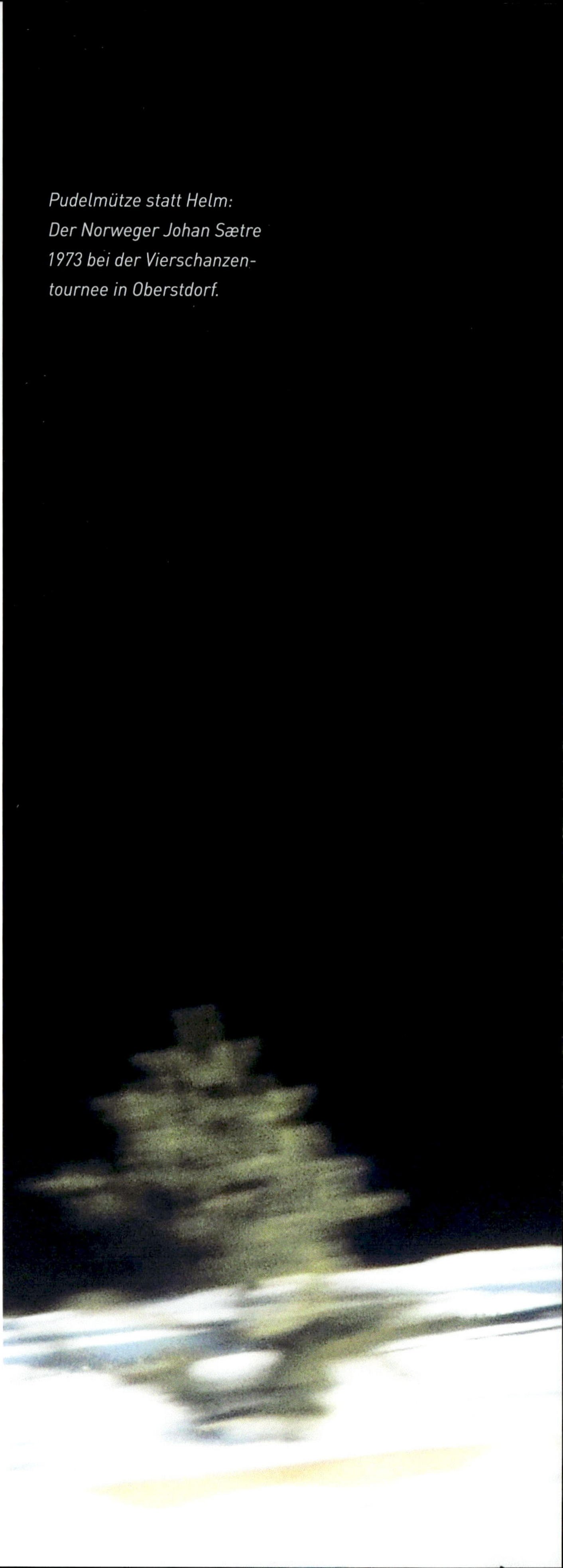

Pudelmütze statt Helm: Der Norweger Johan Sætre 1973 bei der Vierschanzentournee in Oberstdorf.

Neue Entwicklungen für die Sicherheit

Kuusamo war ein Beispiel dafür, dass zu einem Sturz meistens nicht nur einer beiträgt. In diesem Fall war der Springer selbst zu übermütig, aber auch Trainer Schuster machte sich jedenfalls indirekt Vorwürfe. Die Frage ist immer, wann ein Coach einen Springer einbremsen muss und wann er ihm vertrauen sollte. Schuster sagt, er habe schon in der Qualifikation ein „mulmiges Gefühl" bekommen. Doch auch die Schanze selbst war an diesem Abend nicht dem Wetter gewachsen. Die Netze konnten nichts gegen den heftigen Aufwind ausrichten, denn sie schützen ja nur gegen Böen von der Seite. Dabei hatte im November 2014 der Sprungsport seine Schanzensicherheit schon über viele Jahre optimiert.

Von oben bis unten hatte man die Anlagen weltweit einer Modernisierung unterzogen, die hauptsächlich Stürze verhindern sollte. Anfang der 1990er-Jahre wurde eine alte Starttradition aufgegeben. Bis dahin rutschten, hüpften und beschleunigten die Springer noch aus seitlichen Luken in die Spur, wobei die Konzentration auf den Anlauf, die Visualisierung dessen,

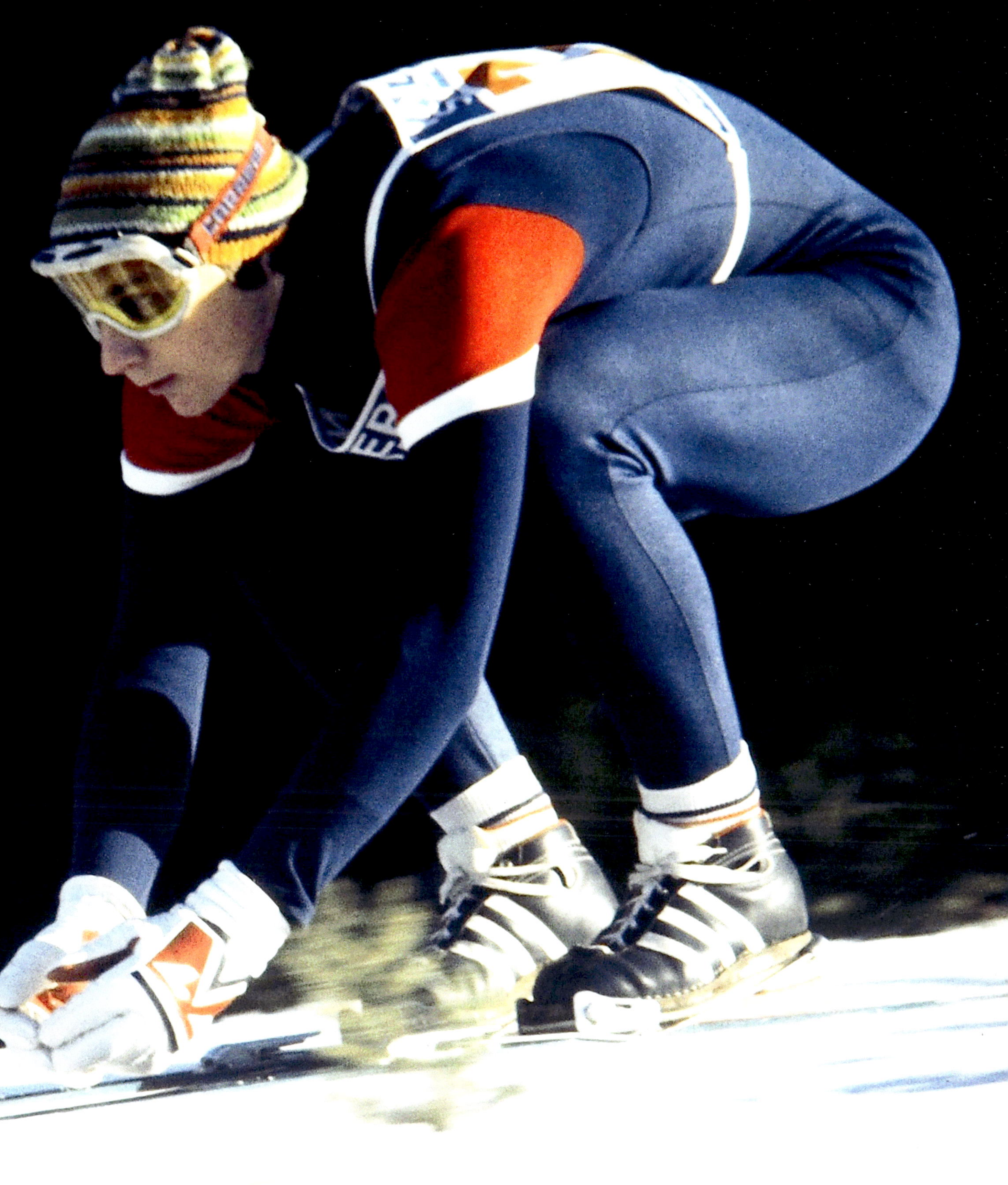

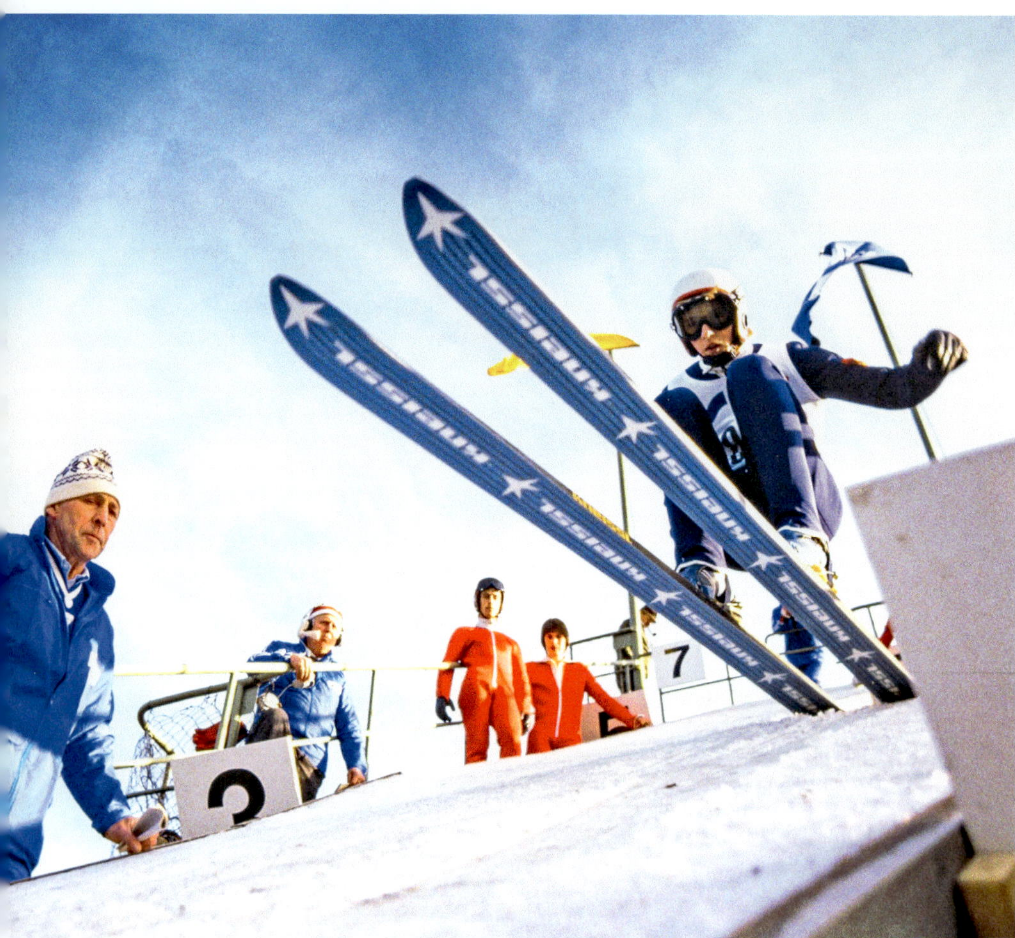

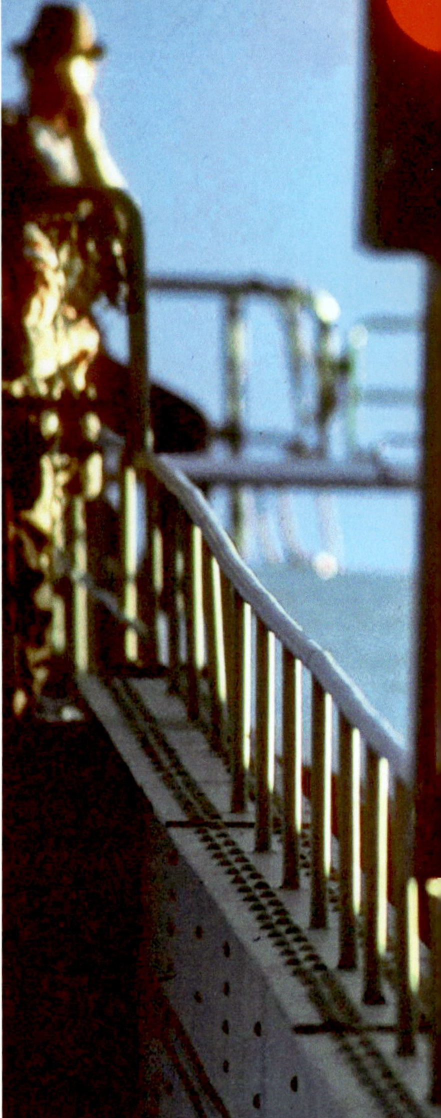

Noch Mitte der 1980er-Jahre katapultiert man sich in die Anlaufspur, hier im Bild: Jens Weißflog.

was kommt, wegen dieses Actionstarts gestört waren. Den ersetzte also nun der Startbalken, auch nach seinem Erfinder Happle-Balken genannt. Die Anlaufspur, lange eine Art steile und breite Loipe, die aber dem Wetter und den Schlägen der Skier ausgesetzt war, was teils schlimme Stürze über die Kante nach sich zog, wurde ab der Jahrtausendwende nach und nach abgeschafft. Mittlerweile gleiten alle hochklassigen Skispringer ruhig und komfortabel auf zirka minus fünf Grad kaltem Kunsteis in einer

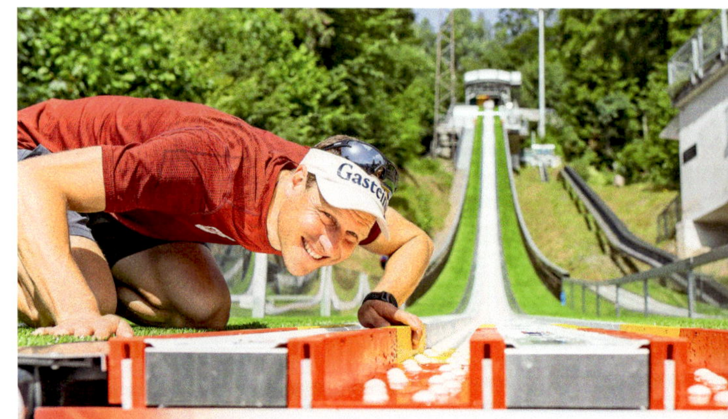

Hightech: Im April 2018 wird in Bischofshofen eine neue Anlaufspur präsentiert: Der Österreicher Stefan Kraft guckt sie sich ganz genau an.

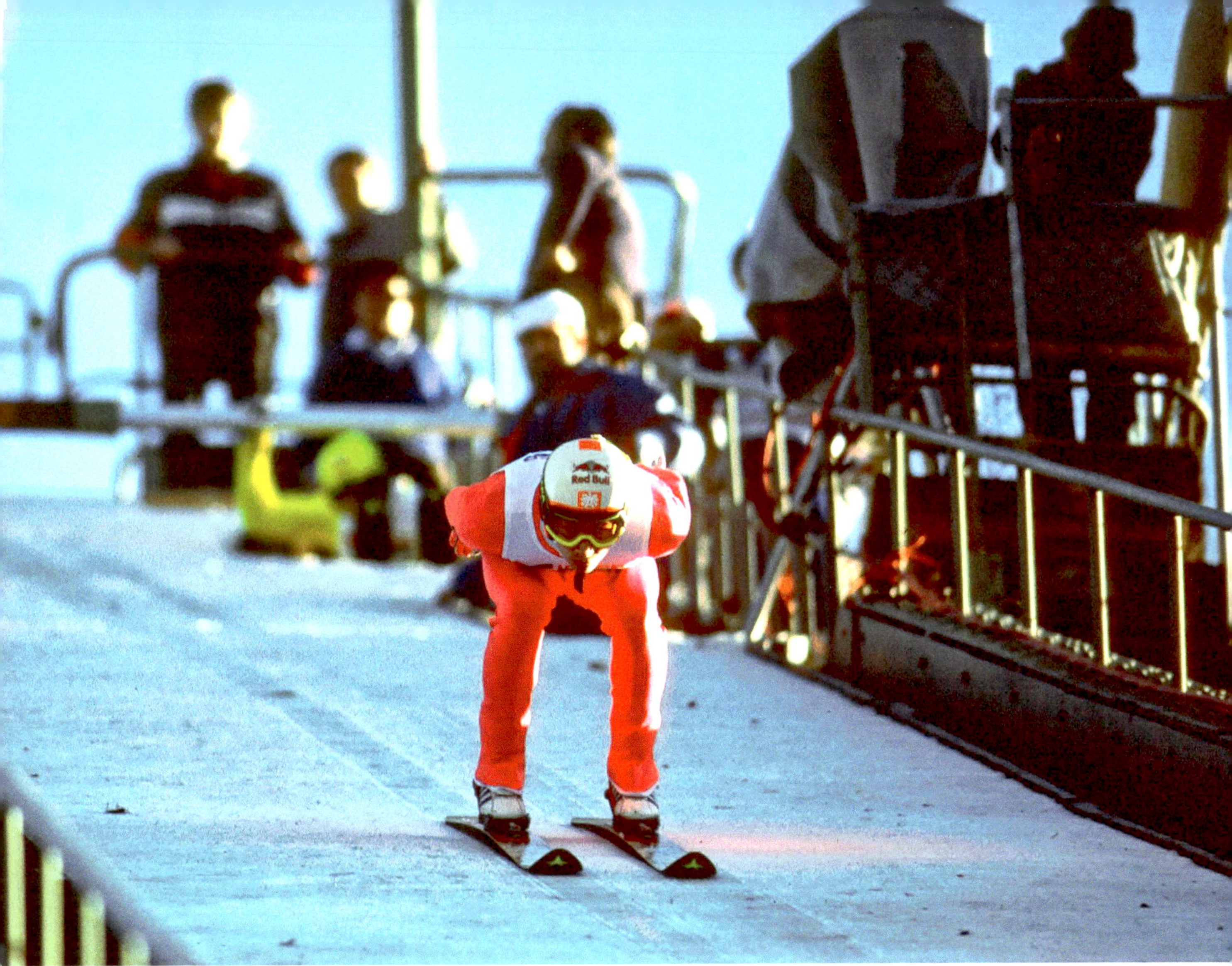

Ende der 1980er wurde schließlich der Startbalken eingeführt. Die Anlaufspur von damals hat mit dem heutigen Eiskanal aber noch nichts zu tun.

fast überall gleichen und damit jedem Springer vertrauten künstlichen Doppelspur ihrem Abflug entgegen.

In der Luft wiederum profitieren sie heute von vielfältigen feinen Justierungen am Material. Oft ging es dabei paradoxerweise um ein Ringen der Sicherheitstechniker mit den Springern selber. Die hatten zum Beispiel nach Aufkommen des V-Stils schnell gelernt, wie man damit noch weiter fliegen konnte, etwa indem man die Bindungen weiter hinten, jenseits der Skimitte montiert. Nachdem diese Riesentragflächen zu Stürzen führten, verordnete der Weltverband eine feste Bindungsposition. Bekanntlich gibt es kein Detail, das die Daniel Düsentriebs unter den Fliegern nicht frisieren. Anfang der 2000er-Jahre wurden dann die immer weiteren Anzüge gestrafft, die sich wie Segel gebläht hatten. Und nach Einführung eines exakten Body-Mass-Indexes und entsprechender Kürzung der Skier bei Untergewicht lohnte sich dann auch das gesundheitsschädliche Abmagern nicht mehr.

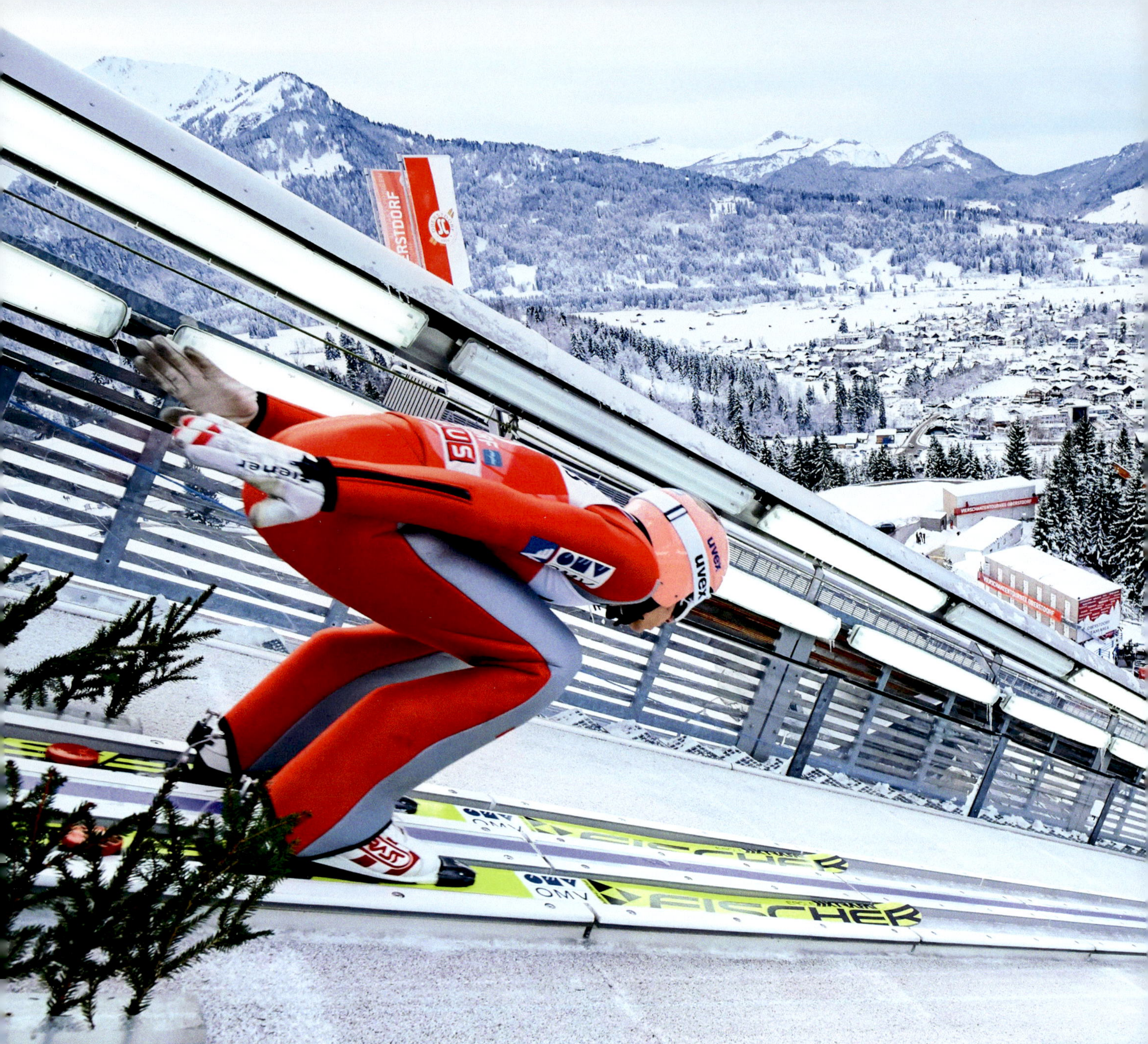

Weniger Kreuzbandrisse – so jedenfalls die Hoffnung

Auch bei der Landung greifen mittlerweile Sicherheitsmaßnahmen. Schanzenausläufe wurden verlängert und begradigt, die Pisten werden immer besser präpariert, auch das Flutlicht scheint heller. Und im Frühjahr 2020 hatte der Weltverband die Stützkeile in den Schuhen verflacht. Damit kommen die Springer zwar nicht mehr so prompt in ihre ideale Flugposition, verletzen sich aber, so die Hoffnung, nicht mehr so schnell beim Landen am Kreuzband. Erstens stürzen sie nicht mehr so oft und verdrehen sich dann die Beine, zweitens reißt das Kreuzband

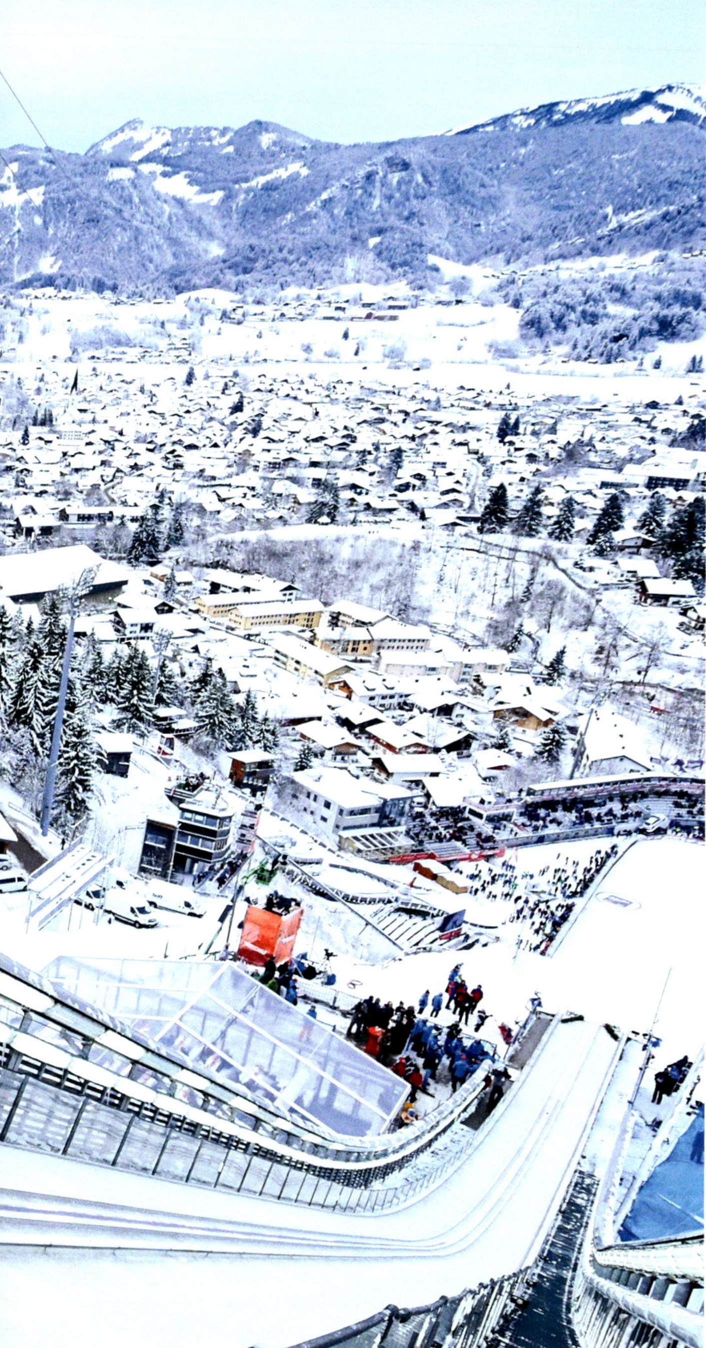

Wie auf Schienen rast ein Skispringer (hier im Bild: Stefan Kraft in Oberstdorf) heutzutage die Schanze hinunter.

auch seltener schon beim Aufsetzen. Der Landungsdruck ähnelt dem eines Aufsprungs von einem Podest aus zwei bis zweieinhalb Metern Höhe – mit flacheren Keilen in den Schuhen und daher weniger x-beiniger Kniestellung verträgt das Kreuzband diese gewaltigen Kräfte besser.

Andreas Wellinger hätte diese Neuerung womöglich geholfen. Denn dieser Sportler mit den extremen Karrierehöhen und -tiefen, den viele Experten für den talentiertesten deutschen Skispringer der Gegenwart halten, hatte sich im Sommer 2019 bei der Vorbereitung auf die kommende Saison bei einer ganz gewöhnlichen Landung das Kreuzband gerissen und machte danach abermals eine lange Phase der Rehabilitation durch. Lange musste er an seiner Genesung und Form arbeiten, ähnlich wie es dem Norweger Daniel-André Tande nach seinem Sturz beim Skifliegen in Slowenien erging.

Alle gestürzten und leicht traumatisierten Springer brauchen Geduld mit ihrem Körper, und noch mehr mit dem ramponierten Selbstvertrauen. Nicht selten orientieren sie sich auf dem Weg zurück an jenen Kollegen, die aus so einer Verletzung zurück zu alten Erfolgen fanden oder diese sogar steigern konnten. Und manchmal müssen verletzte Springer gar nicht lange nach so einem Vorbild suchen, und zwar deshalb, weil sie dieses Vorbild selbst darstellen.

Andreas Wellinger jedenfalls, der sich nach dem Kreuzbandriss 2019 trotz Verheilung zunächst noch schwertat, konnte sich in dieser Zeit an einem Beispiel aus der jüngeren Vergangenheit aufrichten. Da gab es auch einen Skispringer, der sich trotz einer hartnäckigen Verletzung und mühsamen Formaufbaus irgendwann wieder zurückgekämpft hatte und 2018 dann sogar Olympiasieger wurde. Und ja, der war vor diesem Triumph auch aus einer langen Verletzungspause zurückgekommen, sein Name: Andreas Wellinger.

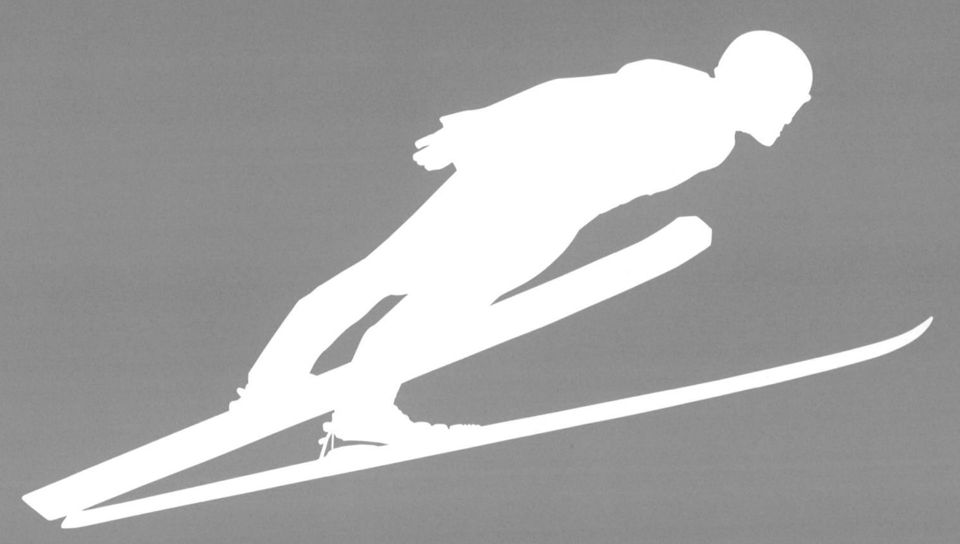

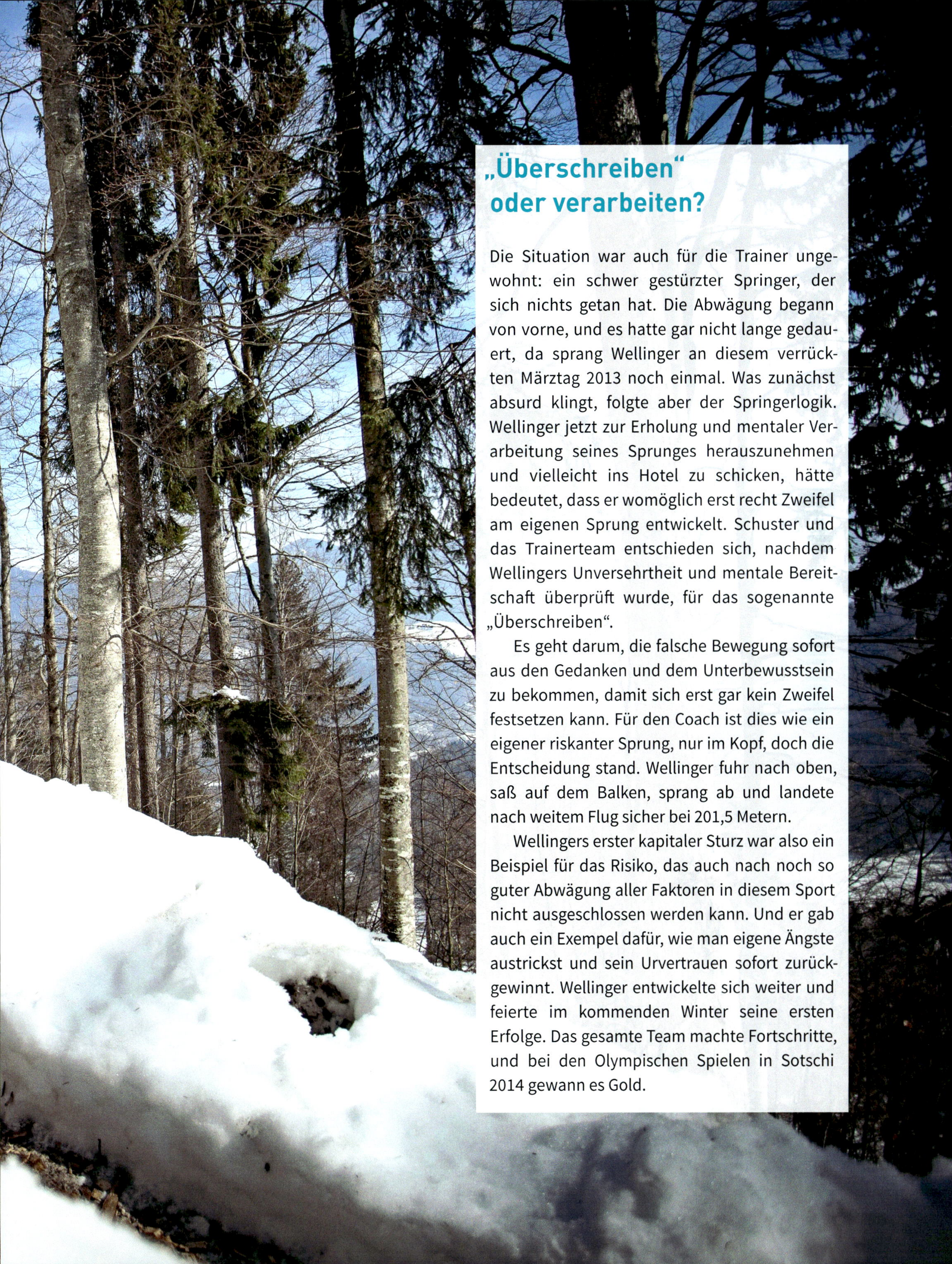

„Überschreiben“ oder verarbeiten?

Die Situation war auch für die Trainer ungewohnt: ein schwer gestürzter Springer, der sich nichts getan hat. Die Abwägung begann von vorne, und es hatte gar nicht lange gedauert, da sprang Wellinger an diesem verrückten Märztag 2013 noch einmal. Was zunächst absurd klingt, folgte aber der Springerlogik. Wellinger jetzt zur Erholung und mentaler Verarbeitung seines Sprunges herauszunehmen und vielleicht ins Hotel zu schicken, hätte bedeutet, dass er womöglich erst recht Zweifel am eigenen Sprung entwickelt. Schuster und das Trainerteam entschieden sich, nachdem Wellingers Unversehrtheit und mentale Bereitschaft überprüft wurde, für das sogenannte „Überschreiben“.

Es geht darum, die falsche Bewegung sofort aus den Gedanken und dem Unterbewusstsein zu bekommen, damit sich erst gar kein Zweifel festsetzen kann. Für den Coach ist dies wie ein eigener riskanter Sprung, nur im Kopf, doch die Entscheidung stand. Wellinger fuhr nach oben, saß auf dem Balken, sprang ab und landete nach weitem Flug sicher bei 201,5 Metern.

Wellingers erster kapitaler Sturz war also ein Beispiel für das Risiko, das auch nach noch so guter Abwägung aller Faktoren in diesem Sport nicht ausgeschlossen werden kann. Und er gab auch ein Exempel dafür, wie man eigene Ängste austrickst und sein Urvertrauen sofort zurückgewinnt. Wellinger entwickelte sich weiter und feierte im kommenden Winter seine ersten Erfolge. Das gesamte Team machte Fortschritte, und bei den Olympischen Spielen in Sotschi 2014 gewann es Gold.

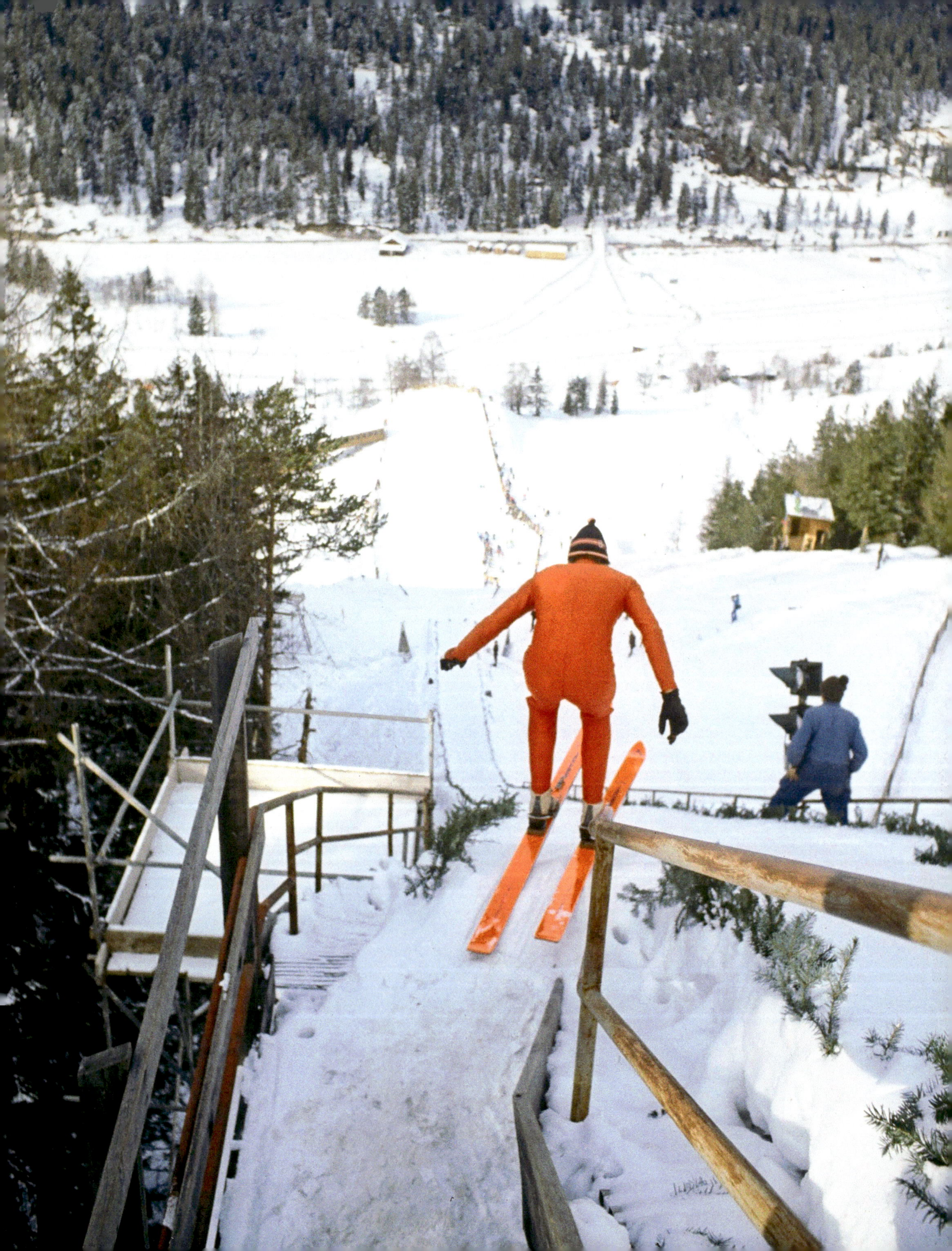

Rausch des Fliegens

Die Verantwortung in diesem Sport ist verteilt auf Betreuer, Athleten und Veranstalter, und sie alle profitieren von den Erfahrungen, die im Laufe der Skisprunggeschichte gesammelt wurden. Doch egal, ob Trainer oder Springer oder Schanzenbauer – das Restrisiko lässt sich nicht ausschließen, es ist Teil eines der Motive des Skispringens. Spätestens seit der Norweger Sondre Norheim vor fast 200 Jahren als Junge die tollkühne Idee umsetzte, vom Dach seiner Eltern den Hang hinabzuspringen, da war sie in der Welt, die Freude am Springen und die Faszination der Gefahr.

Skispringer sind da nicht anders als Fallschirmspringer, Gleitschirmflieger, Piloten, Zirkus-Artisten, Kletterer und sonstige Himmelstürmer, vielleicht sogar noch konsequenter – denn Skispringer haben unter sich kein Fangnetz, sie hängen an keinem Seil, sie erleben die dreidimensionale Freiheit im Element Luft ohne Knautschzone. Besonders heftig ist der Rausch im Skifliegen von den wenigen Riesenschanzen, eine Verstärkung dessen, was auch auf den nur halb so großen Sprungschanzen erlebt wird. Der Adrenalinspiegel bleibt noch lange nach der Landung auf hohem Niveau.

Es ist also kein Wunder, dass die Springer diesen Rausch stetig aufs Neue suchen. Nicht nur das Messen mit dem Gegner treibt die Athleten zur maximalen Leistung, sondern auch das Erlebnis. Eine der Großschanzen, die eine längere Flugphase von fünf, sechs Sekunden ermöglicht, steht in Finnland. Bis im Jahr 1963 die Anlage in Willingen in Deutschland eröffnet wurde, hatte die Rukatunturi-Schanze bei Kuusamo im Norden des Landes den Status der weitesten Großschanze der Welt. Ihr Anlaufturm steht auf einer Hügelkette und ragt von dort hinauf in den Himmel. Ihre offizielle Schanzengröße, der Hill Size, erstreckt sich über 142 Meter, der bislang weiteste Sprung ging bis 152 Meter. Die Rukantunturi-Anlage ist also ein traditionsreicher, klassisch in die Natur gefügter Riese, der aber wechselnden Winden besonders ausgesetzt ist, wie sie beim Weltcup am 9. November 2014 herrschten. Da stürzte Andreas Wellinger vom Zenit seiner Flugbahn auf den Vorbau, man könnte auch sagen, vom Zenit seines damaligen Könnens.

Heute unvorstellbar, früher normal. Im Februar 1976, beim Training auf der Normalschanze in Seefeld, hüpfen die Skispringer von einer seitlichen Zufahrt in die Anlaufspur.

Ende November war es, die Springer hatten den Saisonauftakt in Klingenthal schon hinter sich, und falls sie sich in dieser Anfangsphase gut fühlen, falls auch ihr Material stimmt, dann gehen die meisten fortan aufs Ganze. Andreas Wellinger, so hatte Trainer Schuster beobachtet, steckte voller Tatendrang. Team-Olympiasieger war er erst im Februar geworden, und in Klingenthal stand er schon wieder auf dem Podest. Auch die ersten Sprünge in Kuusamo hatten ihn bestätigt. Am Sonntag dann aber blies der Wind besonders stark von vorne. Wellingers Qualifikation war technisch unsauber, zudem hatte Schuster bei ihm eine „extrem hohe Risikobereitschaft“ erkannt. Womöglich wollte er es nun besonders gut machen, jedenfalls deutete Wellingers Fehler im Wettkampf darauf hin. Er war zu spät abgesprungen, suchte, weil ihm das Drehmoment fehlte, mit Macht Vorlage, bis der Wind auf seine Skier griff. Den rechten konnte er in Position halten, der linke wurde nach unten gedrückt und zog seinen Passagier in die Tiefe. Wellinger drehte sich, landete auf dem Rücken, schlitterte kreiselnd herab, setzte sich einmal kurz auf und blieb dann liegen.

Diesmal hatte er sich verletzt. Das Schlüsselbeingelenk war ausgekugelt, die Wirbelsäule gestaucht. Und die Karriere bremste und verlief erst mal wie in Zeitlupe. Zunächst bestand die Hoffnung, Wellinger könne vielleicht schon zur Tournee im Dezember wieder fit sein, doch die Heilung brauchte Zeit. Es wurde Januar, dann Februar, in dem er immerhin eine Junioren-WM bestritt, aber dann war die Saison auch schon bald vorbei. Wellinger kurierte sich aus, musste aber seine gute Form und seine Unbekümmertheit erst einmal wiederfinden.

Neue Entwicklungen für die Sicherheit

Kuusamo war ein Beispiel dafür, dass zu einem Sturz meistens nicht nur einer beiträgt. In diesem Fall war der Springer selbst zu übermütig, aber auch Trainer Schuster machte sich jedenfalls indirekt Vorwürfe. Die Frage ist immer, wann ein Coach einen Springer einbremsen muss und wann er ihm vertrauen sollte. Schuster sagt, er habe schon in der Qualifikation ein „mulmiges Gefühl" bekommen. Doch auch die Schanze selbst war an diesem Abend nicht dem Wetter gewachsen. Die Netze konnten nichts gegen den heftigen Aufwind ausrichten, denn sie schützen ja nur gegen Böen von der Seite. Dabei hatte im November 2014 der Sprungsport seine Schanzensicherheit schon über viele Jahre optimiert.

Von oben bis unten hatte man die Anlagen weltweit einer Modernisierung unterzogen, die hauptsächlich Stürze verhindern sollte. Anfang der 1990er-Jahre wurde eine alte Starttradition aufgegeben. Bis dahin rutschten, hüpften und beschleunigten die Springer noch aus seitlichen Luken in die Spur, wobei die Konzentration auf den Anlauf, die Visualisierung dessen,

Pudelmütze statt Helm: Der Norweger Johan Sætre 1973 bei der Vierschanzentournee in Oberstdorf.

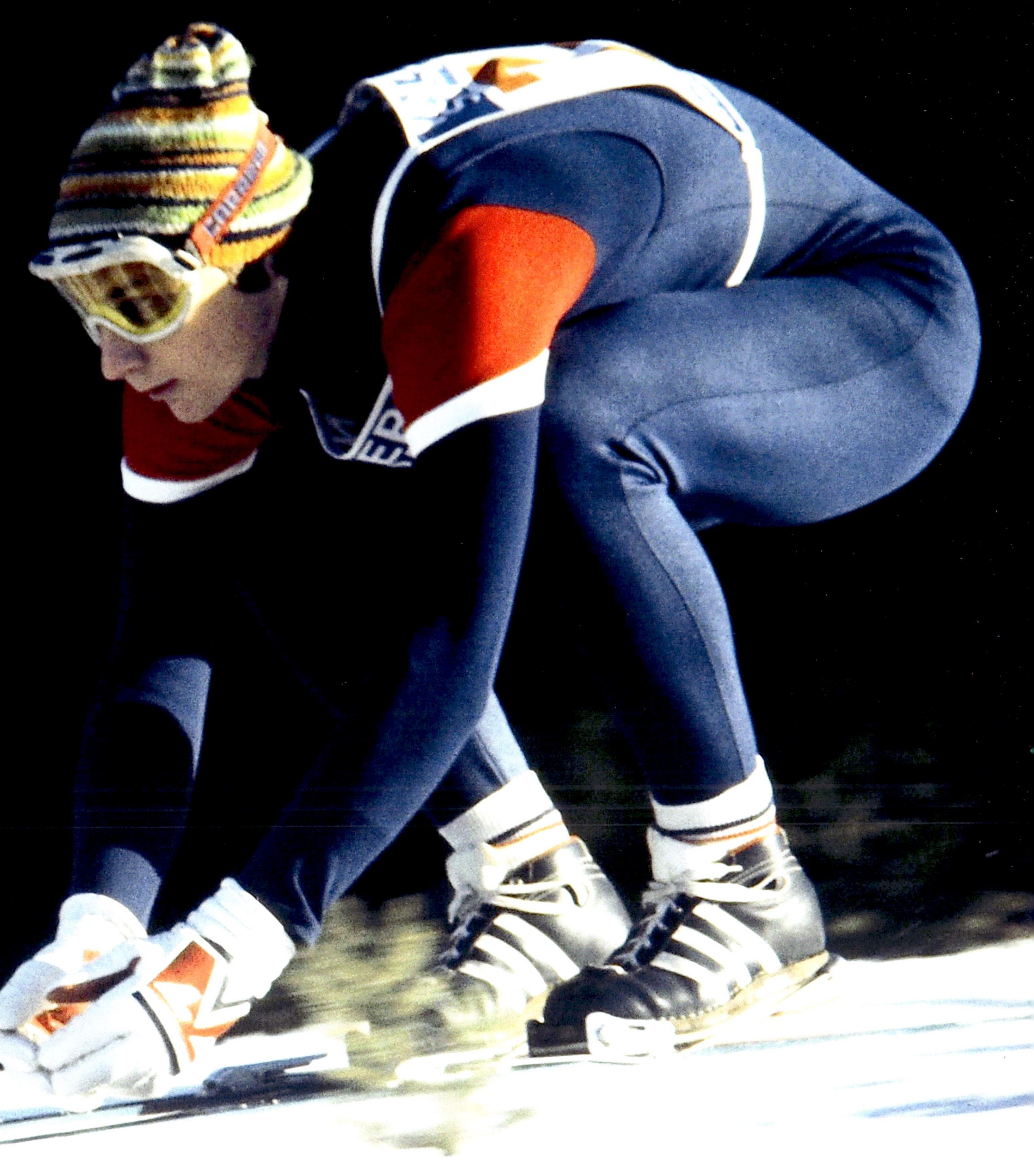

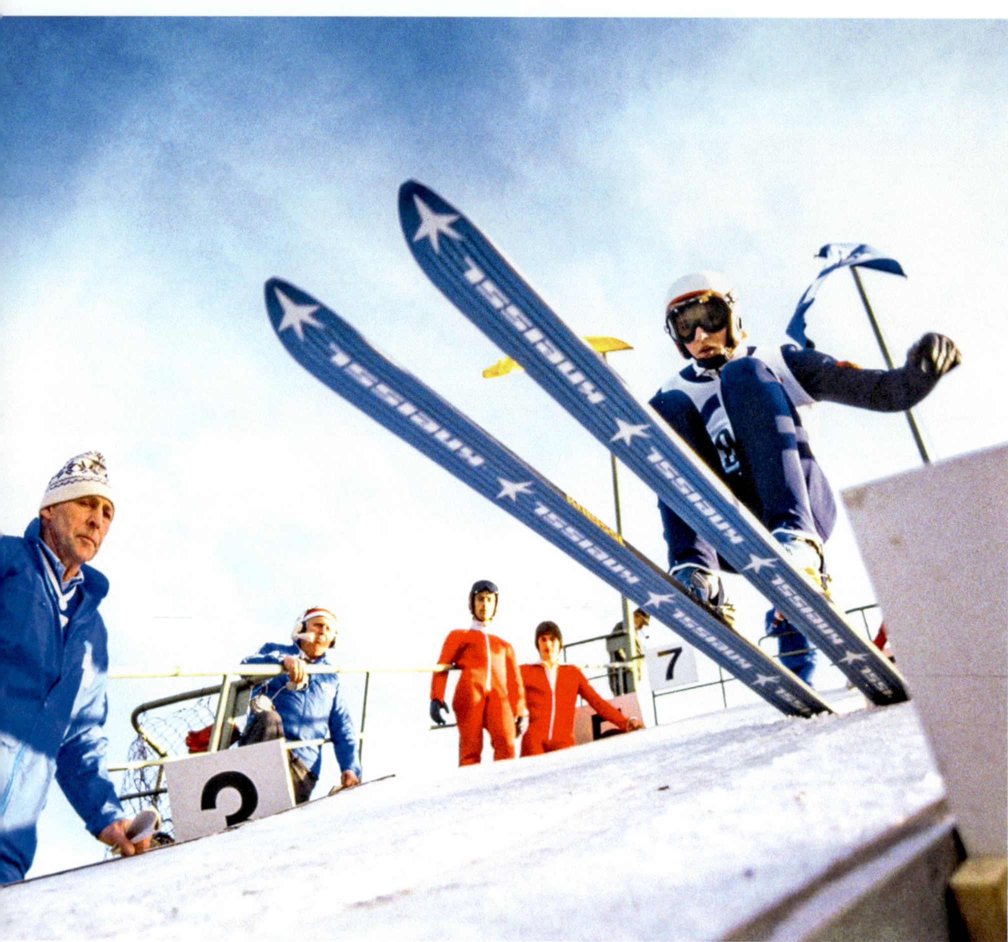

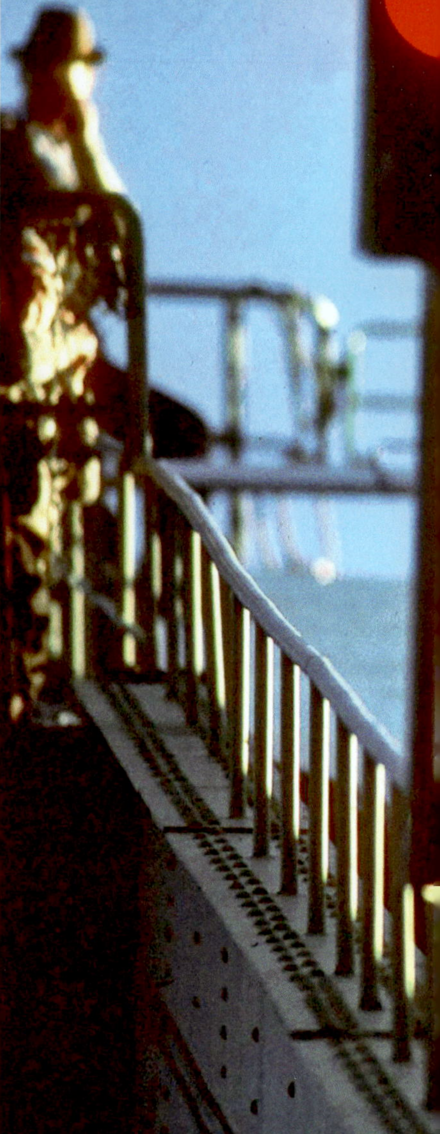

Noch Mitte der 1980er-Jahre katapultiert man sich in die Anlaufspur, hier im Bild: Jens Weißflog.

was kommt, wegen dieses Actionstarts gestört waren. Den ersetzte also nun der Startbalken, auch nach seinem Erfinder Happle-Balken genannt. Die Anlaufspur, lange eine Art steile und breite Loipe, die aber dem Wetter und den Schlägen der Skier ausgesetzt war, was teils schlimme Stürze über die Kante nach sich zog, wurde ab der Jahrtausendwende nach und nach abgeschafft. Mittlerweile gleiten alle hochklassigen Skispringer ruhig und komfortabel auf zirka minus fünf Grad kaltem Kunsteis in einer

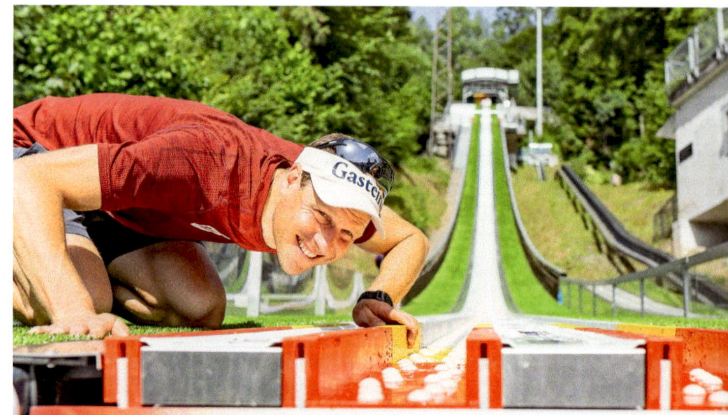

Hightech: Im April 2018 wird in Bischofshofen eine neue Anlaufspur präsentiert: Der Österreicher Stefan Kraft guckt sie sich ganz genau an.

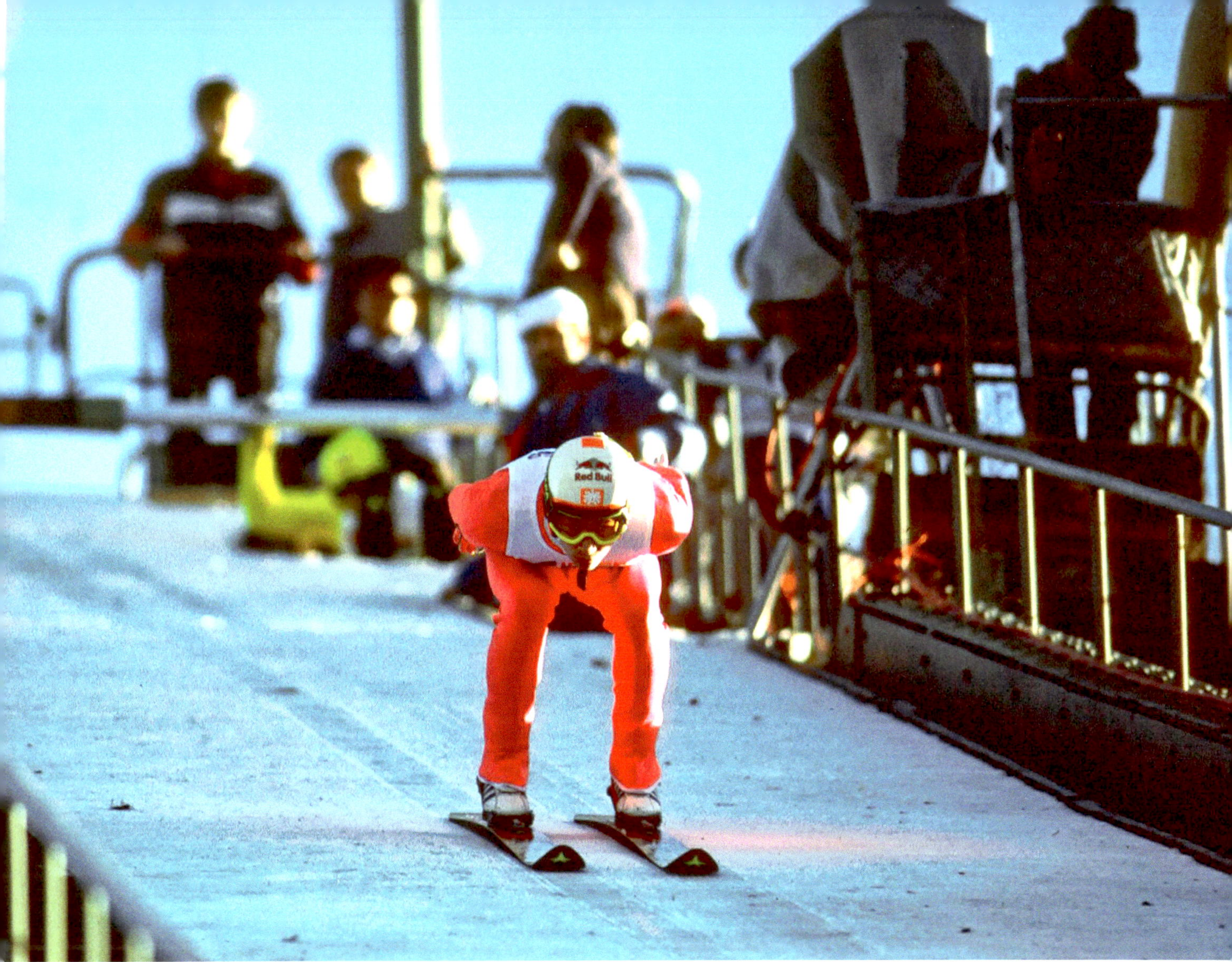

Ende der 1980er wurde schließlich der Startbalken eingeführt. Die Anlaufspur von damals hat mit dem heutigen Eiskanal aber noch nichts zu tun.

fast überall gleichen und damit jedem Springer vertrauten künstlichen Doppelspur ihrem Abflug entgegen.

In der Luft wiederum profitieren sie heute von vielfältigen feinen Justierungen am Material. Oft ging es dabei paradoxerweise um ein Ringen der Sicherheitstechniker mit den Springern selber. Die hatten zum Beispiel nach Aufkommen des V-Stils schnell gelernt, wie man damit noch weiter fliegen konnte, etwa indem man die Bindungen weiter hinten, jenseits der Skimitte montiert. Nachdem diese Riesentragflächen zu Stürzen führten, verordnete der Weltverband eine feste Bindungsposition. Bekanntlich gibt es kein Detail, das die Daniel Düsentriebs unter den Fliegern nicht frisieren. Anfang der 2000er-Jahre wurden dann die immer weiteren Anzüge gestrafft, die sich wie Segel gebläht hatten. Und nach Einführung eines exakten Body-Mass-Indexes und entsprechender Kürzung der Skier bei Untergewicht lohnte sich dann auch das gesundheitsschädliche Abmagern nicht mehr.

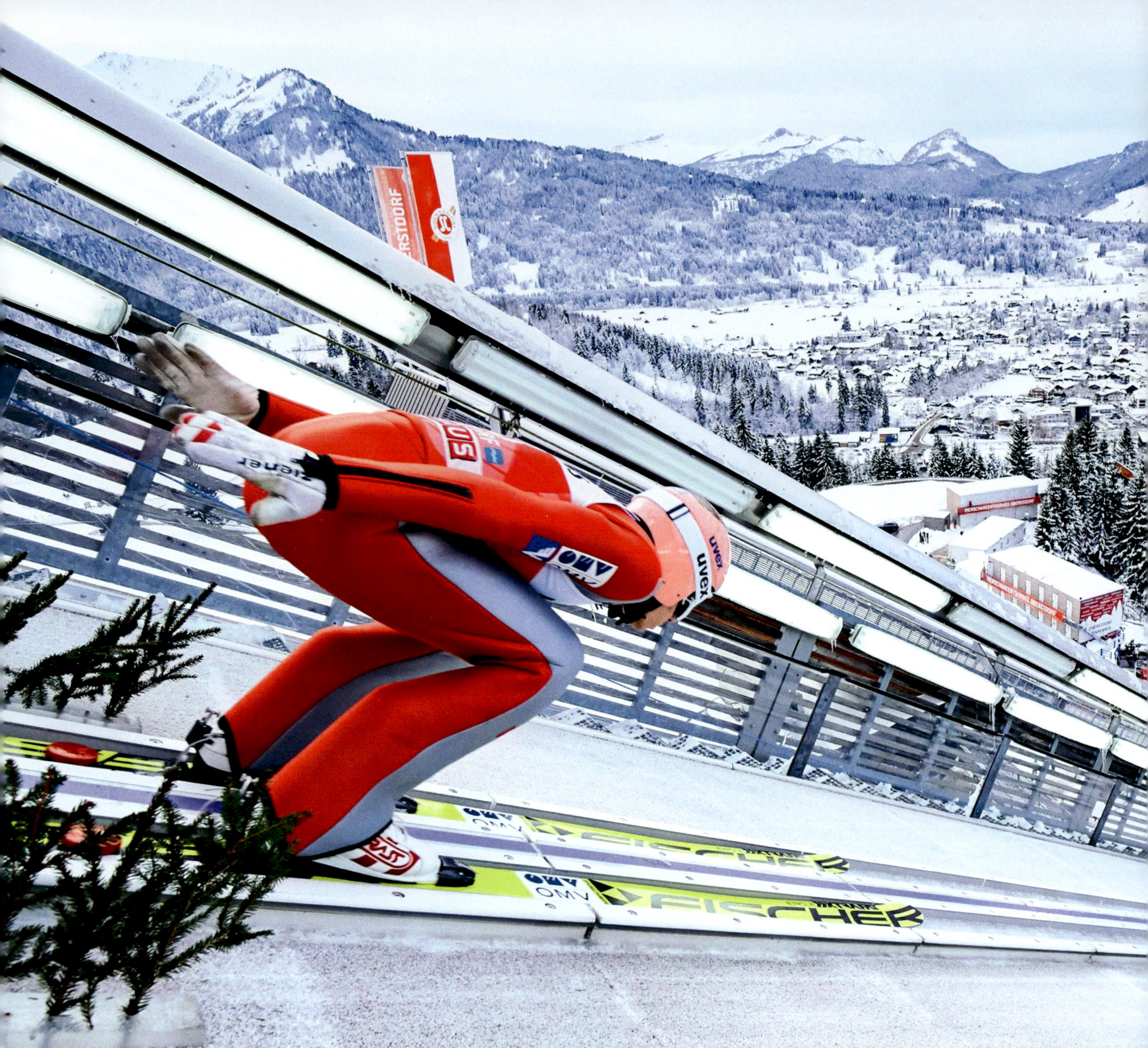

Weniger Kreuzbandrisse – so jedenfalls die Hoffnung

Auch bei der Landung greifen mittlerweile Sicherheitsmaßnahmen. Schanzenausläufe wurden verlängert und begradigt, die Pisten werden immer besser präpariert, auch das Flutlicht scheint heller. Und im Frühjahr 2020 hatte der Weltverband die Stützkeile in den Schuhen verflacht. Damit kommen die Springer zwar nicht mehr so prompt in ihre ideale Flugposition, verletzen sich aber, so die Hoffnung, nicht mehr so schnell beim Landen am Kreuzband. Erstens stürzen sie nicht mehr so oft und verdrehen sich dann die Beine, zweitens reißt das Kreuzband

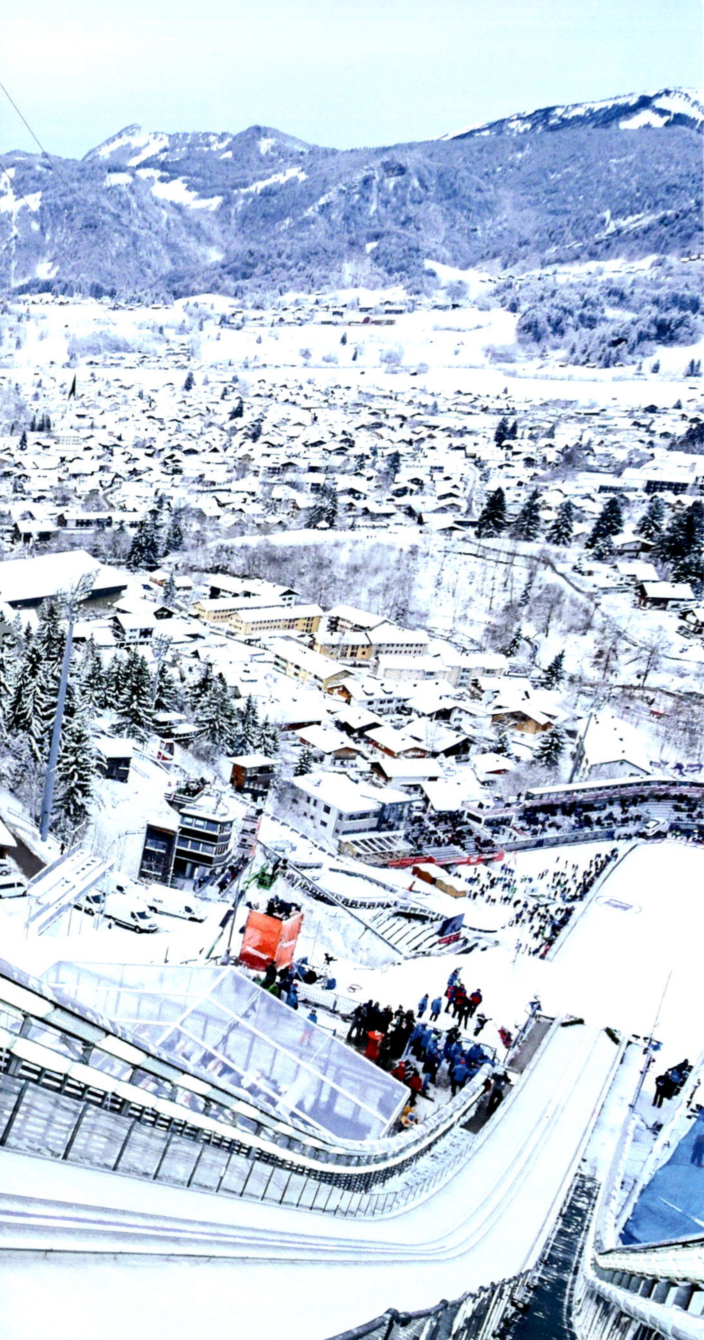

Wie auf Schienen rast ein Skispringer (hier im Bild: Stefan Kraft in Oberstdorf) heutzutage die Schanze hinunter.

auch seltener schon beim Aufsetzen. Der Landungsdruck ähnelt dem eines Aufsprungs von einem Podest aus zwei bis zweieinhalb Metern Höhe – mit flacheren Keilen in den Schuhen und daher weniger x-beiniger Kniestellung verträgt das Kreuzband diese gewaltigen Kräfte besser.

Andreas Wellinger hätte diese Neuerung womöglich geholfen. Denn dieser Sportler mit den extremen Karrierehöhen und -tiefen, den viele Experten für den talentiertesten deutschen Skispringer der Gegenwart halten, hatte sich im Sommer 2019 bei der Vorbereitung auf die kommende Saison bei einer ganz gewöhnlichen Landung das Kreuzband gerissen und machte danach abermals eine lange Phase der Rehabilitation durch. Lange musste er an seiner Genesung und Form arbeiten, ähnlich wie es dem Norweger Daniel-André Tande nach seinem Sturz beim Skifliegen in Slowenien erging.

Alle gestürzten und leicht traumatisierten Springer brauchen Geduld mit ihrem Körper, und noch mehr mit dem ramponierten Selbstvertrauen. Nicht selten orientieren sie sich auf dem Weg zurück an jenen Kollegen, die aus so einer Verletzung zurück zu alten Erfolgen fanden oder diese sogar steigern konnten. Und manchmal müssen verletzte Springer gar nicht lange nach so einem Vorbild suchen, und zwar deshalb, weil sie dieses Vorbild selbst darstellen.

Andreas Wellinger jedenfalls, der sich nach dem Kreuzbandriss 2019 trotz Verheilung zunächst noch schwertat, konnte sich in dieser Zeit an einem Beispiel aus der jüngeren Vergangenheit aufrichten. Da gab es auch einen Skispringer, der sich trotz einer hartnäckigen Verletzung und mühsamen Formaufbaus irgendwann wieder zurückgekämpft hatte und 2018 dann sogar Olympiasieger wurde. Und ja, der war vor diesem Triumph auch aus einer langen Verletzungspause zurückgekommen, sein Name: Andreas Wellinger.

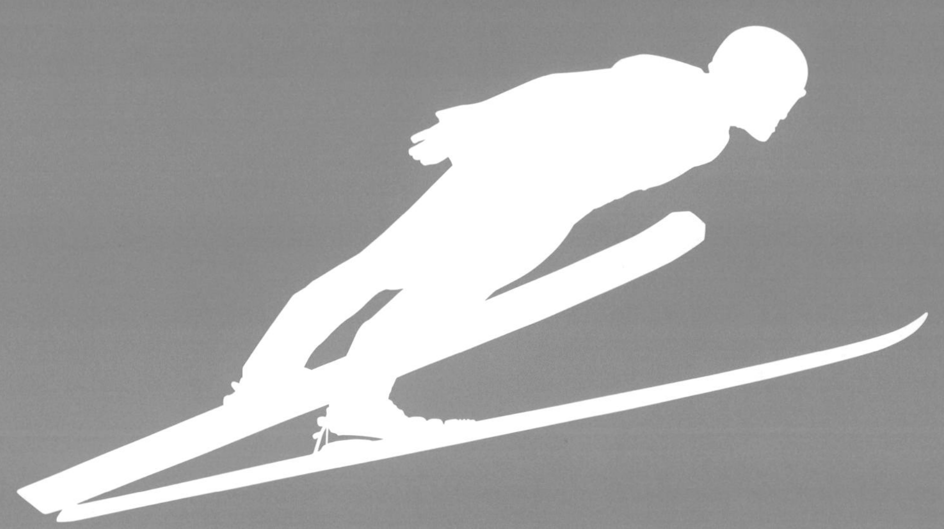

II Abspringen

5 „Kühnheit und bodenloses Selbstvertrauen"

Drei Zehntelsekunden, in denen sich alles entscheidet: Der Absprung ist das Herzstück des Skispringens. Toni Innauer, Olympiasieger von 1980 und heute Fernsehexperte, seziert die wichtigste Bewegungskette im Skispringen und erklärt das Geheimnis dieses Sports.

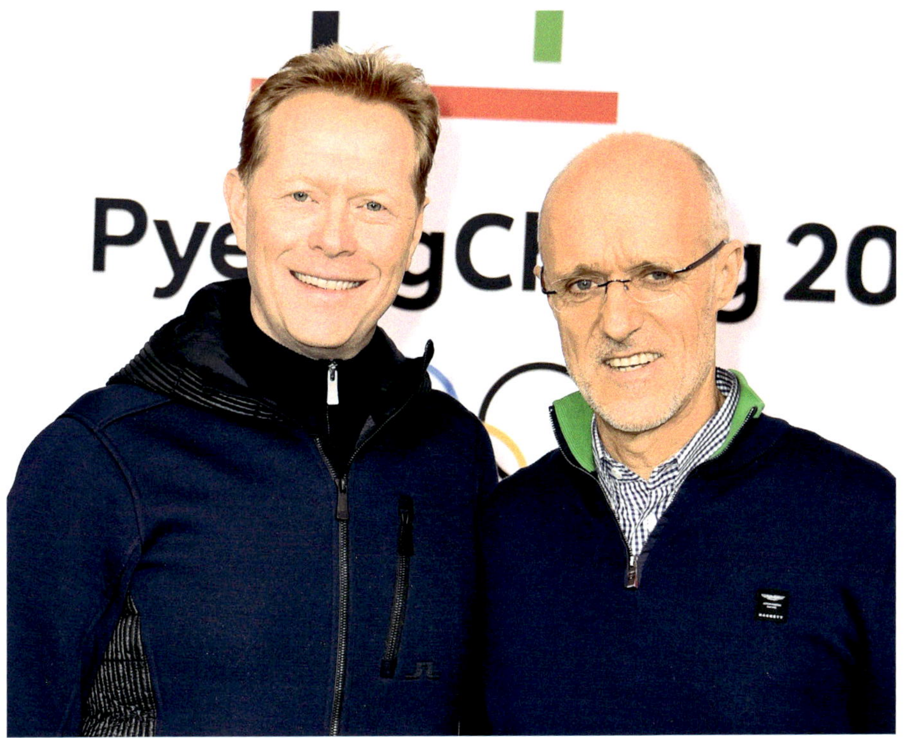

Toni Innauer im Dezember 2017 mit Dieter Thoma bei einer Pressekonferenz zu den Olympischen Spielen 2018 im koreanischen Pyeongchang.

Der Absprung ist das geheimnisvolle Zentrum des Skispringens. Dieser kurze Moment des Abhebens entscheidet über Sieg oder Niederlage.
Der hatte immer schon etwas Magisches.
Wie wichtig ist er tatsächlich?
Das hängt davon ab, wie die Zeiten gerade sind. Geht es in Richtung leichte Springer, verliert der Absprung etwas von seiner Dominanz. Leichtgewichte kommen weiter wegen ihrer Flugfähigkeiten, da hat dieser Kernbereich etwas weniger Bedeutung. Auch beim Skifliegen verliert die Gewichtung des Absprungs gegenüber den besonderen Flugfähigkeiten. Natürlich bleibt er immer noch wesentlich, weil man aus der Hocke stets möglichst aerodynamisch hinüberkommen muss in die Flugphase. Und dafür muss einiges passieren.
Es geht ja so schnell, deshalb die Bitte: Könnten Sie einen idealen Absprung hier mal in seine einzelnen Phasen zerlegen, quasi in Super-Slomo?
Also: Zunächst muss ich den Absprung-Impuls erzeugen, mit allen mir verfügbaren Muskeln und Hebeln. Damit kann ich, das ist entscheidend, meine Flugbahn anheben, um weiter zu fliegen. Man muss wissen: Der Schanzentisch hat normalerweise elf Grad Neigung, und zwar nicht nach oben, sondern nach unten. Das Anheben gelingt dann, wenn ich einen starken Impuls setze, und noch dazu pünktlich. Denn es geschieht nicht auf irgendeiner unendlichen Strecke, wo es

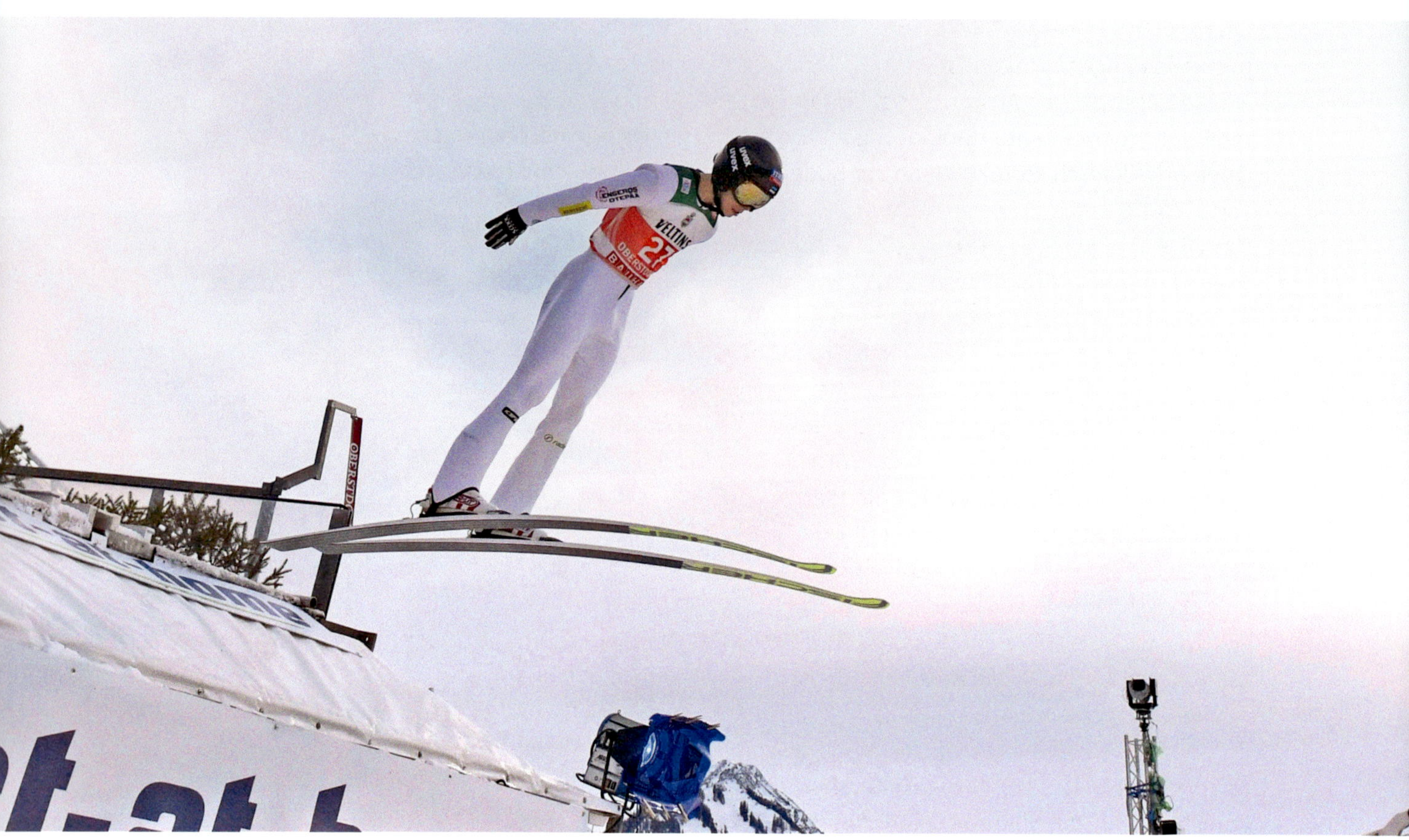

29. Dezember 2020: Absprung in Oberstdorf (Vierschanzentournee).

egal ist, wann man den Absprung setzt, sondern es sollte so zu Ende geführt werden, dass der Skispringer am Ende des Schanzentisches wirklich fertig ist.

Wo befindet sich dieser entscheidende Punkt?

Dieser Punkt ist eigentlich kein Punkt, sondern eine recht lange Strecke, aber die Zeit bei der Überfahrt ist extrem kurz. In etwa drei Zehntelsekunden muss der Absprung untergebracht werden. Dabei aber hat der Skispringer 85 bis 100 Stundenkilometer drauf, in der kurzen Zeitspanne legt er sieben bis neun Meter zurück, je nachdem, ob er auf einer Normal-, Groß- oder einer Flugschanze anfährt.

Er rast also mehr, als dass er fährt.

Das Besondere ist jedenfalls, dass er eine ganz beträchtliche Strecke fährt, *während* er abspringt. Und im Radius, also in der Anlauf-Krümmung vor dem Schanzentisch, wirken starke Bodenreaktionskräfte, also Fliehkräfte, auf ihn. Auch seine eigene Kraftentfaltung summiert sich dazu. Es ergeben sich Werte über dem Doppelten seines normalen Körpergewichts.

Lässt sich bemessen, ob er über diese sechs bis acht Meter richtig und pünktlich abgesprungen ist?
Ja, die Regel ist: Den Absprung hat er dann perfekt getroffen, wenn er am letzten Punkt vor der Kante zumindest genauso schwer ist wie sein Körpergewicht. Oder, physikalisch korrekt: Wenn die Bodenreaktionskräfte so schwer sind wie sein Körpergewicht mitsamt Skiern.
Ryōyū Kobayashi, der überragende Japaner 2018/2019, beherrschte das perfekt, sprang flüssig und pünktlich. Umgekehrt machten die anderen Absprungfehler, wie sehen die genau aus?
Schlecht ist es, wenn ein Springer zu früh schon zu leicht wird. Wenn er noch auf dem Tisch fahrend keinen Druck mehr erzeugt oder schon abgehoben hat. Dann verschenkt er Weg und erntet zusätzlich aerodynamische Probleme, weil er in eine Drehbewegung nach vorne gerät, die von den entgegenwirkenden Luftkräften noch nicht neutralisiert wird. Es ist in der Praxis besser, ein bisschen zu spät dran zu sein.

Es ist Erfahrung, Gefühlssache, und auch Glückssache

Wichtig ist also, dass die Sprungbewegung, die Beschleunigung des Körpers nach oben, nicht zu früh zu Ende ist?
Ist der Springer zu früh dran, so kann er im letzten Teil der Bein- und Hüftstreckung seinen Schwerpunkt nicht mehr beschleunigen, sondern im Gegenteil: Er verzögert. Das sind „leere Zentimeter“ im hohen Winkelbereich über 140° Beinstreckung, das sind so die Raffinessen.
Schon jetzt ist klar: Der Skispringer muss eine extrem komplizierte Abstimmung finden – und das innerhalb von Sekundenbruchteilen. Wie schafft er das?
Es ist Erfahrung, Gefühlssache, und – wenn man ganz ehrlich ist – auch Glückssache. Das entzieht sich eigentlich der Steuerbarkeit. Es ist mehr Erahnen und Intuition. Eine Timing-Geschichte.
Drei Zehntelsekunden sind zu kurz, um irgendwas bewusst zu steuern.
Deshalb hat sich die Skisprungmethodik ja auch gehörig weiterentwickelt. Bis vor einigen Jahren war es noch in erster Linie Talentsache. Heute gibt es spezielle Druckmessplatten. Jede Nation hat heute eine solche Platte, auf der im Kraftraum analysiert und trainiert wird.
Was misst diese Platte?
Natürlich die Größe des Kraftimpulses selbst, aber auch die Struktur, den Aufbau der Kraftentwicklung. Es wird zum Beispiel untersucht, ob der Anstieg der Kraft des Springers kontinuierlich und akzentuiert genug ist, ob sogenannte Dellen in der Kraftkurve erkennbar sind, all das kann dann besser trainiert werden. Und damit wird auch der Bewegungsfluss optimiert und vor allem automatisiert. Je

sauberer Absprungstruktur und Leistungswerte entwickelt wurden, desto wirkungsvoller ist die Automatik des Körpers, die dem Springer unter Stress zur Verfügung steht.

Was kostet denn so eine Druckmessplatte?

Um die 20.000 Euro.

Da muss sie aber auch was leisten.

Sie berechnet eine Vielzahl von Daten. Sie misst nicht nur vertikal, also wie stark der Athlet nach oben abspringt, sondern auch die horizontalen Bewegungen und ob er etwa links mehr belastet als rechts. Ob er mehr nach vorne springt, oder zu wenig nach vorne springt, was das Drehmoment im Absprung beeinflusst. Das kann alles gemessen und verfeinert werden.

Alles beeinflusst sich gegenseitig

Also geht es darum, den Springer in seiner höchst individuellen Sprungweise zu verstehen.

Diese Sprungweise ist ja wie ein einzigartiger Daumenabdruck. Wenn der Springer diesen Tausende Male trainiert hat, kann er gar nicht anders, als ihn immer zu wiederholen. Mit der Platte kann man aber in aller Ruhe im Hotelzimmer oder Fitnessraum Fehler finden und diesen Daumenabdruck langfristig prägen. Der Sprungablauf wird optimiert und vollzieht sich in der Realität so automatisch wie eine Wurfbewegung und unterhalb der Möglichkeit, ganz bewusst gedanklich mitzusteuern.

Das klingt so, als würden auch die letzten Geheimnisse des Sports gelüftet. Wie gut sind die Ergebnisse?

Es hängt natürlich davon ab, was Trainer und Leistungsdiagnostiker davon verstehen und wie gut sie zusammenarbeiten. Welche Diagnose sie stellen, welche Trainingsmaßnahme sie empfehlen. Also in Richtung Kraftentwicklung und in Richtung der Veränderung des motorischen Musters, in das aber auch die spezielle Materialabstimmung integriert sein muss. Alles beeinflusst sich gegenseitig. Ich weiß, das klingt alles kompliziert.

Macht nichts, die Platte ist ja interessant, kann sie noch mehr? Zum Beispiel Profile von Schanzen programmieren, damit ich genau weiß, wo ich wann wie stark abspringe?

Nein, das geht nicht auf dieser Platte, es geht höchstens, wenn man einen Lichtbalken programmiert und ihn in Echtgeschwindigkeit auf den Sportler zufahren lässt und am besten auch das Geräusch der Skier und des Luftzuges einblendet. Da existieren fantasiereiche Methoden, um den Transfer von der Erkenntnis zur Ausführung noch mehr zu unterstützen.

Ist das schon Praxis?

Das wurde alles schon gemacht. Und es gibt auch diese Helmkameraflüge auf den jeweiligen Schanzen mitsamt Geräusch, all das kann man über eine Brille oder auch einen Monitor während des Platten-Trainings einblenden. Wir hatten das schon zu unserer Zeit versucht, als es die Druckmessplatten noch lange nicht gab.

Zurück zur Schanze, wir haben gerade den Tisch verlassen, mit dem exakt richtigen Impuls und noch einem leichten Winkel in den Beinen. Wie geht es weiter?

Vorher müssen wir aber noch zwei weitere Dimensionen des Absprunges neben der Pünktlichkeit ansprechen: die Drehung und die Aerodynamik. All diese Bewegungen müssen ja darauf abgestimmt sein, dass sich der Springer in einem rauschenden Luftstrom bewegt, bei bis zu 100 km/h und mit riesigen Latten an den Beinen. Und er muss schon in der Absprungbewegung die Voraussetzungen dafür schaffen, dass ein Flug entstehen kann. Denn wenn es nur darum ginge, die Höhe zu optimieren und den Impuls, dann würde der Springer mit allem, was er hat, mit Armen mit Oberkörper und Kopf, einfach senkrecht nach oben springen, ohne Rücksicht darauf, ob er vom Luftwiderstand erfasst, gebremst und gebeutelt wird.

Er muss also lernen, wie er aus einer leicht aufsteigenden Rakete ganz schnell zum waagerechten Pfeil wird, womit er dem Wind wenig Angriffsfläche bietet. Könnten Sie mal die Entstehung

Der Absprung „ist Erfahrung, Gefühlssache, und – wenn man ganz ehrlich ist – auch Glückssache. Das entzieht sich eigentlich der Steuerbarkeit." Hier im Bild: der Österreicher Thomas Morgenstern im Januar 2009.

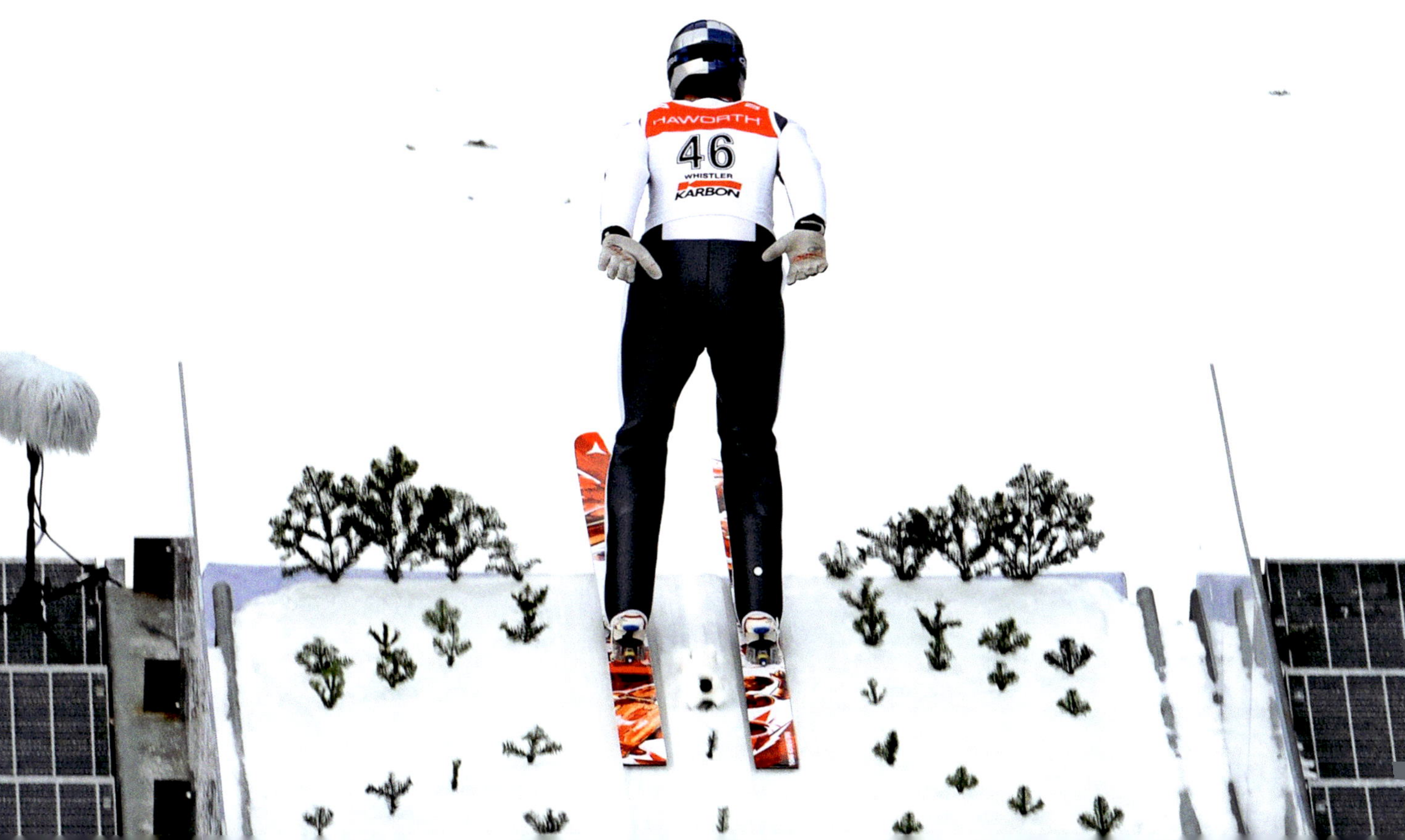

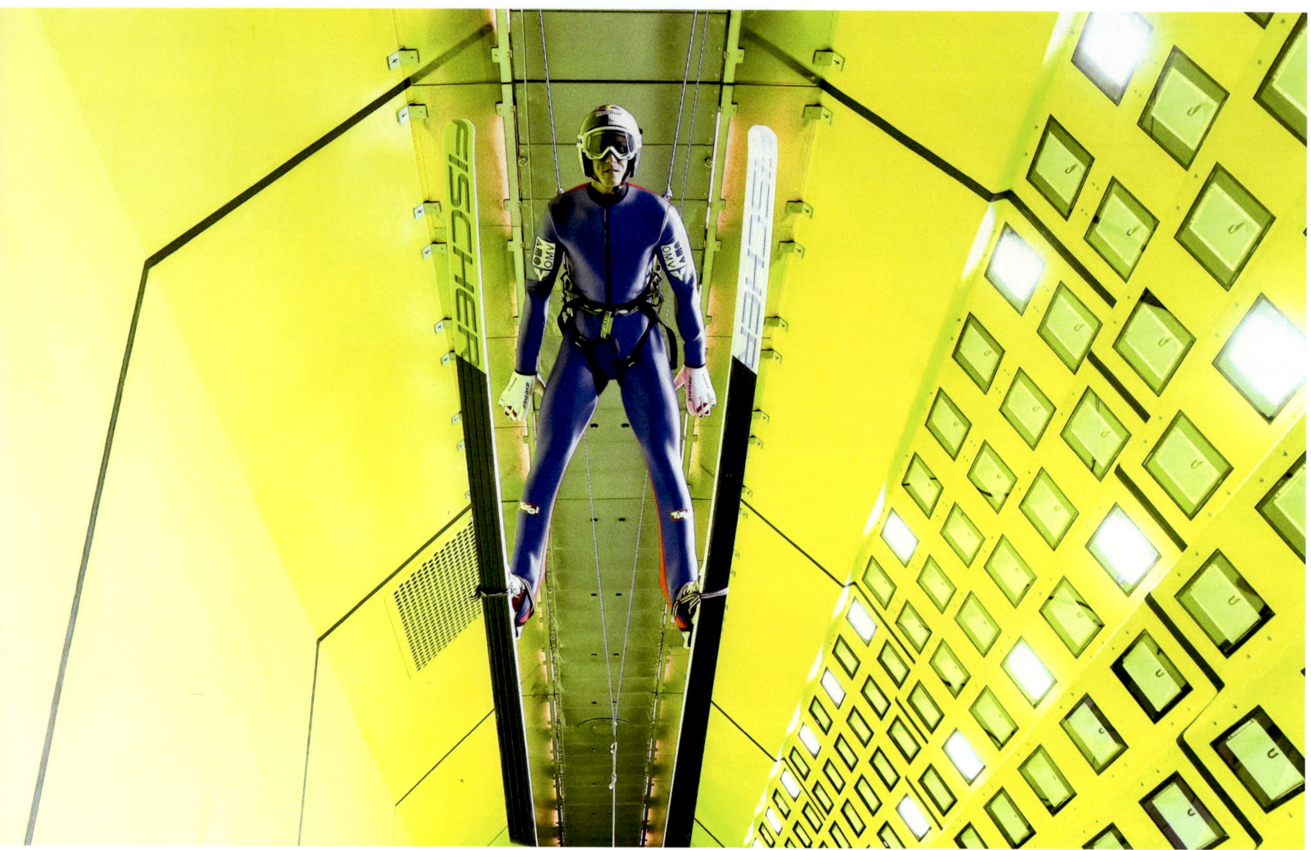

Training der Österreicher im Windkanal, hier im Bild: Gregor Schlierenzauer.

und Wirkung dieser Drehmomente erklären, dieser Physik, die im Skispringen so wichtig ist?

Der Skispringer befindet sich ja bereits in der Hocke und im Anlauf in einen steigenden Luftstrom eingepackt und braucht, sobald er mit dem Abheben beginnt, eine leichte Drehung nach vorne. Denn er soll nicht von der Luft gebremst werden, sondern sich von ihr mit möglichst wenig Tempoverlust tragen lassen.

Wie schafft er das?

Im Laufe der Jahre lernt er, dass ein höherer Kraftimpuls nach dem Absprung auch eine bessere Vorwärtsdrehung seines Systems erzeugt. Unter anderem auch dadurch, dass mit der Größe des Kraftimpulses auch der Reibungswiderstand unter den Skiern ansteigt und den Drehimpuls nach vorne kurzfristig steigert. Vor allem Skispringerinnen, die weniger Kraftimpuls erzeugen als die männlichen Kollegen, lernen schnell, dass ein tiefer Oberkörper einen ähnlichen Effekt hat. Denn so werden hauptsächlich die Beine vom Luftwiderstand erfasst – und das Gesamtsystem wird ebenfalls nach vorne gedreht.

Der Oberkörper bleibt also geduckt, die Beine steigen nach hinten hoch.

Und das geht nur, weil der Schanzentisch zirka elf Grad nach unten geneigt ist. Würde die Schanze ansteigen, wie etwa bei der Skiakrobatik, dann hätte der Springer ein rückwärtsdrehendes Moment, dann könnte er quasi einen Auerbachsalto machen. Die Drehung nach vorne wäre also nach Impuls und Pünktlichkeit die dritte leistungsrelevante Dimension des Absprungs, und die vierte ist dann die Aerodynamik, also das Gefühl für wenig Luftwiderstand, die schon in der kritischen Phase des Absprungs intuitiv mitgestaltet werden muss.

Neben dem soeben besprochenen Drehmoment nach vorne gibt es ja noch eine andere Drehbewegung im Absprung. Was hat es mit der auf sich?

Stellen Sie sich einen jungen, noch ängstlichen Springer oder einen Laien vor. Der hat das Gesäß beim Anlauf weit hinten, er „scheut". Er wird ein Rückwärtsdrehmoment erzeugen, weil er die Beine beim Abspringen automatisch vorschiebt, man sieht das manchmal bei Abfahrtsläufen der Alpinen. Der versierte Skispringer aber hat in der Anlaufhocke, vor allem in der Absprungphase den

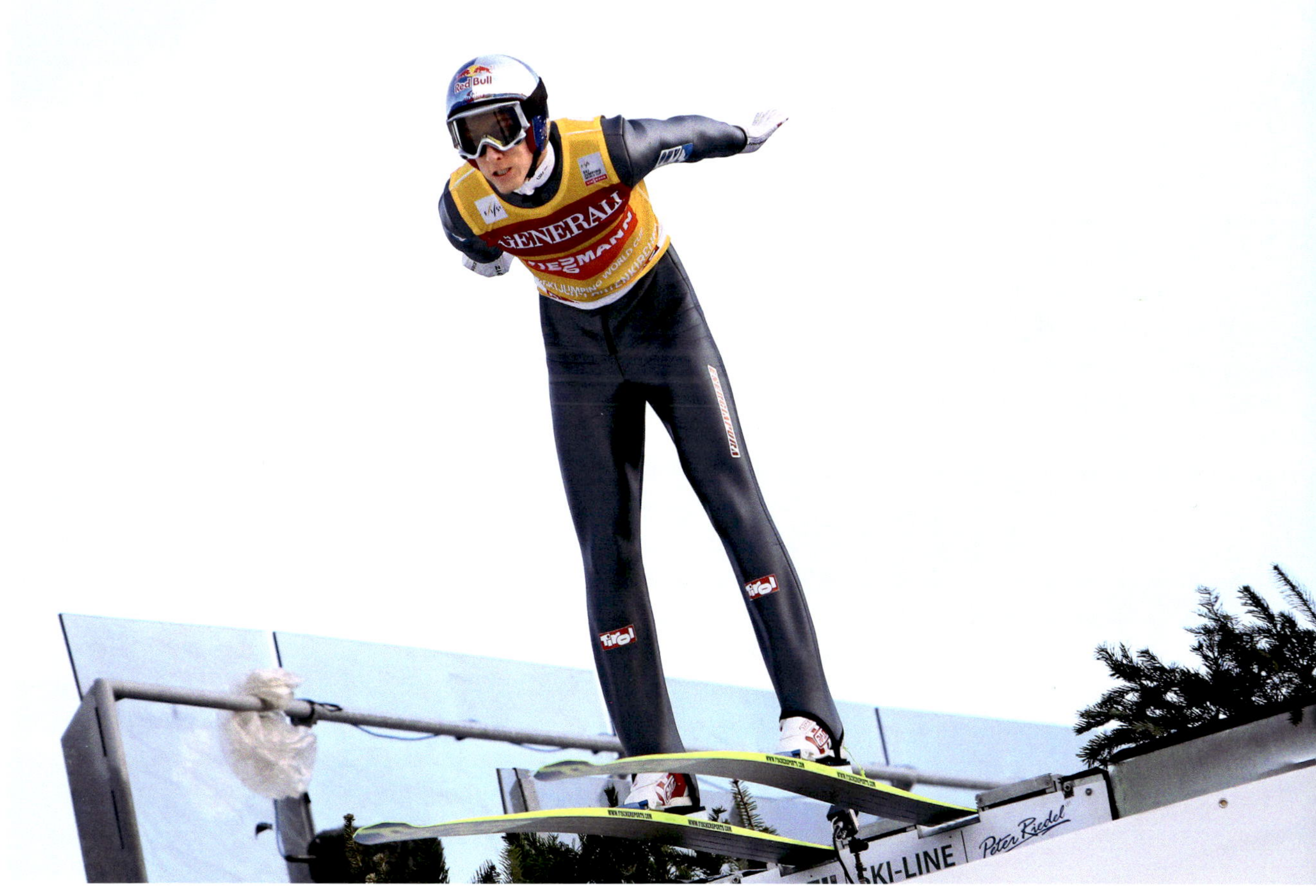

Die Norwegerin Maren Lundby mit einem kräftigen Absprung (Januar 2009), was gut an den gebogenen Skiern zu erkennen ist.

Er lehnt sich quasi an die Luftströmung

Schwerpunkt, das Massezentrum, leicht vor seinen Fußspitzen. Gerade so, dass er, wenn kein Wind wäre, auf die Nase fallen würde. Er lehnt sich quasi an die Luftströmung. Wenn man in dem Moment abhebt, hat man ein Drehmoment nach vorne.

Deshalb sagen die Springer immer, „ich muss an meiner Hocke feilen". Aber wozu ist dieses zweite Drehmoment nützlich?

Es ist Teil des Gesamtdrehimpulses und unterstützt und ergänzt das erste Drehmoment, das aus dem Impuls des Sprunges entsteht. Und es erzeugt eine der wichtigsten Voraussetzungen des Springens: den stabilen Flug. Man muss wissen: Stabiler Flug heißt „Drehmomentgleichgewicht".

Interessant, ein Wort, fast so lang wie ein Skisprung.

Man muss sich nur diese langen Skier vorstellen, 11,5 Zentimeter breit und 2,50 Meter lang, und die Bindungen sind am hinteren Teil der Latten montiert. Wenn die dann vom Wind erfasst werden, rotieren die Skispitzen dem Sportler entgegen. Sie würden ihm ins Gesicht schlagen oder sich an den Schultern vorbei nach hinten drehen. Über die Bindung werden die Skier an einer bestimmten Position gestoppt, der Druck aber wirkt weiter auf den Springerkörper. Durch sein Drehmoment, durch die leichte Rotation nach vorne, die er am Schanzentisch eingeleitet hat, kann er Skier und Körper im Gleichgewicht und optimaler Anströmungsposition halten – und mit laufenden Anpassungsmanövern in einen stabilen Flug umsetzen.

Schlimmstenfalls bekommt der Springer sogar Luft von oben auf einen Ski, der kippt weg, und er stürzt ab

Die Feinheiten des Absprungs ermöglichen einen weiten Flug, können aber bei minimalen Fehlern schwere Stürze verursachen. Was passiert da?

Wenn man zu spät abspringt, dann geht zu viel vom Druck ins Leere, der Impuls presst die Skier mit den Enden nach unten und stellt sie quasi frei gegen den Wind. Die Latten werden einem entgegengeschleudert und sind entsprechend schwer zu kontrollieren. Springt man aber zu früh ab, hat man das andere Phänomen, dass der Ski an den Enden angehoben wird, zu schnell reintaucht, zu spät Luft von unten und Widerstand generiert. Schlimmstenfalls bekommt der Springer sogar Luft von oben auf einen Ski, der kippt weg, und er stürzt ab.

Hat der V-Stil da etwas verbessert?

Prinzipiell hat der V-Stil die Springerei ja viel sicher gemacht, vor allem, weil die Anfahrtsgeschwindigkeiten deutlich zurückgegangen sind. Unmittelbar im Absprungübergang zum Flug blieb aber eine sehr heikle Phase: Es gilt neben dem Drehmomentgleichgewicht auch das optimale Timing zum Öffnen des Vs und die Symmetrie zu finden. Im V-Stil ergeben sich manchmal Stürze durch das Überkreuzen der Skier im hinteren Bereich, bei denen der unten gelegene Ski die Funktion des oberen behindert und gefährlich kippen lässt.

Manche Stürze entstehen auch durch übermäßiges Korrigieren.
Das kann eine Folge davon sein, dass der verspätete Springer den Ski entgegengeschleudert kriegt und dann überreagiert, überdreht, indem er sich zu impulsiv und unrhythmisch nach vorne auf die Latten legt. Und dann kippt der Ski wieder wegen Oberluft nach unten oder hebelt seitlich aus.
Wie hat sich der Absprung über die Jahrzehnte perfektioniert?
Immer wieder hat es Individuen gegeben, von Sepp Bradl in den 1930ern über Helmut Recknagel bis jetzt zu Karl Geiger, die an die Essenz des Absprungs gelangt waren und in Höchstform jeweils optimale Lösungen fanden. Die auch ohne moderne Analysemethode für sich Neues entdeckt und stabilisiert hatten. Bis Mitte der 1970er wurde zum Beispiel mit den Händen in der Vorhalte abgesprungen. Es hatte ja einen positiven Einfluss auf die Balance, wenn man die Arme vorne hat. Ich kann den Vergleich noch beurteilen, weil ich damals mit beiden Techniken Medaillen gewonnen hatte. Vom Absprungimpuls war es komplexer und anspruchsvoller, mit den Armen vorne optimal wegzuspringen. Aber rein kraftmäßig wäre diese Technik wegen der Integration des Armzuges und einer potenziell größeren Hubbewegung immer noch die bessere. In der Summe jedoch ist natürlich die neue, vor allem hinsichtlich der Anlaufgeschwindigkeit aerodynamisch vorteilhafte und weniger fehleranfällige Sprungart das Maß der Dinge.
Was ist heute noch übrig vom früheren Absprung?
Im Kern überraschend viel. Schon zu Bradls Zeiten achtete man auf Aerodynamik, Gleichgewicht, Pünktlichkeit, Krafteinsatz. Und auf die optimale Verknüpfung der Teilaspekte und die Wahrnehmung und Verwaltung der auftretenden Kräfte. Aber letztlich ist das Abspringen bis heute deshalb so magisch, weil es nicht wirklich bis ins Letzte kontrolliert werden kann.
Ist es das, was das Skispringen so faszinierend macht?

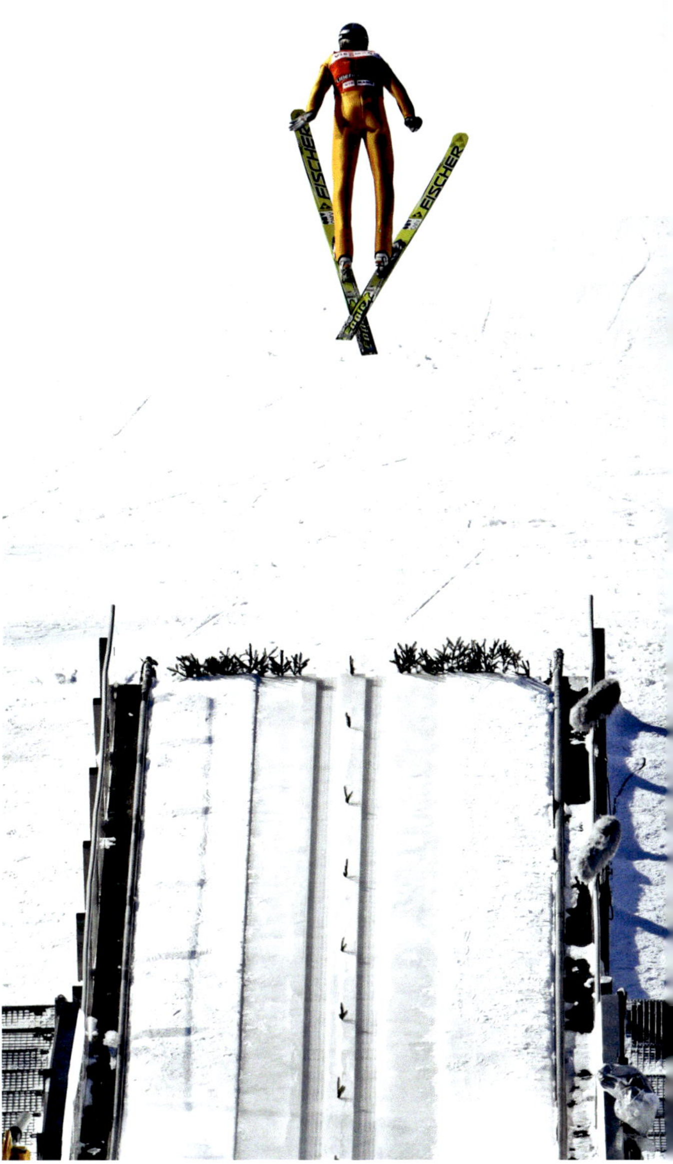

Nach dem Absprung muss die Springerin oder der Springer schnell in die Flugphase. „Im V-Stil ergeben sich manchmal Stürze durch das Überkreuzen der Skier im hinteren Bereich, bei denen der unten gelegene Ski die Funktion des oberen behindert und gefährlich kippen lässt", so Innauer.Hier im Bild (ohne Sturz): der Österreicher Gregor Schlierenzauer im Februar 2009.

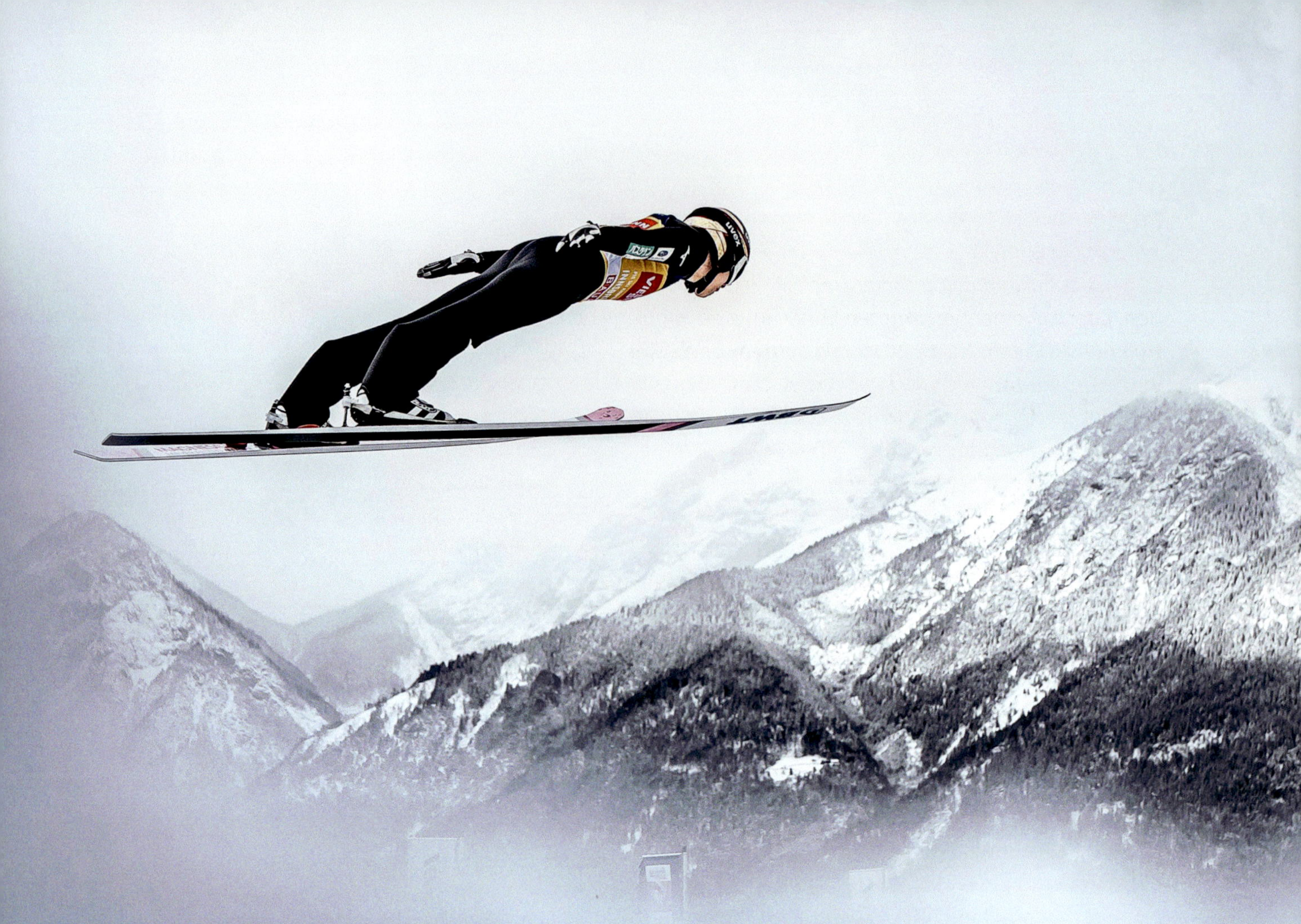

„Dann ist es eigentlich angerichtet." Ryōyū Kobayashi beim Flug von der Bergisel-Schanze in Innsbruck.

Mit Sicherheit. Weil es so schnell geht und auch ein bisschen mit Kühnheit und bodenlosem Selbstvertrauen zu tun hat. Weil der Sportler sich auf etwas verlässt, das er nicht wirklich kontrollieren kann. Und doch ist das die einzige Sicherheit, die er hat. Denn je mehr er sich darauf verlässt, je mehr Vertrauen er in seine Fähigkeiten hat, desto stabiler und effektiver springt er.

Da sind wir schon bei der psychologischen Dimension in diesem Ablauf, der ja tatsächlich ein unterbewusster Vorgang ist …

Es ist ein unterbewusster Vorgang und trotzdem: Der Sportler tut gut daran, einen Leitgedanken für seinen Absprung zu haben, sich darauf zu konzentrieren und damit dem bewussten Denken einen Auftrag zu geben. Das ist bei jedem unterschiedlich, aber jeder sollte es machen, damit er nicht versucht ist, an alles gleichzeitig zu denken. Er sucht sich idealerweise ein bis zwei Details heraus, die für ihn relevant sind, und verlässt sich darauf, dass seine Körperintelligenz die anderen Details so erfüllt, wie sie eben programmiert sind.

Skispringer müssen sich offenbar besonders aktiv um ihre mentale Stärke kümmern.

Man hat so seine Code-Wörter, die einen stützen. Da merkt man, dass wir von vielen Schichten dieser mentalen Dimension gesteuert werden, von Regulationsmechanismen, von denen wir bei Weitem nicht alle bewusst steuern können, aber mit einer bestimmten Einstellung doch positiv beeinflussen können.

Ryōyū Kobayashi hatte 2019 mit seinem perfekten Absprung den Gesamtweltcup gewonnen und verlor danach plötzlich diese Stärke. Ende des Winters 2021 schien er sich wieder erholt zu haben. Wie schafft man das, wie repariert man einen Vorgang, der sich im Unterbewusstsein versteckt?

Das Fatale ist, dass da oft ganz wenig fehlt. Aber die Auswirkungen sind dramatisch wie bei Kobayashi. Ich vermute bei ihm, dass u. a. eine minimale Materialumstellung ein Auslöser war. Diese wurde erzwungen, weil man die Zusatzkeile verkleinert hat, die in den Schuhen die Absprungbewegung unmittelbar beeinflussen. Und da hat es ihm an feinen, aber entscheidenden Winkelstellungen des Skis und an bestärkenden Feedbacks gefehlt. Und in der Folge auch an der zuvor unerschütterlichen Überzeugung vor dem Sprung. Andererseits waren die Japaner wegen Covid im Winter darauf vielleicht auch eingeschränkt in ihrer Materialentwicklung. Er braucht dann halt einfach Zeit, das anzupassen und das Vertrauen in die eigenen Fähigkeiten wieder zu stärken.

Unser Großhirn, das alles systematisiert, ist nicht das alleinige Steuerpult

Kommen in solchen Fällen nicht auch viel größere Zweifel auf als die am Detail? Etwa: Ich hab's verlernt, ich verpasse den Anschluss, was sagen die Fans, die Sponsoren?

Das Verrückte ist: Man kann sich alles aufschreiben, was man denkt, was man spürt, was man sich vornimmt, wenn man in Hochform ist. Aber es ist nicht reproduzierbar. Das wirft uns auf unsere Menschlichkeit zurück. Unser Großhirn, das alles systematisiert, ist nicht das alleinige Steuerpult, sondern es gibt andere regulierende Maßnahmen in so einem Ablauf, die wir nicht kognitiv wahrnehmen, die aber so sehr stören können, dass dieses Gesamtbild zu flimmern anfängt.

Angenommen, nichts flimmert und alles hat bestens geklappt, wir haben uns in der Anfahrtshocke ganz leicht nach vorne in den Fahrtwind gelegt, ohne auf die Nase zu fallen, haben pünktlich den Absprung erwischt, also höchstens minimal zu spät zum Sprung beschleunigt, und pünktlich vor der Tischkante hat zumindest noch unser eigenes Körpergewicht auf die Schanze gedrückt, dann haben wir ganz im Drehmomentgleichgewicht abgehoben und das System vorbildlich geschlossen. Wenn wir ab jetzt im Flug keine Fehler mehr machen – was kann noch passieren?

Dann ist es eigentlich angerichtet.

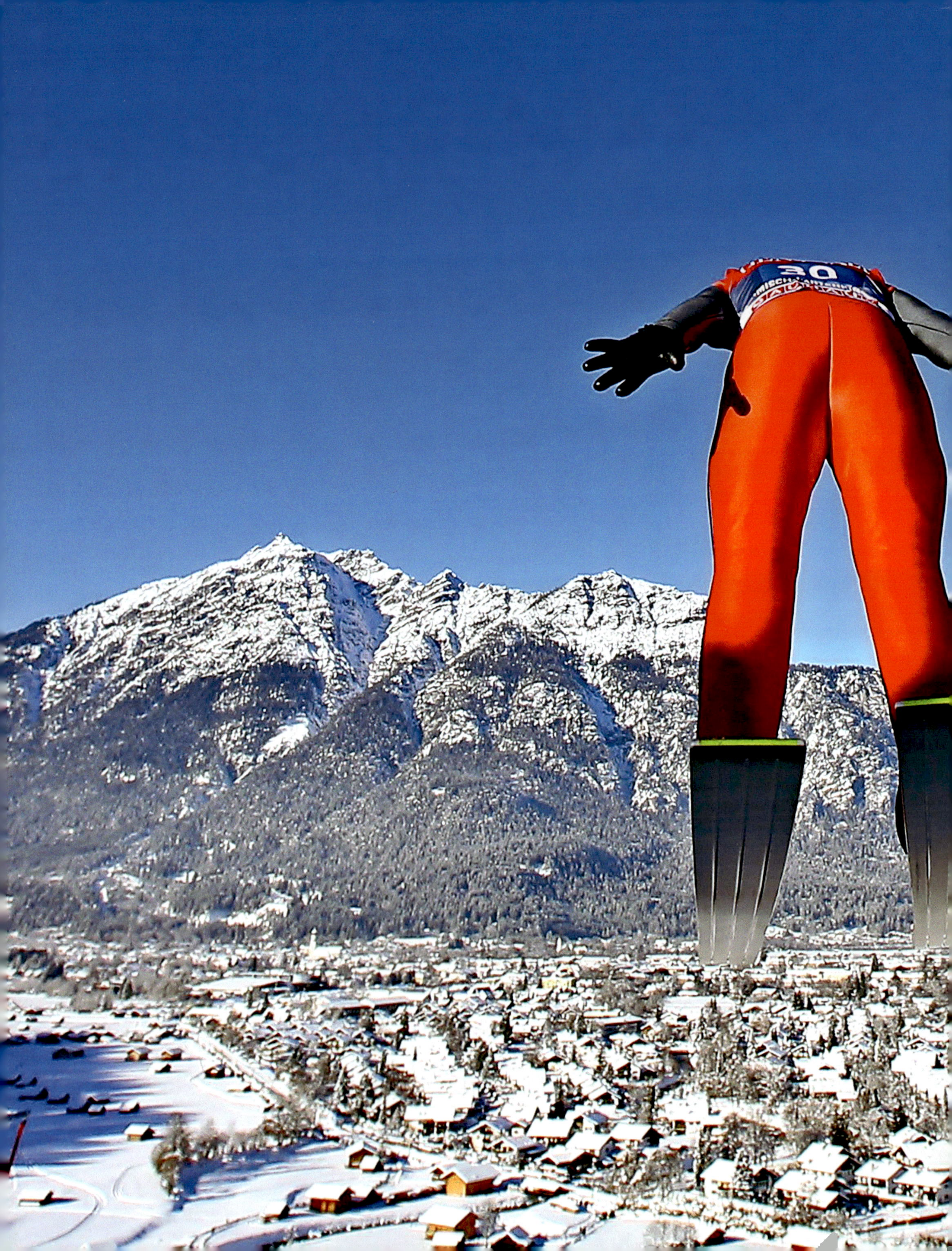
30

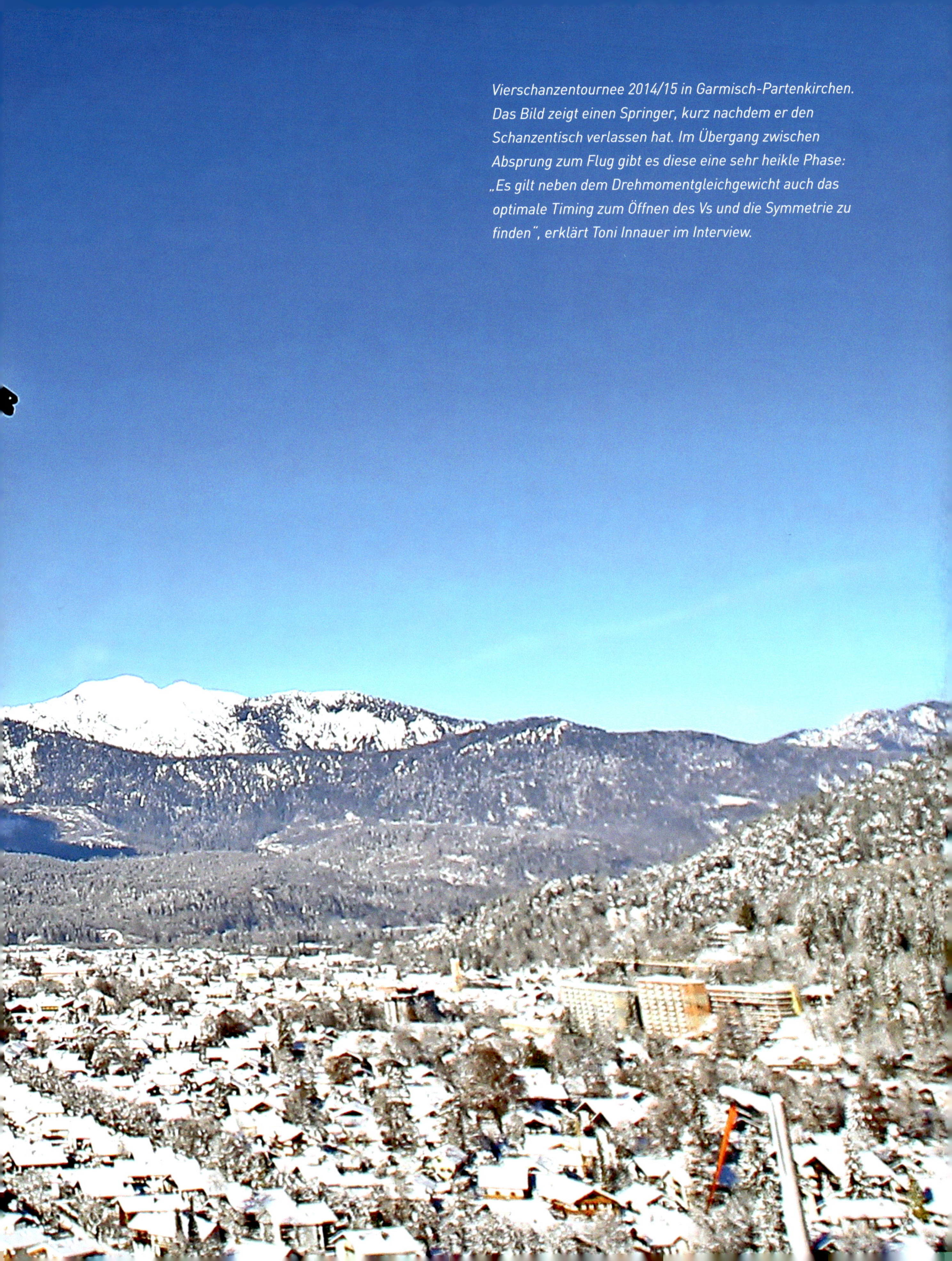

Vierschanzentournee 2014/15 in Garmisch-Partenkirchen. Das Bild zeigt einen Springer, kurz nachdem er den Schanzentisch verlassen hat. Im Übergang zwischen Absprung zum Flug gibt es diese eine sehr heikle Phase: „Es gilt neben dem Drehmomentgleichgewicht auch das optimale Timing zum Öffnen des Vs und die Symmetrie zu finden", erklärt Toni Innauer im Interview.

6

„Gib ihnen keine Angriffsfläche"

Daniela Iraschko-Stolz steigt durch Willenskraft, Talent und besonderes Selbstbewusstsein zur ersten großen Skispringerin auf.

Neues hat sich also angekündigt. Eine zweite, andere Dimension. Vorfreude und Aufbruchsstimmung kommen auf, genau wie Ablehnung und diffuse Ängste. Unsinnige erste Reaktionen, aber auch konkrete Pläne. Viel Geduld brauchten die ersten noch jungen Springerinnen bei ihrem Projekt, den letzten, jahrhundertalten Männersport auch betreiben zu dürfen. Aber Geduld allein reichte nicht. Besser war: Action.

Gegen Mitte der 1990er-Jahre schafften einige der von ersten Flugerlebnissen beseelten Springerinnen schon beachtliche Weiten. Sogar ein internationaler Wettkampf war nun denkbar. Um den aber zu verwirklichen, war so etwas wie eine Überrumpelungstaktik erforderlich, man könnte auch sagen: eine Guerilla-Strategie.

Als erster ernstzunehmender internationaler Wettkampf des Frauen-Skispringens gilt heute die Juniorinnen-Weltmeisterschaft 1998 in St. Moritz. Nur etwas mehr als eine Handvoll Springerinnen war versammelt im berühmten Ski- und Kurort im Engadin in der Schweiz, und doch kamen die 17 aus Übersee und Europa, sodass die Internationalität dieses unscheinbaren Wettkampfs gesichert war. Seit Monaten geplant und organisiert war zwar eigentlich nur die nordische Junioren-WM, die jungen Männer maßen sich in sämtlichen nordischen Sportarten. Was sie aber nicht geplant hatten, war die Taufe einer neuen Disziplin. Diesen historischen Programmpunkt boten die jungen Frauen.

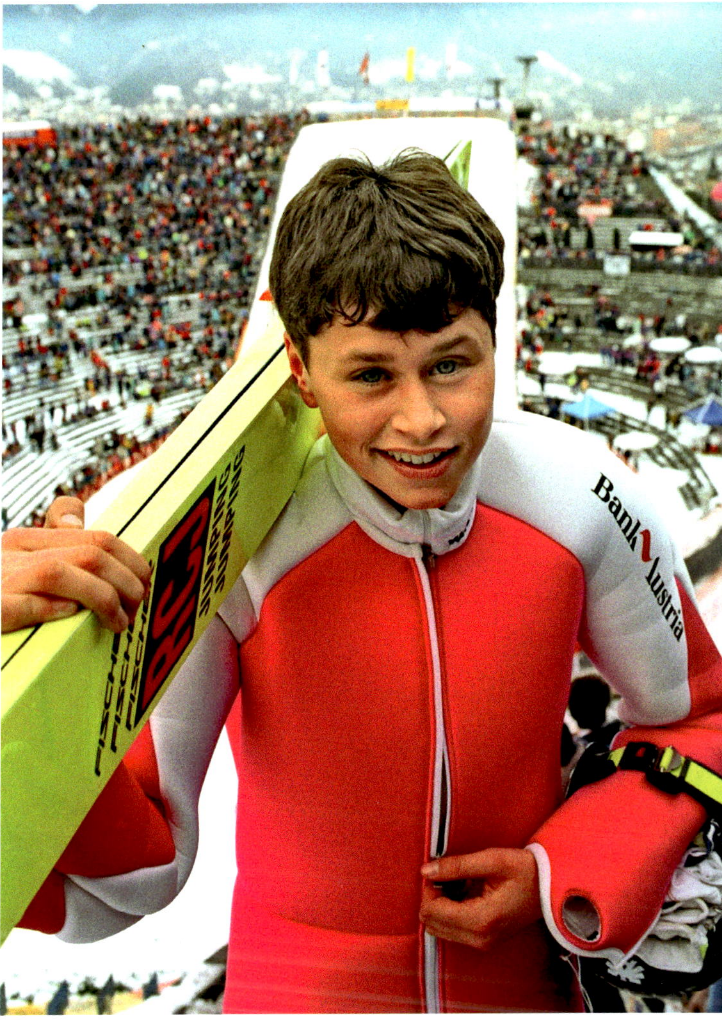

4. Januar 1994: Als Vorspringerin darf Eva Ganster bei der Vierschanzentournee in Innsbruck zeigen, was sie kann.

Ein langer Kampf

Natürlich hatten die Veranstalter des Weltverbandes Fis etwas dagegen. Absehbar war es also, dass das erste offizielle WM-Springen zunächst verboten wurde. Schließlich waren die Springerinnen gar nicht offiziell, sondern nur vom Skiclub St. Moritz eingeladen worden. Deren Begleiter, insbesondere Dr. Edgar Ganster, der Vater der späteren Zweitplatzierten aus Österreich, Eva Ganster, mussten sich also vehement für den Wettkampf einsetzen. Und die erste Frauen-Skisprung-Lobby wusste auch, welches Argument dem Establishment wirklich Druck

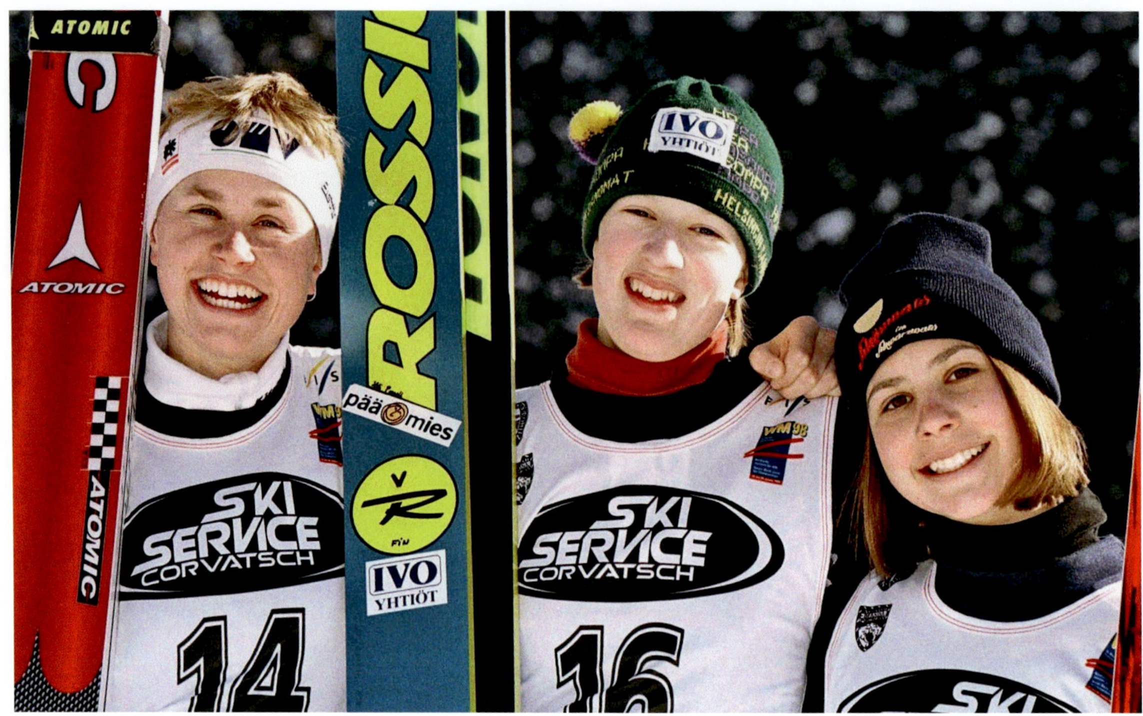

Drei strahlende Frauen als Medaillengewinnerinnen posieren am 22. Januar 1998 in St. Moritz für die Fotografen: Die Finnin Heli Pomell (Mitte) gewinnt die erste (inoffizielle) Frauen-Weltmeisterschaft im Skispringen vor der Österreicherin Eva Ganster (links) und der erst 15-jährigen Michaela Schmidt (rechts) aus Deutschland. Das Frauen-Skispringen wurde nach langen Verhandlungen mit dem Weltverband Fis ausgetragen.

machen würde, ausgangs des Jahrtausends. Klar, da war das moralische Thema Gleichberechtigung, das wenig half, wenn es in den Zirkeln der Fis vielen Leuten egal blieb. Daher klang in der langen Diskussion auch Handfesteres an. Nämlich die Frage, wie ein ambitionierter Verband wie die Fis wohl aussähe, wenn die Medien erführen, dass die 17 weltbesten Springerinnen ohne Wettkampf wegen irgendwelcher Formalien nach Hause geschickt wurden?

Am nächsten Tag sprangen jedenfalls alle, und dass hier die Spannung fehlte, kann man nicht sagen. Die Finnin Heli Pomell gewann vor Eva Ganster, das Ergebnis lautete nach Punkten 218,7 zu 218,3. Bronze war ähnlich umkämpft, die Deutsche Michaela Schmidt wurde Dritte mit dem hauchdünnen Vorsprung von 3,2 Punkten vor der US-Amerikanerin Karla Keck.

Stolz waren sie wohl alle nach diesem Ur-Springen, aber vor ihnen lag nun auch eine lange Zeit ohne große Höhepunkte, die Zuschauer angezogen hätten. Die Fis gründete 1999 den heute etwas altmodisch klingenden Fis Ladies Grand Prix, später Fis Ladies Wintertournee genannt, eine Art Fünfschanzentournee auf deutschen und österreichischen Anlagen. Auch im Continental Cup als Vorläufer des späteren Weltcups konnte die Frauen-Sparte nun wachsen, und doch dauerte es zehn Jahre, ehe auch die Skispringerinnen im Programm der Männer-

WM einen Platz bekamen. Erste Weltmeisterin wurde 2009 die US-Amerikanerin Lindsey Van im tschechischen Liberec. Das Olympiadebüt im Frauenspringen, 2014 in Sotschi, gewann Carina Vogt aus Degenfeld.

Eva Ganster war schon 2005 zurückgetreten, sie hatte die ersten Höhepunkte verpasst und war doch eine Art Siegerin ihrer Zeit, denn sie suchte sich ihre eigenen Erlebnisse. Als Vorspringerin war sie bereits 1994 bei den Olympischen Spielen in Lillehammer oder der Vierschanzentournee in Innsbruck dabei, und 1997 erreichte sie beim Skifliegen am Kulm die weltbeste Frauen-Marke von 167 Metern, ebenfalls als Vorspringerin. In dieser nächsten Zeit brauchte die Frauen-Sprungbewegung keine Guerilla-Taktiken mehr, sondern den Aufwind durch Vorbilder wie Eva Ganster, Heli Pomell, wie Ulrike Grässler oder Karla Keck und natürlich Daniela Iraschko-Stolz, der dominierenden Springerin der damaligen Zeit.

„Ich will zu Olympia“

Manche Vorbilder stehen für Fairness, manche für Ehrgeiz und Trainingsfleiß, manche sind Vorbilder, weil sie überzeugend reden können,

Historisch: Das erste Podium einer Weltmeisterschaft der Frauen am 20. Februar 2009 in Liberec (von links nach rechts): Ulrike Grässler (Deutschland, Platz 2), Lindsey Van (USA, Weltmeisterin) und Anette Sagen (Norwegen, Platz 3).

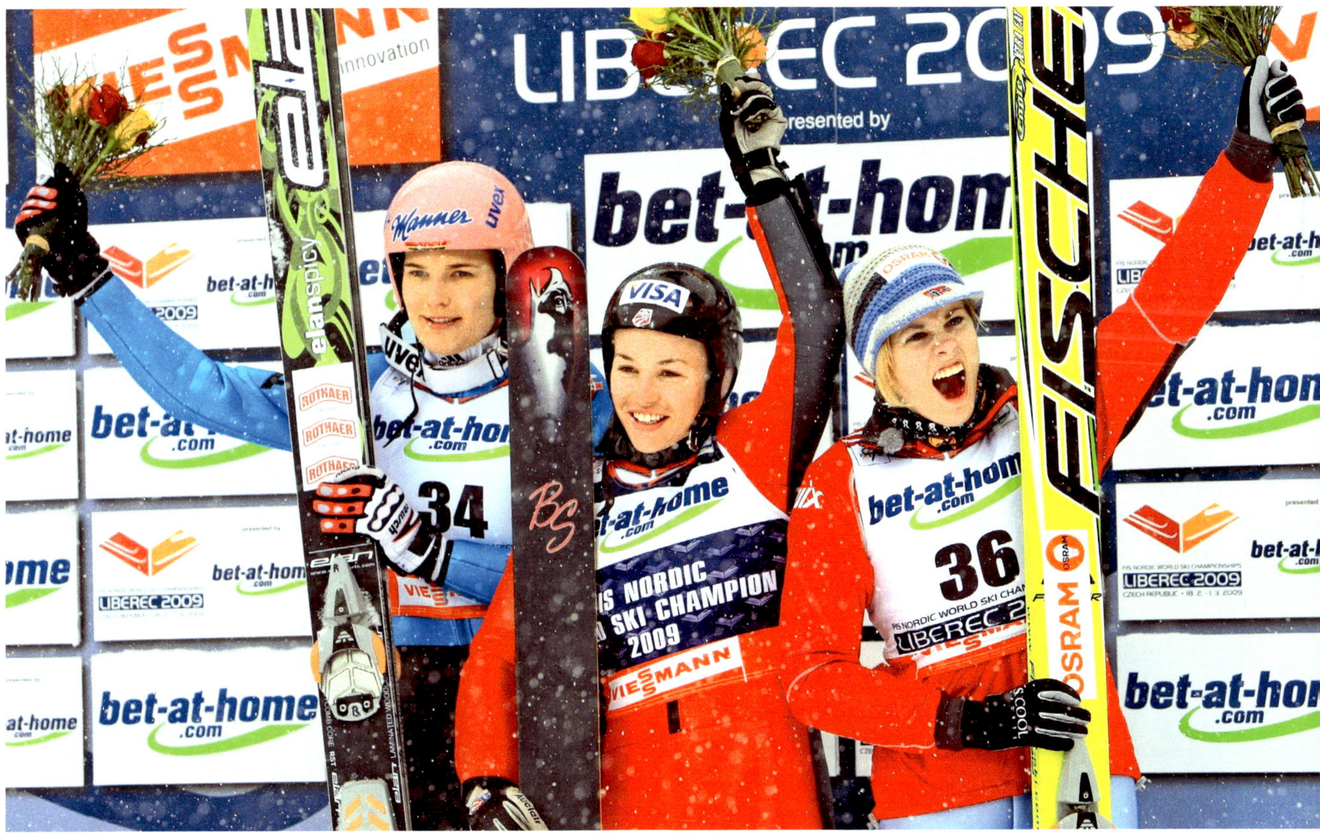

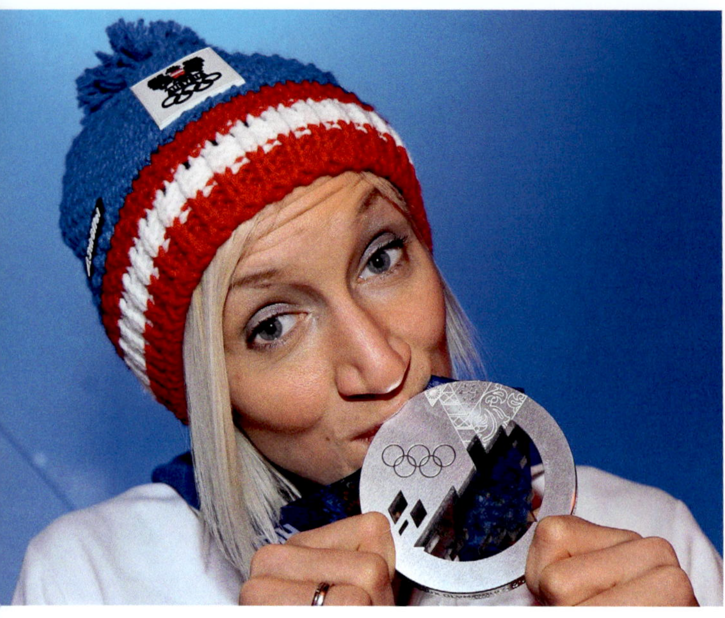

Olympiasilber 2014 in Sotschi.

andere stehen schon als Junioren im Mittelpunkt, wieder andere werden erst im Nachhinein zum Vorbild. Auf die Österreicherin Daniela Iraschko-Stolz trifft das alles zu. Sie überzeugte über rund 30 Jahre als Skispringerin durch ihren Kampfgeist, was mit Willenskraft zu tun hat und der frühen Liebe zum Skispringen, was wiederum an der Schanze in Eisenerz lag.

Eisenerz ist das Städtchen in der Steiermark, in dem Iraschko-Stolz groß wurde. Für seine knapp 4000 Einwohner verfügt es über gute Skisprungbedingungen, denn da sind die im Winter verlässlich verschneiten Sprungschanzen im kalten Hochtal der Eisenerzer Ramsau. Und da ist die Naturschanze gleich am Ort, die daran erinnert, dass man den Sport hier ganz leicht erlernen könnte, auch wenn man zu den ersten Mädchen auf der Welt zählt, die das ganz konkret wollen. Der Anlage konnte man gewissermaßen gar nicht entkommen, erzählt Iraschko-Stolz: „Egal, wo du warst, du hast die Schanze gesehen."

Mit acht Jahren, Anfang der 1990er-Jahre, hatte sie den Entschluss gefasst, Skispringerin zu werden, was zunächst niemand so richtig ernst nahm. Dass es mehr als nur eine lose Idee war, schienen ihre Eltern bald zu begreifen, denn wie an vielen Schulen dieser Welt wurden auch damals in Eisenerz irgendwann unter den Schülern diese kleinen Alben herumgereicht, in die man etwas Persönliches über sich hineinschreiben sollte, etwa zu der Frage: Was willst du werden? Meist steht da Übliches wie Ärztin, Bäcker, Astronautin, Landwirtin, Erfinder und so weiter. Bei Daniela Iraschko-Stolz stand da immer: „Ich will zu Olympia."

Und zwar als Skispringerin. Den Wagemut hatte sie schon damals, auch den Gerechtigkeitssinn und den Ehrgeiz, der sie schon mit elf Jahren nicht verstehen ließ, warum sie nicht skispringen darf, alle Jungs aber schon. Langlaufen dagegen wurde auch Mädchen angeboten, ihre Schwester war in der Disziplin ganz gut, aber Iraschko-Stolz selber war zu klein und hatte nie gewonnen, und wenn man nie gewinnt, dann macht das keinen Spaß. Dafür war sie schon damals eine „wilde Henn'", wie sie später offiziell sagte, also eine, die gerne neue, eigene Wege beschritt. Außerdem sah sie die Bilder im Fernsehen von den Olympischen Spielen im norwegischen Lillehammer. Bilder des tief verschneiten Nordens, des glitzernden Schnees und schließlich auch vom Ablauf, wie Springer um Springer anlief und flog, wie die Spannung sich steigerte und Andreas Goldberger dann noch Bronze gewann. Danielas Mutter hatte begriffen. „Die Mama hat gewusst, sie muss jetzt irgendwas finden, die hat das für mich gelöst." Sie überredete doch noch den Trainer des örtlichen Skiklubs. Und so kam es, erinnert sich Iraschko-Stolz, dass „der Trainer, der nicht wollte, dass ich skispringe, heute mein größter Fan ist".

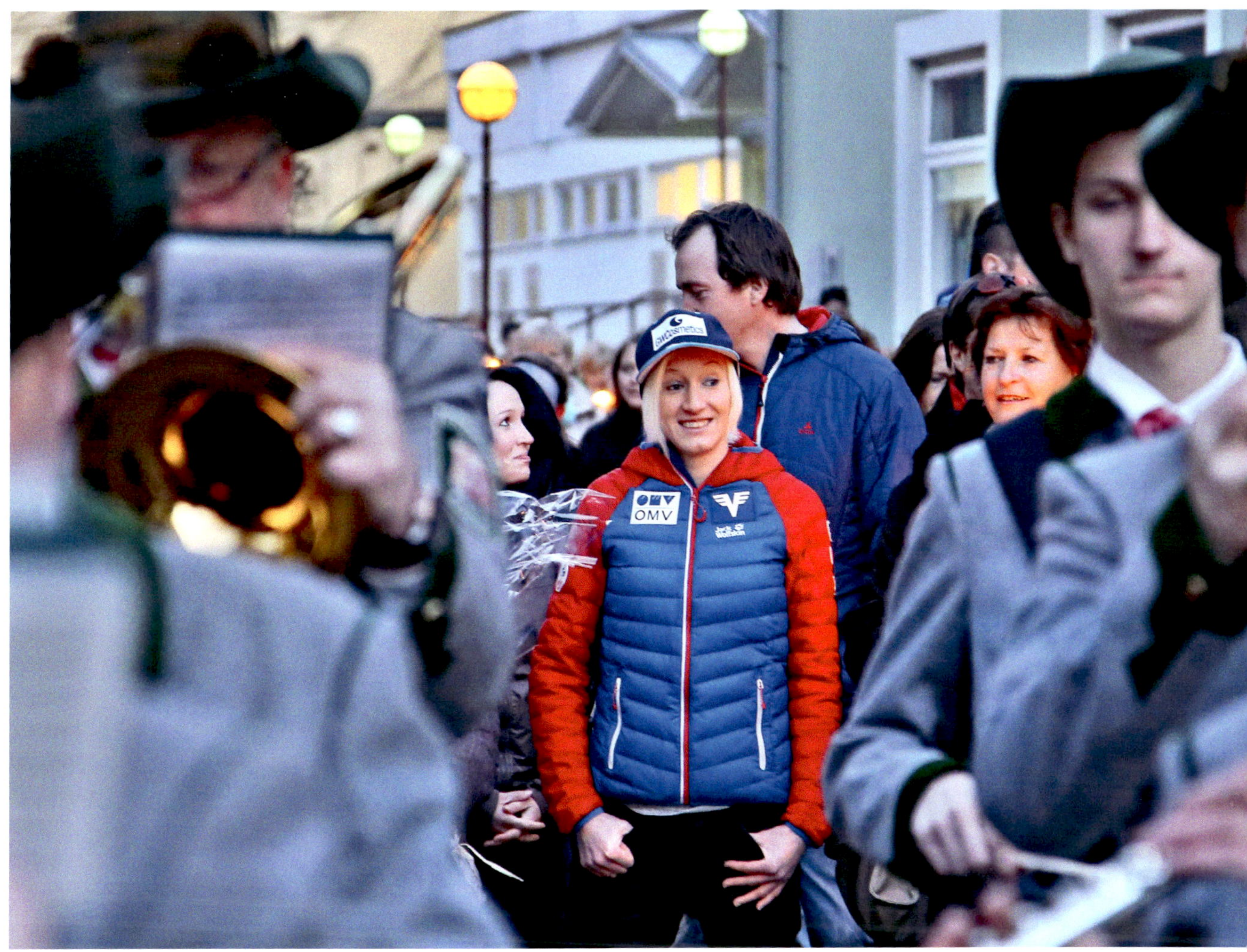

Zu Ehren ihres Gesamtweltcupsiegs 2014/15 wird Daniela Iraschko-Stolz im März 2015 ein großer Empfang in der Heimat Eisenerz bereitet.

„Wenn du einmal wegg'fahren bist"

Von einer schweren Zeit, von Steinen, die im Weg lagen, berichtet die spätere Rekordsiegerin nicht. Vielleicht war es ihr Humor, der sie so lange durch die vielen, auch schmerzhaften Skisprungjahre trug, vielleicht ihr Talent, das sie schnell zu ersten Erfolgen brachte. Mit Sicherheit aber spielte auch der Umstand eine Rolle, dass sie für jene Zeit eine außergewöhnlich ausgeglichene Wintersportlerin war, die sich früh vom Applaus und der Zuneigung des Publikums emanzipiert hatte.

Als eine der ersten Springerinnen durfte sie keine großen Ansprüche stellen, aus der Materialkammer bekam sie ein paar gebrauchte

Sprungschuhe, dazu irgendwelche riesigen Skier und nach einer Phase der Grundlagenvorbereitung ging es auch schon los, und zwar auf einer 40-Meter-Schanze – eine kleinere gab es nicht. Ein bisschen vorteilhaft war es dabei sicher, dass es auf so einer Anlage ab einem bestimmten Zeitpunkt kein Zurück mehr gibt. Klar: „Wenn du einmal wegg'fahren bist", sagt Iraschko-Stolz, „dann kannst du nicht mehr aus, weil du eh nicht mehr umdrehen kannst."

Der erste richtige Sprung, die erste richtige Landung – noch weit oben – wurden ein Erfolg. Iraschko-Stolz, die wilde Henn, befand sich plötzlich in einer optimalen Situation. Ab jetzt konnte sie sich stetig verbessern. Erst steigerte sie sich auf der 40er-Schanze, bis sie diese endlich ganz „aussprang", wie es heißt, also bis zum Äußersten hinunterflog. Dann wechselte sie auf die nächstgrößere, bis sie auch diese beherrschte, und so weiter – bis zur Großschanze. Himmlische Bedingungen hatte die ehrgeizige Iraschko-Stolz damals: „Es war fast so, als bringe jedes Training einen persönlichen neuen Rekord."

Weltrekord pulverisiert

Sportlich und letztlich auch beruflich begann sie, sich zu verwirklichen. Sie hatte Erfolg, als Skispringerin und – in den Sommermonaten – auch als Fußball-Torhüterin beim FC Wacker Innsbruck in der Frauen-Bundesliga. Zwei Tätigkeiten, die einen ins Blickfeld rücken. Was viele junge Skispringerinnen womöglich noch mehr ansprach, war ihre innere Unabhängigkeit, einmal hatte sie öffentlich erklärt: „Es war mir schon immer wurscht, was die Leute denken." Die meisten Profis und Quasiprofis im Wintersport schützen ihr Privatleben, doch Iraschko-Stolz war sich schnell darüber im Klaren, dass das in ihrer Situation nicht funktioniert. Sie hatte sich irgendwann in eine Frau verliebt, und das war in jener Zeit und in jenem Milieu noch keine Normalität. Um Verletzungen zu vermeiden, so erkannte sie, musste sie in die Offensive gehen. Noch als sie keinem großen Publikum bekannt war, wusste sie: „Die Leute kennen dich und dann wird gemunkelt, und das ist noch viel schlimmer."

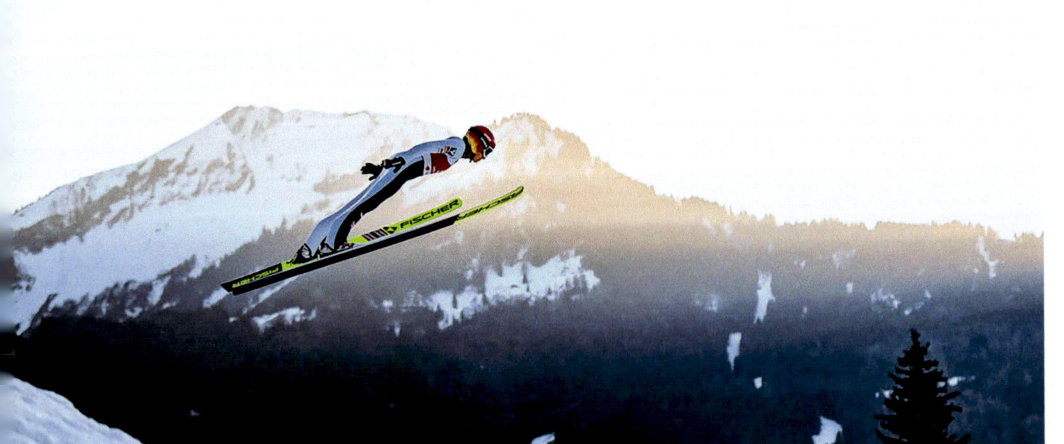

Nordische Skiweltmeisterschaften im März 2021 in Oberstdorf: Daniela Iraschko-Stolz gewinnt mit den österreichischen Frauen den Team-Wettbewerb.

In dieser Situation ist die Wirkung anders als beim Skifliegen, bei dem man dem Wind mit den Skiern bewusst Angriffsfläche bietet, um möglichst weit zu segeln. Im echten Leben, das wusste Iraschko-Stolz, musste die Angriffsfläche weg. Und das erreichte sie mit Offensive. Sie hat es also schon früh öffentlich gemacht, von da an waren Anspielungen, Scherze und Gerede hinter ihrem Rücken zwar noch möglich, aber auch nicht wirklich interessant. Iraschko-Stolz erinnert sich gut: „Ich dachte, jetzt sag' ich es selber einfach, und dann kann niemand mehr was sagen, und so war's auch."

Die wilde Sportlerin behielt ihre Freiheiten und sprang drauflos: Im Jahr 2003, Iraschko war gerade 19, stellte sie einen Weltrekord im Frauen-Skifliegen auf, 200 Meter sprang sie auf der Riesenschanze am Kulm bei Bad Mitterndorf. Es war eine sogenannte Pulverisierung von allem, was Frauen im Skispringen bisher erreicht hatten, und doch kein formaler Weltrekord, weil dieser nur im Wettkampf erzielt werden kann und nicht als Vorspringerin. Aber das wusste Iraschko ja. Überraschender war für sie die Tatsache, dass später nicht nur über ihre Leistung geredet wurde, sondern auch über den Unterschied zwischen Mann und Frau, insbesondere darüber, welche Leistung das sei, wenn Frauen große Weiten erreichen, weil sie sich doch viel mehr überwinden müssten als Männer. „Das ist doch Bullshit", sagt Iraschko-Stolz heute. Skifliegen für Frauen blieb dennoch sicherheitshalber verboten, erst im Jahr 2020 wurden die Forderungen immer lauter, es für die Weltcupbesten einzuführen, was zunächst aber nicht erfüllt wurde.

Und Iraschko-Stolz hatte den Eindruck, dass ihr Flug dem Frauenspringen eher abträglich war, und wohl auch, dass man die Welt so schnell nicht erobern kann.

Große Erfolge, viele Verletzungen

Also arbeitete sie weiter an ihrer Form, ihrem Absprung und vor allem ihren Flugfähigkeiten. Alle diese Künste waren im Frauenspringen noch nicht ausgeprägt. Sie aber warf sich hinaus, flog intuitiv richtig auf der Luft ins Tal und beherrschte in den Anfängen des Frauenspringens bald die Listen. 46 Siege, die Höchstmarke, schaffte sie im Continental Cup, dem Vorläufer des Weltcups, der ab Winterbeginn 2011 eingeführt wurde. Am Ende des Jahres war sie Zweite, blieb immer noch in den Top Ten, erlebte noch einen grandiosen Winter 2014/2015 mit dem Gesamtsieg, und blieb bis Anfang der 2020er-Jahre unter den besten zehn Springerinnen. Länger schon musste sie aber erkennen, dass Jüngere besser wurden, unter anderem die Japanerin Sara Takanashi, die Norwegerin Maren Lundby und, vor allem bei den wichtigen Großveranstaltungen, die Deutsche Carina Vogt.

Das mag auch an technischen Gründen gelegen haben, denn es ist schwieriger, sich später auf einen neuen, effektiveren Sprungstil umzustellen, als sich diesen schon als Anfänger anzueignen. Ihre jungen Gegnerinnen beherrschten ihn wie selbstverständlich. Vor allem aber hatte Iraschko-Stolz, auch wegen ihrer draufgängerischen Art zu springen, mit Verletzungen zu kämpfen. Das brachte ihr vielleicht zusätzliche Aufmerksamkeit, ein Vorbild war sie in dieser Hinsicht aber nicht, jedenfalls nicht ein Vorbild an Vernunft.

Ihre Vorreiterrolle war allerdings auch nie beabsichtigt, sondern eher Tatsache. Iraschko-Stolz wollte immer so bald wie möglich weiterspringen, womit sie sich das rechte Knie schlimmer ramponierte. Skispringen war eben das, was ihr Spaß macht: „Es war mein Lebensziel", sagt sie. Ein Kreuzbandriss war auch schon 2013 keine ungewöhnliche Verletzung in diesem Sport. Iraschko-Stolz erlitt diese langwierige Verletzung im Januar 2013 im linken Knie. Möglichst schnell wollte sie wieder springen, auch weil sie wegen Materialänderungen ihre Haltung leicht abändern musste. „Ich bin sehr viel auf den anderen Fuß ausgewichen", berichtet sie, „dadurch habe ich mir den Knorpel zerstört." Die Bilanz am Ende: Fast neun Saisons, nach denen sie am Knorpel operiert werden musste. Immer wieder machten ihr die Folgen zu schaffen, etwa wenn die Naht am Meniskus gerissen war.

Und doch blieb sie stets im Gespräch, denn ihr Körper war robust genug, um in den Wintern zwischen diesen Operationen wieder mittendrin zu stehen, im Ringen um die großen Medaillen. 2011 wurde Iraschko-Stolz Weltmeisterin, 2014 gewann sie als 30-Jährige Silber bei den Olympischen Spielen in Sotschi. Im Jahr drauf und auch 2019 sprang sie zu WM-Bronze.

Ein aufregendes Leben, aber die Taschen blieben leer

Schleichend, kaum merklich altert man, im normalen Leben wie als Spitzensportlerin. Iraschko-Stolz, die Draufgängerin, musste erkennen, dass ihre Leidenschaft zwar zu großen Momenten, zu einem aufregenden Leben mit Siegen und Verletzungen führte, dass ihre Taschen aber eher leer blieben. „Ich war 27 und habe noch meine Eltern gefragt, ob sie mir Geld leihen", erzählt sie. Die Grundförderung betrug 75 Euro im Monat, worüber Iraschko-Stolz noch heute lächeln muss, denn als Fußballerin bekam man immerhin 100 Euro. Das wusste sie zu gut, schließlich war ihre Fußball-Karriere inzwischen auch erblüht. 2008, 2009 und 2010 wurde Iraschko-Stolz mit Wacker Innsbruck Zweite der Meisterschaft, 2009 und 2012 stand sie im Pokalfinale. Für einen Sieg im Weltcup sprangen als Prämie immerhin 200 Euro heraus. Wollte sie sich in den Anfängen mal neue Sprungschuhe kaufen, kostete das bis zu 600 Euro. Im Prinzip gab's also neue Schuhe bei drei Weltcupsiegen.

So ging's nicht weiter, weshalb sie mehr Ehrgeiz entwickelte, um zu gewinnen, aufzusteigen und bekannt zu werden. Irgendwann würden ja auch die Siege der Frauen höher vermarktet werden. Bald zog sie nach Innsbruck, wo ihre Lebensgefährtin wohnt. Sie gewann Medaillen und Sponsoren und hatte ihr eigenes Geld. Zugleich aber merkte sie abermals, wie sich die ersten 20 Jahre Skispringen auswirkten. Ihr Körper regenerierte langsamer und: „Die jungen Leute geben Gas, da musst du schon mehr tun, damit du noch mithalten kannst."

Und dann kommt auch noch die neue Sprung-Entwicklung hinzu, mit der sich Iraschko-Stolz im Herbst ihrer Karriere herumschlägt. Fast alles entscheidet sich nun in dem einen kurzen Moment beim Absprung, bei dem man wachsam, intuitiv korrekt und technisch äußerst versiert mit immer beweglicheren Gelenken zu Werke gehen muss. Wie schön waren doch noch die Zeiten, als die wilde Henn sich einfach hinausstürzen und darauf vertrauen durfte, dass es sie dank Sprungkraft und Fluggefühl schon weit nach unten trug. Andererseits ist sie dann bei der Weltmeisterschaft 2021 in Oberstdorf auch wieder Teamsiegerin geworden und hat dazu hinter der jungen österreichischen Topspringerin Marita Kramer die zweitbesten Weiten beigetragen.

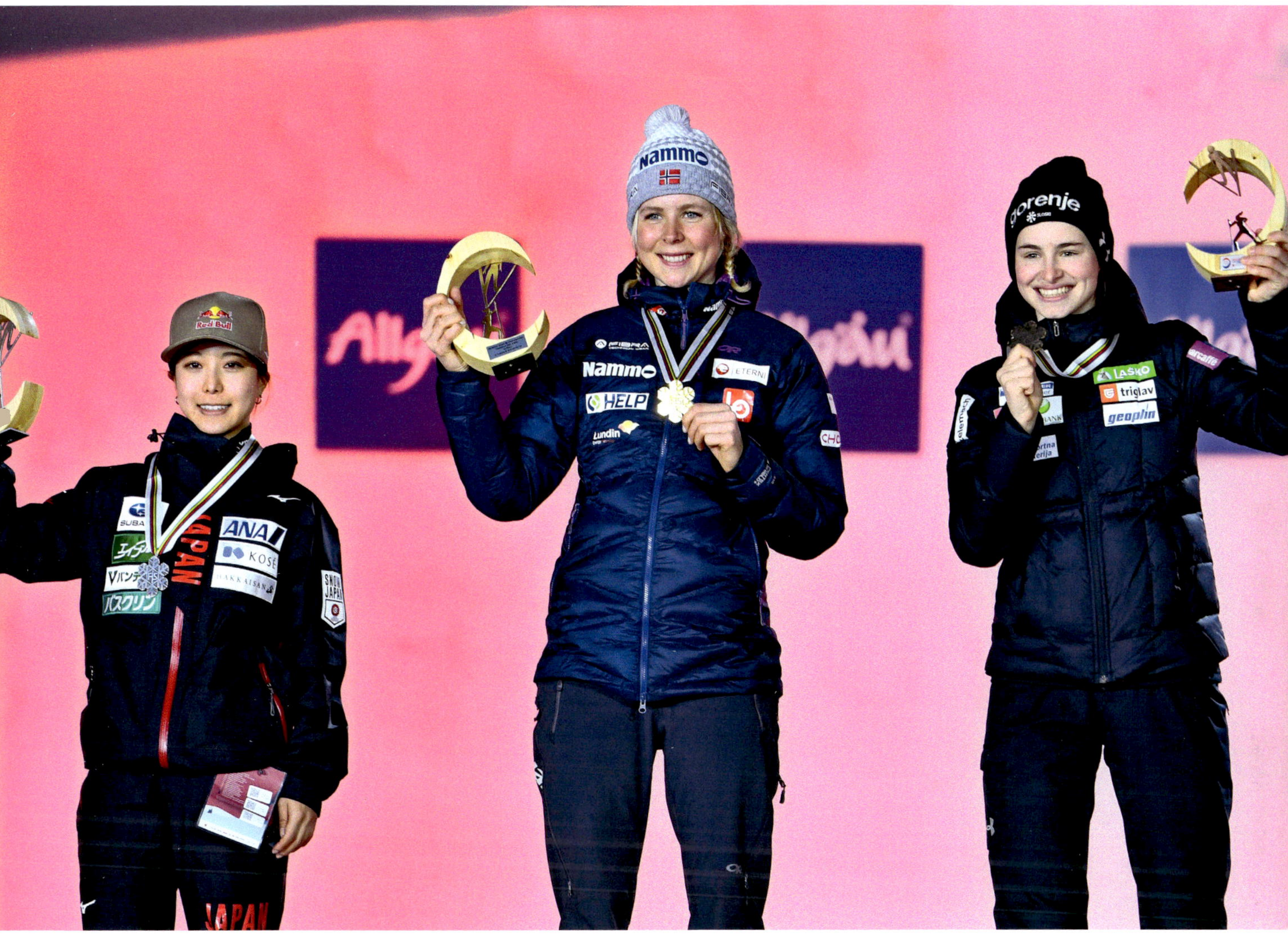

Dominierten im Winter 2020/2021 das Frauen-Skispringen: Sara Takanashi (Japan, links), Maren Lundby (Norwegen, Mitte) und Nika Križnar (Slowenien, rechts). Hier bei der Siegerehrung nach dem Einzelwettbewerb der Nordischen Skiweltmeisterschaften 2021.

Und grundlegend geändert hat sich auch gar nicht so viel. Daniela Iraschko-Stolz wusste zwar im Jahr 2021 noch nicht, wie lange sie noch springt und wann sie mal überwechselt ins gesetzte Leben, womöglich als Skisprung-Trainerin. Aber noch hatte sie diese Motivation und auch die Lust, jeden Tag ins Training zu gehen, ihre Beinmuskulatur zu stärken, neue Techniken zu üben, sich dann auf den Balken zu setzen, in die Anlaufspur zu gleiten, auf die Kante zuzurasen und zu wissen: Jetzt kann dich nichts mehr aufhalten.

7 Der Flieger, der Geflüchtete und der Floh

Recknagel, Aschenbach und Weißflog, die drei Größen aus dem DDR-Sport, bestachen durch ihre eigene Art und mussten sich doch mit dem Überwachungsstaat arrangieren.

Es war die Nacht vor der großen Entscheidung. Alle deutschen Skispringer waren im selben Hotel untergebracht bei den Olympischen Spielen in der Retortensiedlung Squaw Valley in der Sierra Nevada, dem Gebirge Kaliforniens. Die Stimmung schwankte zwischen Zweifel und Aufregung. Die Nacht hat diese Eigenschaft, sie legt Ängste bloß, manchmal besonders vor einer großen Aufgabe, wie vor dem kommenden Tag, an dem zu Hause alle über das Radio dabei sein werden oder auch nur mit ihren Gedanken. Die Anhänger und die Familie will man nicht enttäuschen.

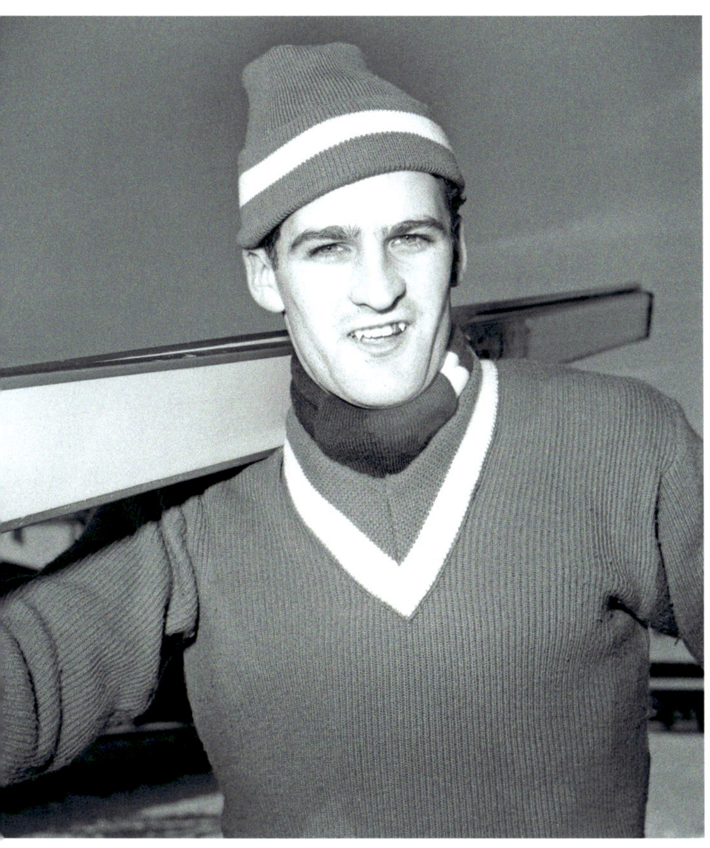

Helmut Recknagel während der Vierschanzentournee im Januar 1958 beim Neujahrsspringen in Garmisch-Partenkirchen.

Helmut Recknagel

Max Bolkart aus Oberstdorf und andere deutsche Springer, Kombinierer und Langläufer sitzen also im Februar 1960 vor diesem letzten Wettkampftag der Spiele von Squaw Valley noch lange zusammen. Die Nacht war vor Stunden schon hereingebrochen, doch keiner will schlafen und einer ist auf einmal ganz aufgekratzt, er albert herum und führt zwischendurch Sprünge aus dem Stand vor: Helmut Recknagel. Die Runde diskutiert über Medaillenchancen, über die Stärken der anderen, etwa des Finnen Niilo Halonen. Irgendwann aber, so berichtet Skispringer Egon Fleischmann, stellt sich der aufgekratzte Helmut Recknagel aus Thüringen gerade hin, wird auf einmal ernst und sagt: „Wenn morgen einer gewinnt, dann bin ich das und kein anderer."

„Wenn morgen einer gewinnt, dann bin ich das und kein anderer"

Skispringer sind Individualisten. Dieser Wesenszug ist bei ihnen deutlicher ausgeprägt als bei Vertretern der meisten anderen Sportarten. Ihr Gefühl für den Körper, das individuell abgestimmte Essen, ihr Gewicht, die feine Mischung aus Anspannung und Loslassen, die kleinen Rituale des Aberglaubens, die Geheimhaltung des Materials – all das ist im Sprungsport essentiell. Viele Skispringer wussten schon als junge Sportler, was sie erreichen konnten, wozu sie imstande sind, und manchmal prophezeien sie es in der Nacht zuvor. Sie begeben sich in Gefahr, sind also anspruchsvoll und auch abergläubisch mit ihrem Material und haben ihre eigene Sicht der Dinge.

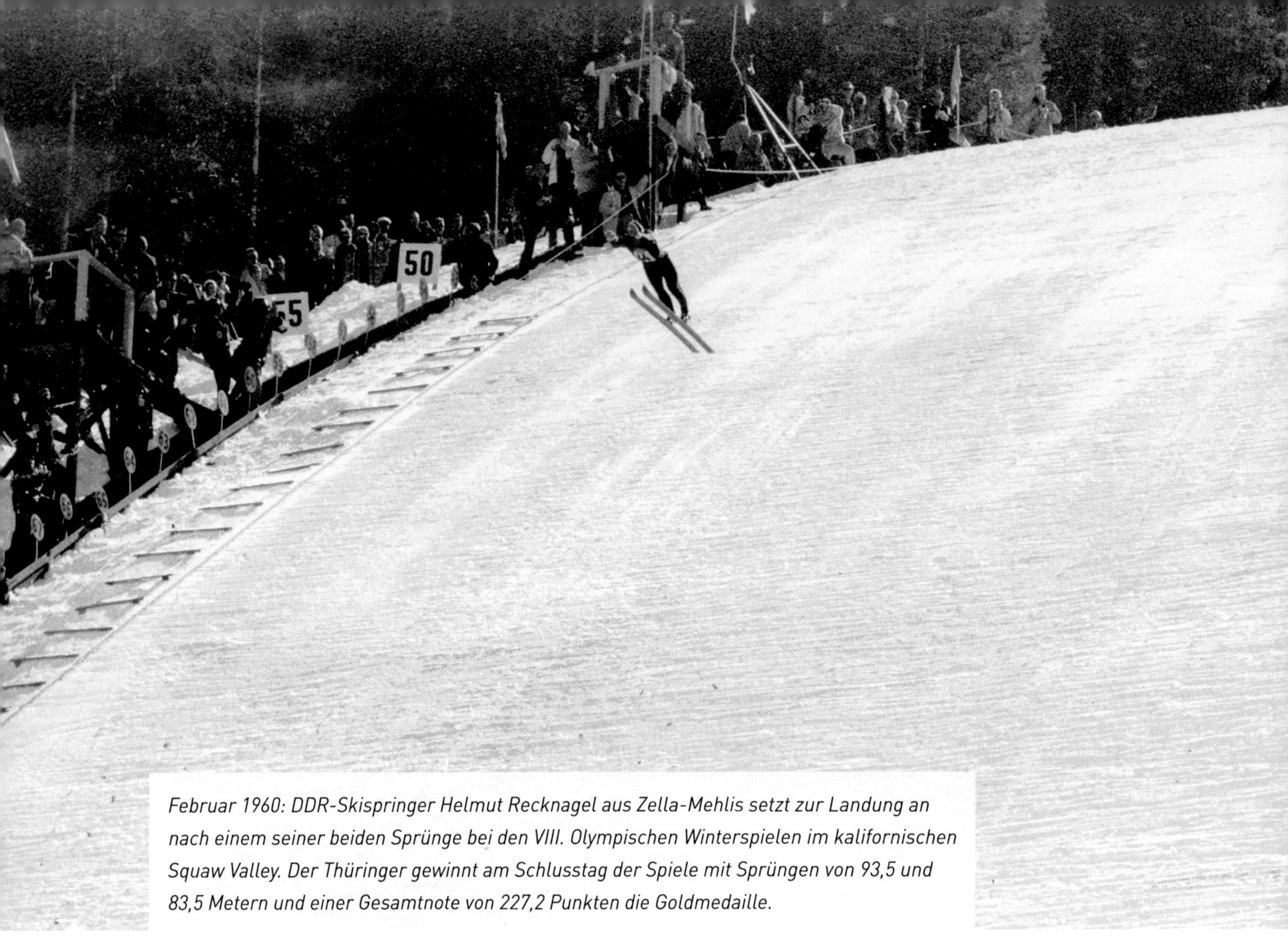

Februar 1960: DDR-Skispringer Helmut Recknagel aus Zella-Mehlis setzt zur Landung an nach einem seiner beiden Sprünge bei den VIII. Olympischen Winterspielen im kalifornischen Squaw Valley. Der Thüringer gewinnt am Schlusstag der Spiele mit Sprüngen von 93,5 und 83,5 Metern und einer Gesamtnote von 227,2 Punkten die Goldmedaille.

Das ist überall eine Herausforderung für die Trainer und das Umfeld, besonders herausfordernd ist es jedoch in einem dirigistischen System.

In der DDR plante und beaufsichtigte der Staat die Ziele, Erfolge und Trainingsumfänge jener, die ihn repräsentierten, und die der Jüngeren, die dies anstrebten. Im Zweifel spionierte er sie aus, legte geheime Akten an, arbeitete mit „unterstützenden Mitteln", also Dopingmitteln. Ab 1974 sah der Staatsplan 14.25 Doping für die besseren Sportler vor – für mehr Erfolg und für den Nachweis der Überlegenheit der sozialistischen Gesellschaft. Wie also ging das? Individualist zu bleiben und gleichzeitig nach überwachten Kriterien zu trainieren und zu siegen? Es waren Karrieren im Spannungsfeld, auch innerer Zerrissenheit, wie die Beispiele der bedeutendsten Skispringer des Landes zeigen – Hans-Georg Aschenbach und Jens Weißflog und auch, zu Anfang der DDR-Sporthistorie, Helmut Recknagel.

Dessen Talent kam bald Cheftrainer Hans Renner zu Ohren, der ihn schon 1954 als 16-Jährigen in die DDR-Auswahl aufnahm. Als 19-Jähriger gewann Recknagel als erster Nicht-Skandinavier das Skispringen auf dem Holmenkollen, wofür er in der Heimat entsprechend bejubelt wurde. Nur, Recknagel war dem System zwar dankbar für die Förderung, die ihm seine Passion, das Fliegen, ermöglichte, er blieb aber öffentlich ein unpolitischer Mensch. Der Sport war eine andere Welt, und die Freundschaften, die sich daraus ergaben, wollte er sich nicht nehmen lassen.

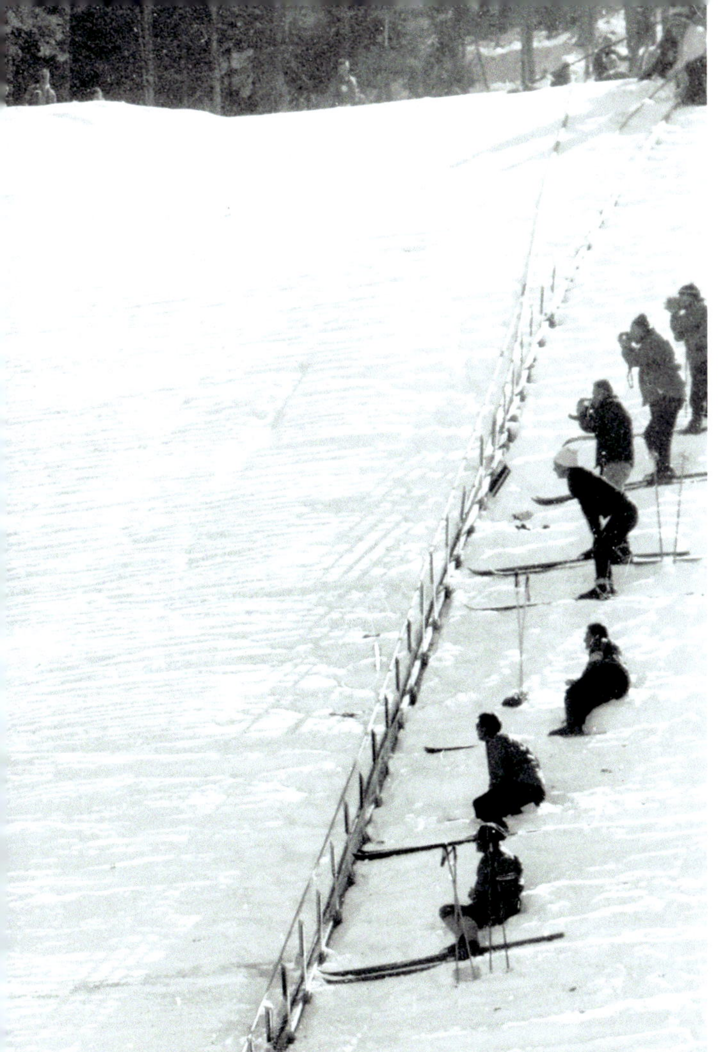

Hymnen-Fauxpas und Fahnenstreit

Den Druck des Propagandaapparats hatte Recknagel im Winter 1958 zu spüren bekommen. Bei den Weltmeisterschaften in Oberstdorf waren alle Deutschen noch in einer Mannschaft an den Start gegangen, als dann aber plötzlich DDR-Springer Recknagel Gold gewann, herrschte Ratlosigkeit. Die Allgäuer Blaskapelle hatte keine Noten der Ost-Hymne, spielte also einfach das Deutschlandlied, worauf noch während der Siegerehrung ein Anruf aus Ostberlin kam: Recknagel müsse sofort vom Podest. Der junge Springer reagierte verärgert, man hatte ihm seine Siegerehrung verdorben, sowohl die Politiker zu Hause als auch die Oberstdorfer Organisatoren. Wie er später einmal im Deutschlandfunk erzählte, habe ihn das örtliche Organisationskomitee nicht als Springer aus der DDR aufgerufen, sondern aus Thüringen. Recknagel verweigerte die Übernahme des Pokals und war danach, wie er sagte, „ganz schön traurig".

Tatsächlich war die Zeit sehr politisch, die Deutschen traten zwar noch als ein Team an, die Politik aber stritt über Details. Dem Hymnen-Fauxpas folgte im Winter 1959/1960 der Fahnenstreit. Weil eine gesamtdeutsche Mannschaft auch bei den Spielen in Squaw Valley antreten sollte, brauchte diese auch eine gemeinsame Fahne. Lange wurde gestritten, die DDR-Version, also in den Farben Schwarz-Rot-Gold mit Hammer, Zirkel und Ährenkranz, war für die Westdeutschen, insbesondere Bundeskanzler Konrad Adenauer undenkbar. Gegenversionen stießen auf Widerstand im Osten. Blieb der Vorschlag einer neutralen Flagge mit den fünf Ringen, die Adenauer aber auch zunächst ablehnte: Dann lieber gar keine Fahne und gar kein westdeutscher Auftritt. Nachdem ihn Willi Daume, der damalige Präsident des Deutschen Sportbundes und ab 1961 auch Chef des Nationalen Olympischen Komitees, darauf hinwies, dass somit vor den Augen der Welt 14 Tage lang die Symbole des Sozialismus das gesamte Deutschland bei Ehrungen repräsentieren würden, lenkte der Kanzler ein. Die Deutschen zelebrierten gemeinsam ihr Gold zu den Klängen von Beethovens Neunter, während die fünf Olympiaringe auf schwarz-rot-goldenem Grund gehisst wurden. Und Helmut Recknagel sagte, die Politiker sollten „uns Sportler sporteln lassen, und Politik soll Politik bleiben".

Erfindung des Sommertrainings dank Unfall im Haushalt

Tatsächlich war auch dies letztlich eine politische Bemerkung, denn sie richtete sich gegen die Vereinnahmung dessen, was Idealisten im Spitzensport anstreben: Exzellenz, einen fairen Vergleich, ein ehrliches Ergebnis und auch internationale Begegnung ohne Verhaltensanweisungen aus der Politik. Insofern war Recknagel wohl auch hin- und hergerissen zwischen einerseits seiner Unabhängigkeit als Skisprung-Individuum und Freundschaften wie mit Max Bolkart – und auf der anderen Seite seiner Loyalität gegenüber dem DDR-Sport, der sein Talent zur Geltung brachte, mit viel Training, nicht nur im Winter, sondern auch, was einer Revolution gleichkam, im Sommer.

Ein Teil von Recknagels Überlegenheit in jenen Jahren – er wurde 1960 und 1962 Weltmeister, gewann dreimal die Vierschanzentournee (1958, 1959 und 1961), erhielt mehrmals den Vaterländischen Verdienstorden der DDR und wurde 2011 in die Hall of Fame des deutschen Sports aufgenommen – hatte auch mit dem Erfindergeist seines Trainers Hans Renner zu tun. Der hatte früh geahnt, dass Athleten einen unschätzbaren Vorteil hätten, könnten sie denn im Sommer durchtrainieren und ihre Sprungform nicht erst im Eilverfahren aufbauen, wenn die erste Kälte übers Land zieht. Irgendwann stieß Renner auf den neuen Baustoff Plastik, es war die Zeit, als PVC erfunden wurde, das auch in den Haushalten einen Siegeszug antrat, in der Küche, beim Basteln, als Fußabstreifer, im Badezimmer. Nur war dieses Plastik zwar glatt, aber nicht so rutschig wie Eis. Renner grübelte also weiter, bis er eines Morgens auf den regennassen Fußabstreifer vor der Haustür trat und ausrutschte. „Da", so erinnerte sich noch Jahrzehnte später Renners Tochter Angelika Furch, „hatte es klick gemacht."

Renner hatte damit letztlich das Sommer-Mattenspringen erfunden, zudem mit seinem Patent auf die Fransen-Matten auch gewisse Nebeneinkünfte erzielt und seiner Mannschaft bereits in den 1950er-Jahren einen Vorsprung im Training verschafft. Neben der Sprungkraft, seiner gut abgestimmten Technik und dem schwungvollen Hechtsprung war auch dieses Sommertraining ein Baustein von Recknagels Erfolg. In der Nacht vor dem Olympia-Finale 1960 in Squaw Valley war er also lange aufgeblieben, was auf Lampenfieber hindeuten könnte. Tatsächlich bewies Recknagel am nächsten Tag, Jahrzehnte bevor professionelles Mentaltraining sich im Skispringen etablierte, eine erstaunliche innere Stärke.

Fokus auf die eigenen Fähigkeiten

„Wenn einer morgen gewinnt, dann bin ich das und kein anderer." – Damit hatte er sich weit aus dem Fenster gelehnt. „*Wenn* einer gewinnt", das will heißen: nur eine Wettkampf-Absage kann mich aufhalten. – Dann bin *ich* das": Ich traue mich, das auch ohne Zweifel auszusprechen. – Und kein *anderer*": Ich traue mir zu, mich von den anderen abzuheben.

Womöglich spielte sich vieles auch im Unterbewusstsein ab, aber was da arrogant erscheint, wirkt heute wie reine intuitive Mentalarbeit, die Fokussierung auf die eigenen Fähigkeiten, die Versicherung dessen gegenüber den Teamgefährten, die Verankerung dieses guten Gefühls im Außen. Am nächsten Tag machte Recknagel

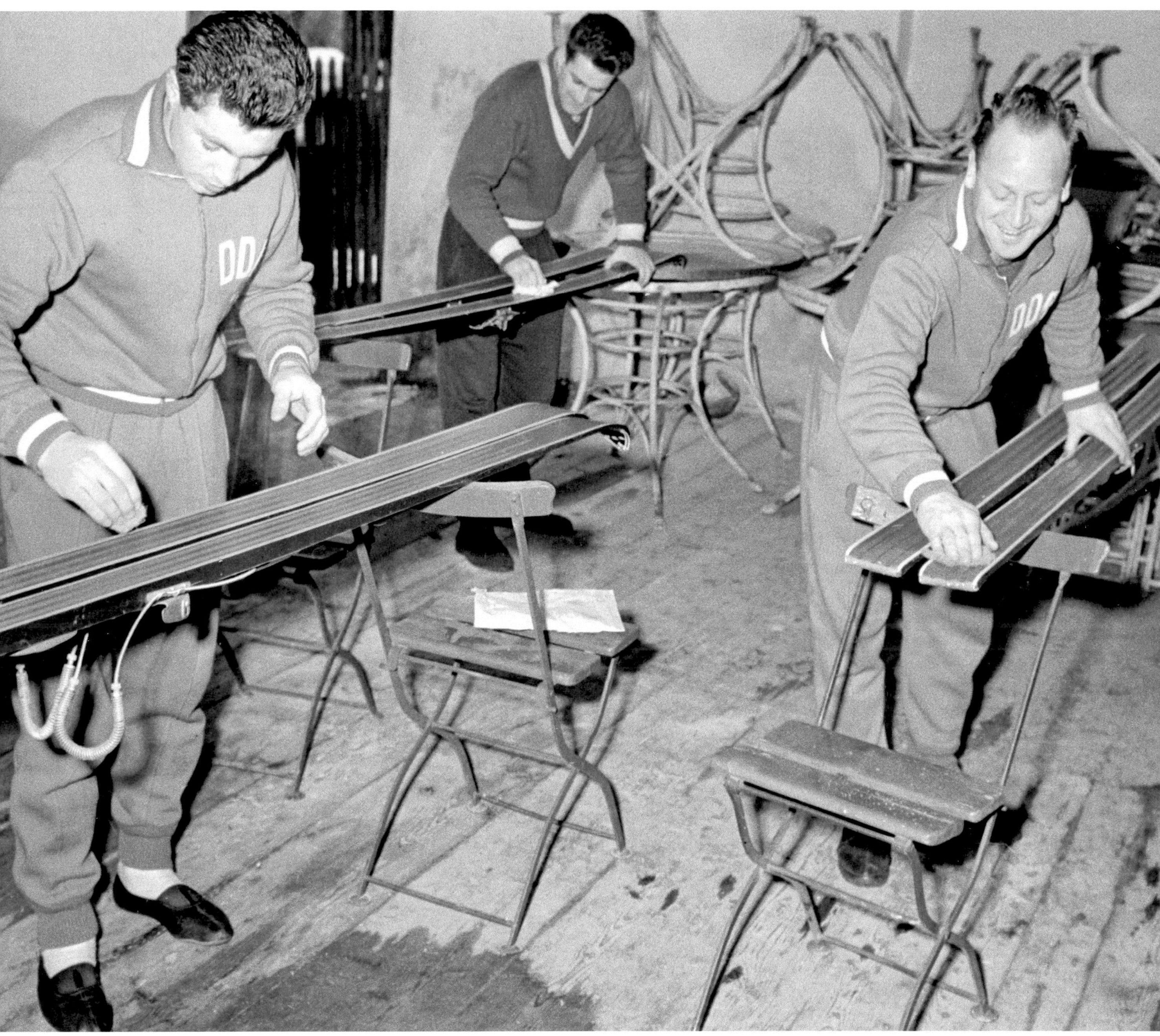

Die DDR-Skispringer Helmut Recknagel (Mitte, hinten), Willi Wirth (links) und Werner Lesser (rechts) beim Wachsen ihrer Springski am 3. Januar 1960 an der Bergisel-Schanze in Innsbruck. Die DDR-Springer starten später nicht auf der dritten Station der Vierschanzentournee, und mit ihnen auch nicht die Sportler der anderen sozialistischen Länder. Grund: Die österreichischen Veranstalter weigern sich, die DDR-Fahne aufzuziehen.

jedenfalls in dieser Art weiter. Er wollte die Konkurrenz unter Druck setzen, schoss besonders kraftvoll aus der Luke und warf sich mit hoher Geschwindigkeit in den Anlauf. Sein Absprung, sein Flug, alles erschien perfekt.

Recknagel wurde also Olympiasieger, und auch wenn seine Vorgesetzten dagegen waren, schaute er am Abend noch bei seinem Oberstdorfer Teamkollegen Max Bolkart vorbei. Sie unterhielten sich ein bisschen über diese Spiele, die nun zu Ende gingen, waren sich einig, dass es gut war, dass Adenauer die gesamtdeutsche Mannschaft doch nicht boykottierte, und tranken darauf noch zwei oder drei Bier.

Auf Recknagel folgt Aschenbach

Recknagel war als Sportler kein Systemkritiker, und doch blieb er sich treu. Nach der Sportkarriere ließ er den Skisprungkosmos zunächst hinter sich. Statt eine Parteikarriere einzuschlagen, studierte er Veterinärmedizin und arbeitete als Inspektor in der Fleischhygiene. Seinen Sport und die Karrieren seiner Nachfolger verfolgte er dennoch weiter, ab 1973 war er als internationaler Sprungrichter im Einsatz. Schon Ende der 1960er-Jahre war am DDR-Himmel der nächste Weltklassespringer aufgetaucht. Ein hochtalentierter Athlet, genauso erfolgreich und später berühmt wie Recknagel und doch ganz anders: Hans-Georg Aschenbach war nicht der in sich ruhende, aufs nächste Ziel fokussierte Athlet, sondern eher ein moderner Sportler mit hoher Begabung. Er war hungrig und siegreich, aber auch kritisch gegenüber dem System, er erhob Anspruch auf sein eigenes Leben, sprengte seine Ketten und erlitt am Ende doch eine schwere Niederlage.

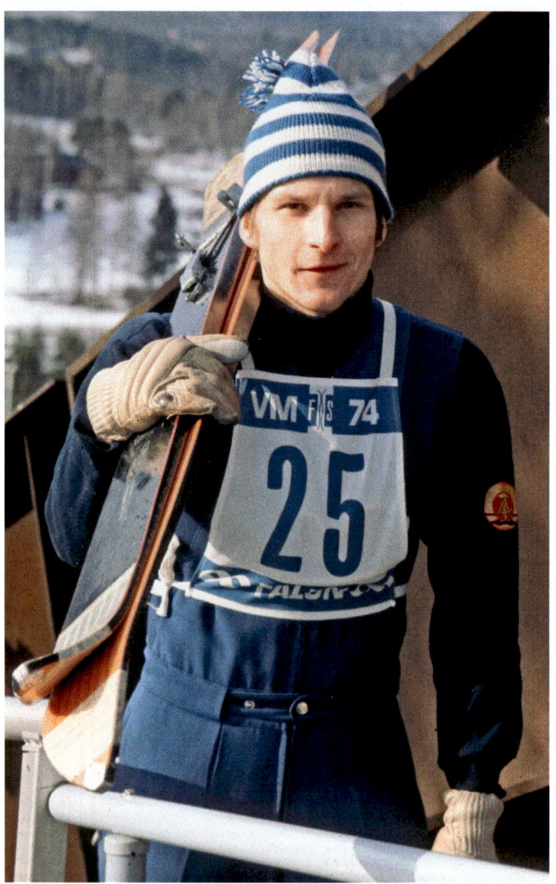

Hans-Georg Aschenbach 1974 bei der WM in Falun/ Schweden (oben) und als gefeierter Held nach seinem Olympia-Sieg 1976 in Innsbruck (rechte Seite).

Aschenbach war schon 1968 als 16-Jähriger bei der Jugend-Spartakiade allen aufgefallen. Er hatte seine Skier nicht ordentlich befestigt, diese dann im Flug verloren, war trotzdem über 40 Meter weit geflogen, sogar auf den Füßen gelandet und heil davongekommen. Es dauerte aber nicht lange, bis er sein Land international auf höchster Ebene vertrat. Aschenbach wurde zwischen 1971 und 1976 fast ununterbrochen DDR-Meister, 1973 holte er den WM-Titel im Skifliegen in Oberstdorf, zudem 1974 und 1976 im

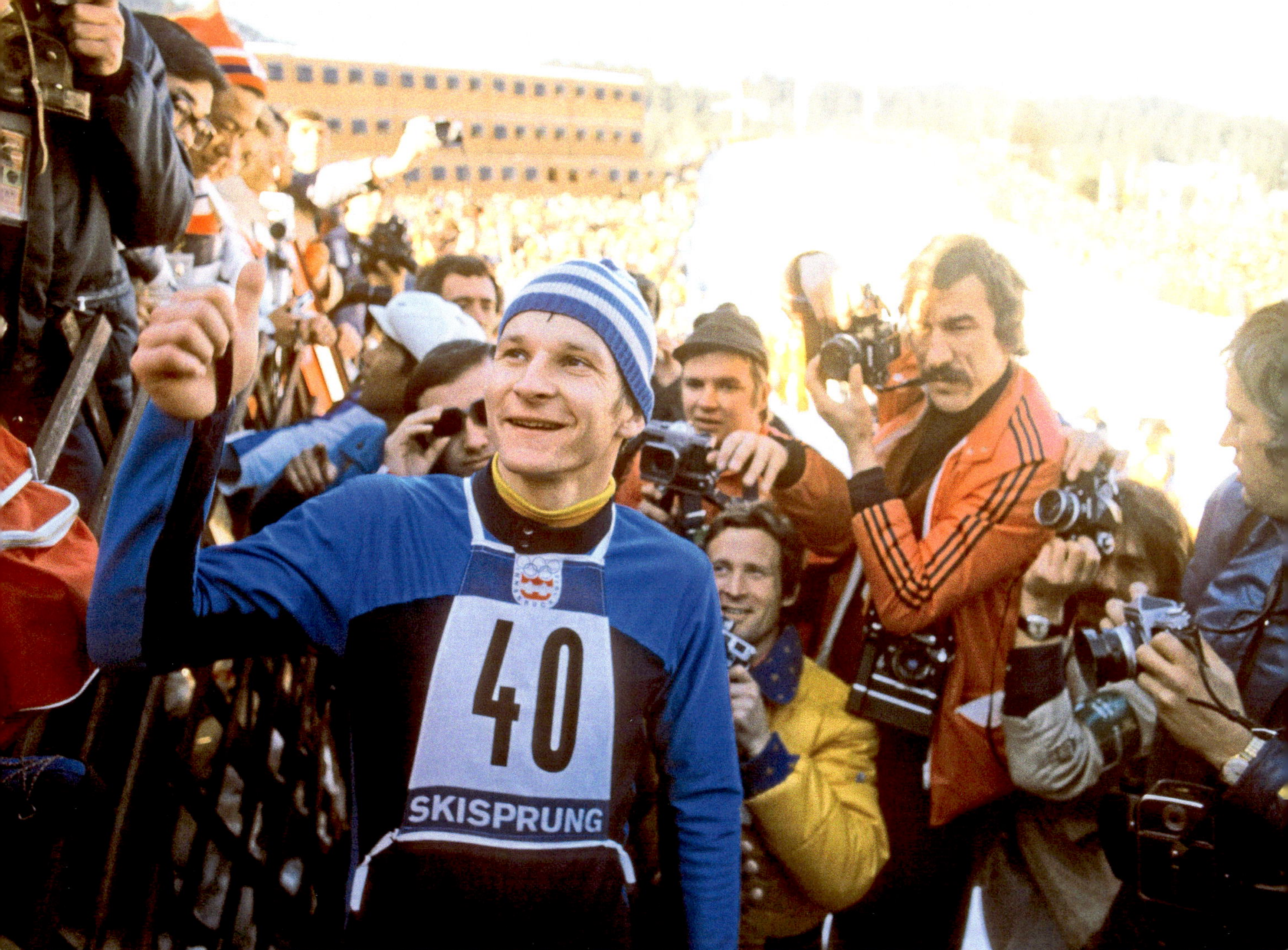

Skispringen in Falun in Schweden. Ebenfalls 1976 gelang ihm der Olympiasieg auf der Normalschanze in Innsbruck.

Die Erfolge, der besondere Platz in der Gesellschaft – alle diese erreichten Ziele verblassten jedoch. Aschenbach begann das System, das ihn großmachte, in Frage zu stellen. Wie Recknagel, so fühlte auch er sich in einem Zwiespalt, vielleicht sogar einem ungleich größeren. Einerseits genoss er Privilegien und Siege, andererseits erkannte er mehr und mehr den organisierten Betrug dahinter, seine Siege erschienen ihm immer wertloser. Viel später, bei einem Podiumstreffen mit Altkollegen 2011 in Suhl, sagte er rückblickend, seine Olympiamedaille empfinde er als unecht: „Wir haben betrogen." Dieser Betrug hatte vor allem mit den kleinen blauen, das Muskel-Wachstum förderndn Oral-Turinabol-Pillen zu tun, die der gesamten DDR-Sportelite verordnet wurden, somit auch den Skispringern. Die Frage der Schuld hatte ihn über all die Jahre beschäftigt, in seiner Autobiografie schrieb Aschenwald später: „Ich trage Schuld. Aber nicht die alleinige." Ärzte, Sportfunktionäre, Politiker gehörten auch zur Verantwortung gezogen. Seine Medaillen behielt er daher guten Gewissens, denn: „Würde man sie mir wegnehmen, … würde man mir meine Entbehrungen absprechen und letztlich auch den Missbrauch an mir ignorieren."

Er färbte sich wegen Miami Vice die Haare – und wurde gerügt

Doch für eine Flucht war er noch nicht so weit. Aschenbach setzte zunächst weiter auf das System, das ihm zum, wenn auch fragwürdigen, Erfolg verholfen hatte. Nach seiner aktiven Karriere studierte er Medizin und arbeitete darauf als Teamarzt der Springer. Seine Sehnsucht nach einem Ausbruch gewann dennoch an Kraft, wohl auch durch Erlebnisse, wie jenes nach einem Ungarn-Urlaub. Aus dem war er mit gefärbten Haaren zurückgekehrt, blond – im Westfernsehen lief damals die US-Krimi-Serie „Miami Vice". Sein militärischer Vorgesetzter ordnete Rückfärbung an und verkannte dabei die Wirkung von Erniedrigungen auf Sportlertypen wie Aschenbach. Der war damals noch ein junger Mann, da kann die Sehnsucht nach Zielen wie Selbstbestimmung, Erneuerung oder Freiheit groß sein. Miami, blonde Haare, große Autos, bunte Bilder stellten all dies dar. Doch nun erwartete Aschenbach das Gegenteil von Selbstbestimmung. Er war als NVA-Offizier und Militärmediziner dazu vorgesehen, die Dopingmittel an die nächste Generation weiterzureichen, was er ablehnte.

Noch bis 1988 arbeitete er als Arzt der DDR-Springer, dann schüttelte er bei einem Sommeraufenthalt im Schwarzwald seine Verfolger ab und blieb im Westen. Die Flucht brachte ihm die Freiheit, die er sich wünschte, seine Familie jedoch durfte nicht nachreisen. In dieser Zeit baute sich der Geflüchtete eine neue Existenz auf. Aschenbach arbeitete beim Sportmediziner Armin Klümper, der allerdings als Dopingarzt bereits umstritten war. Mit seiner beruflichen Vergangenheit kam er ins Reine, nachdem er seine Erfahrungen vom Zwangsdopingsystem der DDR veröffentlichte und damit die Recherchen westdeutscher Publizistinnen wie Brigitte Berendonk bestätigte. Eine zweite Folge seiner Flucht machte ihm jedoch weiterhin zu schaffen. Die Ehe war schon länger belastet, doch dafür, dass er seine Kinder zurückgelassen hat, machte er sich schwere Vorwürfe. Diese zeigten kein Verständnis für die Flucht, und das änderte sich auch nicht, als die Familie nach Vermittlung der Vereinten Nationen noch vor der Wende zu ihm nach Freiburg übergesiedelt war. Dem Berliner „Tagesspiegel" sagte er später: „Als Vater verachte ich mich, als Partner nicht."

Unter den großen Sportsiegern mit ihren schnurgerade verlaufenden Karrieren sticht eine Lebensgeschichte wie die von Aschenbach hervor. Er hatte am Ende wohl auch großes Glück. In seinem Buch erwähnt Aschenbach auch die schon recht konkreten Pläne für seine Entführung aus der Bundesrepublik, die sich aus seiner Akte ergaben. Die Stasi hatte seine neue Heimat bald bis ins Detail ausspioniert, durch einen Freund sollte Aschenbach betäubt und in die DDR verschleppt werden, wo ihn ein Prozess erwartet hätte. Dazu kam es aber nicht mehr, am 9. November 1989 fiel die Mauer, die DDR hörte bald auf zu existieren.

Jens Weißflog am 2. Januar 1984 während der Vierschanzentournee.

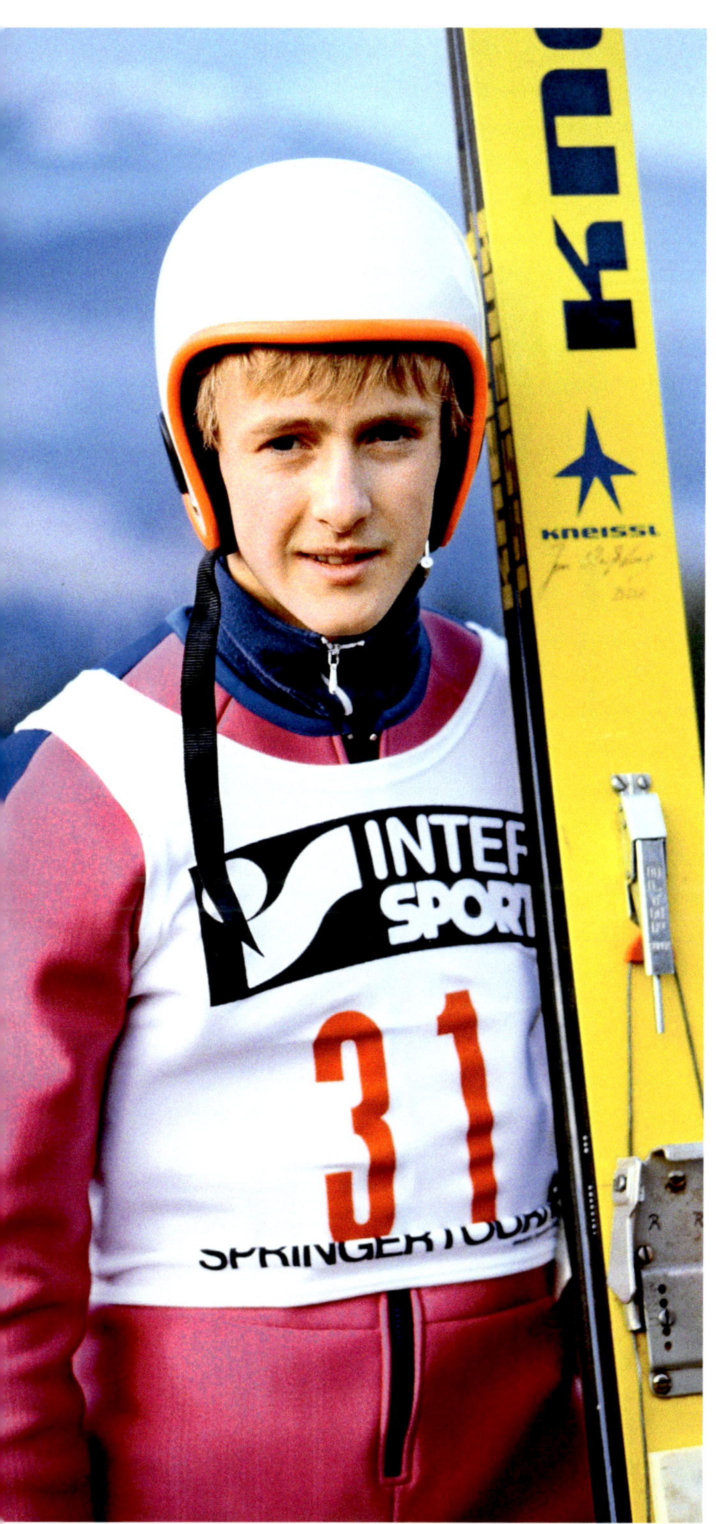

Jens Weißflog: der Floh vom Fichtelberg

Helmut Recknagel entschied sich für die Heimat DDR, Hans-Georg Aschenbach konnte sie nicht mehr ertragen und Jens Weißflog, dem bis heute besten deutschen Skispringer, blieb ein innerer Konflikt erspart. Als Nachfolgekandidat für die Volkskammer stand er zwar bereit für eine DDR-Karriere, aber wirkliche Auswirkungen hatte dies nicht. Weißflog sagt, als Kandidat sei er nur im Rang gesessen, „und da will man nicht im Nachhinein für Entscheidungen herangezogen werden, für die man nicht gestimmt hat".

Dennoch war er ein passives Mitglied, und Weißflog sagt heute: „Ich will mich nicht herausreden, die Möglichkeit, Abgeordneter für die Jugendorganisation FDJ zu werden, das war meine bewusste Entscheidung." Er hatte der FDJ viel zu verdanken, der Staat förderte ihn, die Schanze am Fichtelberg bot ideale Bedingungen, und dieser Heimat blieb Weißflog auch nach dem Mauerfall verbunden: dem Erzgebirge, der Gegend um Oberwiesenthal, wo er aufwuchs und heute als Mitgesellschafter ein Appartement-Hotel betreibt. Dort kümmert er sich um die Rezeption, sitzt im Büro oder macht auch mal die Zimmer sauber. Die Aufgabe liegt ihm, die Menschen, die Gespräche, das große Haus in der Natur. Ein passabler Unternehmer war er auch schon damals, mit zirka sechs Jahren, als alles anfing, Anfang der 1970er-Jahre.

In Pöhla, auf der anderen Seite des Fichtelbergs, stand Weißflogs Elternhaus. Nicht irgendwo, sondern neben einer Skipiste. Auf der war im Winter einiges los, viel Schnee, viele Sportler, viel Sport – nur gab es keinen Lift. „Wir mussten jedes Mal den ganzen Hang hinauflaufen", berichtet Weißflog, und weil die Kin-

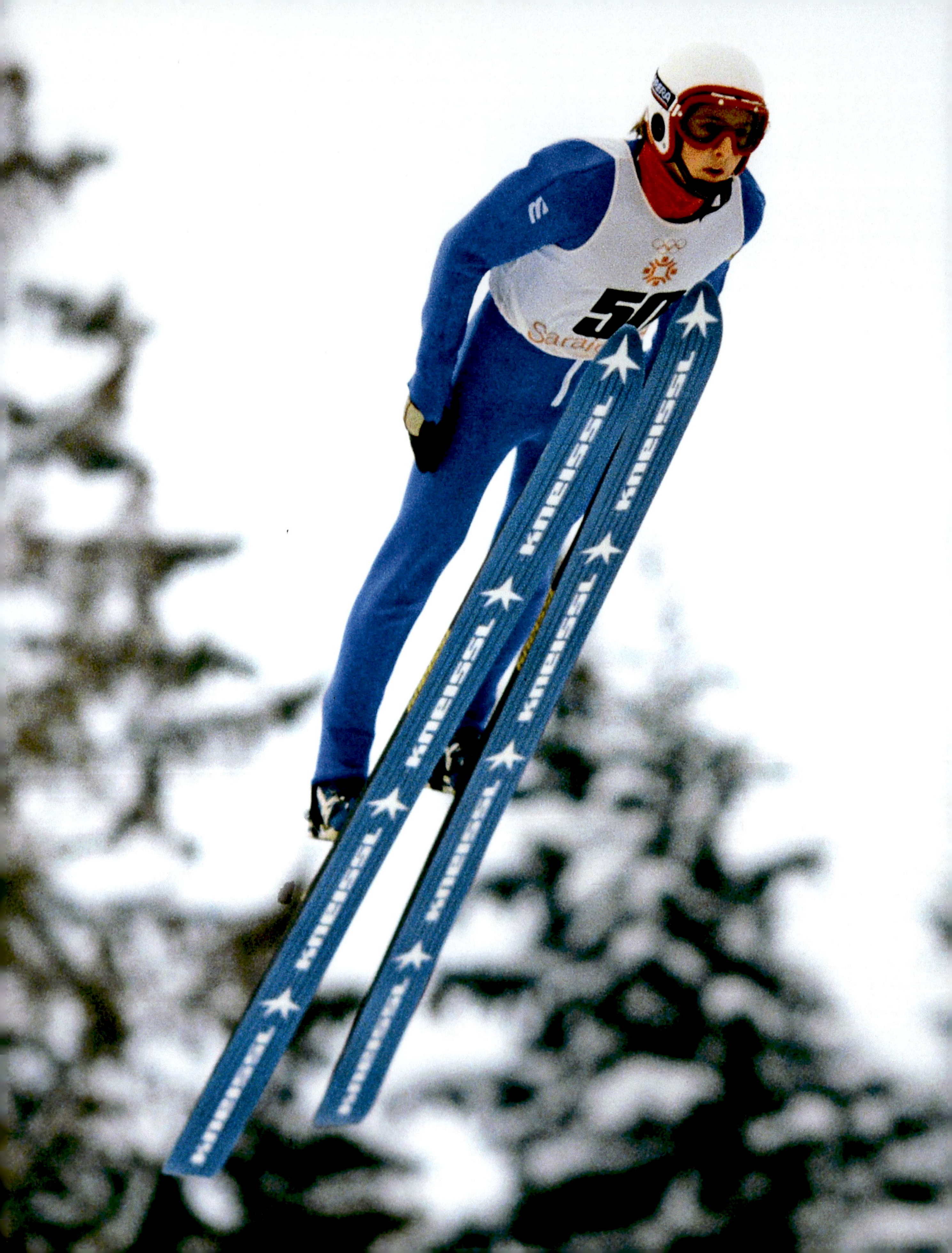
KNEISSL
Kneissl

Olympia 1984 in Sarajevo: Jens Weißflog gelingt der ganz große Triumph schon im jungen Alter: Gold auf der Normalschanze, Silber auf der Großschanze.

der dazu keine Lust hatten, fanden sie andere Wege. „Die Abkürzung", erinnert sich Weißflog, „war sozusagen das Skispringen." Die Freunde erwiesen sich als kreativ, bauten aus Schnee eine Schanze – und sprangen, was sogar besser war als Skifahren. Denn die Schanzenarbeit hatte ein konkretes Ziel, der Aufstieg war nun kurz, und mit Skiern über einen Hügel zu springen, macht in diesem Alter mehr Spaß, als ihn zu umrunden.

Insbesondere Weißflog kam das entgegen. Die Gruppe wurde älter und wechselte in einen der örtlichen Skiklubs, womit die übliche umfängliche Skiausbildung begann, das heißt: Langlaufen und Skispringen – Nordische Kombination. Bei Weißflog war diese Kombination nach einer Phase der Mühsal relativ schnell abgehakt. „Ich war zu schmächtig", erzählt er, „und das Langlaufen war mir zu anstrengend." Dass er in seiner Gruppe zunächst halbwegs mitkam, lag an überragenden Leistungen im Skispringen. Bald hatte er den Langlauf hinter sich, denn es deutete sich an, dass ein Weltklasse-Skispringer in ihm steckte. Weißflog wurde mit 14 Jahren Spartakiade-Sieger. Im Januar 1983 errang er 19-jährig seinen ersten Weltcupsieg. Er erfüllte somit alle Voraussetzungen. Der Schmächtige, 1,67 Meter groß und 52 Kilo schwer, brachte Talent mit, Ehrgeiz und seit Kindheitszeiten sogar einen griffigen Spitznamen: Floh vom Fichtelberg.

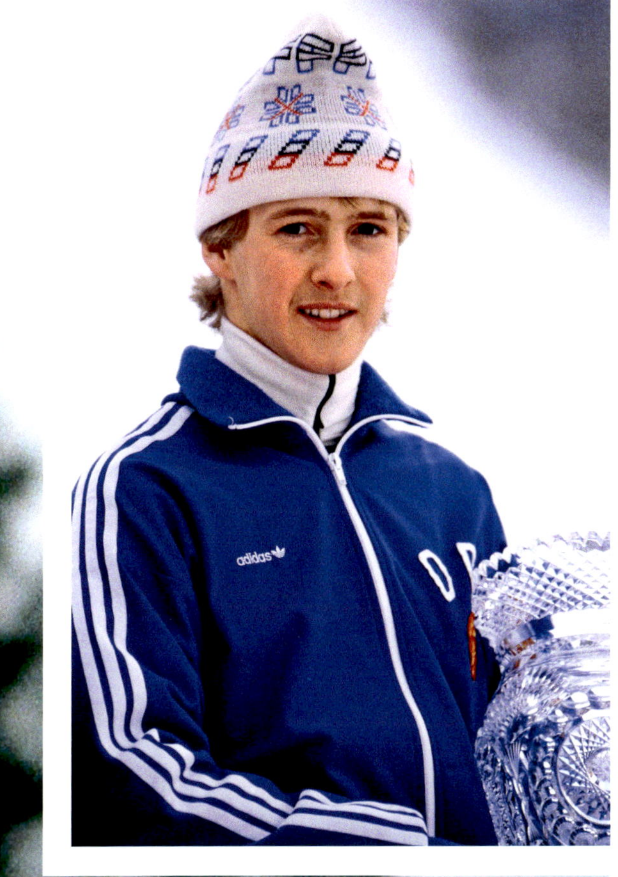

1. Januar 1985: Jens Weißflog gewinnt das Neujahrsspringen der Vierschanzentournee in Garmisch-Partenkirchen – und später sogar die gesamte Tournee.

Die Mauer war weg, der Euphorie folgte Ernüchterung

Letztlich wurde der Floh einer der Riesen des Wintersports. Er zählt zum Quintett jener, die alle großen Wettbewerbe gewannen (WM, Olympia, Tournee und Gesamtweltcup – wie auch Thomas Morgenstern, Matti Nykänen, Espen Bredesen und Kamil Stoch), er war einer der wenigen Springer, die im Parallel-, wie im V-Stil länger zur Weltspitze gehörten. Vor allem aber hatte Weißflog den Ehrgeiz, sein Schicksal in die Hand zu nehmen und wenn nötig von vorne anzufangen. Verantwortung hatte er schon im Jahr 1985 übernommen, als er sich bei der Skiflug-WM zum zweiten Vorsitzenden einer Art Springer-Gewerkschaft wählen ließ, die verhindern sollte, dass bei allzu gefährlichen Bedingungen gestartet werden musste. Eine Art Streikrecht im Akutfall sollte dies sein, es setzte sich aber langfristig, auch wegen der unterschiedlichen Interessen der Springer, nicht durch. Der DDR-Sportführung war solche Art Mündigkeit sofort verdächtig. Wegen offenbar mangelnder Kontrolle auf seinen Sportler wurde Weißflogs Trainer Joachim Winterlich unter anderem für ein Jahr von Auslandsreisen ausgeschlossen, weshalb Weißflog im Wettkampf seine erste Bezugsperson fehlte, was wiederum auch dazu führte, dass er in der folgenden Saison 1986 die zweitschlechteste Bilanz seiner Karriere hinnehmen musste.

In Krisen blieb er aber nicht lange stecken, auch die Umwälzungen ab 1989 ging er aktiv an. Die Mauer war gefallen, der ersten Euphorie folgte Ernüchterung, denn die meisten Planwirtschaftsbetriebe konnten nicht gehalten werden. „Sieben von neun Millionen Menschen waren arbeitslos“, sagt Weißflog, und weil auch die Sportler unter ihnen finanziell abhängig waren, standen sie vor dem Nichts. Die Aktiveren machten sich auf und suchten bei Betrieben nach Unterstützern, ohne zu wissen, wie das geht: Sponsorenakquise. Überhaupt musste man erst mal vorgelassen werden. Zunächst, so Weißflog, hatten nämlich die meisten Betriebe mit dem Überleben zu tun: „Da war niemand, der gesagt hat: Mensch! Das ist ja der Weißflog!“

Der aber blieb hartnäckig, schließlich war er bereits Olympiasieger und Weltmeister. Und er hatte auch schon Beziehungen, etwa zum Teamkollegen Dieter Thoma, dessen Vater im Schwarzwald Lifte und Berghütten betrieb, somit Unternehmer war und Ahnung davon hatte, wie dieses Sponsoring funktioniert. Weißflog besuchte also Vater Thoma, auch wenn sein Trainer sich beschwerte, weil der Sportler in diesen Tagen oft an der Schanze fehlte. Doch der hatte Wichtigeres zu tun – er wollte finanziell überleben. Die Beziehungen im Westen halfen, der Name Weißflog zog recht schnell, und die Karriere ging weiter. Und zwar gleich mit der nächsten harten Herausforderung.

Und jetzt sollte Schluss sein? Nur weil Boklöv versehentlich den V-Stil erfunden hatte?

Vor dem Winter 1991/92 war endgültig klar: Auch Jens Weißflog musste sich wie alle anderen der nächsten großen, bis heute schwersten Umgewöhnung in diesem Sport stellen. Denn wer weiterhin mitspringen wollte, der musste diese neue Flughaltung lernen, die bald alle Springer beherrschen würden, die eben keine flüchtige Mode war: nämlich den V-Stil.

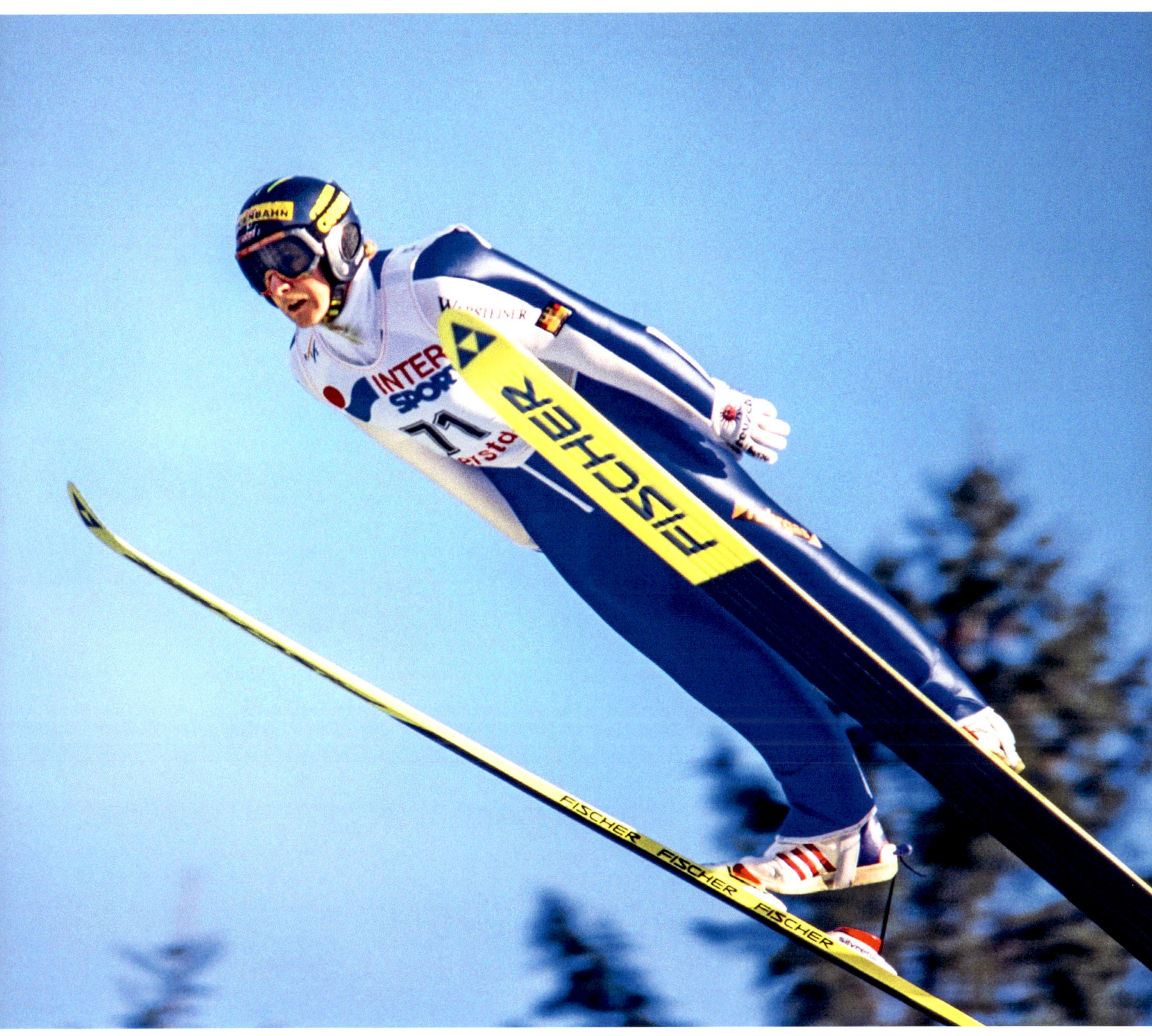

Kein anderer Springer hat den Wechsel vom Parallelsprung zum V so gut gemeistert wie Jens Weißflog. Hier beim Auftaktspringen der Vierschanzentournee am 30. Dezember 1994 in Oberstdorf, wo er hinter den Österreichern Rainhard Schwarzenberger und Andreas Goldberger auf dem Treppchen landet. Im Jahr darauf kann er sich sogar wieder den Gesamtsieg der Tournee sichern.

Ein Sprung ist vergleichbar mit einer Handschrift. Schreiben lässt sich deshalb so schnell, weil Gehirn und Hand irgendwann wie automatisch zusammenarbeiten, also unbewusst. Wer sich auf die andere Hand umgewöhnen muss, der braucht sehr lange. „Mit einem neuen Sprungstil", sagt Weißflog, „ist es ähnlich." Auch bei ihm verlief der Wechsel von paralleler Skihaltung auf das V keineswegs reibungslos. Es dauerte ein Jahr, sagt er, „es war harte Arbeit", und zwischendurch zweifelte er daran, ob er es je schaffen würde.

Acht erfolgreiche Winter hatte er nun hinter sich, 22 Weltcupsiege errungen, auf der Höhe seines Schaffens war er, und nun sollte Schluss sein? Nur weil der Schwede Jan Boklöv 1987 im Training mal seine Skier in der Luft nicht ordentlich parallel halten konnte und dabei versehentlich den V-Stil entdeckte? Und diesen dann verfeinerte und unter den Pionieren der Lüfte eingeführt hatte? Anfangs bekamen jene bei Weltcups wegen der ungewöhnlichen Skihaltung derart viele Punkte abgezogen, dass es sich noch nicht lohnte. Doch der Kreis der Pioniere wurde größer und immer besser, und auf einmal war klar: Trotz Punktabzugs erreichten V-Springer mindestens dieselbe Note, denn sie sprangen alle weiter. Viel weiter.

Wenige, wie etwa der Österreicher Andreas Felder, schafften die Umstellung in ein paar Monaten, bei vielen alten Qualitätsspringern legte der neue Stil verborgene Schwächen oder Schlampigkeiten offen. Was über viele Jahre kein Problem war, wurde nun zum Verhängnis. Wie etwa beim Finnen Matti Nykänen, dessen fabelhafte Karriere auch wegen des V-Stils zu Ende ging. Und der zweifelnde Weißflog stand vor einem typischen Springerproblem, einem Wahrnehmungsrätsel.

Als er die ersten Sprünge im V-Stil versuchte, hatte er zunächst gar kein schlechtes Gefühl, ganz im Gegenteil. Er wusste, dass er sich oben wie üblich beeilen und die Skier in einem Sekundenbruchteil in Position bringen musste. Und es gelang ja auch: Weißflog sprang ab, klappte seine Skier rechts und links aus und segelte stabil nach unten. Doch Skispringen ist ein besonderer Sport, der seine Protagonisten auch mal narrt. Denn in Wirklichkeit schwebte Weißflog nicht wie ein Kranich hinab, sondern wie ein schräger Ballon mit Sturmschaden.

Zunächst war das kein V, sondern ein Doppel-Slash

Auch das hatte mit der Psychologie dieses Sportes zu tun, so erfuhr er später: „Man macht manchmal etwas anderes als das, was einem das Gefühl so sagt." In Wirklichkeit nämlich hatte Weißflog den rechten Ski schon ganz gut nach rechts schräg hinausgestellt, den linken aber nicht nach links, sondern ebenfalls nach rechts, mit der Spitze knapp neben der linken Schulter. Das ergab somit kein V, sondern eher ein Doppel-Slash: //. Oder, in Weißflogs Worten: „nur einen halben V-Stil".

Schon da war klar, die Operation an seiner Sprunghaltung, von der sein restliches Springerleben abhing, würde länger dauern. Doch Weißflog hatte ein Ziel, und zwar mindestens eine weitere Olympiamedaille, und nun forschten er und Trainer Winterlich tiefer an den Ursachen. Die Lösung war dann wie so oft auf den ersten Blick abwegig. Weißflog hatte – wie viele Springer auch – schon immer eine leicht asymmetrische Position in der Luft. Er war etwas nach rechts verdreht, weil er gewohnheitsmäßig die linke Schulter nach unten drückte. Diese Nuancen sieht kein Zuschauer. Aber für das Flugobjekt Springer sind sie unerlässlich, weil sie jah-

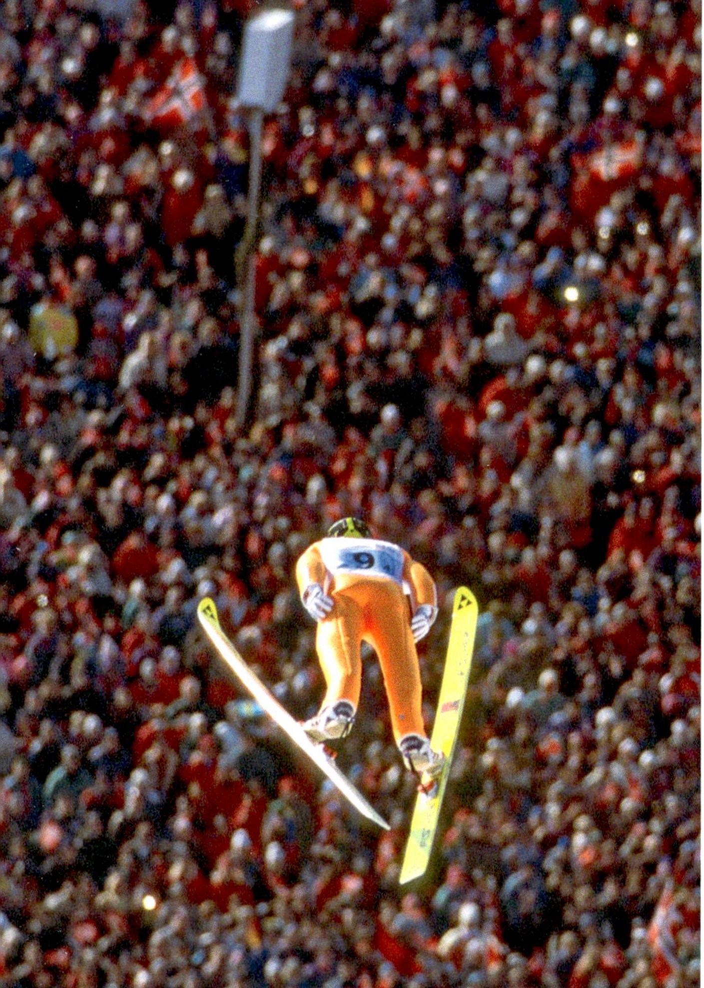

Jens Weißflog über den Zuschauern in Lillehammer.

relang eingeschliffen waren, wie programmiert. Und jetzt sollte er in diesen fein abgestimmten Vorgang eingreifen?

Es half nichts. Zurück in die Vergangenheit ging es nicht, die Zukunft war das V. Nach langem Überlegen kam sein Trainer auf die entscheidende Idee: Wenn die linke Schulter im Flug eine Nuance mehr nach oben zeigte, dann würde das System Weißflog zurechtgerückt. Der Springer selber erinnert sich: „Das war eine Katastrophe, ich dachte, was passiert da jetzt? Mach ich im Flug eine Pirouette und falle runter, oder was?"

Insgesamt vollzog sich eine Revolution. Das Feld sortierte sich neu. Etliche Springer kamen überhaupt nicht damit zurecht, manche, wie Weißflog, entdeckten an sich hängende Ski oder schiefe Schultern oder verdrehte Oberkörper. Viele kamen zwar zurück, aber die wenigsten auch als Siegspringer. Auch Weißflog war nicht gestürzt, als er sein System erstmals aufgerichtet hatte. Diesmal ging es nicht um Streikrechte bei Starkwind oder um Sponsoren für den Unterhalt, sondern um den Kern seiner Arbeit, gewissermaßen seinen Schatz, nämlich einen neuen funktionierenden Sprung. Also machte er einen Plan und setzte sich Ziele: Eine Saison gab er sich zum Eingewöhnen, in der Saison darauf wollte er wieder gewinnen.

Meistens hatte er ja erreicht, was er sich vorgenommen hatte. Im Winter 91/92 rutschte er also auf Platz 38 ab, 92/93 war er wieder Gesamtelfter. Und in der Saison danach, im Februar 1994, saß er bei den Olympischen Spielen in Lillehammer als Favorit auf dem Balken. Das System lief, als wäre er mit dem V-Stil aufgewachsen, weshalb er nicht nur mit der Mannschaft (Weißflog, Thoma, Christoph Duffner, Hansjörg Jäkle) Gold gewann, sondern auch das, was ihm für den Rest des Lebens besonders anhaftet, weil es niemand sonst geschafft hat – und auch nicht mehr schaffen wird: Olympiagold in einem Einzelspringen, im Parallel- wie im V-Stil.

Die Zeit verrinnt aber immer weiter, und in Weißflogs Hotel am Fuße des Fichtelbergs muss gesaugt werden, jemand muss die Buchhaltung erledigen und an der Rezeption stehen, auch das zählt nun zu Weißflogs Arbeit. Und vielleicht erzählt er abends den Gästen Anekdoten aus einem Springer-Leben, die oftmals auch metaphorisch sind. Etwa die von der Umstellung auf das V, die erst so schwer und dann so einfach war, wenn man bereit ist, die Lösung ganz woanders zu suchen, nämlich an der entgegengesetzten Stelle. Nicht an den Beinen lag es, sondern an der Schulter.

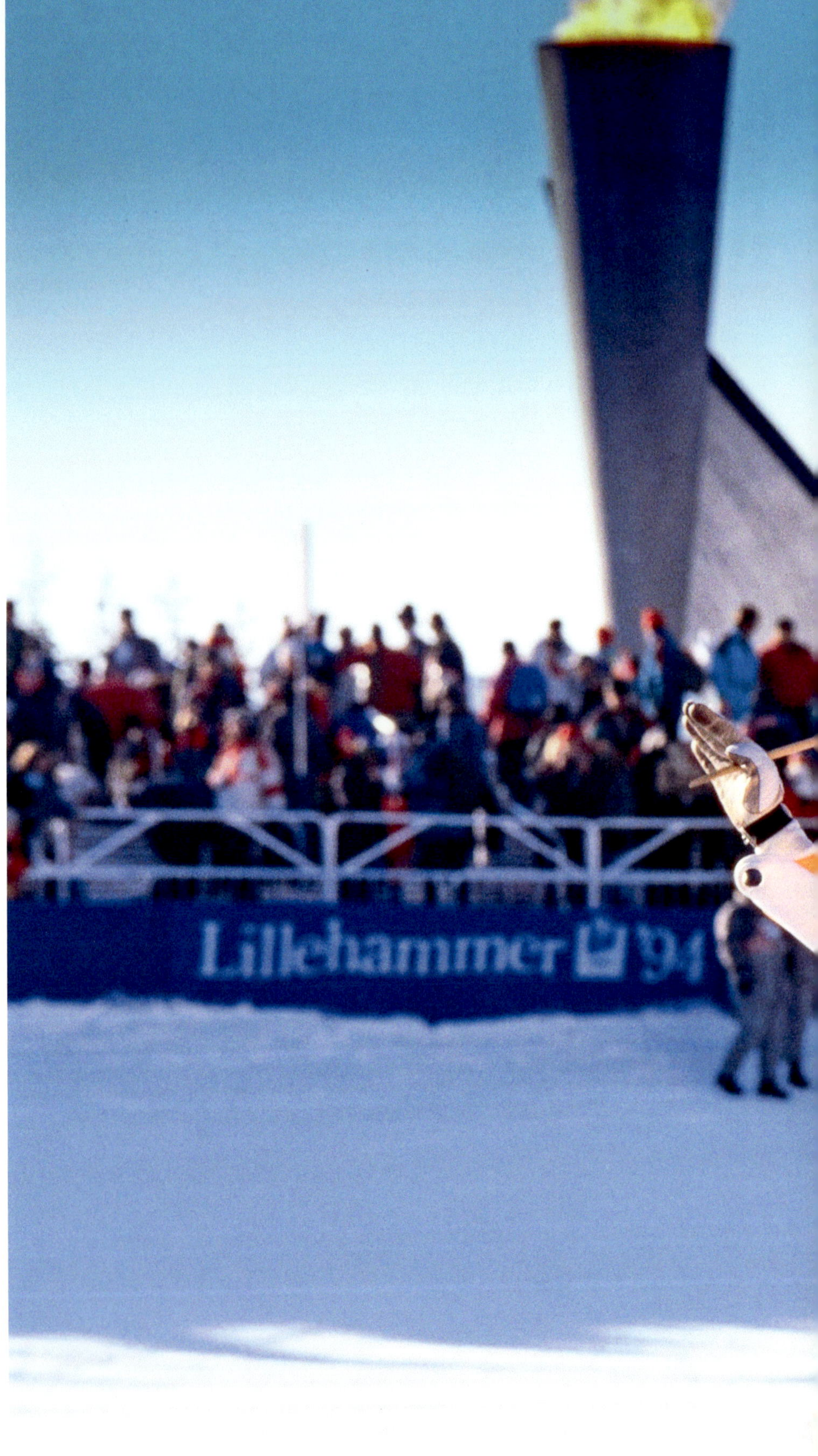

Olympia 1994 in Lillehammer wird für das deutsche Team der ganz große Erfolg: Weißflog gewinnt Gold im Einzelspringen und mit der Mannschaft, hier auf den Schultern der Teamkollegen Hansjörg Jäkle, Dieter Thoma und Christof Duffner.

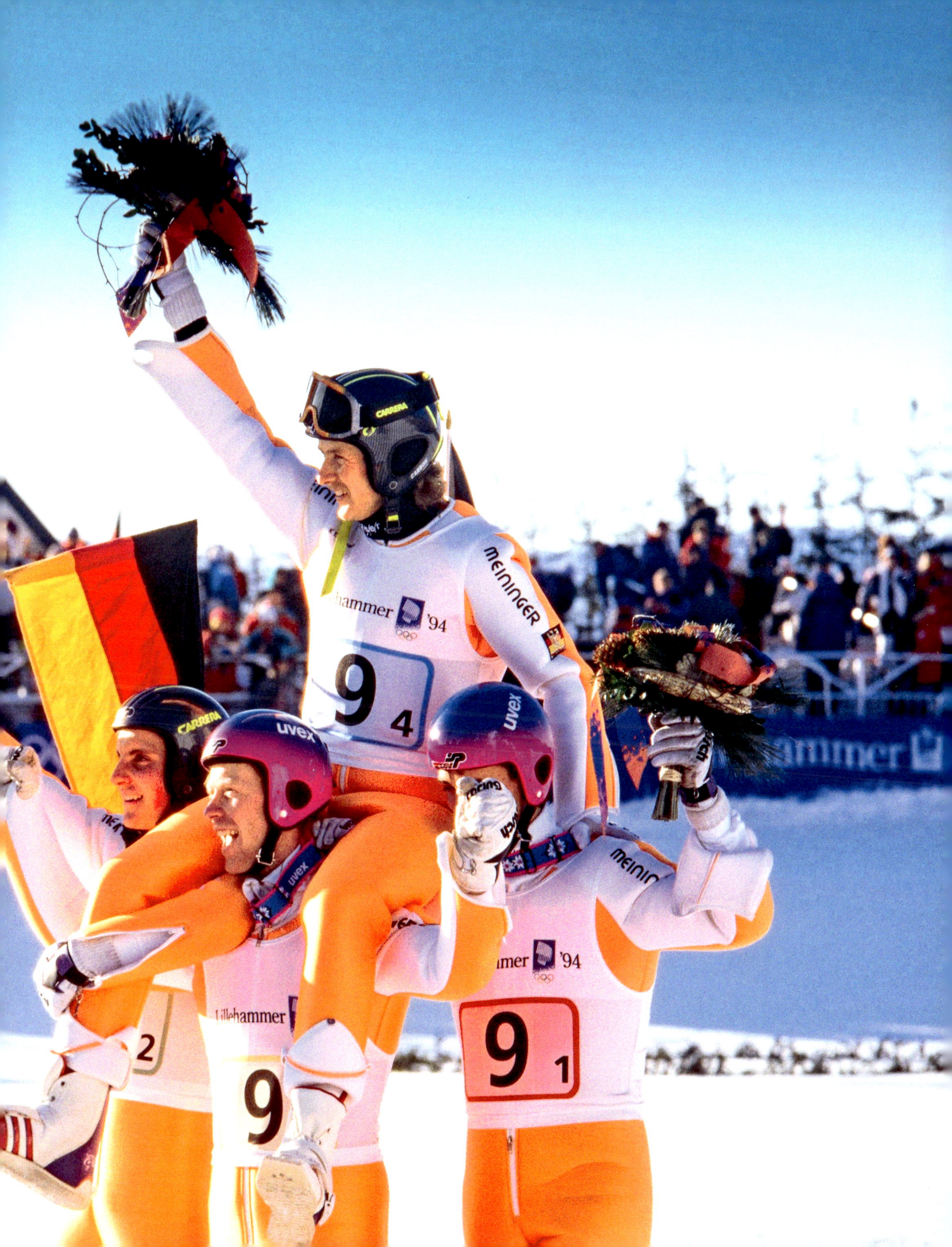
CARRERA
MEININGER
hammer '94
9 4
CARRERA
uvex
uvex
Lillehammer
mer '94
9 1
2
9

8 Oberstdorf, Garmisch, Innsbruck und Bischofshofen

Die Vierschanzentournee ist das Highlight einer jeden Weltcup-Saison. Jede Schanze hat dabei ihre eigenen Tücken. Bisher haben erst drei Springer den Grand Slam geschafft, also alle vier Springen gewonnen. Sven Hannawald war der Erste, dem dieses Kunststück gelang.

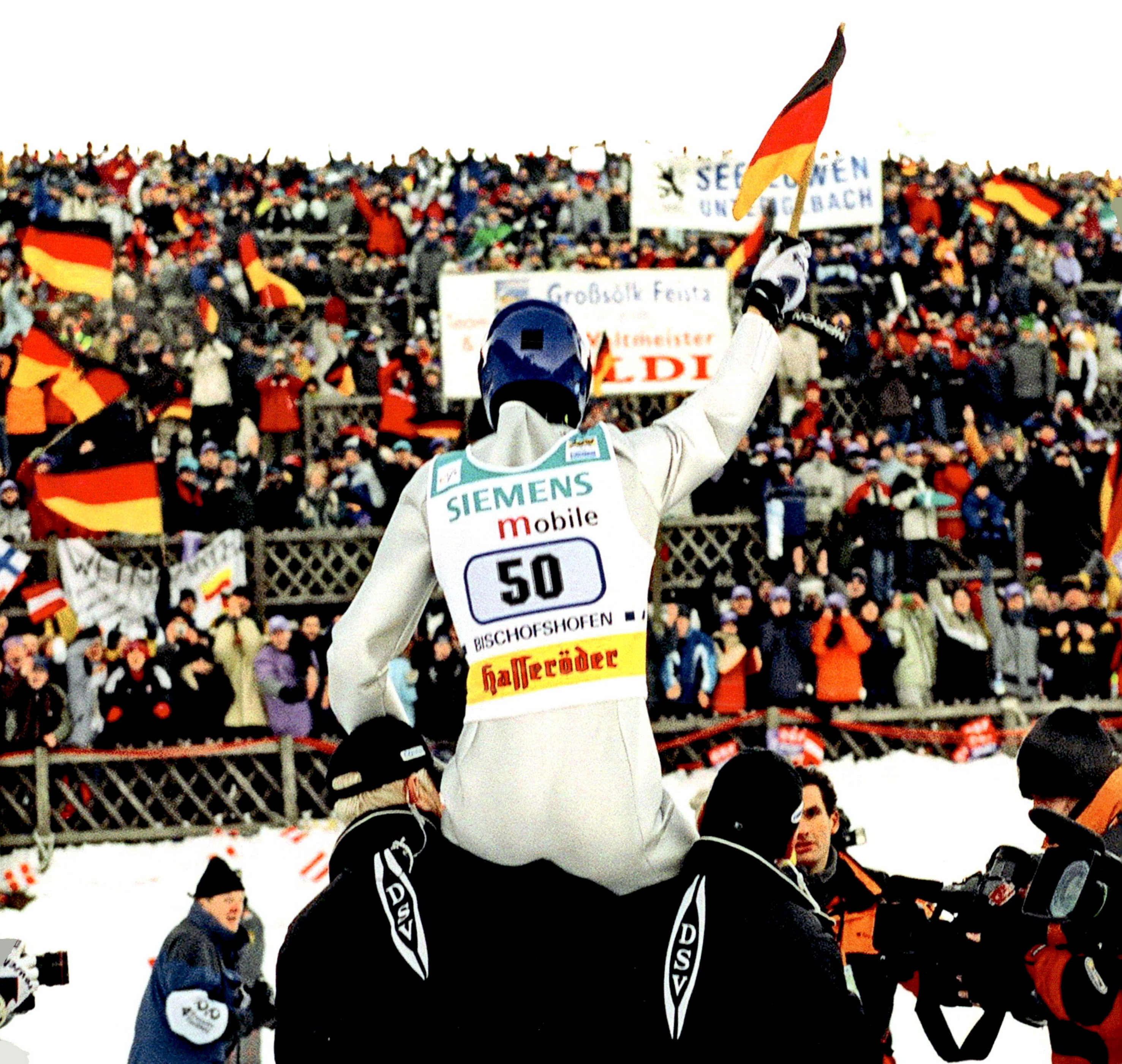

6. Januar 2002: Sven Hannawald feiert seinen historischen Triumph in Bischofshofen mit den Fans.

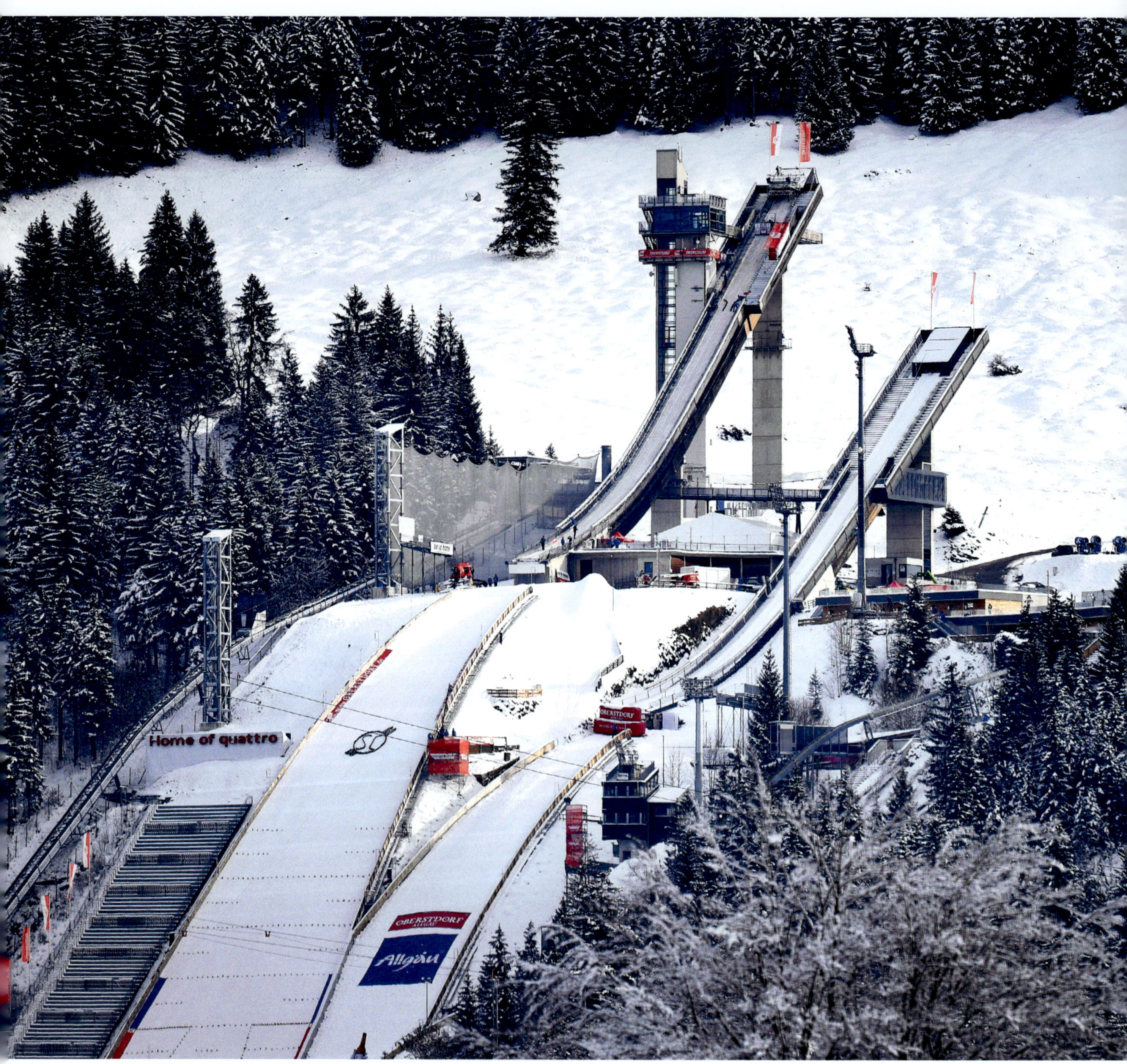

Alljährlicher Austragungsort des Eröffnungsspringens der Vierschanzentournee: die Schattenbergschanze in Oberstdorf (offiziell: Audi Arena Oberstdorf). Die Anlage besteht aus einer HS137-Großschanze, einer HS106-Normalschanze und drei kleineren Mattenschanzen.

Noch war nichts passiert. Sven Hannawald saß oben auf dem Startbalken, wartete und schaute auf die Schanze, die Kulisse, die winzigen Gesichter, die tanzenden Fahnen. Dann bekam er die Freigabe vom Trainer. Noch einmal wackelte der Skispringer kurz mit dem Kopf, als verscheuche er alle Gedanken, dann tauchte er hinunter in die Spur, nahm seine Anlaufhocke ein und traf den Druckpunkt der Schanze. In der Luft wankten seine Skier ein wenig, doch Hannawald segelte weiter als alle anderen und boxte wieder seine Links-Rechts-Kombination in die Luft. Er hatte gewonnen, das war schnell klar, was er noch nicht wusste: ab jetzt begann der Stress.

„Die Vierschanzentournee", sagte Sven Hannawald später einmal, „ist ein Karussell." Schon in normalen Verläufen wirft sie einen Favoriten nach dem anderen ab. Schneller und schneller dreht sie sich, nimmt Fahrt auf von Station zu Station, und wenn man bei der ersten gewinnt, dann geht das Theater los. Es wird spekuliert und interpretiert. Anzug, Schuhe und Skier der jeweiligen Gegner werden von Betreuern beäugt, Leistungen von Trainern heruntergeredet oder über alle Maßen gelobt, je nachdem, wie der Gegner tickt, wie man mehr Druck aufbauen kann. Alle fahren diese Strecke von Oberstdorf über Garmisch-Partenkirchen nach Innsbruck und weiter nach Bischofshofen, alle treffen sich täglich an den Wachs-Containern, auf der Schanze, in der Mixed Zone, im Pressezentrum. Der Tagesablauf ist dicht getaktet, im Stadion ist es laut, die Hektik ist Normalität. Besonders schnell aber drehte sich das Vierschanzen-Karussell im Jahreswechsel 2001 auf 2002, als Sven Hannawald sich aufmachte, als Erster die Tournee per Grand Slam zu gewinnen.

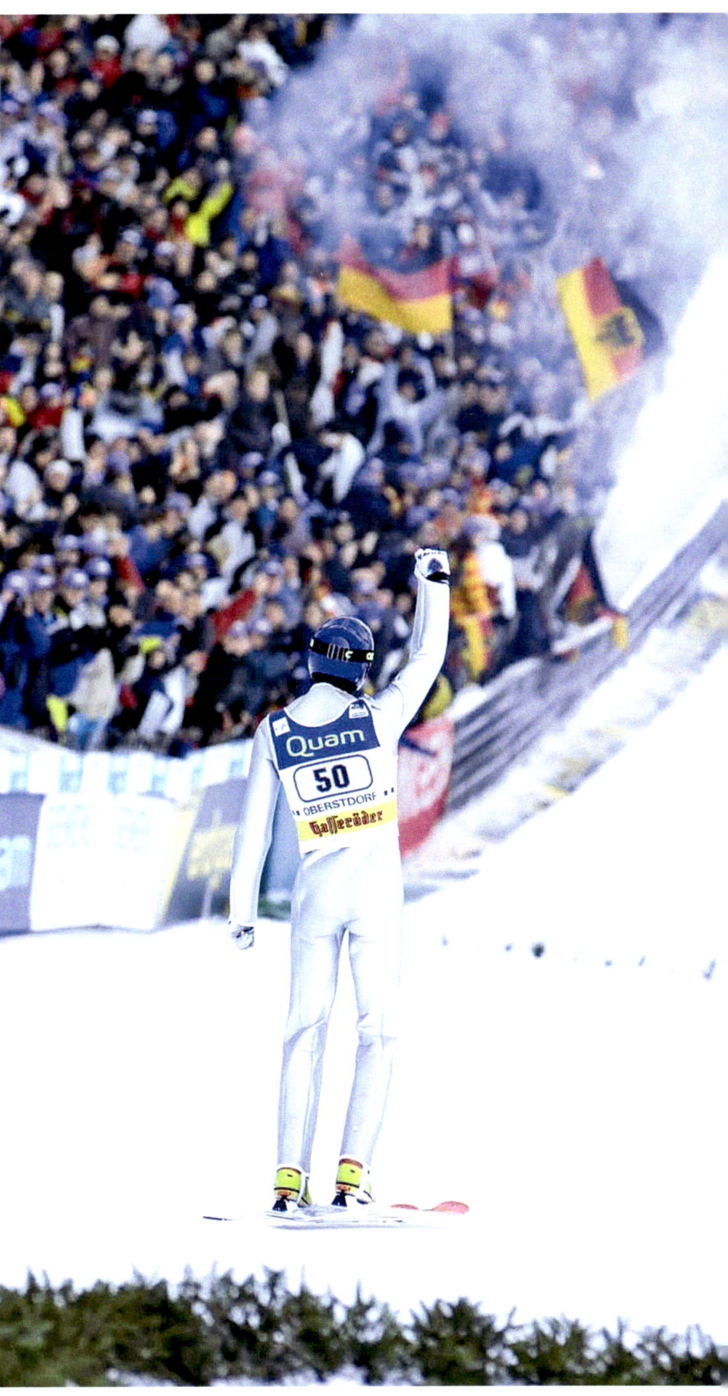

Hier beginnt der Wahnsinn: Mit dem Sieg in Oberstdorf am 30. Dezember 2001 legt Hannawald den Grundstein für den Grand Slam.

„Die Dramatik fängt an, wenn du Oberstdorf gewinnst"

49 Ausgaben dieser Kurzserie hatten bis dahin schon stattgefunden, aber nie hatte sich jemand als Vierfachsieger hervorgetan. Das Thema lag ja auf der Hand. Zahlreiche Serien von vier, fünf oder mehr Weltcupsiegen nacheinander wurden schon hingelegt. Aber nur hier, bei den vier aufeinander aufbauenden Wettkämpfen der Tournee mit ihren besonderen Anforderungen an Stressresistenz und Konzentrationskunst hatten die Gesamtsieger immer mindestens einmal verloren.

Und nun saß Sven Hannawald auf dem Rand der Drehscheibe, ganz außen. Nicht der Pole Adam Malysz, der den Dezember über alle dominiert hatte, auch nicht der Österreicher Martin Höllwarth oder der Finne Matti Hautamäki waren die Auftaktsieger von Oberstdorf, sondern Hannawald, der im Frühwinter zwar schon zwei Podiumsplätze verbucht hatte, aber auch zwei Aussetzer, als er jenseits der besten zehn gelandet war. Viel später hatte Hannawald, aufgewachsen im Erzgebirge, als 16-Jähriger umgezogen nach Süddeutschland, Besucher des Sportinternats Furtwangen, erkannt: „Die Dramatik fängt an, wenn du Oberstdorf gewinnst." Es war zwar noch ein weiter Weg bis Bischofshofen, doch im Hinterkopf arbeitete es schon, denn Hannawald stand jetzt im Mittelpunkt. Er war der Einzige von 63 Startern, der 2002 das schaffen konnte, was noch niemandem gelungen war – den Vierfachsieg.

Es trafen nun also zwei Erfolgsgeschichten aufeinander, die vom sensiblen und von jungen Fans schwer umschwärmten Sven Hannawald und die von der mittlerweile guten alten Vierschanzentournee.

Diese vier Wettkämpfe stellten schon bald nach ihrer Einführung weit mehr dar als nur eine Fortschreibung des Skisprung-Weltcups. Die Tournee hat einen besonderen Modus, etwa ein K.-o.-System im ersten Durchgang, das die Spannung erhöht. Was ihr allerdings fehlt, ist der Frauen-Wettkampf, dessen Integration noch Anfang der 2020er-Jahre vertagt wurde. Namhafte Trainer wie der deutsche Coach Andreas Bauer verwiesen vergeblich darauf, dass die Raw-Air-Serie mit beiden Geschlechtern im Programm und ähnlich knappem Zeitfenster längst auch tadellos funktioniere. Womöglich kann sich die Tournee die abwartende Haltung auch deshalb erlauben, weil sie das Herzstück einer Sportart ist, ein Höhepunkt, der in der Nische des Terminkalenders fast aller Zuschauer liegt. Es sind die Tage der Ruhe und Besinnlichkeit – oder, wie man's nimmt, Tage voller Langeweile, in der nicht nur Wintersportfans, sondern Millionen andere etwas Spannung im Wohnzimmer begrüßen. Seit dem Einstieg des Fernsehens 1956 in die Live-Berichterstattung wuchs das Vierschanzen-Sofa-Publikum beständig. Und mit den deutschen Flug-Lieblingen um Hannawald und Martin Schmitt bekam die Tournee den nächsten Schub ab, was auch am Privatfernsehen lag, dem Sender RTL, der mehr Farbe in die Serie brachte, aber auch mehr Aufregung in die hektischen Jahreswechsel-Tage.

Hannawalds Vorteil in Garmisch

Für Hannawald lief es trotz der Dynamik der Tournee weiter wie geschmiert. Den Trubel, der sich im Land des Gesamtführenden aufbaute, konnte er noch recht gut verdrängen. Psychologisch war er immer noch im Vorteil. Er hatte

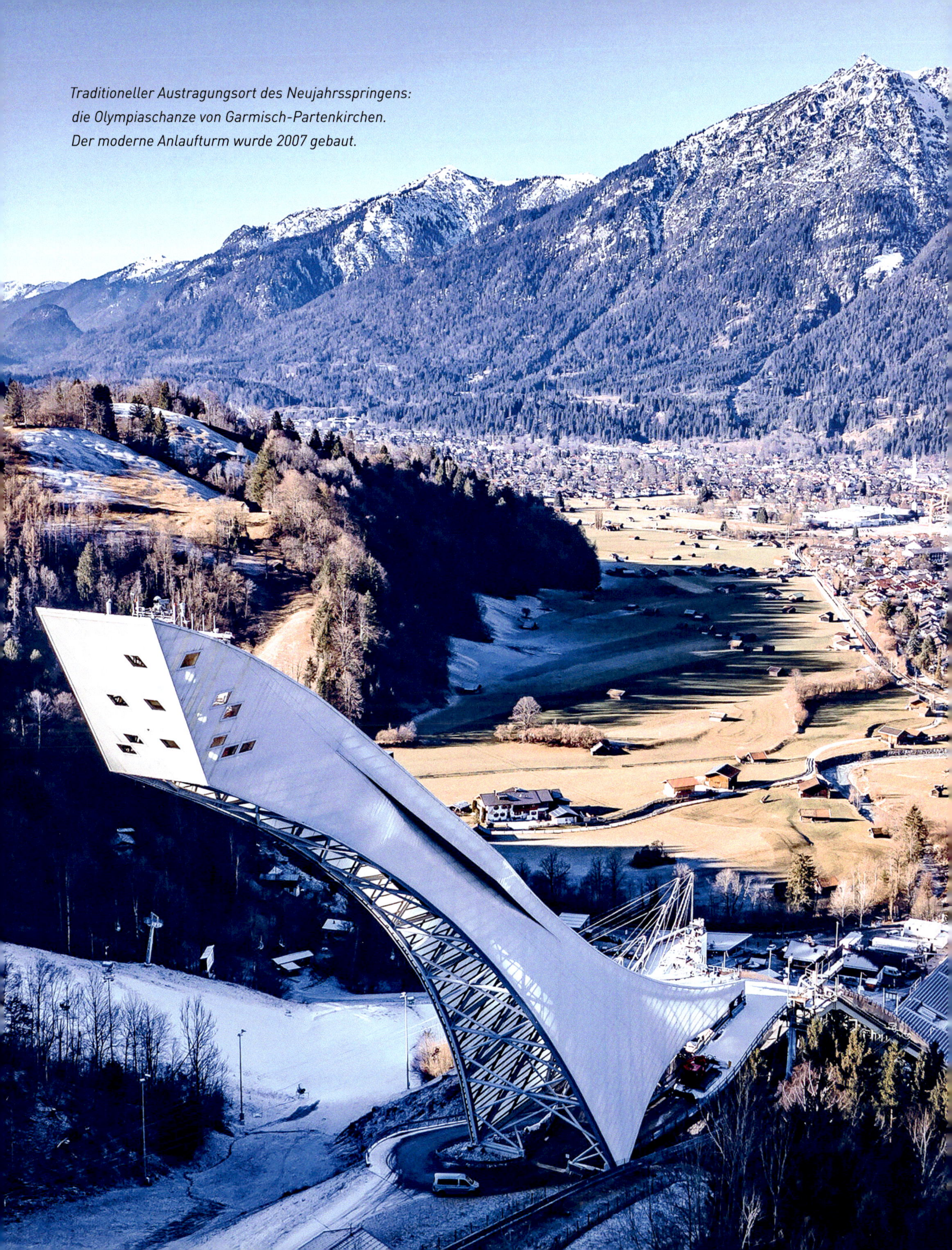

Traditioneller Austragungsort des Neujahrsspringens: die Olympiaschanze von Garmisch-Partenkirchen. Der moderne Anlaufturm wurde 2007 gebaut.

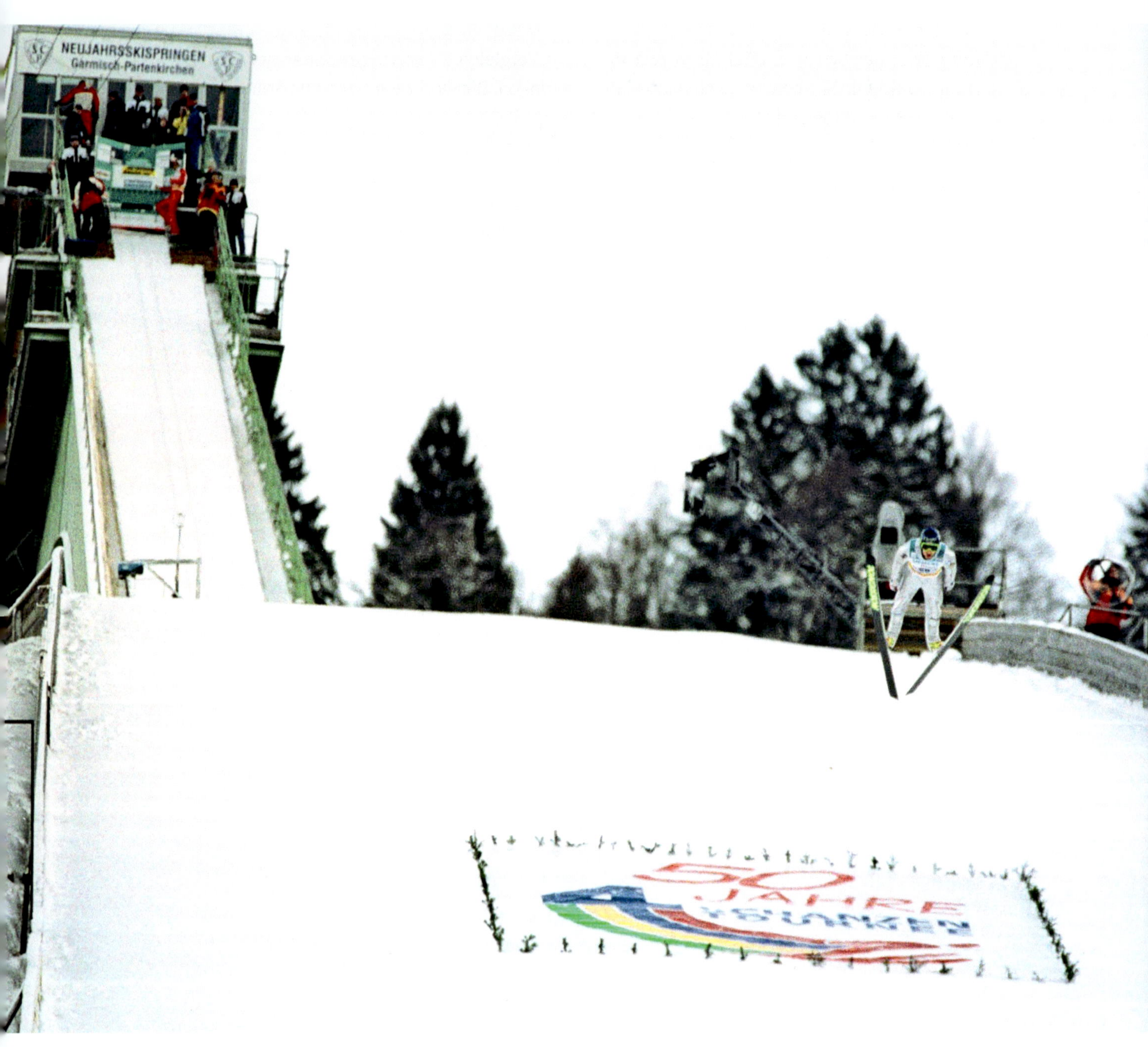

Neujahrsspringen 2002: Hannawald siegt auch in Garmisch auf der Olympiaschanze.

zwar schon etwas zu verlieren, aber das Gewicht dieser Grand-Slam-Chance erdrückte ihn noch nicht. Ihm reichte es, wenn sich seine Form bestätigte, wenn es Schritt für Schritt vorwärtsging. Hannawald fühlte sich wohl, sein Material, seine mentale Verfassung, das Team, alles war gut abgestimmt.

Und er wusste, an Neujahr in Garmisch würde er einen Vorteil haben gegenüber den Konkurrenten Malysz, Höllwarth, Hautamäki oder auch dem Schweizer Simon Ammann. Denn im Radius der Garmischer Schanze befand sich eine Art Knick, eine Stelle, die eine intuitiv flüssige Absprungbewegung stören konnte. Starke Abspringer wie seine Konkurrenten konnten aus dem Gleichgewicht kommen, nicht aber Hannawald. Dessen Stärke war noch nie die Sprungkraft, die regelmäßigen Sprungkraftmessungen waren ihm sogar zuwider, weil er immer am schlechtesten abschnitt. Nein, seine Stärke war das Fliegen. Und so rauschte er über den Garmischer Knick hinweg, vertraute ganz seiner Geschwindigkeit, legte sich auf die Luft und gewann auch das Neujahrsspringen. Schon zwei Siege – der Grand Slam war nun das Thema Nummer eins, das Karussell drehte sich schneller.

Einmalig schön und schwierig: Bergisel

Garmisch-Partenkirchen hatte bereits eine Herausforderung dargestellt, in Innsbruck wurde nun wie so oft eine Vorentscheidung erwartet. Das lag nicht nur an der Dynamik der Serie, am üblichen Druck oder einsetzender Ermüdung, sondern auch an der Tatsache, dass auf der dritten Station nicht irgendeine normale Schanze bereitstand, sondern die einmalig schöne aber auch schwierige Anlage am Bergisel, über den Dächern der Stadt und zum 50. Jubiläumsspringen gerade frisch umgebaut.

Dieser Bakken hat gewisse Besonderheiten im Vergleich zu sonstigen, eher gewöhnlichen Anlagen. Die sind zwar auch alle Stück für Stück vergrößert und technisch modernisiert worden, doch nur wenige bestechen durch eine extravagante Architektur. Von den Tourneeschanzen fällt auch der Ausleger des Anlaufes in Garmisch-Partenkirchen auf, der zu schweben scheint und daran erinnert, dass es hier ums Springen und Fliegen geht. Die Innsbrucker Schanze jedoch wirkt noch spektakulärer, faszinierender, eitler. Sie bekam nach ihrem Umbau nicht umsonst diverse Namen. Unter anderem hieß sie wegen ihrer Verbindung von Turm (Absatz), dem schrägen Anlauf (Steg) und dem runden Stadion (Ballen) auch „Stöckelschuh“. Wegen ihres eigenwillig verdrehten Turmes nennen sie manche „Kobra“, was auch deshalb passt, weil er die Blicke kilometerweit einfängt.

Vermutlich hatte die Londoner Star-Architektin Zaha Hadid an all das weniger gedacht, aber diese Spitznamen passen auch recht gut zu der Art, wie diese Schanze schon immer funktionierte. Die Anlage, die auf einem Tiroler Schicksalsberg thront, ist tatsächlich schwer berechenbar, sogar gefährlich, mit enger Absprungzone, oft ruppigem Landebereich und einem Gegenhang, auf dem man das Skifahren mit den langen Latten beherrschen muss. Verschätzt sich der Springer, schlittert er rückwärts wieder in die Senke und muss schauen, wie er hinaufkommt zur Interview-Zone.

Das sind aber nicht die eigentlichen Tücken des Bergisels, auf dem im Jahr 1809 Tiroler Soldaten unter Andreas Hofer ihre Heimat gegen französische und bayerische Truppen vergeblich verteidigten. Vielmehr ist die Bergiselschanze für die Tourneewertung deshalb oft von entscheidender Bedeutung, weil sie in einer Fön-

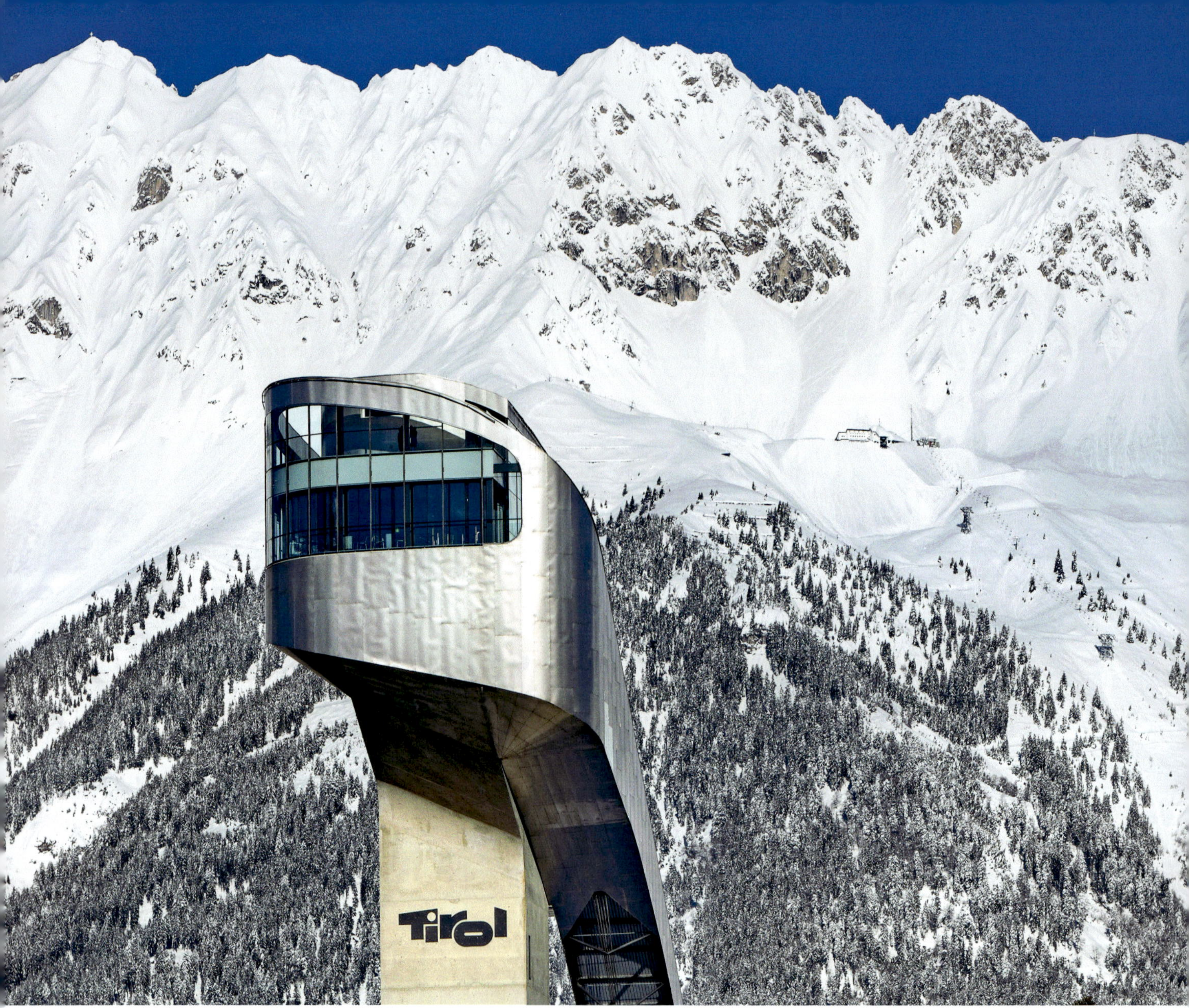

schneise liegt. Mit anderen Worten, die einzige Schanze, die elegant auf einem Schicksalsberg sitzt, wird regelmäßig auch Anfang Januar von heftigen warmen Winden, die vom Alpenhauptkamm herunterfallen, umspült. Manchmal bricht wegen der vielen Windpausen noch während des Sprungfinales die Dämmerung an, oder Nebel zieht herein, dann wird die Sicht trübe, denn zum Schutz der Anwohner vor nächtlichen Partys oder Konzerten ist im Bergiselstadion städtischerseits kein Flutlicht gestattet.

Vereinzelt befanden sich im Landebereich auch schon tiefe Rillen, weshalb manche Gesamtfavoriten stürzten oder zurückfielen, etwa Severin Freund 2016 oder Richard Freitag und der Österreicher Stefan Kraft im Jahr 2018. Und auch ohne zu fallen, kann man in Innsbruck abstürzen, Karl Geiger kann davon so einiges erzählen. 2020 drückte ihn der Rückenwind viel zu früh auf den Landehang, 2021 unterlief ihm ein kleiner technischer Fehler und machte alle Hoffnungen auf den Gesamtsieg zunichte, seitdem weiß er über den

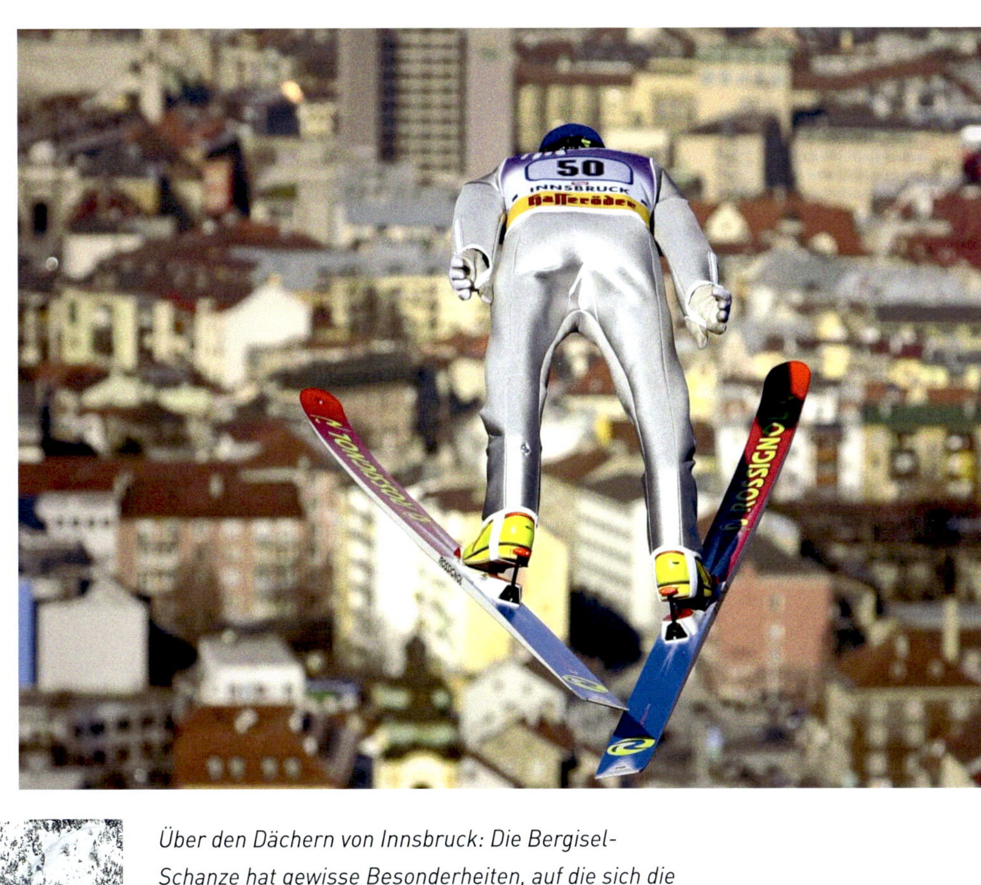

Über den Dächern von Innsbruck: Die Bergisel-Schanze hat gewisse Besonderheiten, auf die sich die Springer einstellen müssen. Sven Hannawald gelingt das bei der Tour 2001/2002 hervorragend.

Bergisel: „Wenn man kleine Fehler macht, dann saugt's einen auf den Hang."

Das sind die dunkleren Momente dieses Sports, umgekehrt kann die Kobra auch eine sonnige und friedliche Seite haben, dann werden die Wettkämpfe zu einem Fest, wie für Sven Hannawald am 4. Januar 2002. Noch lange war Hannawald den Arbeitern dankbar, dass sie die Schanze rechtzeitig fertiggestellt hatten. Als nagelneue Anlage wurde der Bergisel für ihn zum entscheidenden Faktor. Bis dahin hatte er sie als „Stand-Weitsprung-Schanze" bezeichnet, denn wegen ihres kurzen Anlaufs fühlte er sich stets, als müsse er hier aus dem Stand weitspringen. Nun spendete sie Hannawald genügend Schubkraft, um seine Flugkünste zu entfalten. Als er dann auch in Innsbruck gewann und abermals in die Luft boxte, war die Hoffnung der besseren Abspringer unter den Sieganwärtern dahin. Befand sich doch in Bischofshofen eine weitere, richtige Fliegerschanze.

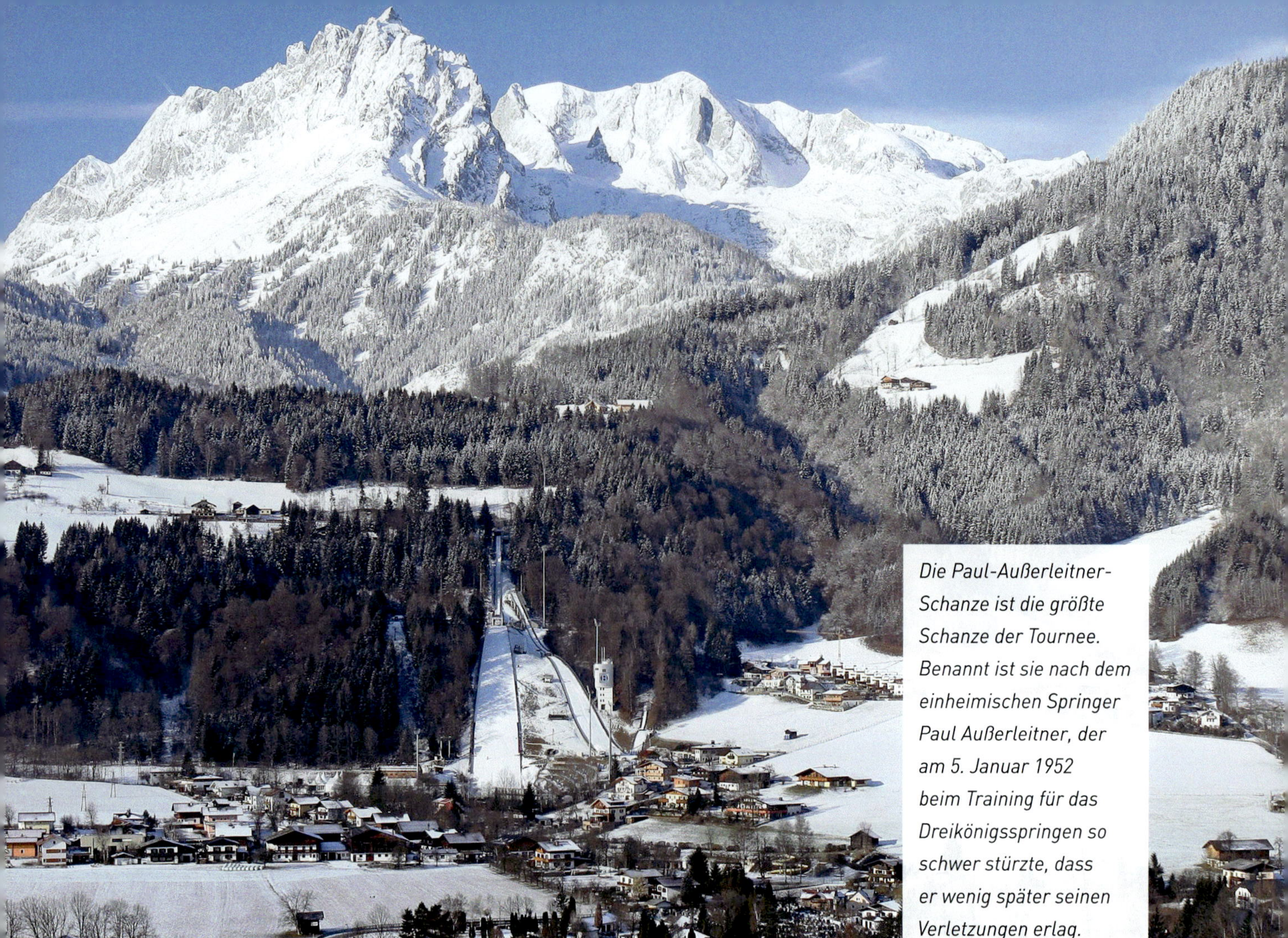

Die Paul-Außerleitner-Schanze ist die größte Schanze der Tournee. Benannt ist sie nach dem einheimischen Springer Paul Außerleitner, der am 5. Januar 1952 beim Training für das Dreikönigsspringen so schwer stürzte, dass er wenig später seinen Verletzungen erlag.

Familiär, klein und doch so entscheidend: Bischofshofen

Bischofshofen im Pongau ist das Gegenteil von Innsbruck, alles ist etwas gemütlicher und beruhigter. Das Pressezentrum etwa befand sich 2002 noch in der örtlichen Sport-Mittelschule, die wenige Jahre später Stefan Kraft besuchen würde, der wiederum im Jahr 2015 die Tournee gewann und somit in seiner alten Schule die Siegerpressekonferenz gab. Bischofshofen wirkt also familiär und klein, anders als die große weite Fliegerschanze, draußen am Waldrand, die Paul-Außerleitner-Schanze, mit langem Anlauf und weiter Flugphase. An diesem Dreikönigstag 2002 eine Hannawald-Schanze.

Was keiner ahnte und Hannawald in seinem Tunnel allenfalls erst später begriff, war die Tatsache, dass sein Akku, wie er später sagte, schon fast leer war. Bei der Abreise aus Innsbruck hatte auch er endgültig die historische Leistung vor Augen, den Eintrag in die Skisprungbücher. Dabei verändert sich das Skispringen in solchen Momenten keineswegs. Der Erfolg fußt immer noch auf Demut vor dem Augenblick. Springen mag spektakulär aussehen, sein Rezept ist aber die Reduktion auf einfache Abläufe, egal, wie groß das Ziel sein mag.

Eine Überfahrt noch, ein Tag mit Probetraining und Qualifikation und eine weitere Nacht boten der Fantasie genügend Platz, um Szenarien zu malen. Hannawald hatte sich vorgenommen, all diesen Gedanken keine Beachtung zu schenken, aber sie waren doch zu stark. Plötzlich war da ja noch die Möglichkeit, im letzten Moment alles zu verlieren und als der Nächste zu gelten, der es nicht ins Ziel gebracht hat. Gut möglich, dass da die Gedanken abschweiften, und dem konzentrierten Springer in Bischofshofen Bilder vor Augen führten, die sich aus den missglückten Grand Slams der Vierschanzentournee ergeben. Der Norweger Ingolf Mork (1971), die Österreicher Karl Schnabl (1975) und Toni Innauer (1976) gewannen insgesamt drei Springen einer Tournee, wobei ihnen die eine Niederlage aber schon vor Bischofshofen unterlief. Anders erging es dem Japaner Yukio Kasaya. Er kam 1972 als Grand-Slam-Topkandidat nach Bischofshofen, musste aber auf Anweisung seines Verbandes vorzeitig mit dem Team nach Hause fliegen. Die Olympiavorbereitung für die Spiele wenige Wochen später in Sapporo 1972 hatte pünktlich zu beginnen. Und noch etwas dramatischer war das Pech seines Landsmannes, des Schönfliegers Kazuyoshi Funaki, 23 Jahre später.

Diesem Stilisten ging es natürlich auch um Siege, das Ringen um Platz eins ist schließlich die Grundlage, die bloße Freizeitbewegung von Sport unterscheidet. Obwohl? Zuweilen ist es anders, jedenfalls für die Zuschauer. Da schaut man dem Sportler auch einfach nur zu, und der Zuschauer ist derart gebannt, dass er für wenige Sekunden vergisst, dass am Ende einer irgendeinen Pokal hochhalten muss. Funakis Flüge waren so eine Show für sich, denn er hatte schon 30 Jahre vor solchen Flugkünstlern wie dem Norweger Daniel-André Tande, dem Siegsdorfer Markus Eisenbichler oder den slowenischen Brüdern Peter und Domen Prevc eine extreme Flughaltung entwickelt. Funaki legte nach dem Absprung den Oberkörper so weit nach vorne, dass die Skispitzen rechts und links auf Höhe der Ohren auftauchten. Flach und nahezu reglos segelte er zu Tal wie ein Adlerrochen im Meer in Richtung Beute. Nur, Funakis Beute waren die Haltungsnoten. Insgesamt haben acht Skispringer in der Geschichte die volle Höchstprämie, also jeweils 20 Punkte von allen fünf Richtern erhalten. Funaki aber war bei Weitem der Beste, er schaffte das viermal. Ohne jegliche Korrekturen, ohne auch nur einen Finger in der Luft zu bewegen, schwebte er herab, so auch am 6. Januar 1995 in Bischofshofen.

Weit war er gekommen, zu weit. Funakis Tournee war wie ein Tempo-Steigerungslauf, seine finale Vorführung hatte etwas vom griechischen Helden Ikarus. Einen neuen Schanzenrekord hätte er aufgestellt, doch die Erdanziehungskraft drückte ihn so stark in den Schnee, dass er das Gleichgewicht verlor, nach rechts kippte und zu Boden ging. Verletzt hatte er sich nicht, aber seine Haltungsnoten wurden halbiert, der Österreicher Andreas Goldberger zog noch vorbei.

Der erste Grand Slam

Die Erzählstoffe des Skispringens sind bei der Tournee noch weniger vorhersehbar als sonst, und Sven Hannawald, der tatsächlich am 6. Januar 2002 nach drei perfekten und spielerisch wirkenden Vorführungen den ersten Tournee-Grand-Slam vor Augen hatte, bot in diesem Moment seine letzten Kräfte auf. Da saß er also mit ziemlich leerem Akku auf dem Balken der Fliegerschanze von Bischofshofen. Stell eine

Bierbank auf einen Fußballplatz und schau rüber aufs andere Tor – das war stets Hannawalds Eindruck von der Bischofshofener Großschanze: ein flacher Schanzentisch und das Ziel in Sicht. Wieder ließ er sich also in die Spur fallen, schoss über die Kante und landete unter dem Tosen der Zuschauer – natürlich weit unten. Doch als er gelandet war, mischten sich höchste Freude und Erschöpfung. „Ich hatte das Gefühl, ein Rucksack habe sich gelöst und sei nach hinten weggeflogen", erzählte Hannawald.

Das Gewicht aber, das sich durch die bedingungslose Fixierung auf diesen schwer berechenbaren Sport, durch die eigene Berühmtheit und die Erwartungen angesammelt hatte, ließ sich nicht so leicht abwerfen. Die kommenden Jahre wurden schwer, Hannawalds Vorteile als Flieger konnte er wegen neuer Bestimmungen nicht mehr ins Spiel bringen, und zwei Jahre später gestand er sich ein, dass er eine Auszeit brauchte. Er machte eine längere Motivationskrise, einen Burnout durch, ließ sich in einer Klinik behandeln und beendete 2005 seine Springerkarriere. Danach orientierte er sich anders, fand neue Herausforderungen und Spaß im Motorsport und kehrte doch Jahre später in seinen alten Sport zurück.

Als Kamil Stoch aus Polen im Winter 2018 und der Japaner Ryoyu Kobayashi 2019 gleich hintereinander die Grand Slams Nummer zwei und drei erreichten, da saß Sven Hannawald oben in einer der Kabinen als Fernsehexperte – und war auch wieder dabei.

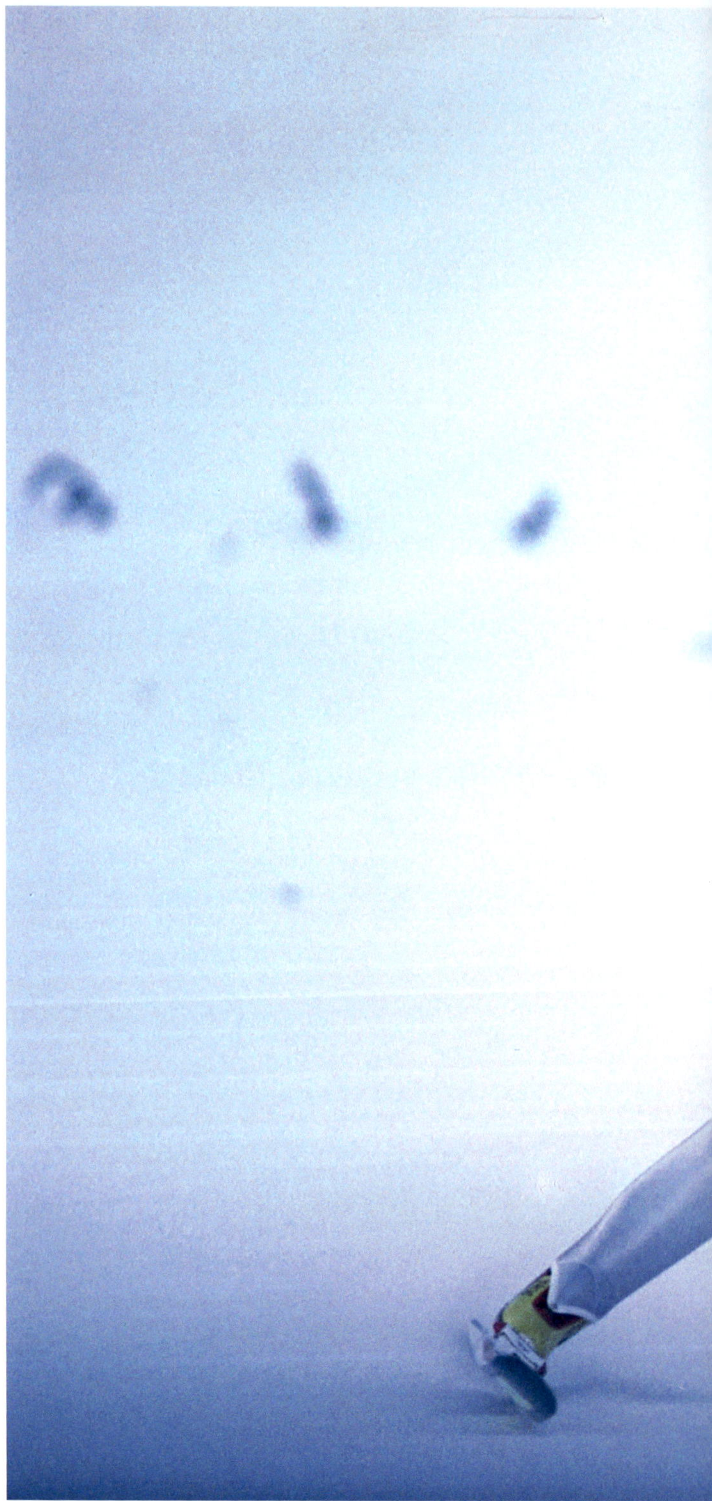

Grand Slam! Mit dem Sieg in Bischofshofen am 6. Januar 2002 schreibt Sven Hannawald Sportgeschichte.

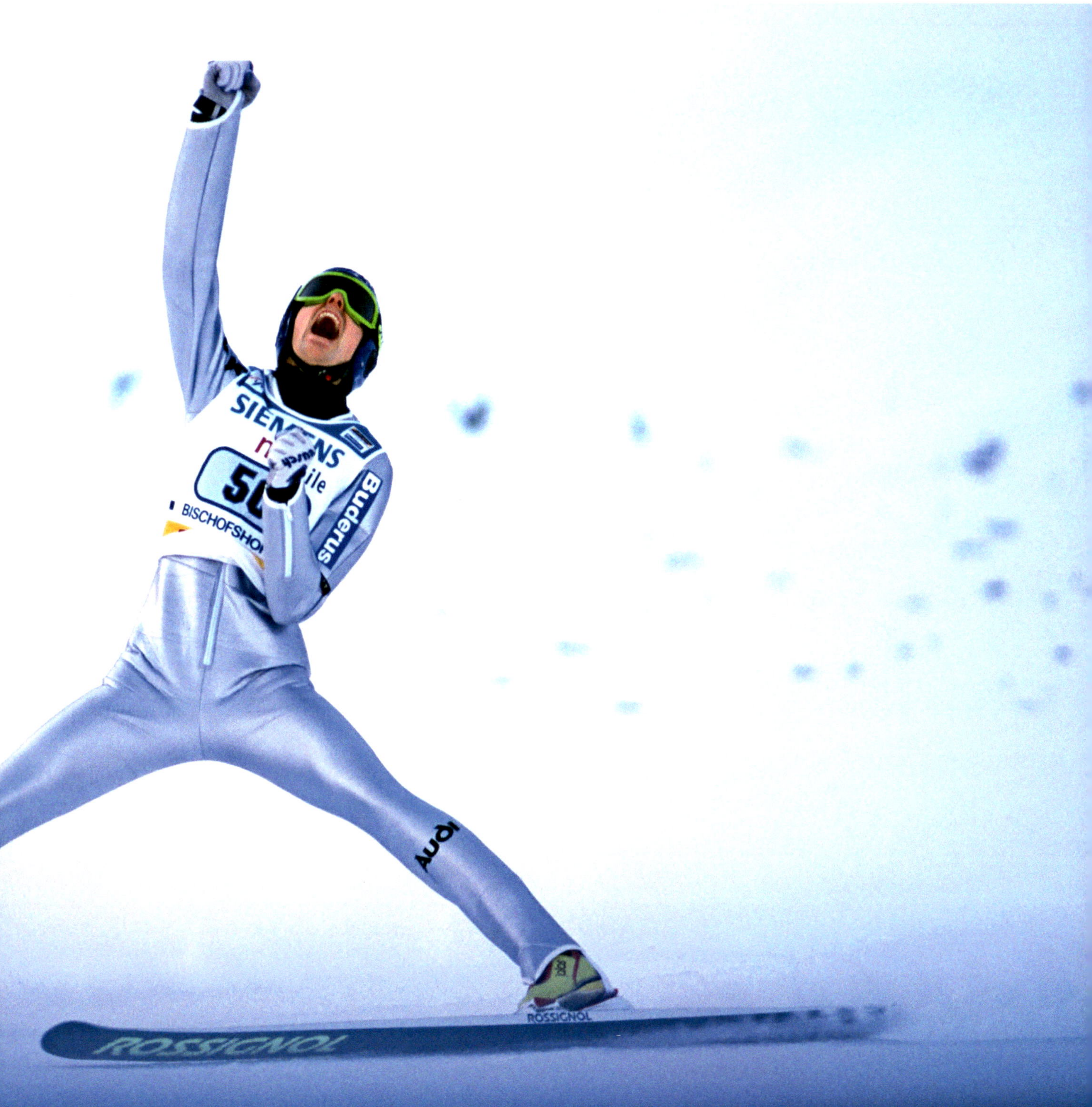
Buderus
Audi
ROSSIGNOL
ROSSIGNOL

9 Die Olympiaspringer

Die Geschichte der Spiele ist auch voller besonderer Momente im Skispringen. Oft gewannen Seriensieger wie Kamil Stoch 2018, manchmal aber verblüfften Springer wie der Finne Antti Abram Hyvärinen die Konkurrenz. Und auch 2014, als die Frauen endlich zu Olympia durften, gewann eine bis dahin Unbekannte.

Es war bitterkalt. Der Frost kannte keine Hindernisse. Er kroch unter Jacken und Hosen, drang mühelos durch Mützen, lähmte die Gedanken und ließ das Häuflein der von einem Bein aufs andere tretenden Reporter und Reporterinnen zunehmend erstarren. Zwölf Grad minus waren gemessen, aber was bedeutet das schon um Mitternacht? Da wehte an der Alpensia-Olympiaschanze von Pyeongchang am 8. Februar 2018 ab zirka 22 Uhr eine steife Brise, und die gefühlte Temperatur lag nochmal zehn Grad tiefer.

Die Journalisten standen in der Mixed Zone des Stadions, koreanische Zuschauer waren keine mehr zu sehen, die hatten's gut, dachten die Reporter, die saßen längst im Warmen, man selber aber durfte nun keineswegs abhauen. Denn dieses jetzt schon legendäre Springen würde jederzeit fortgesetzt werden. Oben wartete, bereit für seinen Sprung, Simon Ammann, der Schweizer Olympiasieger von 2002 und 2010. Und wenn man ihm auf dem Monitor in der Mixed Zone zusah, wie er auf dem Startbalken kauerte und schlotterte, wie ihm eine dünne Decke über die Schultern gelegt wurde, er dann aber wieder zurückgerufen wurde, weil der Wind doch zu stark blies, mehrmals das alles – rauf auf den Balken, Decke, wieder runter, rauf, runter – da kamen Zweifel auf am Sinn dieser Veranstaltung.

Aber dies war eben Olympia und kein Weltcup. Und im Turm oben saßen noch die Besten, zum Beispiel der Ruhpoldinger Andreas Wellinger und die hochklassigen Polen, darunter Kamil Stoch. Da fiebern in Europa die Fans nachmittags an den Bildschirmen mit, da streicht man nicht so einfach einen zweiten Durchgang. Die Jury hatte vielmehr beschlossen, alle Zeitfenster auszureizen. So zog sich für jeden Springer das Warten in die Länge und der gesamte Wettkampf über drei Stunden. Denn der Wind ließ jeweils nur für kurze Zeit nach, holte nur mal schnell Luft, um gleich aus dicken Backen weiterzublasen. Mancher im Pressebereich sorgte sich ums eigene Vorwärtskommen, fragte sich etwa, ob der Bus zum Hotel ab Mitternacht immer noch stündlich oder nur noch alle zwei Stunden geht. Und ob der Wind an der zentralen Umsteigestelle vielleicht noch kälter pfiff, und wenn ja, ob sich da vielleicht ein Wartehäuschen befindet. Sei's drum, besser, man ließ die Gedanken lieber ganz abschweifen, etwa in die Vergangenheit, nach Chamonix, in die 1920er-Jahre, als das Skispringen olympisch wurde – und es sicherlich weniger kalt war.

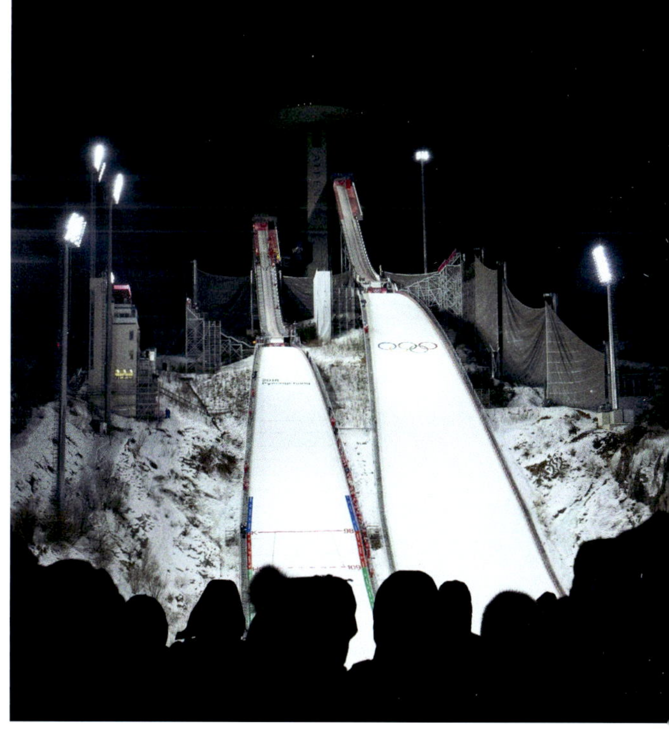

Dunkelheit, Kälte, Wind, lange Wartezeiten: Das sind die Zutaten des Skisprung-Wettbewerbs bei den Olympischen Spielen 2018.

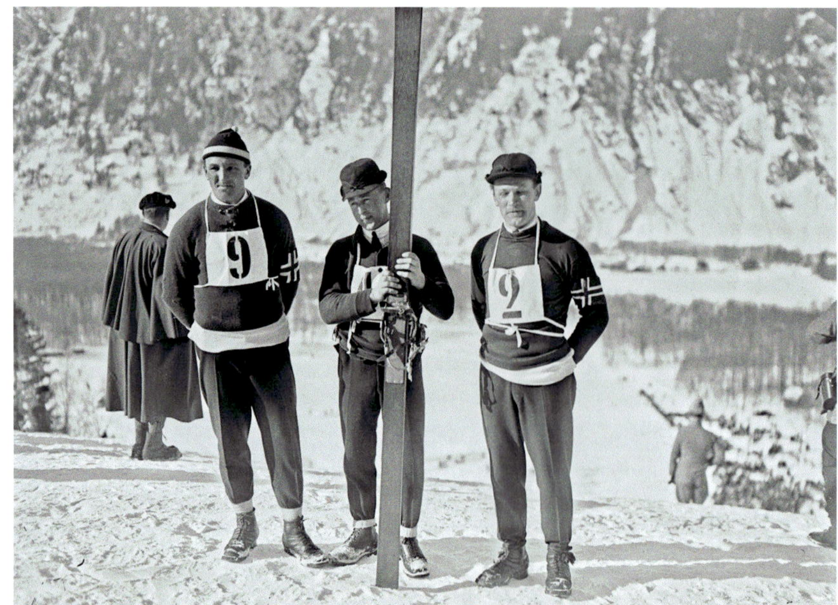

Chamonix 1924: das norwegische Team um Skisprung-Olympiasieger Jacob Tullin Thams (links).

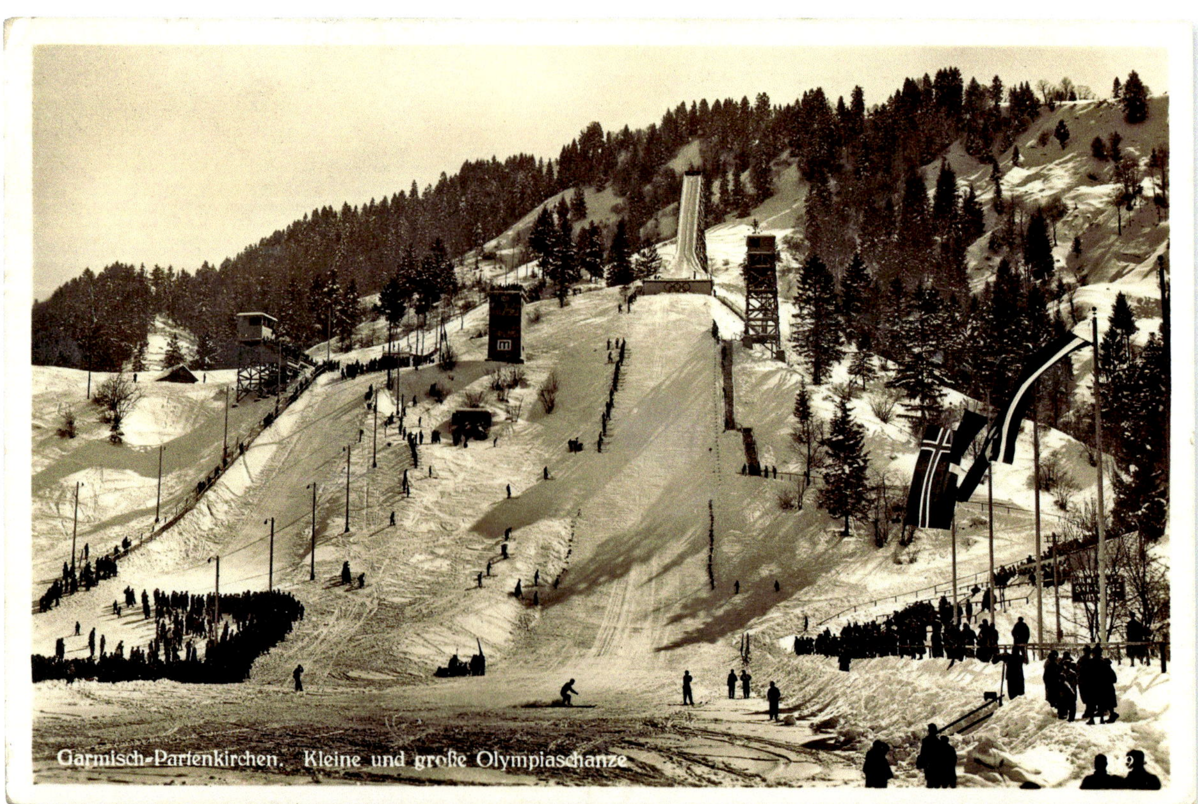

Postkarte von den Spielen 1936 in Garmisch-Partenkirchen.

Chamonix 1924: der Matrose

Vor knapp hundert Jahren war die Skisprungausrüstung noch einfacher, der Flugstil mit nach vorne gestreckten Armen windanfälliger und die Teilnehmerliste deutlich kürzer, dennoch hatte Olympia schon seine erste Strahlkraft. Die Sommerspiele waren 1896 neu aufgenommen worden, nach einer Phase der Wiederbesinnung auf die alten olympischen Werte. Der friedliche Vergleich im Sport sollte die Völkerverständigung fördern, und weil Wintersport populär wurde, organisierte man 1924 eine Art Spiele-Test in den französischen Alpen, der so erfolgreich war, dass er im Nachhinein zum ersten Winter-Olympia erklärt wurde.

Die Sportler waren alles andere als Profis, glühten aber auch schon vor Ehrgeiz, wie das Beispiel des ersten Skisprung-Olympiasiegers zeigt, des Norwegers Jacob Tullin Thams. Der verdiente im richtigen Leben sein Geld auf hoher See. Er war Matrose und kam während jener Monate, in der heute Skispringer ihre Form mittels Spezialtraining, Sprung-Messplatten und Sommer-Grand-Prix-Sprüngen aufbauen, oft nicht nach Hause. Auf einem Hochseedampfer kann man schwer Ski springen, also musste Thams ein Naturtalent für Bewegung und Gleichgewicht gewesen sein.

Die meisten erfolgreichen Skispringer der 1920er waren Norweger, und viele pflegten einen zweiten Sport. Birger Ruud, erster länger dominierender Springer und Olympiasieger 1932 in Lake Placid und 1936 in Garmisch-Partenkirchen, war nebenbei auch erfolgreich als Alpiner. Arnfinn Bergmann, Olympiasieger 1952, wurde fünf Jahre vor seinem Triumph im Skispringen noch norwegischer Fußballmeister. Und Jacob Tullin Thams war, sein Beruf legte es nahe, nebenbei noch erfolgreicher Segler. Weil er 1936 mit Norwegens Segelteam Silber holte, wurde er auch der erste Olympiasportler mit Podestplätzen im Winter und im Sommer.

Womöglich hätte er auch schon 1928 in St. Moritz in der Schweiz eine weitere Sprungmedaille gewonnen, Thams war zwei Jahre zuvor auch Weltmeister geworden. Aber bei den Spielen im Engadin stand ihm die Konkurrenz aus der Schweiz im Wege und wohl auch sein eigenes Temperament, wie Zeitgenossen berichteten. Matrose Thams lag nach dem ersten Durchgang in Schlagdistanz zum Podium, als einige Schweizer Konkurrenten eine Anlaufverlängerung erwirkten, was Thams empörte. Mit langem Anlauf komme jeder weit, wandte er ein, die Besten aber riskierten bei Erreichen der flachen Zone eine Verletzung. Soll er halt vorsichtig springen, wenn er Angst habe, erwiderten in etwa die Gegner, und ganz gesichert ist es nicht, ob dies nur ein einfacher Konter war oder psychologische Kriegsführung. Thams jedenfalls, der erste Sprung-Olympiasieger, zeigte allen, was ein richtig mutiger Sprung ist, er flog weit hinunter, weiter als alle anderen und stürzte. Am Ende war er Achtundzwanzigster.

Cortina d'Ampezzo 1956: der Eintagsflieger

Womöglich lag es daran, dass die Trainer zu jener Zeit ein anderes Ideal vom Spitzensportcharakter hatten. Stimmen die Eindrücke, die Zeugen von den Olympischen Spielen 1956 weitertrugen, dann war der finnische Skisprung-Coach Lasse Johannesen kein Fan von phlegmatischen Schülern. Er konnte aktiven und risikofreudigen Athleten wohl mehr abgewinnen als einem wenig mitteilsamen und offenbar innerlich trägen Sportler wie Antti Abram Hyvärinen.

Der damals 23-Jährige war vier Jahre zuvor als großes Talent aufgefallen. Finnische Experten glaubten gar, er könne, falls er sich ordentlich entwickle, der nächste große Springer werden, eher noch als die vielen anderen Talente, die der Verband gerade erfolgreich großzog. Doch Hyvärinen zog da nicht recht mit, er war nicht der Teenie-Sieger, der Senkrechtstarter, den man in ihm gesehen hatte. Dennoch passte er mit seiner Leistung in die olympische Geschichte, deren Wettkämpfe sich wegen ihrer Seltenheit und ihres globalen Publikums vom Wettkampfalltag unterscheiden – auch im Skispringen. Sogenannte Giganten, große Sieger wie Janne Ahonen, Noriaki Kasai oder Gregor Schlierenzauer gewannen bei Olympia nie einen Einzelsieg, kaum Bekannte wie Hyvärinen sehr wohl.

Johannesen hatte ihn trotz seines Sieges 1955 im Testwettkampf und weiterer Erfolge nur als dritten Springer aufgestellt, mit entsprechend früher Startzeit. Dass sich Talent-Entfaltung und Form nicht immer an die Laufbahn-Pläne halten, ist gerade im Skispringen mittlerweile klar. Bei Hyvärinen traten sie jedenfalls für Trainer, Mannschaft und Zuschauer ganz plötzlich zutage, am 5. Februar 1956. Hyveränen gewann von Startplatz 21 aus, und wurde somit nach 30 Jahren und sieben Winterspielen der erste Olympiasieger, der nicht aus Norwegen kam.

In Erinnerung bleibt er aus zwei weiteren Gründen. Mit seinem Sieg hat er noch einmal unterstrichen, wie weitsichtig das Konzept seines strengen Lehrers Johannesen war. Das gesamte finnische Team hatte rechtzeitig auf eine neue Flughaltung umgestellt, die vom Schweizer Andreas Däscher erfunden und auch als Tropfen- oder Fisch-Stil bekannt wurde. Erstmals holten einige Springer ihre Arme ein, legten sie eng an den Körper und profitierten von geringerem Luftwiderstand – wie ein fallender Tropfen oder ein stromlinienförmiger Fisch im Wasser; durchgesetzt hatte sich Däschers Technik jedoch erst viel später. Die nächsten Jahre sollten die Finnen dominieren – Juhani Kärkinen, Aulis Kallakorpi, Niilo Halonen, Veikko Kankkonen und Ensio Hyytiä gewannen

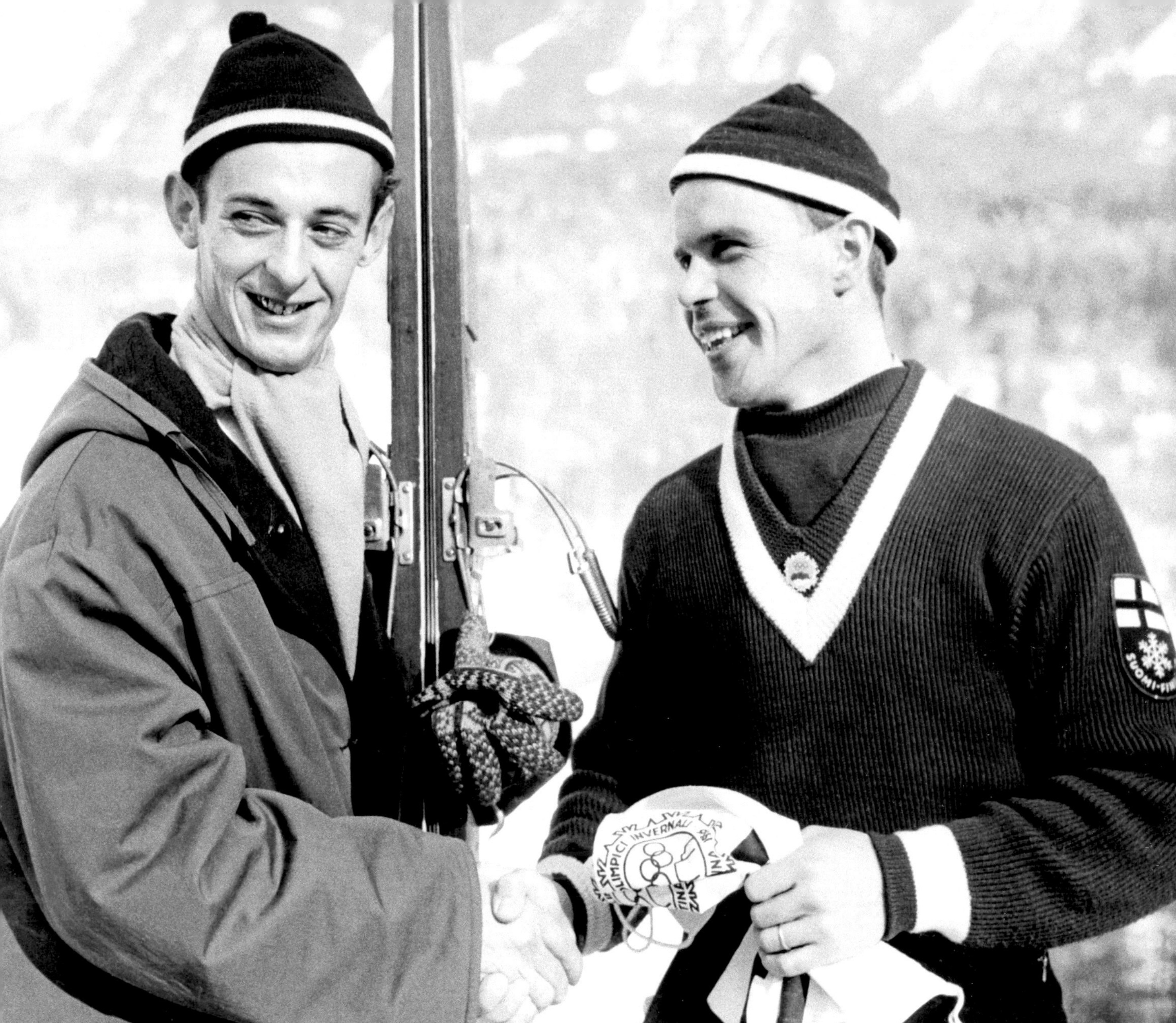

Cortina 1956: Der deutsche Skispringer Harry Glaß (links) aus Klingenthal in Sachsen gratuliert dem Goldmedaillengewinner Antti Hyvärinen aus Finnland. Glaß errang Bronze und damit auch die erste Olympiamedaille für die DDR. Der Wettbewerb war auf der neu errichteten Italia-Schanze ausgetragen worden.

weitere Gold- und Silbermedaillen, nicht dabei war aber Antti Hyvärinen. Er brach sich zwei Jahre später bei einem Sturz die Hüfte und musste seine Karriere beenden. Cortina d'Ampezzo blieb sein einziger großer Moment als aktiver Springer. Immerhin, den Titel als Weltmeister hatte er auch, mangels einer WM im Jahr der Spiele, erhielt der Olympiasieger diesen damals gratis dazu.

Sapporo 1972: ein Jahr für ewige Springer

Aus dem Jahr 1972 bleiben zwei Daten in Erinnerung, an denen sich Wegweisendes für das japanische Skispringen zutrug. In diesem Jahr feierte das Land zunächst den größten Sieg seiner Skisprunggeschichte – was mit einer der bizarrsten Abreisen in der Geschichte der Vierschanzentournee zu tun hatte. Der Japaner Yukio Kasaya hätte eine spektakuläre Geschichte schreiben können, wenn er noch drei Tage in Bischofshofen geblieben wäre. Er war in solch bestechender Form, dass er nach seinen Siegen in Oberstdorf, Garmisch-Partenkirchen und Innsbruck wohl auch noch Bischofshofen gewonnen hätte. Der mögliche erste Grand Slam aber wurde abgesagt, wegen Trainingsterminen. Das japanische Team wurde in die Heimat zurückgerufen, denn genau einen Monat nach Bischofshofen sollte das Springen auf der Normalschanze bei den Olympischen Spielen zu Hause in Sapporo stattfinden. Ein fester Vorbereitungsplan war fixiert, nichts gegen die Tournee, aber die nationale Olympiaqualifikation und der pünktliche Trainingsbeginn für Heim-Olympia war wichtiger. Kasaya machte also trotz seiner Topform den vollständigen Form-Aufbau mit, begleitet auch von seinem älteren Bruder Kunio. Der hatte ihn schon immer trainiert, die beiden verband eine besondere Beziehung, seit Yukio als Kind in der Eisdecke eines Sees eingebrochen war und Kunio ihn gerettet hatte.

Yukio und Kunio, dazu der Rest der Mannschaft, machten dann einen tadellosen Job. Zwar gab es auch Rückschläge, etwa als Kasaya einmal stürzte oder in einem Testspringen nur Vierter wurde und die noch junge japanische Skisprungnation schon befürchtete, die Siegerform sei dahin. Dass solche Schwankungen aber normal sind in der Vorbereitung, wurde dann am 6. Februar 1972 deutlich. Das Olympia-Springen von der Normalschanze gewannen drei Japaner: Seiji Aochi holte Bronze, Konno Akitsugu sicherte sich Silber, und Yukio Kasaya gewann Gold.

Der 6. Februar war der Beginn einer ersten Erfolgsphase für Japans Springer-Verband, aber dass es stabil weiterging mit dessen Geschichte, hatte mit einem späteren, von der Allgemeinheit unbeachteten Ereignis des Jahres 1972 zu tun. Vier Monate nach dem großen Dreifachsieg von Sapporo, am 6. Juni 1972, wurde Noriaki Kasai geboren.

Viele Sportler nennt man Phänomene, obwohl sie doch nur sehr erfolgreiche Athleten sind. Andere wiederum haben keine übergroßen Erfolge errungen und faszinieren doch. Sie schaffen auf andere Weise Einzigartiges und erlangen Bedeutung über ihren Sport hinaus, wie Noriaki Kasai, der Skispringer aus

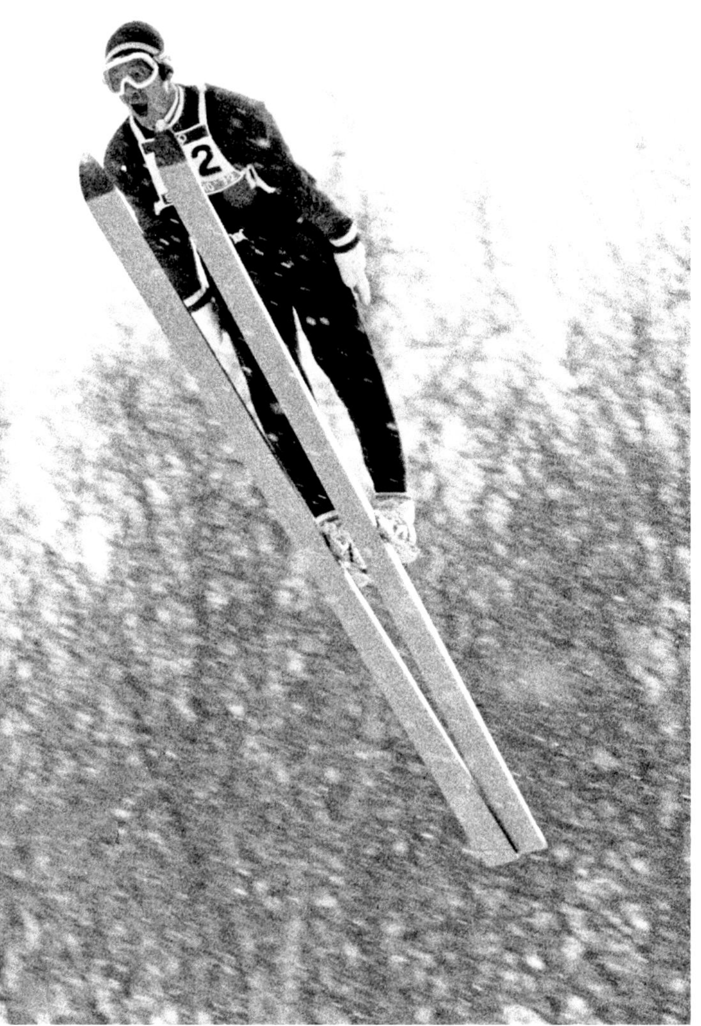

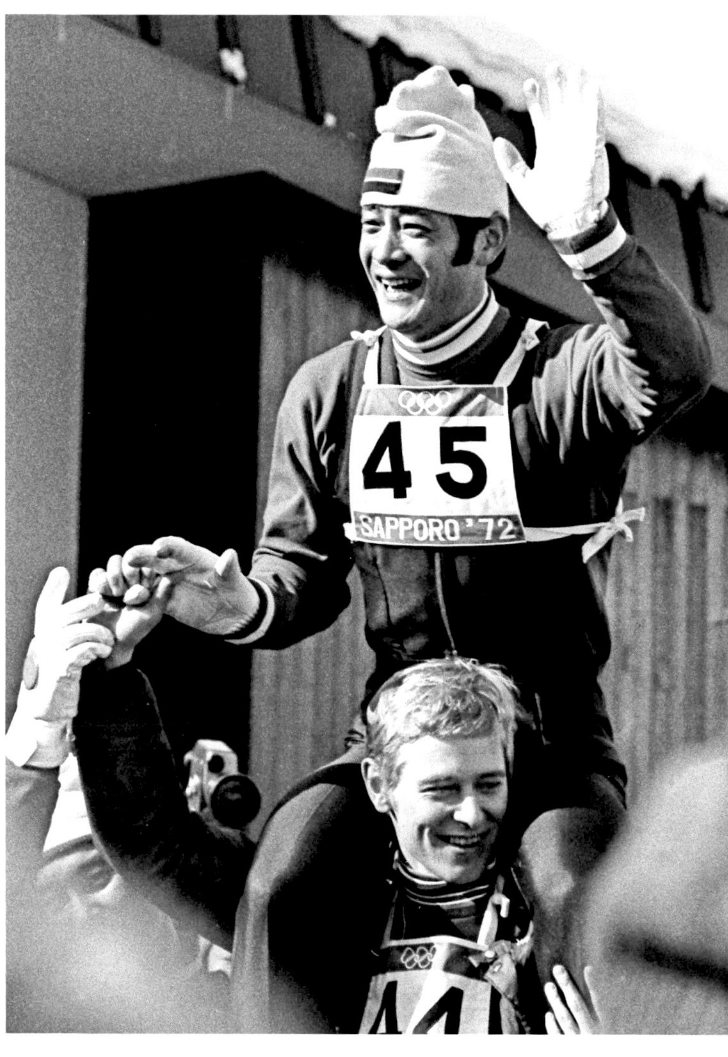

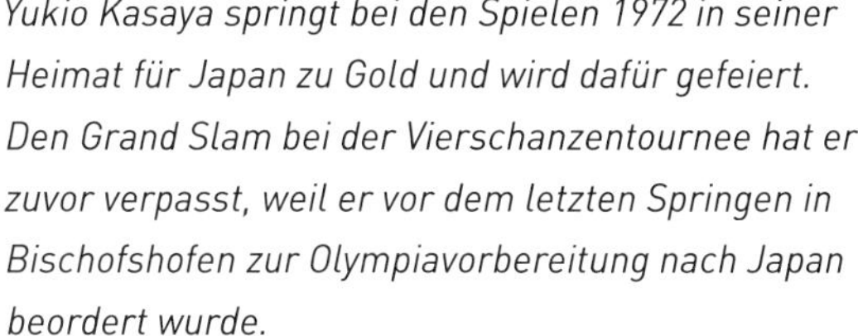
Yukio Kasaya springt bei den Spielen 1972 in seiner Heimat für Japan zu Gold und wird dafür gefeiert. Den Grand Slam bei der Vierschanzentournee hat er zuvor verpasst, weil er vor dem letzten Springen in Bischofshofen zur Olympiavorbereitung nach Japan beordert wurde.

Sapporo auf Japans nördlicher Insel Hokkaido. Kasai betreibt seinen Sport auf höchstem Niveau seit 1988, als er 16-jährig im Weltcup debütierte. Insgesamt war er bis zum Winter 2019 immer dabei, also 31 Jahre lang. Auch er machte Tiefs durch, kam aber wieder zurück.

Skispringen hat nicht nur mit Kraft und Kondition zu tun, sondern auch mit geistiger Gelenkigkeit. Etliche Springer schaffen es, mit 35 noch zu gewinnen, wenige mit 40, nur Kasai bewegt sich jenseits aller Zeitrechnung. Im Golfen,

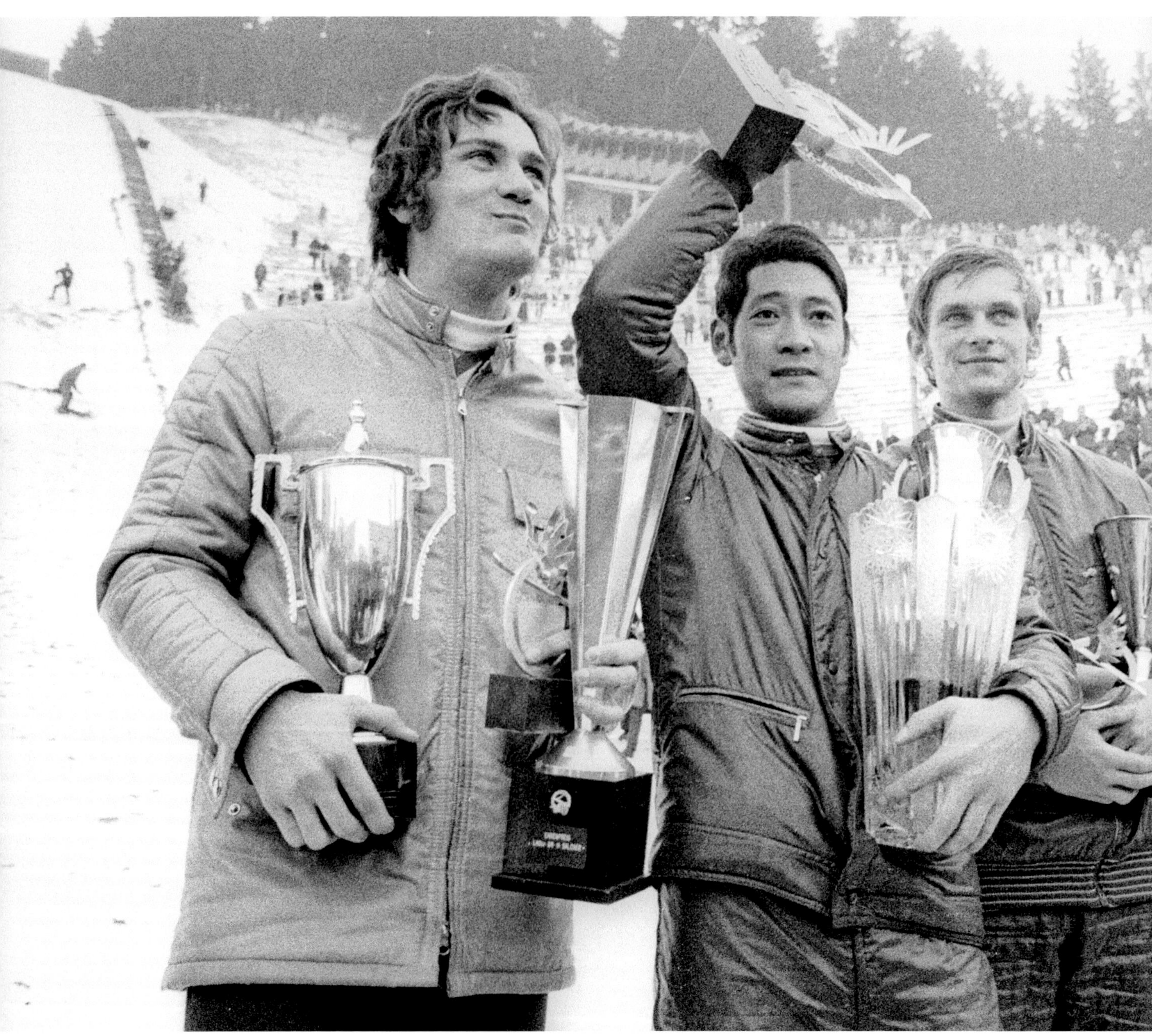

Vierschanzentournee 1971/1972, die Siegerehrung in Innsbruck: Gewinner Yukio Kasaya zwischen Rainer Schmidt (DDR, links) und Tauno Käyhkö aus Finnland. Kasaya hat bei der Tournee die Springen in Innsbruck, Garmisch und Oberstdorf gewonnen und hätte der Erste werden können, dem der Grand Slam gelingt. So ist dieser Rekord Sven Hannawald vorbehalten, der 2001/2002 alle vier Springen gewinnen kann.

einem ähnlich aus unterbewussten Vorgängen gespeisten Sport, hat man eine Senior Tour, im Skispringen hat man Kasai. Nur springt der, längst schon kein Mittvierziger mehr, bis vor Kurzem im Elitefeld des Weltcups gegen 20-Jährige.

Es wirkt manchmal, als würde Kasai die üblichen Prozesse des Leistungssports verhöhnen, wüsste man nicht, wie respektvoll er allen Springern nach wie vor begegnet. Dennoch steigerte er sich im Alter. 2014, da war er 41, gelang Kasai sein größter Erfolg bei den Olympischen Spielen. In Sotschi gewann er Silber auf der Großschanze und Bronze mit dem Team. Die andere Olympiamedaille, Teamsilber in Lillehammer, hing da schon eine Weile im Schrank, ganze 20 Jahre.

Kasai könnte der Vater von der Hälfte des Weltcupfeldes sein, aber der Vergleich drängte sich bislang nicht auf, weil er nicht autoritär oder altväterlich auftritt. Sein Geheimnis scheint darin zu liegen, dass ihm dieses Fliegen einfach bis heute noch Spaß macht und er von schlimmeren Verletzungen verschont geblieben ist. Zudem ist Kasai zu Hause in seinem Verein, dem Tsuchiya Home Ski Club, in die Ausbildung Heranwachsender einbezogen, auch engagiert er sich zuweilen in sozialen Projekten, wie jene nach der Erdbeben- und Atomkatastrophe von Fukushima.

Seine Flugkünste fördern wohl auch die Stärke im Alter, Kasai muss nicht allzu kraftvoll abspringen, denn so, wie an die jeweiligen Stilarten seiner Ära, kann er sich auch an die Luft anpassen. Seine weit aufgefächerten Finger rechts und links der Oberschenkel waren lange sein Markenzeichen und inspirierten halb so alte Konkurrenten wie Stefan Kraft aus Österreich. Und in der Kasai'schen Bestmarken-Parade kann man lange stöbern.

Zweifellos also ist er der Springer, der am längsten im Weltcup aktiv ist, und er wird es wohl immer bleiben. Als schon viele nicht mehr mit ihm gerechnet hatten, gelang Kasai am 11. Januar 2014 sein erster Weltcupsieg nach zehn Jahren, allerdings im Skifliegen. Nach den späten Olympiamedaillen schaffte er dann im November desselben Jahres (gleichauf mit dem Schweizer Simon Ammann) noch einen weiteren Sieg, diesmal im Ski*springen*. Seitdem ist er der älteste Skisprungweltcupsieger, mit 42 Jahren. Den japanischen Landesrekord knackte er dann im März 2015, und 44 Jahre und acht Monate zählte Kasai, als er seine Bestweite im Skifliegen aufstellte: 241,4 Meter auf dem sogenannten Monsterbakken im norwegischen Vikersund.

Und doch, auch Noriaki Kasai muss irgendwann aufhören mit diesem Sport. Zuletzt erreichte er zwar noch manchen Top-20-Platz, konnte aber an die alte Form nicht mehr anknüpfen und erhielt zwischen 2019 und 2021 im japanischen Weltcup-Team keinen Platz mehr. Jeder muss irgendwann Schluss machen. Jeder? Nein, Kasai kommt bestimmt zurück.

Albertville 1992: der Zweite

Immer wieder entwickelten sich im Skispringen Nationen zu dominierenden Teams. Den Norwegern in den Anfängen folgten die Finnen, diesen später die Japaner und diesen wiederum auch die Deutschen. Besonders lange und nachhaltig war dann die Phase der Österreicher. Begonnen hatte deren Dominanz bereits in den frühen 1990ern, und ihren Höhepunkt erreichte sie in den 2000er- und 2010er-Jahren mit einem Team, genannt Superadler, das alle Konkurrenten schlug.

Dessen Springer wuchsen auch deshalb heran, weil es nie an Vorbildern im Fernsehen fehlte. Zu denen zählte auch Martin Höllwarth, der zwar nicht den großen Glanz ausstrahlte, aber mit seinen Auftritten die Epochen überbrückte zwischen den Siegertypen Ernst Vettori und Andreas Goldberger einerseits und den späteren Superadlern andererseits, die damals noch auf Schülerschanzen übten.

1992, bei den Olympischen Spielen im französischen Albertville, war Höllwarth erst 17 Jahre alt, besaß Talent und zählte zur ersten Generation, die den überlegenen V-Stil im Jugendalter schon verinnerlicht hatte. Damit sprang er gleich weit nach vorne und blieb doch nur fast ein Siegertyp. In Albertville zeigte er eine grandiose Vorführung auf der Normalschanze, aber Teamkollege Ernst Vettori setzte sich noch vor ihn. Tage später dann gelang Höllwarth ein weiterer fabelhafter Sprung von der Großschanze, doch abermals kam einer weiter, der Finne Toni Nieminen, 16 Jahre alt. Nieminen gewann Gold, führte auch sein Team zum Olympiasieg und überflog später in Planica/Slowenien noch als erster Springer die 200-Meter-Marke, was aber seine größte Erfolge blieben, bald verschwand er in der Mittelmäßigkeit.

Höllwarth dagegen behielt sein Spitzenniveau knapp hinter den Besten. Er war weniger ein Flieger, seine Stärke lag im Absprung, und damit hielt er sich trotz Zwischentiefs zehn Jahre in der Sprung-Elite. 2004 und 2005 wurde er jeweils Gesamtzweiter bei der Vierschanzentournee, wie schon bei der Tournee 1992. Seine drei WM-Goldmedaillen errang er mit dem Team. Zu schaffen machte Höllwarth später jedoch die Phase der Leichtgewichte wie Sven Hannawald, die einem athletischen schwereren Sportlertypen wie Höllwarth einfach davonflogen. Als dies durch Regeländerungen korrigiert wurde, war es für den mittlerweile 35-jährigen Höllwarth zu spät. Die jungen Österreicher waren im Weltcup angekommen, errangen auch schon große Siege wie 2006 Olympiasieger Thomas Morgenstern und entfachten einen internen Wettkampf, in dem Höllwarth sich nicht mehr behaupten konnte.

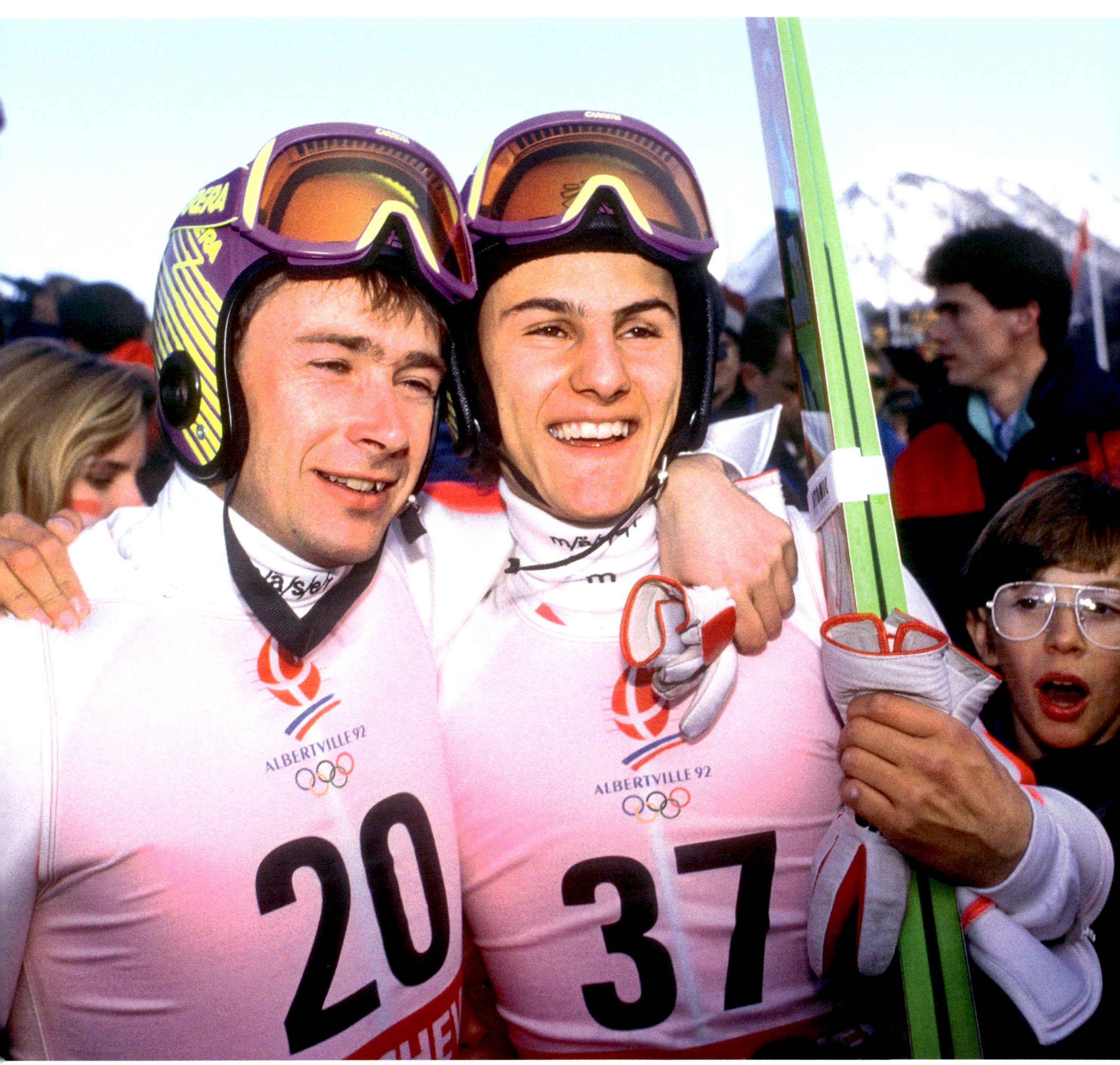

Der Österreichische Zwei-Generationen-Doppeltriumph bei den Spielen 1992: Der erfahrene Ernst Vettori (links) siegt vor dem erst 17 Jahre alten Martin Höllwarth.

Sotschi 2014: die Punktgenaue

Es war zwar eine Premiere, aber die Akteurinnen trugen längst große Namen mit langen Vorgeschichten. Viele hatten über Jahre darum gekämpft, überhaupt ernst genommen zu werden als Skispringerinnen. Doch volle Gleichberechtigung war das noch nicht. War es den Frauen doch auch immer darum gegangen, gleich viele Wettkämpfe wie die Männer zu bestreiten. Nun also, im Februar 2014, stand in Krasnaja Poljana in den russischen Bergen bei Sotschi am Schwarzen Meer, wenigstens ein nächster Schritt bevor. Die erste Olympiasiegerin im Skispringen würde in wenigen Stunden gekürt sein.

Daniela Iraschko-Stolz, aus Österreich und damals 30 Jahre alt, war die Erfahrenste mit einer bereits zwölfjährigen Karriere voller Kämpfe und Erfolge.

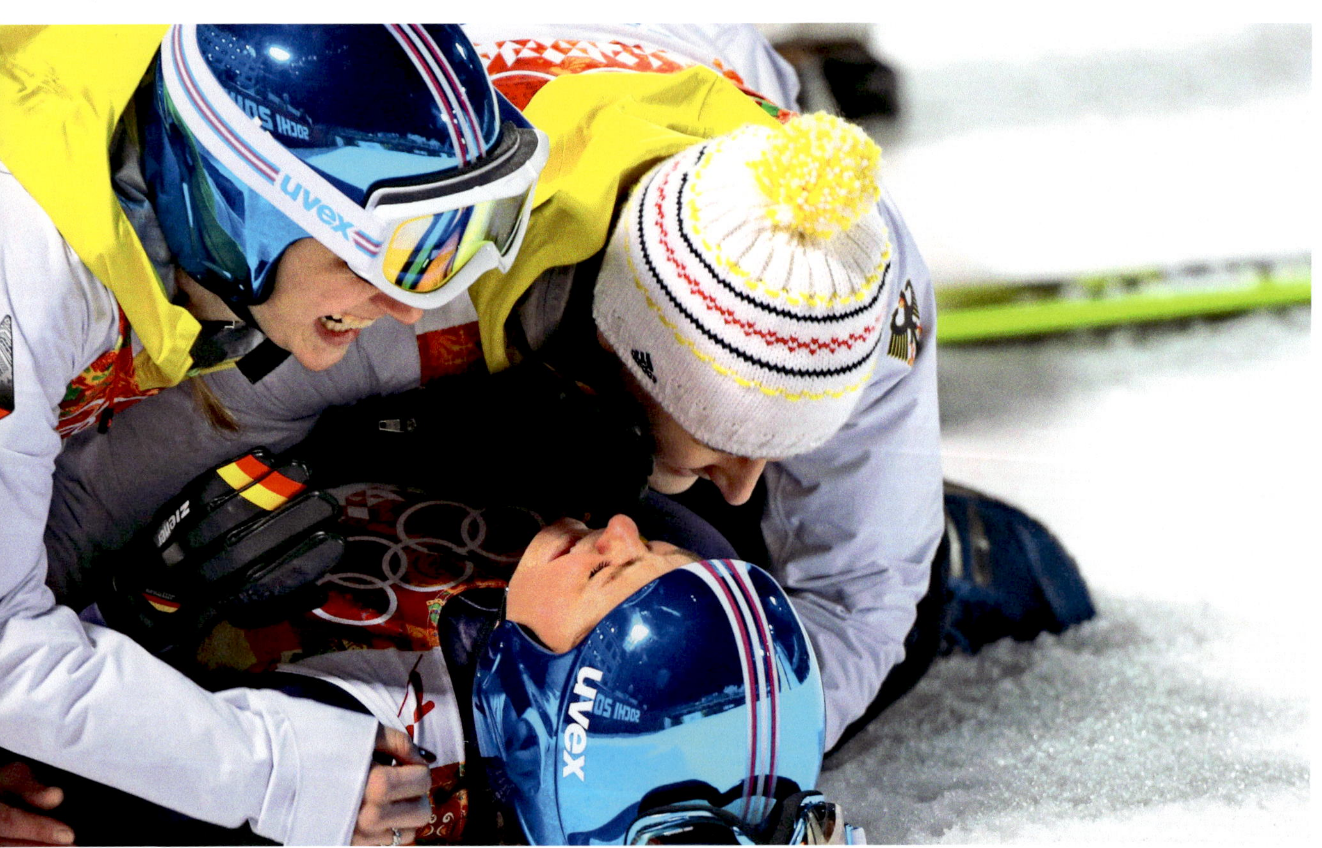

Olympiasieg für die Geschichtsbücher: Beim ersten olympischen Frauenskispringen gewinnt Carina Vogt die Goldmedaille. Ihre Teamkolleginnen Katharina Althaus (links) und Ulrike Gräßler freuen sich mit ihr.

Sara Takanashi aus Japan war die verlässlichste Weltcupgewinnerin. Und auch Ulrike Gräßler, die schon in den Anfängen mitwirkte, wollte sich in Sotschi mit dem ersten Olympia-Gold für Springerinnen belohnen. Sogar Sarah Hendrickson aus den USA wagte sich, trotz ihres Kreuzbandrisses ein knappes halbes Jahr zuvor, auf die Schanze. Sie alle hatten bereits bekannte bis berühmte Namen, nicht aber Carina Vogt aus Degenfeld in Baden-Württemberg, die aber gewann.

22 Jahre war sie alt – und von der Wirkung dieses Sieges noch Tage später überwältigt. Schließlich lag ihr Umstieg auf die Schanzen nicht lange zurück, nachdem sie erst Sportarten wie Reiten oder Turnen ausprobiert hatte. Erste Olympiasiegerin im Skispringen – nach dem plötzlichen Sieg ging sie in die Knie und vergoss Tränen. Das hier war Sportgeschichte, ein Meilenstein – nur, die Euphorie war schnell wieder verflogen, weil dies in Sotschi noch der einzige Olympia-Wettkampf für die Springerinnen und für Vogt blieb. Für sie war es ein Vorteil gewesen, als Unbekannte weniger Druck zu verspüren, auch ihre sichere Landungstechnik half. Denn in die Aufsprung-Zone hatte sie in Sotschi einen sauberen Telemark gesetzt, der entscheidende Zehntel beisteuerte. Und – was damals keiner wusste – Vogt profitierte in Sotschi von einer besonderen Gabe, sie ist eine geborene Gewinnerin auf großen Bühnen, der Weltcup-Alltag war weniger ihre Stärke.

Im Jahr darauf, bei der Weltmeisterschaft in Falun in Schweden, gewann sie wieder Gold und sagte den schönen Satz: „Es ist kaum zu glauben, aber es ist heute wieder passiert." Darin steckte wohl ein Teil ihrer Stärke. Viele große Skispringer sagen ja, Siegen lasse sich im Skispringen nicht erzwingen, es geschehe einfach. Und Vogt gelang es in den großen Momenten am besten, allen Vorstellungen, den eigenen und denen der anderen, keine Beachtung zu schenken. So lief es auch später, bei der nächsten WM in Lahti: Vogt gewann 2017 in Finnland Gold. Mit den Mixed-Team-Erfolgen waren es dann fünf WM-Goldmedaillen, ehe ihre Form eine Delle erwischte, auch weil sich Vogt im Sommer 2019 das Kreuzband riss.

Im Weltcup hat sie in neun Jahren zwei Siege errungen, lange her. Und doch bleibt Vogt, solange sie noch springt, eine Herausforderung für die Konkurrenz in den großen Momenten. Jederzeit kann sie wieder in Form kommen. Und niemand kann wissen, ob sie gewinnt, ob es wieder passiert.

Pyeongchang 2018: der Frisbee und der Wellenreiter

Halb eins in der Nacht: Die Kälte im nächtlichen Skisprungstadion von Pyeongchang war immer noch klirrend, und doch kam eine gewisse Aufregung in der Mixed Zone auf. Bundestrainer Werner Schuster war schon vom zugigen Trainerstand heruntergestiegen und mischte sich zum Plaudern unter die Journalisten. Die wiederum empfanden einen plötzlichen Temperaturanstieg von zehn bis 15 Grad, sie wussten ja, das Warten in der Tiefkühltruhe hat sich gelohnt. Denn Wellinger hatte mit seinem zweiten Versuch tatsächlich alle abgehängt, jene, die vor ihm und jene, die noch nach ihm kamen. Ein großer Aufmacher mit spannendem Wettkampfverlauf, eine Comeback-Story über einen wieder mal auf einem Wellenkamm surfenden, aufgedrehten und scherzenden Olympiasieger Andreas Wellinger war allen sicher.

Verabschiedet hatte sich inzwischen schon Kamil Stoch, der ebenfalls aufgeschlossene, gerne plaudernde polnische Seriensieger der vergangenen Jahre, hatte das Podest um vier Zehntelpunkte verpasst. Doppelolympiasieger war er 2014, danach verging bis auf den Winter 2015 keine Saison ohne Stoch-Siege. Er sammelte weiter Medaillen, wiederholte 2017/2018 als erster Springer Hannawalds Vierschanzen-Grand-Slam. Stoch zählte da schon zum Klub derer, die alle vier höchsten Siege im Skispringen gewannen. Und 2018, nachdem er die Tournee abermals gewonnen hatte, war er in Pyeongchang erneut in starker Form.

Stoch sammelte sich in der knappen Woche bis zum zweiten Einzelspringen von Pyeongchang, dem auf der Großschanze. Da kam er in der gewohnten Verfassung zurück. Wirft man eine Frisbee-Scheibe mit ruhiger Hand und dem richtigen Spin, dann schwebt sie gerade, leicht und ohne zu wackeln auf ihrer Flugbahn dahin, ehe sie sanft landet. In etwa so wie Skispringer Stoch. Er scheint sich wohlzufühlen in seiner Flugbahn, er hat den Instinkt für die richtige Vorwärtsrotation, also die Beschleunigung und die richtige Luftlage, somit schwebt er reglos auf seiner Bahn zu Tal, in diesem Fall, bei den Spielen in Südkorea zum Sieg. Stoch gewann knapp vor Andreas Wellinger, der sich über seine Silbermedaille genauso freute wie zuvor über Gold und die Zeit genoss, ehe alle der Alltag wieder einfing. Stoch sammelte weitere Erfolge, Wellinger riss sich im Jahr darauf das Kreuzband und machte sich wieder auf den langen Weg zurück zur alten Form.

Und die Journalisten konnten nicht klagen. Nachts um halb zwei stand am Zentral-Hub tatsächlich ein Shuttle-Bus mit Fahrer, der die Tür ins Warme öffnete und die letzten Passagiere direkt zurück ins Hotel brachte.

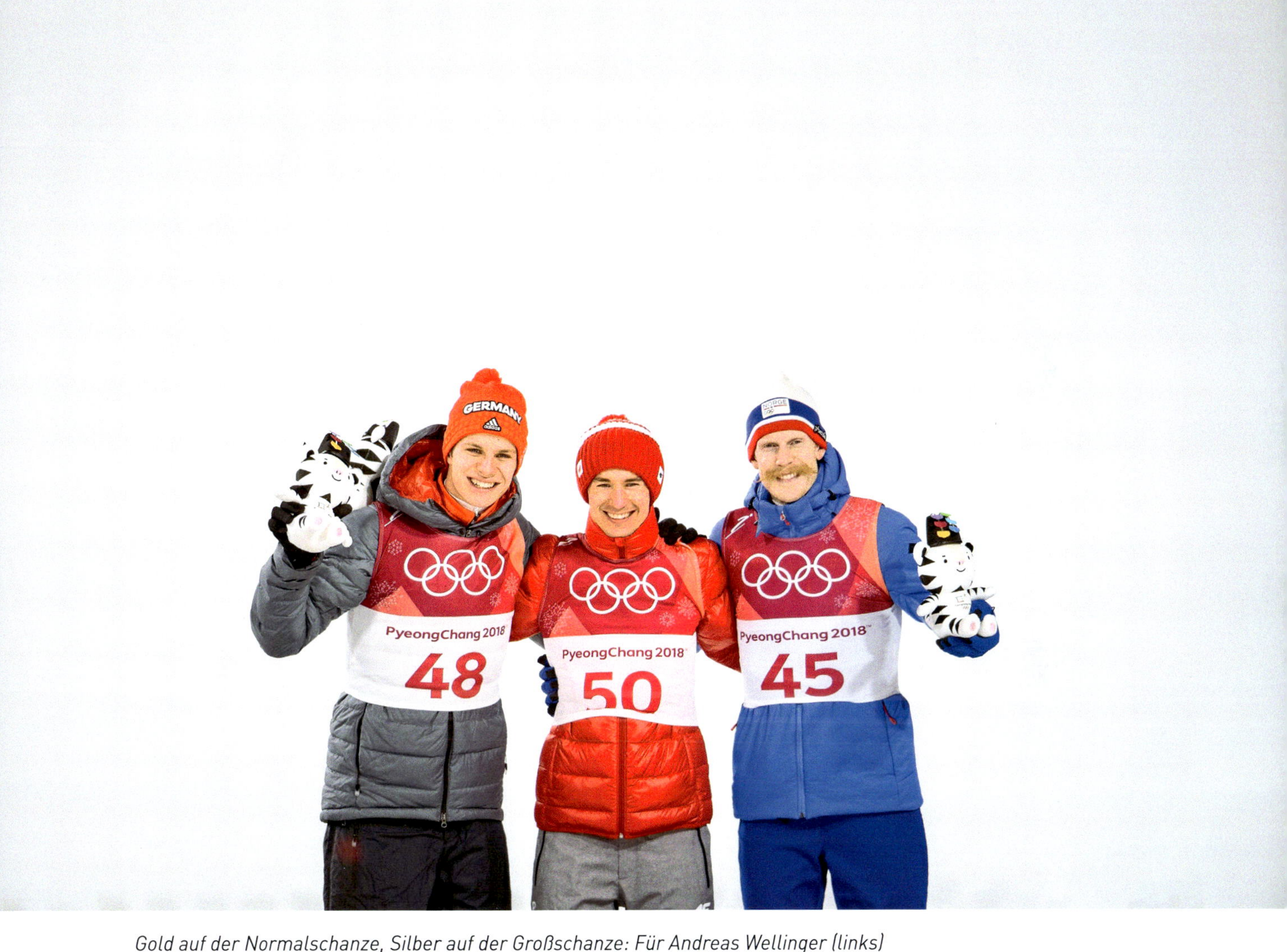

Gold auf der Normalschanze, Silber auf der Großschanze: Für Andreas Wellinger (links) sind die Olympischen Spiele 2018 ein Riesenerfolg. Seriensieger Kamil Stoch aus Polen (Mitte) kann das Springen von der Großschanze für sich entscheiden. Bronze schnappt sich Robert Johansson aus Norwegen (rechts).

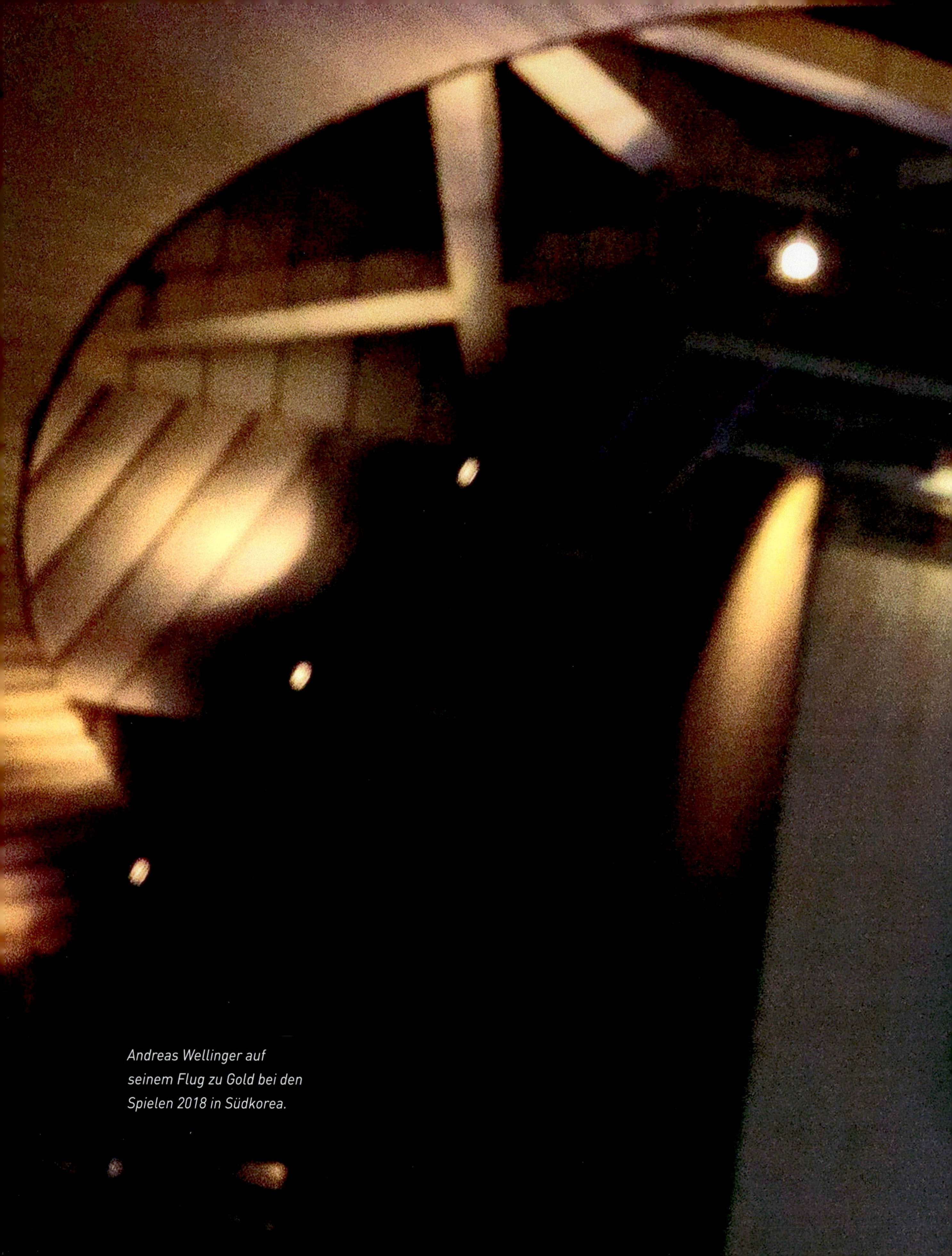

Andreas Wellinger auf seinem Flug zu Gold bei den Spielen 2018 in Südkorea.

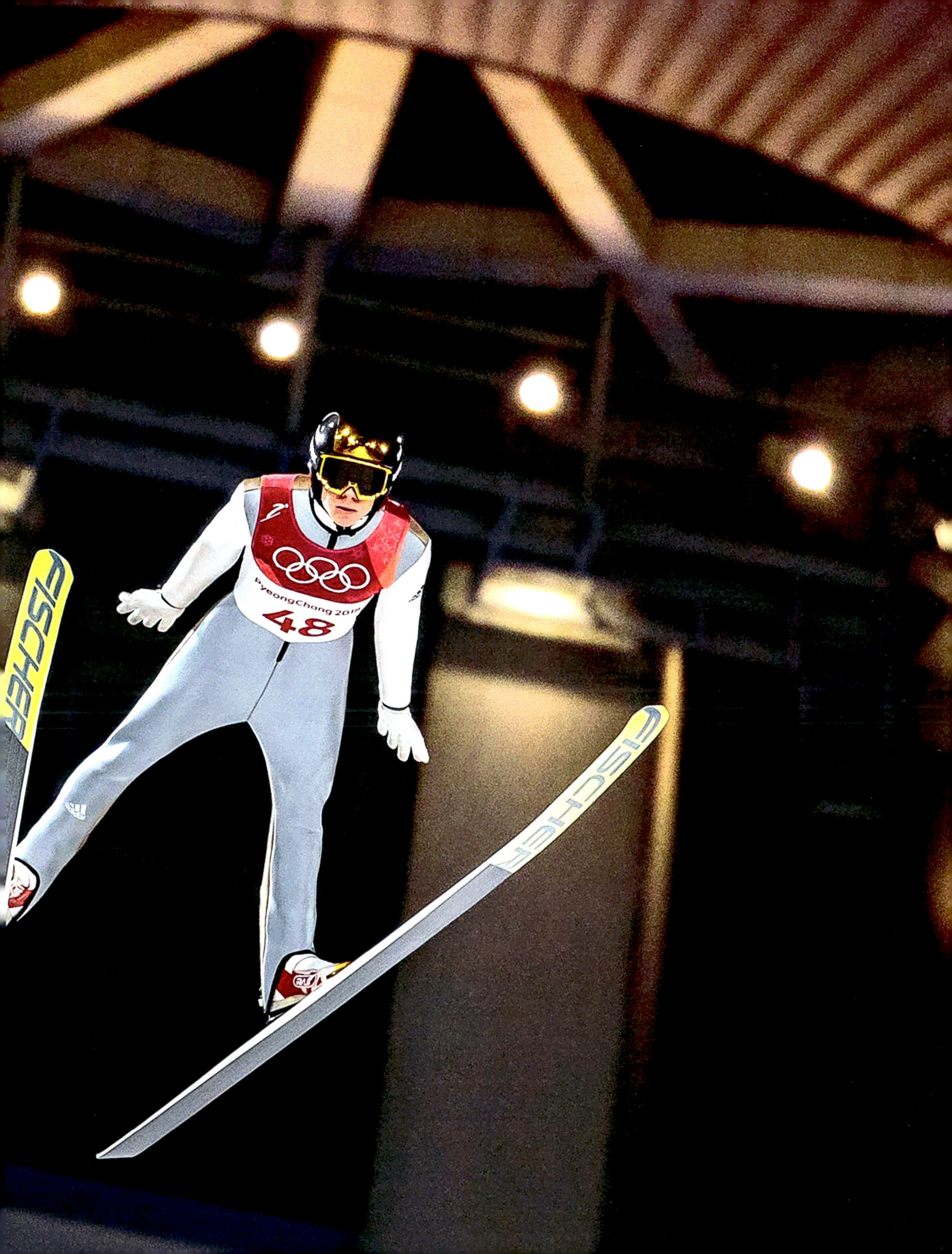
FISCHER
48
FISCHER

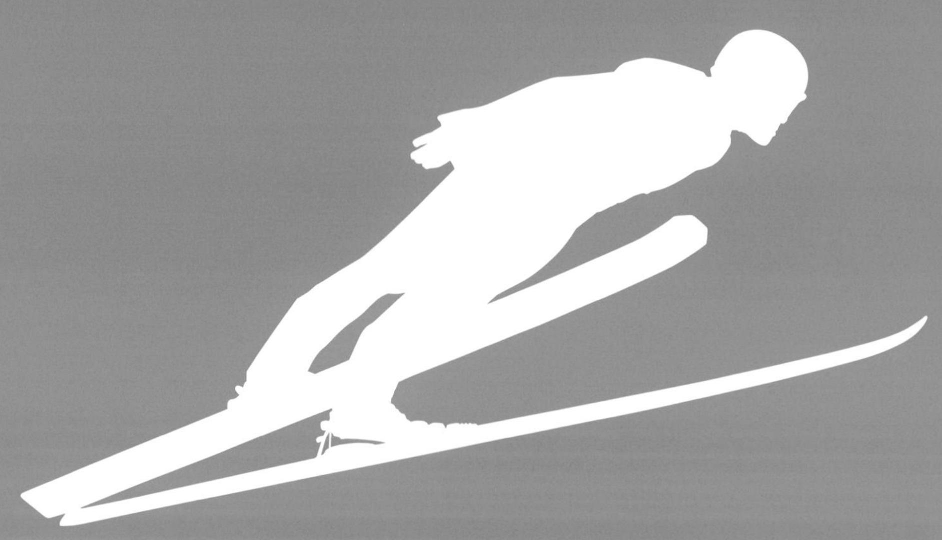

III Fliegen

10 Sucht des Fliegens

Vom Reiz der großen Weiten, hohen Geschwindigkeiten und der Überwindung eigener Ängste. Das Skifliegen ist ein Sport der Extreme.

Am Anfang war das Skifahren. Markus Eisenbichler stand schon als kleiner Junge auf Alpinskiern, in den Skigebieten des Chiemgaus, seiner Heimat, und er hatte große Freude. Jedoch, die Ansage der Skilehrer und Erwachsenen an die Anfänger, allesamt noch Zwergerl, war deutlich: Gesprungen wird nicht! Zu gefährlich.

Indes deutete sich bei Eisenbichler schon in diesem jungen Alter der Unterschied an zwischen einem normalen Sportler und einem Athleten. Er hatte das Verbot sehr wohl gehört, aber natürlich sprang er.

„Nur ein paar Meter waren das", erzählte er einmal bei einem Gespräch im Sommer an seiner alten Trainingsstätte in Ruhpolding, wo die Skisprungschanzen am Hang stehen, direkt neben dem Biathlon-Zentrum. Schon das kurze Abheben auf Kinderskiern vermittelte dem zirka Fünfjährigen ein Gefühl der Schwerelosigkeit. Er hatte für einen Moment scheinbar gottgegebene Grenzen hinter sich gelassen, und insgesamt führte das zu dem Wunsch: Mehr davon.

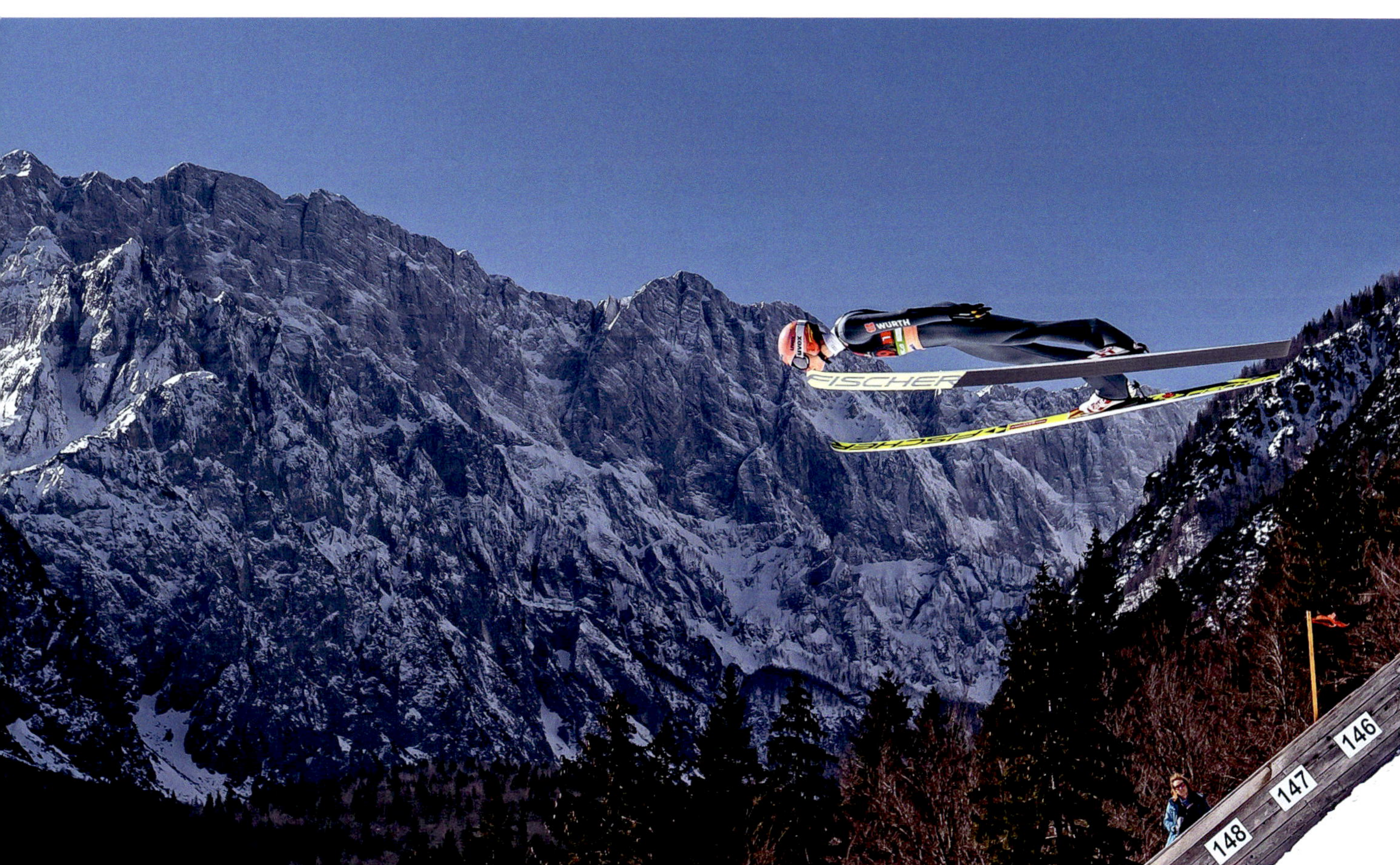

Skifliegen in Planica: ein Sport der Extreme. Hier im Bild: Karl Geiger im März 2019.

Vom Glück des Fliegens

Einige Winter und zahlreiche Sprünge auf normalen Pisten danach stand Eisenbichler, wie die meisten seiner heutigen Spitzensportkollegen erstmals auf einer Sprungschanze. Auf einer Acht-Meter-Anlage, die damals noch im Wald am Ruhpoldinger Trainingshang lag und die es heute gar nicht mehr gibt. Auch hier hatte er schnell den Bogen raus, und klar, der alte natürliche Reflex eines Menschen, dessen Rauschgefühl wieder abstumpft, setzte wieder ein: Eisenbichler wollte noch mehr.

Das Skispringen bietet nicht nur die Lust am Wettkampf, das Sich-Messen mit anderen, sondern auch eine weitere Motivation, die es von den meisten anderen Sportarten unterscheidet: Skispringer empfinden ein Glücksgefühl nicht nur im Sieg, sondern auch schon auf dem Weg dahin. Und weil das schon immer so war, weil dieses Glücksgefühl regelrecht süchtig machen kann, haben Skispringer schon Anfang des vergangenen Jahrhunderts nicht nur gesiegt, sondern auch immer größere Schanzen gebaut und ihre Grenzen erweitert. Sie begannen zu fliegen.

Diese schrittweise Erweiterung des Könnens und der Anlagen über die Jahrzehnte ist auch das Prinzip im Jugendtraining. Eisenbichler, damals noch ein Stöpsel, wie er sagt, war auf den Geschmack gekommen. Sobald die Trainer ihn ließen, weitete er Flughöhe und -weite aus. Von der Achter im Wald, über die Zwanziger ganz links wanderte Eisenbichler über die Jahre in Ruhpolding weiter über die Vierziger, die Sechziger, die Neunziger auf die 120er-Großschanze. Und er sammelte Erfahrungen: „Ich war schon früher einer, der hin und wieder auf die Schnauze gefallen ist.“ Etwa, als er im jugendlichen Alter meinte, er müsse bei der Landung den tiefen, eleganten und total angesagten Telemark des japanischen Flug-Ästheten Kazuyoshi Funaki nachmachen.

„Wie der Aladin auf sei’m fliegenden Teppich“

Schon damals aber entwickelte sich jene Stärke, die Eisenbichler zu einem der besten Skiflieger machte, der bei der Flug-WM in Planica im Dezember 2020 Bronze gewann. Auch dessen weitere Erfolge, unter anderem die WM-Titel 2019 in Innsbruck, fußen auf dem permanenten Wunsch zu fliegen, womit er sein Gespür für die Luft und ihre Strömungen schärfte, für die entscheidenden Korrekturen mit den Handflächen oder der Skistellung, um noch ein paar Meter herauszuschinden. Denn, wie Eisenbichler sagt,

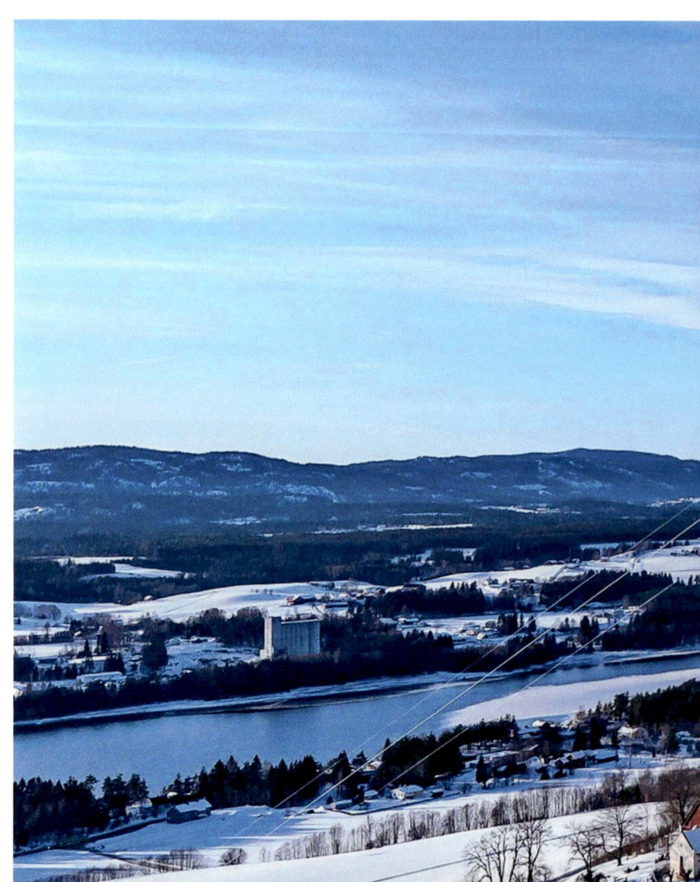

Raw Air 2018 in Vikersund: Der Pole Kamil Stoch gewinnt den Wettkampf mit einer Weite von 242 Metern.

in der Luft wolle man, „dass das Fliegen nicht zu Ende geht“.

Es ist wohl ein Zustand, den auch Drachen- oder Gleitschirmflieger erleben, der auch als Flow bezeichnet wird. Die potenzielle Gefahr bringt das Gehirn dazu, auf komplette Wachsamkeit umzuschalten. Der Akteur erlebt jede Handlung, jeden Eindruck – wie den Absprung, die Flughöhe, das Rauschen des Gegenwindes, den näherkommenden Landebereich, die Spuren und Rillen in der Piste – besonders klar. Eisenbichler erklärt: „Es ist wie Zeitlupe, du meinst, du bist eine halbe Minute in der Luft, dabei waren's nur sieben, acht Sekunden.“

Mehr noch, Psychologen sagen über Risikosportarten, dass die absolute Konzentration auf das, was jetzt gerade passiert, dazu führen kann, alle Gedanken und Sorgen hinter sich zu lassen. Im Idealfall empfinden die Ausführenden das, was sie tun, nicht mehr als etwas anderes, sondern sie geraten in einen Zustand vollkommener Harmonie mit ihrem Sport. Das könnte auch für den Skiflieger gelten. Der ideale Flug stellt keine äußere Handlung mehr dar, alles fügt sich zusammen. Der Akteur ist ein Bestandteil der Lüfte, mühelos, frei, magisch, oder wie Eisenbichler es ausdrückt: „Du kommst daher wie der Aladin auf sei'm fliegenden Teppich.“

Große Weiten, große Gefahren

Solche pure Freude führte also dazu, dass 1931 in Slowenien im Gebirgsort Planica die erste Skiflugschanze gebaut wurde. Die Weiten waren verglichen zu heute wenig spektakulär, damals indes war die erste Überquerung der 100-Meter-Marke durch Josef Bradl aus Österreich eine Sensation. Er erreichte 1936 die 101,5 Meter. Seit diesen ersten Flügen in Slowenien entbrannte neben dem herkömmlichen Springen mehr oder

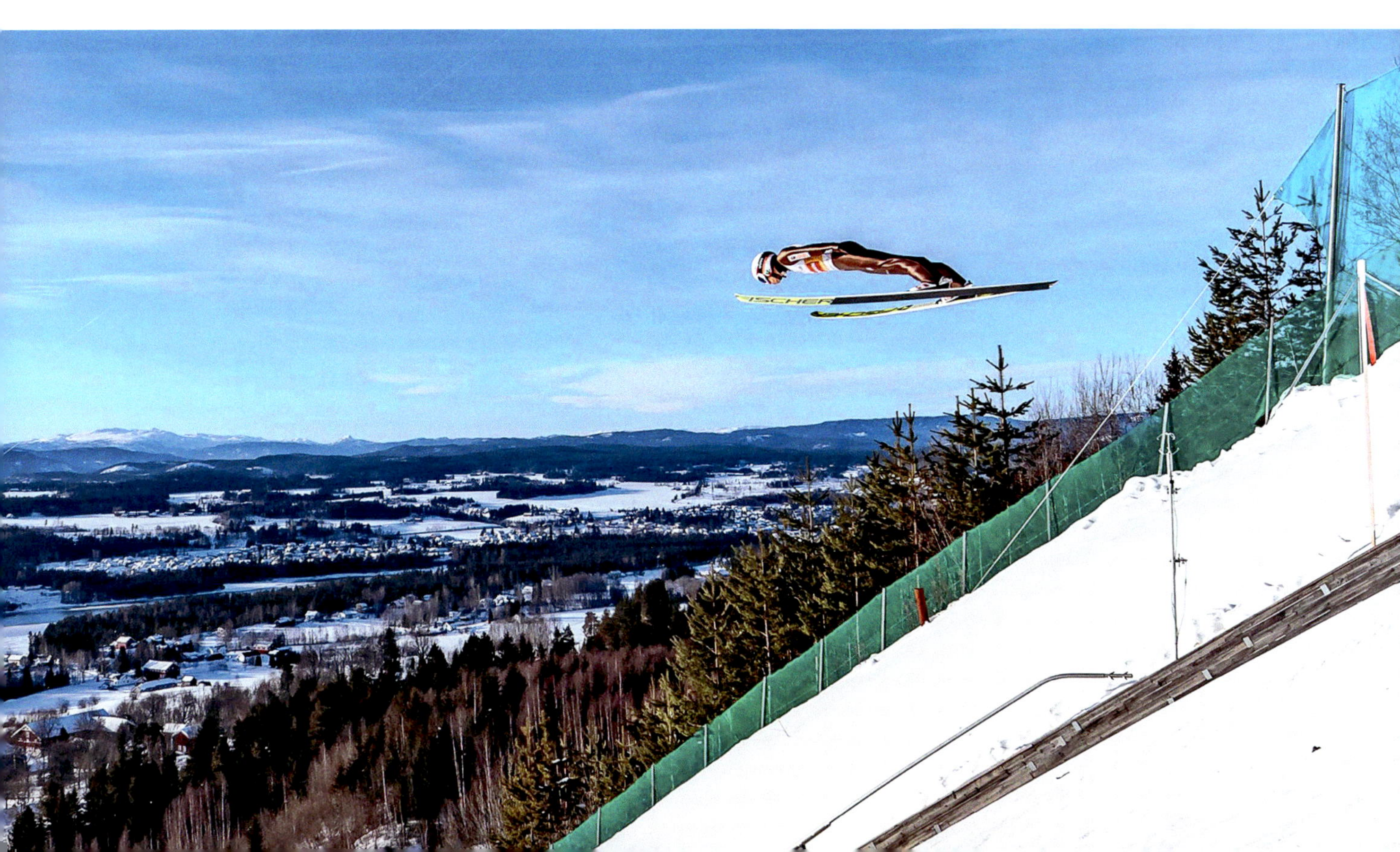

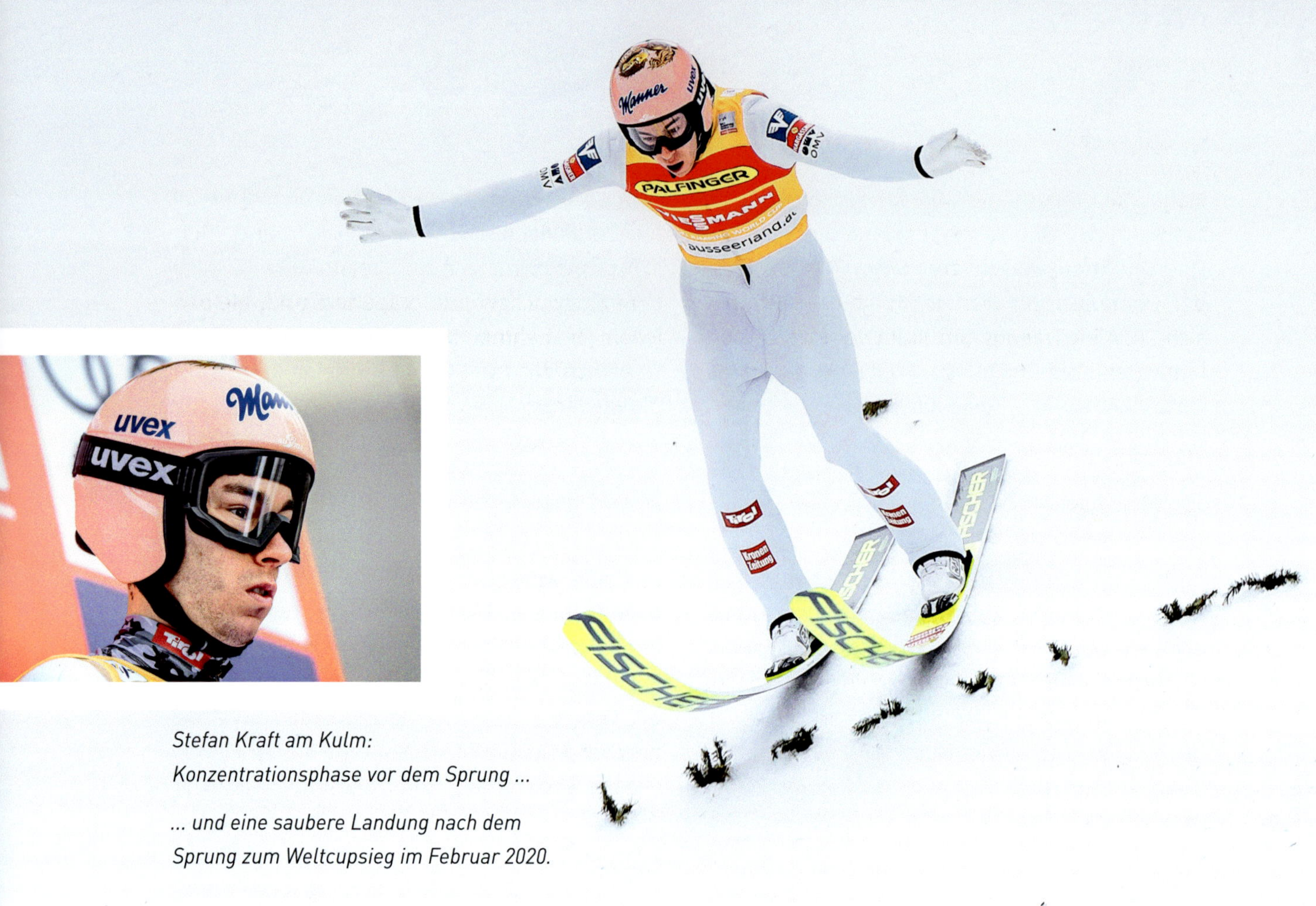

Stefan Kraft am Kulm: Konzentrationsphase vor dem Sprung …

… und eine saubere Landung nach dem Sprung zum Weltcupsieg im Februar 2020.

weniger ein Kampf um Weite. Wegen der Verletzungsgefahr wird ein offizieller Skiflugweltrekord zur Vermeidung einer Jagd nicht vergeben, was den jeweiligen Sieger trotzdem nicht davon abhält, bei der nächsten Bestmarke besonders stark zu jubeln.

Nach und nach wurden bis 1979 fünf Flugschanzen in Europa gebaut und im Bedarfsfall an die neuen Weiten angepasst. Auf der frisch errichteten Heini-Klopfer-Schanze in Oberstdorf wurden nach 1950 Weiten erzielt, die zuvor kaum vorstellbar waren. Bei der Internationalen Flugwoche erreichte der Finne Tauno Luiro 139 Meter, 1967 überwand ein Norweger die 150-Meter-Marke, so ging es etappenweise weiter. Schon 1972 fand in Slowenien die erste Weltmeisterschaft im Skifliegen statt, auf einer neugebauten Schanze, der Letalnica (deutsch: Skiflugschanze) in Planica. Das Skifliegen wurde in den 1979 eingeführten Skisprung-Weltcup integriert, alle zwei Jahre werden Weltmeister gekürt und der Weltrekord, der offiziell keiner ist, wurde regelmäßig überboten, derzeit liegt er bei 253,5 Metern, aufgestellt 2017 vom Österreicher Stefan Kraft im norwegischen Vikersund.

Dass Skifliegen gefährlich ist, verdeutlichen Stürze wie der von Daniel-André Tande im März 2021. Zwar hatte man schon in den 1970er-Jahren Schanzen-Vorbau und Aufsprunghänge derart angeglichen, dass die Flughöhe relativ niedrig bleibt, womit sich die Kräfte in Grenzen halten bei 130 Stundenkilometern. Und doch waren schwere Stürze schon immer mit dabei. 2016 kam der junge Österreicher Lukas

Müller als Vorspringer auf der Riesenschanze am Kulm zu Fall und zog sich eine inkomplette Querschnittslähmung zu. Sein Teamkollege, der Olympiasieger Markus Morgenstern, hatte sich 2014 im Training am Kulm verletzt, betroffen waren Kopf und Lunge. Im darauffolgenden Winter beendete er seine Karriere.

Der Reiz des Extremen

Auch im Skispringen können Verletzungen erhebliche Folgen haben, und doch sind die Kräfte geringer als beim Fliegen. Daher sind Frauen-Flugwettbewerbe noch ausgeschlossen, was jedoch immer schwerer zu rechtfertigen sein wird, je besser die Technik, je reicher die Erfahrung der Springerinnen wird. Die bloße Gefahr kann jedenfalls nicht das Argument sein, wenn ein Großteil des Feldes der Springerinnen irgendwann ähnlich routiniert auftritt wie jüngere männliche Flieger. Pionierinnen wie Eva Ganster und Daniela Iraschko-Stolz haben es längst probiert – als Vorspringerinnen am Kulm. Ganster, die erste Fliegerin, kam 1997 auf 167 Meter, Iraschko-Stolz flog 2003 als erste Athletin 200 Meter weit.

Der Reiz des Extremen zieht also alle an. Das Skifliegen ist die widersprüchliche und anziehende andere Seite dieses Sports. In der Familie der Nordischen Disziplinen ist es der geheimnisvolle, unberechenbare Onkel, den man nur selten antrifft, aber heimlich bewundert. Das Phänomen hat auch deshalb überlebt, weil das schlimmste Risiko einigermaßen minimiert wurde, zudem weil es Zuschauer anzieht und Einschaltquoten bringt. In einer Nische bleibt das Skifliegen dennoch, Olympiamedaillen zum Beispiel sind damit nicht zu gewinnen. An Olympiaorten werden keine Monsterbakken errichtet, weil diese meist unrentabel wären und überhaupt Monsterwettbewerbe bei Olympia eher nicht erwünscht sind. Schließlich, weil die Riesenschanzen immer nur für relativ kurze Zeit vor dem Flugwochenende präpariert sind, bleiben jedem Teilnehmer nur wenige Trainingsversuche. Auch das ist ein Grund für eine Restgefahr, die wiederum einen Teil des Reizes ausmacht.

Die Überwindung der Angst

Fast alle wollen es, und doch gibt es Unterschiede im Genuss. Denn so lässig, wie Markus Eisenbichler und weitere Spezialisten sich in die Spur fallen lassen, an deren Ende sie kurz darauf mit Tempo 100 hinausgekickt werden, so lässig nehmen es nicht alle. Bekannt sind die Eindrücke des ehemaligen deutschen Bundestrainers Reinhard Heß, der einmal erzählte, wie er in den Stunden vor einem Skiflug-Weltcup seine Springer erlebte: „Beim Skifliegen hat jeder Angst. Regelmäßig nach so einer Veranstaltung klappen mir meine Jungs ab!“ – „Aber“, fuhr er fort, „sie wollen es auch immer wieder.“ Neben dem Motiv der Überwindung von Grenzen existiert also noch eine tiefere Sehnsucht, die Überwindung von Angst.

Die Angst vor dem Skifliegen wird von den Athleten selber thematisiert und ist Gegenstand wissenschaftlicher Untersuchungen. Martin Schmitt sagte einmal über die Momente vor dem Einsatz: „Man fühlt sich mutterseelenallein wie im Weltall.“ Und in einer der Generationen vor Schmitt stürzte einst der erst 18-jährige Topspringer Jens Weißflog bei der Skiflug-WM 1983 in Harrachov in der damaligen Tschechoslowakei. Der Website „Die Sportpsychologen“ erzählte er, wie ihn die Angst überkam, als er oben schon fast dran war und von weit unten das „Tatütata“ des Krankenwagens heraufklang, weil der vor ihm gestartete Favorit Horst Bulau schwer gestürzt war. Als Weißflog dann an der Reihe war, konnte er den Kräften in der Luft nichts entgegensetzen, der Wind schlug ihm die Skier entgegen, er fiel hinunter und landete auf dem Rücken. Es wäre wohl normal, wenn ein 18-Jähriger nach so einem Erlebnis das Fliegen meidet, doch Weißflog schaffte es, die Beklemmungen im Brustkorb zu überwinden. Im Alltag suchte er immer wieder Situationen, die ein ähnliches Gefühl hervorriefen, zum Beispiel das Klettern, was ihm allmählich die Blockade nahm.

Heute benötigen blockierte Springer keine derartige Selbsttherapie wie Weißflog, der später erzählte, dass er lieber nicht beim Trainer wegen seines Brustkorb-Gefühls um Rat fragte, denn, so Weißflog: „Der hätte gesagt, du hast 'n Knall." Die Zeiten haben sich geändert. Skispringer bekommen psychologische Unterstützung wie die Selbstgespräch-Regulation auch vor dem Fliegen und zudem ihre Freiräume, um sich mental auf die Situation auf dem Zitterbalken vorzubereiten. Denn sie wollen es ja.

Die Euphorie nach der Landung

Der Psychologe Oskar Handow hält auch tiefere unterbewusste Sehnsüchte für möglich. Zum Beispiel den Drang, sich selber mit seinen Regungen, seinen Gefühlsextremen tatsächlich zu spüren. Der moderne Mensch, so Handow, lerne schon mit dem Eintritt ins Schulalter und später im Alltag, dass eigene Bedürfnisse zurückstehen müssen. Oft verschwindet dann das Gefühl für die eigene Person mehr und mehr. Moderne Krankheitsbilder, wie das Borderline-Syndrom oder das Ritzen, das bewusste Selbstverletzen, um überhaupt noch zu fühlen, können ähnliche Ursachen haben. Bei manchen Skifliegern, die eine Art Sucht entwickeln, liege systematisch ein ähnliches Grundbedürfnis vor. „Allerdings", so Handow, „hat ein Risiko-Sportler eine gesündere Variante gefunden", damit umzugehen.

Sieht man jedenfalls die entrückten Gesichtsausdrücke nach der Landung, dann lässt sich erahnen, dass es neben dem Ergebnis ebenso um das geht, was sich unmittelbar davor abspielte: das Erlebnis. Beim Fliegen, so fanden Wissenschaftler der Universität Innsbruck heraus, sei das Gehirn durch die Reize der Geschwindigkeit und der schnellen Abfolge von Eindrücken überfordert. Es brauche mehrere Tage, bis es das Erlebte verarbeitet. Mehr noch: Der Körper des Skifliegers stößt wie bei Menschen in Todesangst das Vierfache des Adrenalins aus, wie Untersuchungen zeigen.

Auch wenn die wenigsten also eine Chance auf den Sieg haben, wenn sie damit nicht reich werden, so mündet alles dennoch in einer Belohnung. Der Flieger, der eben noch mutterseelenallein im All war, ist nach der Landung zurück auf der Erde und von einem berauschenden Glücksgefühl beseelt. Eine Art höchster Erleichterung ist es, gepaart mit dem intensiven Erlebnis, überlebt zu haben, sich selber zu spüren und …

Letztlich kann man als Nichtspringer doch nur darüber spekulieren, welche Reize das Fliegen zu etwas derart Besonderem machen. Anders als der Hinterzartener Dieter Thoma, der Skiflug-Weltmeister und Vierschanzentournee-Sieger von 1990, der einmal in der Zeitung „Die Welt" die Dimension des Skifliegens so zusammenfasste, dass ihm der passionierte Skiflieger Markus Eisenbichler zustimmen dürfte: „Nach der Landung überkommt dich eine Euphorie, wie du sie im normalen Leben nie wieder wahrnehmen wirst."

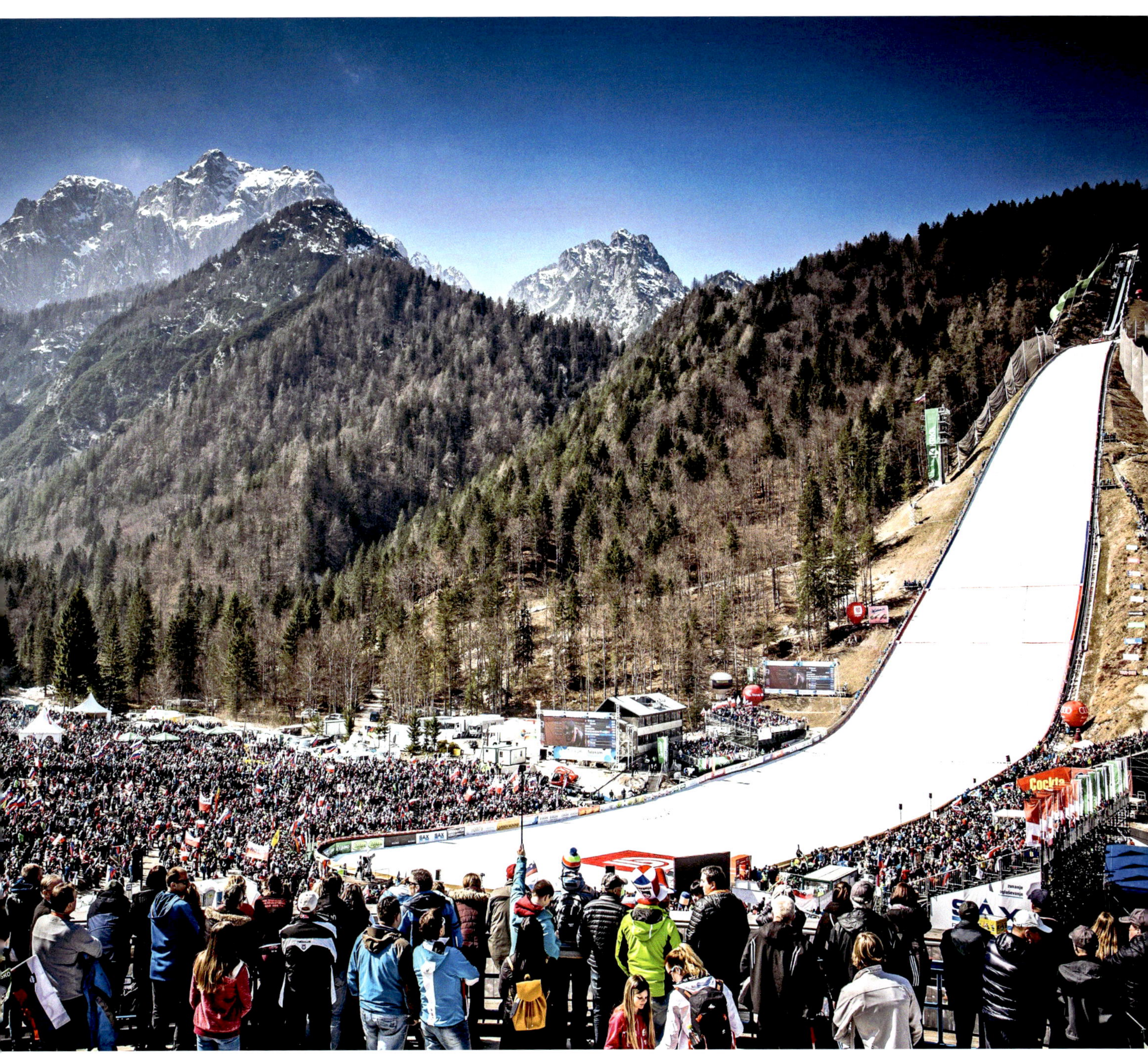

Skifluganlage der Extreme: die Letalnica im slowenischen Planica mit den Gipfeln der julischen Alpen im Hintergrund. Noch größer ist nur der norwegische Vikersundbakken.

11

Die deutsche Boygroup

Für die deutschen Skispringer um Sven Hanawald und Martin Schmitt waren die Jahre um die Jahrtausendwende extrem – genau wie für den Sport insgesamt. Der plötzlich einsetzende Erfolg und die vielen Höhepunkte mit riesigen Fanmassen sorgten für eine Professionalisierung des Sports im Schnellverfahren. Der anschließende Kater hatte es dann ebenfalls in sich.

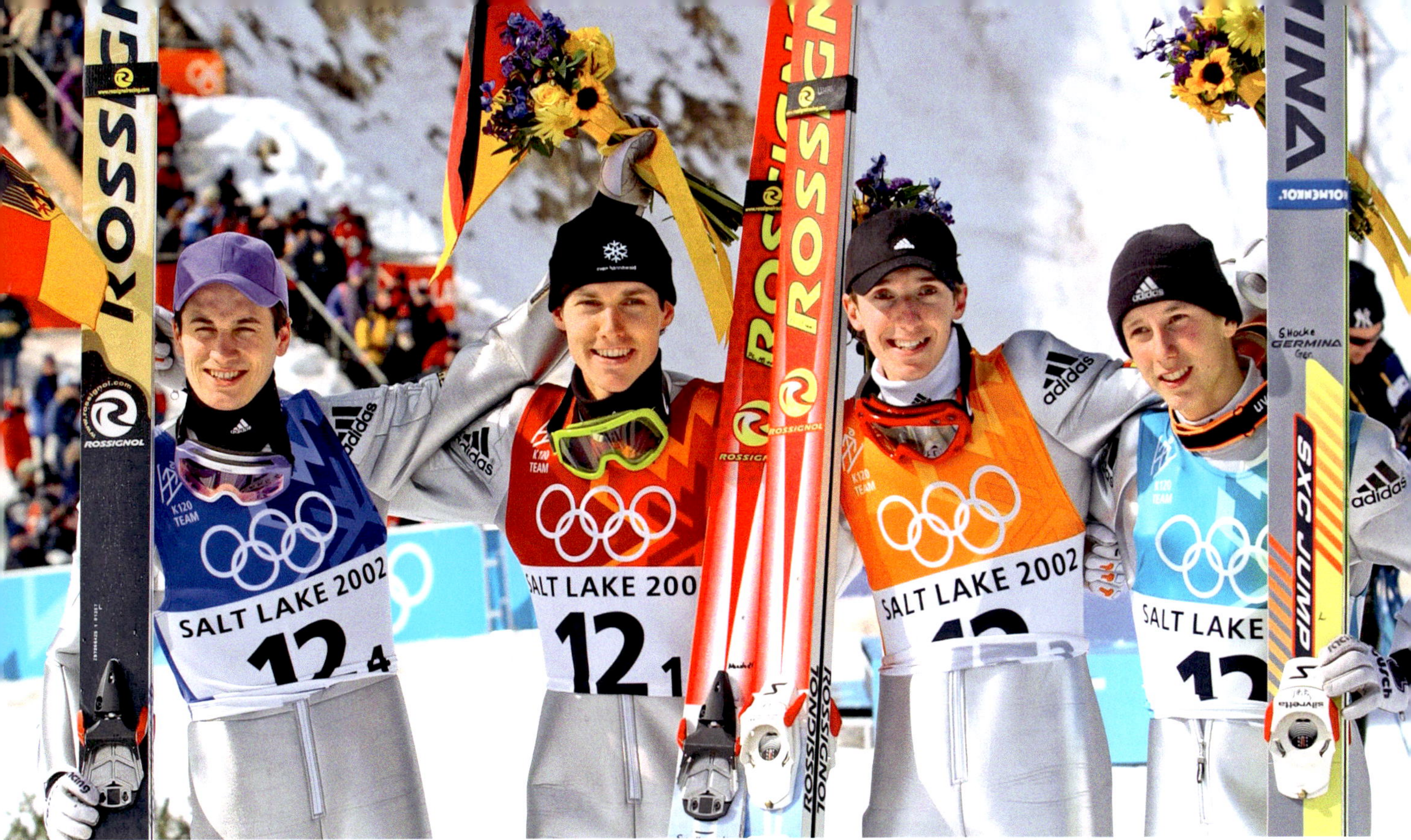

Olympiasieg 2002 in Salt Lake City mit der Mannschaft: Martin Schmitt, Sven Hannawald, Stefan Hocke und Michael Uhrmann (von links nach rechts).

Es ging schon auf Mitternacht zu. Planica, die Ortschaft im gleichnamigen Tal in den slowenischen Alpen, kam allmählich zur Ruhe. Es war im Winter 1999/2000, die Menschen freuten sich auf den nächsten Tag, auf den Beginn eines spektakulären Skiflug-Wochenendes. Die Stimmung war also entspannt bis ausgelassen. Im Hotel Spik aber lagen in ihrem Zimmer zwei deutsche Athleten, deren Laune minütlich sank: Martin Schmitt und Sven Hannawald.

Schmitt hatte es kommen sehen. Schon bei der Ankunft war ihm der große Reisebus aufgefallen, aus dem eine beachtliche Anzahl an Skisprungfreunden ausgestiegen war. Noch alarmierender aber war das Gerät, das aus dem Kofferraum ausgeladen wurde: Schlagzeug, Gitarren, Verstärker.

Die böse Ahnung wurde nach dem Abendessen zur Gewissheit: Partytime. Jeder kennt das, da wird gefeiert, man will nicht stören, hofft auf baldige Ruhe, jedoch vergeblich. Während unten die Stimmung immer besser wurde, wälzten sich Schmitt und Hannawald im Bett, verkrochen sich unter dem Kopfkissen und kochten innerlich. Wer konnte so etwas zulassen? Am nächsten Tag wird schließlich geflogen. „Immer wieder gab's damals schlimme Stürze", erzählt Schmitt. Die Letalnica, die große Skiflugschanze von Planica konnte sie auf über 200 Meter katapultieren, da mussten die beiden Deutschen, genauso wie der Rest der hier untergebrachten Skiflieger ausgeschlafen und mit klarem Kopf in die Anlaufspur gehen. Nur – was tun? Eine erste Intervention am Empfang hatte ja schon mal nichts bewirkt. Andererseits, irgendwas musste geschehen.

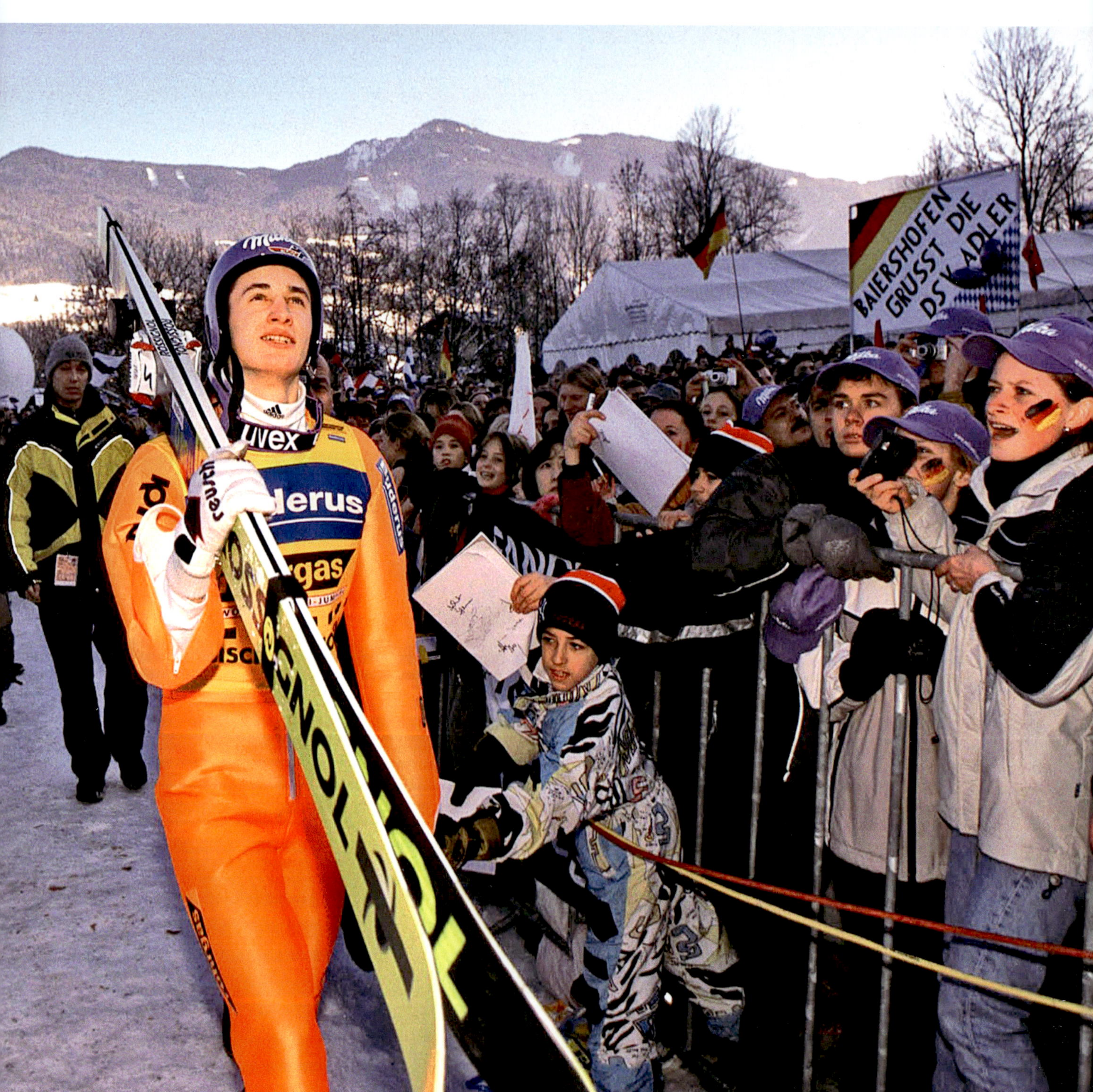

Partystimmung bei der Vierschanzentournee in Bischofshofen Anfang Januar 2001.

Schmitt und Hannawald waren einiges gewohnt. Diese Tanzparty im Hotel hatte womöglich gar nichts mit den eigenen Fans zu tun, und doch war es dasselbe Muster: Das Publikum, das die Athleten eigentlich liebten und auch brauchten, drang mitunter in ihre Privatsphäre ein, in diesem Fall in die Stunden der Nacht und damit gewissermaßen in ihren Schlaf. Überhaupt, bei aller Freude über diesen Erfolg schien sich gerade etwas falsch zu entwickeln im Skispringen. Und vor allem, der Krach da unten musste aufhören!

Riesenhype dank Hannawald, Schmitt und RTL

Es war eine extreme Phase. Um die Jahrtausendwende hatte sich das Skispringen in Deutschland im Eiltempo entwickelt. Aus normalen Sport-Könnern waren binnen zwei Jahren Popstars geworden. Einem durchaus schon begeisterten Fachpublikum, das im Wesentlichen bei Saisonhöhepunkten anrückte, war eine weitere Fan-Generation hinzugekommen. Zu Tausenden standen nun auch Teenager an den Absperrgittern, manche trugen Windeln, damit sie den besten Platz für ein Autogramm ganz vorne nicht zwischendurch aufgeben mussten. Erwachsene wie Schüler steckten sich gegenseitig mit guter Laune an, der Privatsender RTL, der die Übertragungen übernommen hatte, befeuerte mit langen Übertragungen und detaillierter, aber auch ideenreicher Berichterstattung den Aufwärtstrend. Die deutschen Adler wurden zu einer Art Boygroup, einer ziemlich guten.

Allein Martin Schmitt hatte in dieser doch eher kurzen und intensiven Ära 28 Weltcup-Siege errungen. Sven Hannawald stand ihm mit 18 Erfolgen kaum nach, 2002 war ihm zudem der erste Grand Slam bei der Vierschanzentournee gelungen. Weil also nicht nur einer, sondern zwei Spitzenspringer die Mannschaft anführten, war man im Großen und Ganzen gefeit gegen plötzliche Miseren. Bei den Saisonhöhepunkten gewannen die Jungs neun WM-Einzelmedaillen (Skiflug-Weltmeisterschaften mitgezählt). All das war natürlich auch das Produkt effektiven Trainings und kluger Planung von Chefcoach Reinhard Heß und seinem Stab. Vor allem aber: Wert gelegt wurde auch auf eine breite und starke Mannschaft. Michael Uhrmann, Dieter Thoma, Christof Duffner, Stephan Hocke und Alexander Herr bildeten die Stützen, ohne die es keine fünf Team-Großmedaillen gegeben hätte.

Weitere gut klingende Zahlen des Erfolges im Sport sind verkaufte Eintrittskarten und die Einschaltquoten. Beide Größen entwickelten sich überragend. Die Kinder, aber auch manche Eltern und Großeltern wurden zu treuen Fans, die deutschen Weltcups waren fast immer ausverkauft, und RTL verzeichnete Traumquoten für eine Wintersportart. Das deutsche Skispringen war plötzlich eine von allen geliebte, aber durchaus widersprüchliche Sportart, denn nur die wenigsten der vielen Fans konnten sie jemals selber betreiben. Und doch war es nun eine Massenveranstaltung, und damit begannen die Probleme.

Beginn einer neuen Zeit im Skispringen

Die Unterkunft im Café Baur im Zentrum von Oberstdorf, erzählt Martin Schmitt, war für die deutschen Springer lange die erste Wahl. Gemütlich, verbindlich und zentral gelegen. Dass nur Übernachtung mit Frühstück gebucht war, machte nichts, denn die Wege waren kurz, das Abendessen konnte man in umliegenden Restaurants einnehmen. Eine entspannte Situation, die für Athleten in einem mental fordernden Sport ideal erscheint. Jedoch, „ab etwa 1999“, sagt Schmitt, „war das nicht mehr so einfach möglich“. Die Springer waren jetzt berühmt, da bleiben die Leute stehen, und wenn sie stehen bleiben, macht das andere neugierig. Irgendwann, sagt Schmitt, war das Café Baur bekannt, man konnte gerade noch die Taschen zum Bus tragen, zwangsläufig buchte man für die nächste Tournee außerhalb Oberstdorfs.

Jeder, dem der Erfolg abrupt in den Schoß fällt, macht wohl diese Phase durch, eine Zeit der absurden Geschichten. Ein bis zwei Winter dauerte es, bis die Heß'schen Adler die Abläufe neu geordnet hatten, Erfahrungen, von denen später auch die zweite, noch erfolgreichere Boygroup, die österreichischen Superadler profitierten. Diese kurze deutsche Phase war auf ihre Art besonders schwierig und besonders spannend.

Skisport-Zuschauer neigen nicht zu Radikalität, viele sind naturverbunden und – auch wenn sie nachts in Oberstdorf mit Schlagseite Richtung Pension wandern – friedliebend. Doch in der Masse kann aus Zurückhaltung Wettkampflust werden, niemand will zu kurz kommen. Die Veranstalter waren zunächst überfordert. Schmitt erinnert sich an einen Moment, an dem seine reine Siegesfreude einen Dämpfer erhielt. Er hatte in Oberstdorf sein erstes Springen gewonnen, und wie immer wurden unten im Auslauf die Absperrungen geöffnet. Nur jetzt, berichtet Schmitt, brachen viel mehr Zuschauer herein, „alle haben gedrückt, auch Kinder waren dabei, es war ein Wahnsinnsgedränge“. Anfangs achtete Schmitt noch auf seine Skier, die möglichst nicht zerkratzen sollten, dann wurde ihm klar, dass die Situation wirklich gefährlich wurde. Skispringer sind eher keine Muskelmänner, und von einer Menschenmasse eingeschlossen zu sein, ist furchterregend.

Zum Glück war Schmitt hier nicht ganz alleine unter all den Menschen, sondern noch in Begleitung des Physiotherapeuten. Zu zweit bahnten sie sich den Weg Richtung Podium. Doch jetzt war endgültig klar, dass eine andere Zeit angebrochen war. Die Springer forderten effektiveres Absperren, mehr Abstand und insgesamt mehr Sicherheit, weshalb irgendwann das aufgestellt wurde, was heute selbstverständlich ist: Wachs-Container für jede Nation, in denen sich auch die Sportler vor und nach dem Springen umziehen oder kurz entspannen können.

„Hanni, ich will ein Kind von dir!“

Nach außen hatte der Skisprungzirkus bald gut auf den Boom reagiert. Die Vermarktung des Sports nahm nun auch weitere Stufen, und der Wintersport kassierte ungewöhnlich viel Geld. RTL zahlte im Herbst 2001 140 Millionen D-Mark für alle DSV-Veranstaltungen der kommenden fünf Jahre. Und auch die Skispringer verdienten, vor allem Schmitt und Hannawald schlossen lukrative Verträge. Der eine warb auf seinem Höhepunkt für Alpenschokolade, der andere für ein Autopflegemittel, klingt bizarr, traf aber das Zielpublikum im Stadion und am Bildschirm. Anders als nach außen dauerte die Professionalisierung der inneren Abläufe länger, findet Schmitt, was auch zu eigenartigen Situationen führte. Als die Springer Umkleiden bekamen, wurde auch der VIP-Bereich vergrößert, mit Exklusivität geworben und mit Besuchen der Athleten. Man war auf Du und Du mit der Elite. Flyer lockten mit deutschen Adlern „zum Anfassen“.

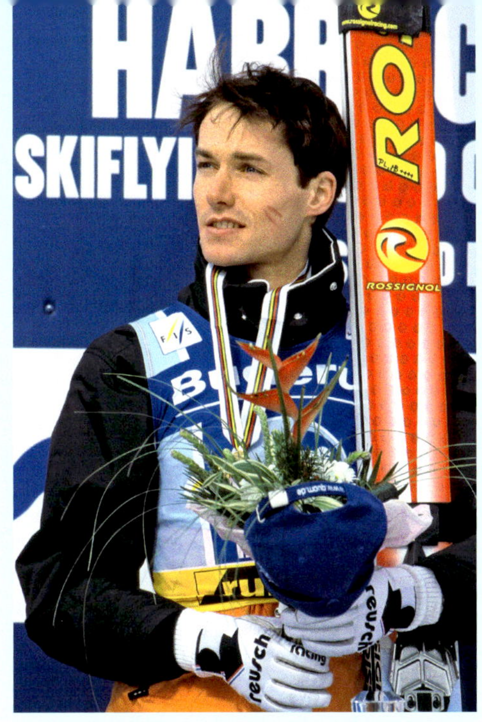

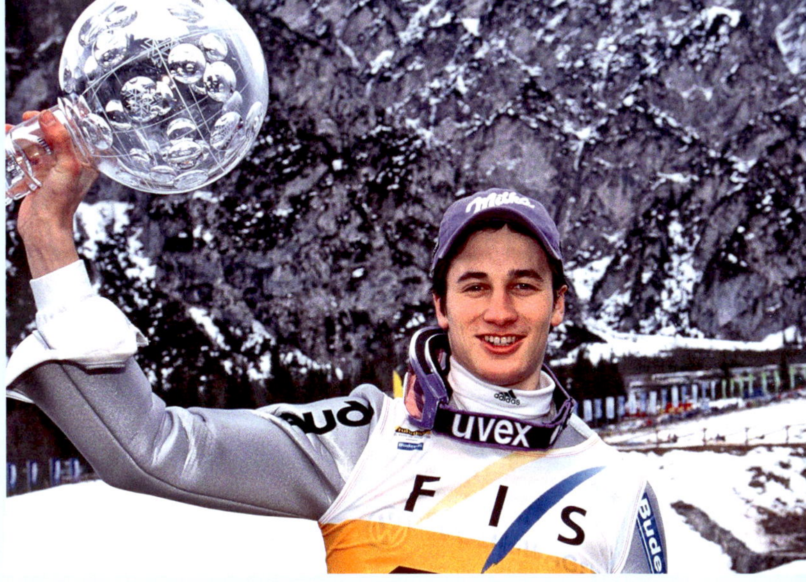

Sven Hannawald gewinnt die Skiflug-WM 2002 im tschechischen Harrachov (links).
Martin Schmitt: Gesamtweltcupsieger 1999/2000 (oben).

Die Erfolge von Sven Hannawald und Martin Schmitt

Einzelerfolge Hannawald:
Olympia 2002: Silber/Normalschanze
WM 1999: Silber/Großschanze
Skiflug-WM 1998: Silber
Skiflug-WM 2000: Gold
Skiflug-WM 2002: Gold
Vierschanzentournee: Sieg 2001/2002
18 Weltcupsiege

Einzelerfolge Martin Schmitt:
WM 1999: Gold/Großschanze
WM 2001: Gold/Großschanze,
Silber/Normalschanze
WM 2009: Silber/Großschanze
Skiflug-WM 2002: Silber
28 Weltcupsiege
2 Gesamtsiege im Weltcup
(1998/1999, 1999/2000)

Mannschaftserfolge:
Olympia 1998: Silber/Normalschanze (Hannawald, Jäkle, Schmitt, Thoma)
Olympia 2002: Gold (Schmitt, Hannawald, Hocke, Uhrmann)
WM 1999: Gold/Großschanze (Hannawald, Duffner, Thoma, Schmitt)
WM 2001: Gold/Großschanze (Hannawald, Uhrmann, Herr, Schmitt)
WM 2001: Bronze/Normalschanze (Hannawald, Uhrmann, Herr, Schmitt)

Schmitt hat 2010 noch mal olympisches Silber im Team (mit Neumayer, Wank und Uhrmann) gewonnen. Außerdem konnte er mit den deutschen Mannschaften Medaillen bei den Weltmeisterschaften 1997 (Bronze; mit Duffner, Jäkle, Thoma), 2005 (Silber/Normalschanze; mit Neumayer, Uhrmann, Späth) und 2011 (Bronze/Normalschanze; mit Neumayer, Uhrmann, Freund) gewinnen.

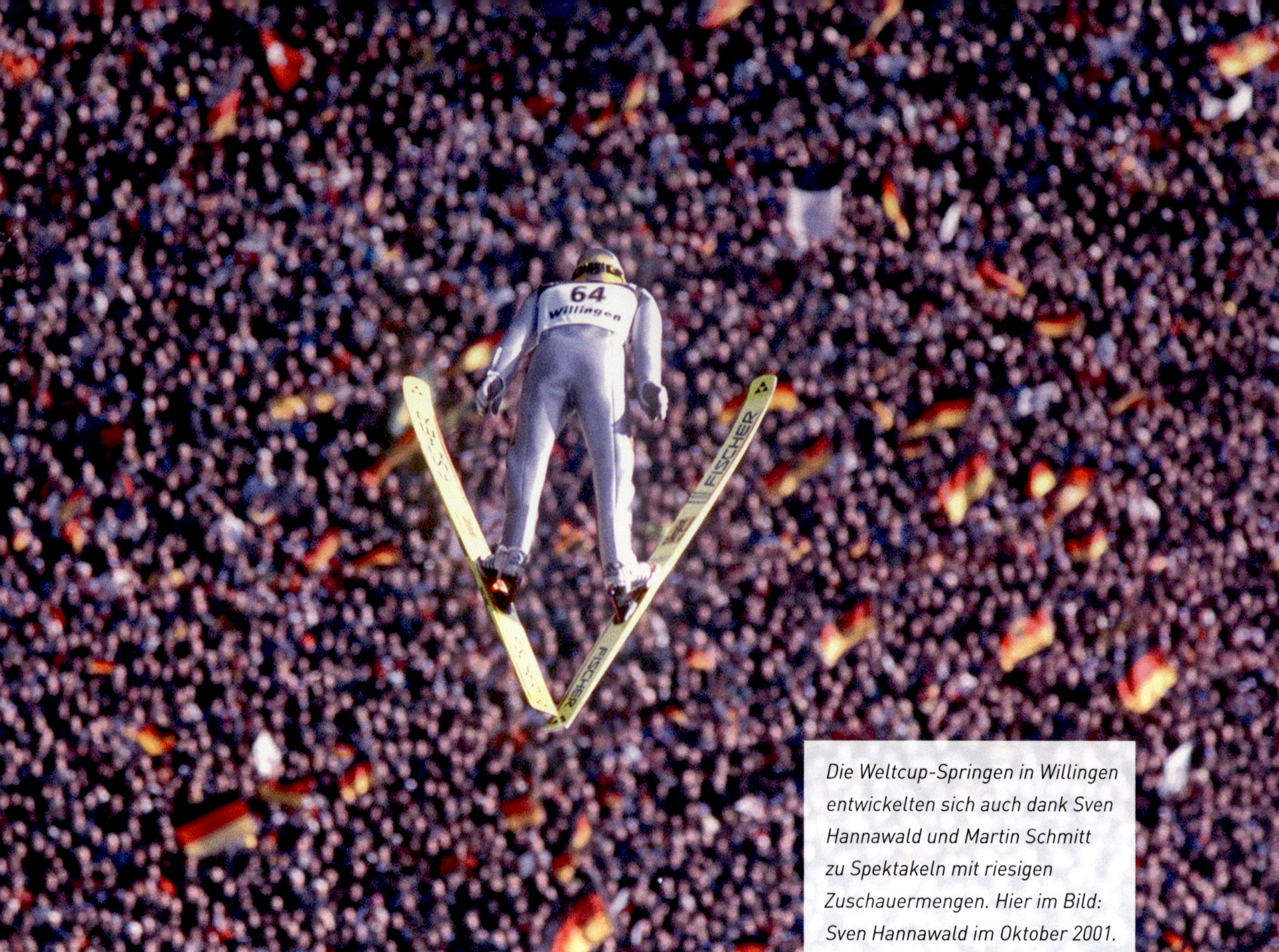

Die Weltcup-Springen in Willingen entwickelten sich auch dank Sven Hannawald und Martin Schmitt zu Spektakeln mit riesigen Zuschauermengen. Hier im Bild: Sven Hannawald im Oktober 2001.

Du und Du, das klingt einladend, so als begegne man sich auf einer Ebene. Aber geht das überhaupt zusammen? Das Prinzip bezahlte Exklusivität und das Kumpeln mit Topathleten, aber eben auch fremden Burschen aus einer ganz anderen Welt? Am Anfang des Booms war das nicht so einfach. Die Du-und-Du-Organisatoren sammelten noch Erfahrungen und hatten alle Hände voll zu tun. Und die Skispringer entdeckten irgendwann, dass sie gar nicht ohne Weiteres in das VIP-Zelt eintreten durften, nur auf Einladung. Auch konnte es vorkommen, dass der eine oder andere Springer, zumal aus der zweiten Reihe, nach dem VIP-Termin nicht noch einen zweiten Kaffee bekam.

Schmitt muss noch Jahrzehnte später darüber schmunzeln, vielleicht, weil es auch normal war, dass von diesem plötzlichen Rausch anfangs alle ein wenig überfordert waren. Die Vermarkter, die VIP-Manager genauso wie das Sicherheitspersonal und die Hauptdarsteller. Diese waren immerhin jung, und sie waren viele, zudem auch an der Teamspitze nicht allein, sondern zu zweit. Hannawald und Schmitt konnten sich jeweils auf den anderen verlassen. Daraus erwuchs das Selbstbewusstsein, das man als junger Athlet braucht, will man sich nicht selbst verlieren, gegenüber zudringlichen Fans oder solchen, die Plakate hochhalten, mit den Worten: „Hanni, ich will ein Kind von dir!“

Die Fans, der Druck und das Gewissen

Was damals kaum jemand ahnte, war der Umstand, dass der fremde angebetete Skispringer durchaus ein Mensch war, der sich seinerseits Gedanken machte über die Wesen, die da auf der anderen Seite des Gitters standen. Angebeteter und Fan traten sich in einem wechselseitigen, aber nonverbalen Verhältnis gegenüber, und beide hatten sie ihre Probleme. Der eine befand sich meistens nicht im lässigen Sieger-Gefühl, sondern im Stress zwischen Umziehen und dem nächsten Sprung auf den Schanzen, deren Strecken und Anstiege 1998/1999 noch teils zu Fuß bewältigt wurden. Die auf der anderen Seite steckten wiederum in einem riesigen Pulk, was den Springer nicht unberührt ließ. Weshalb sich Schmitt manchmal nicht traute, für ein Autogramm an den Zaun zu gehen, „weil dann von hinten“, wie er berichtet, „sofort alles auf diesen einen Punkt vorgerückt wäre“, was die ganz vorne am Gitter in Gefahr gebracht hätte.

Überhaupt, die ganz vorne. „Sie konnten einem leidtun“, sagt Schmitt. Er hatte die Idee eines Doppelganges, also einer Pufferzone zwischen Springern und Fans, die signalisiert, eng zwischen Stars und Fans wird’s eh nicht, Durchdrehen lohnt nicht. Doch auch diese Anregung brauchte ihre Zeit, bis sie umgesetzt wurde.

Schmitt, Hannawald und die anderen, die bis vor Kurzem selber noch Teenies waren, sie mussten nun lernen, erfolgreich zu springen und gleichzeitig einen inneren Konflikt auszuhalten. Denn irgendwann hatte die Konzentration gelitten, sie konnten bei den Fans nicht mehr stehen bleiben, sie gingen einfach weiter. Auf den Schultern trugen sie die Latten, aber je nach Sensibilität auch etwas von einem schlechten Gewissen und dazu den Druck, auf dem Schanzentisch wieder frei sein zu müssen, im Kopf. Schmitt gelang das nicht immer.

Irgendwann hatte er die Sprüche akzeptiert, „denn es ist ja nur menschlich, nach vier Stunden Warten enttäuscht zu sein“. Und wenn man es endlich geschafft hatte, es zu akzeptieren, dass immer jemand beleidigt zurückbleibt, zum Beispiel mal ein Großvater, der seinen Plan durchziehen wollte, seiner Enkelin ein ganz persönliches Schmitt-Foto zu organisieren, wenn er diesen also auch enttäuscht hatte, „dann“, so Schmitt, „schaust du doch wieder rüber zu den Fans, und dann schaut dich dieses Kind mit den großen Augen an, und dann kriegt das eben doch ein Autogramm, und das ganze Spiel geht von vorne los“.

Sportlicher Glanz

Dann schlug doch wieder durch, was in diesem noch unprofessionellen Sport vorherrschte. Die Unerfahrenheit der Akteure, die einerseits in den Himmel gehoben wurden und sich andererseits als normale Sportler fühlten und dachten, „ich will nicht arrogant rüberkommen“, wie sich Schmitt erinnert. Im Stadion gab es Anerkennung, aber auch Pflichten. Im Hotel dagegen, gleich nach dem Einchecken, klemmten sie das Telefon ab, damit nachts keine Fans mehr anriefen. Zudem sorgte man dafür, dass Hotelgäste nicht einfach anklopften, wie es auch einmal vorgekommen war. Man wehrte sich gegen Übertritte und lernte vom Leben, auch Ernüchterndes, nämlich, wie Schmitt erfuhr, „dass oft nur jeder für sich und seine Interessen sorgt“.

Das war womöglich schon die Zeit, als aus den Jungs echte Athleten wurden, erwachsene Sportler, die den richtigen Ton fanden und das

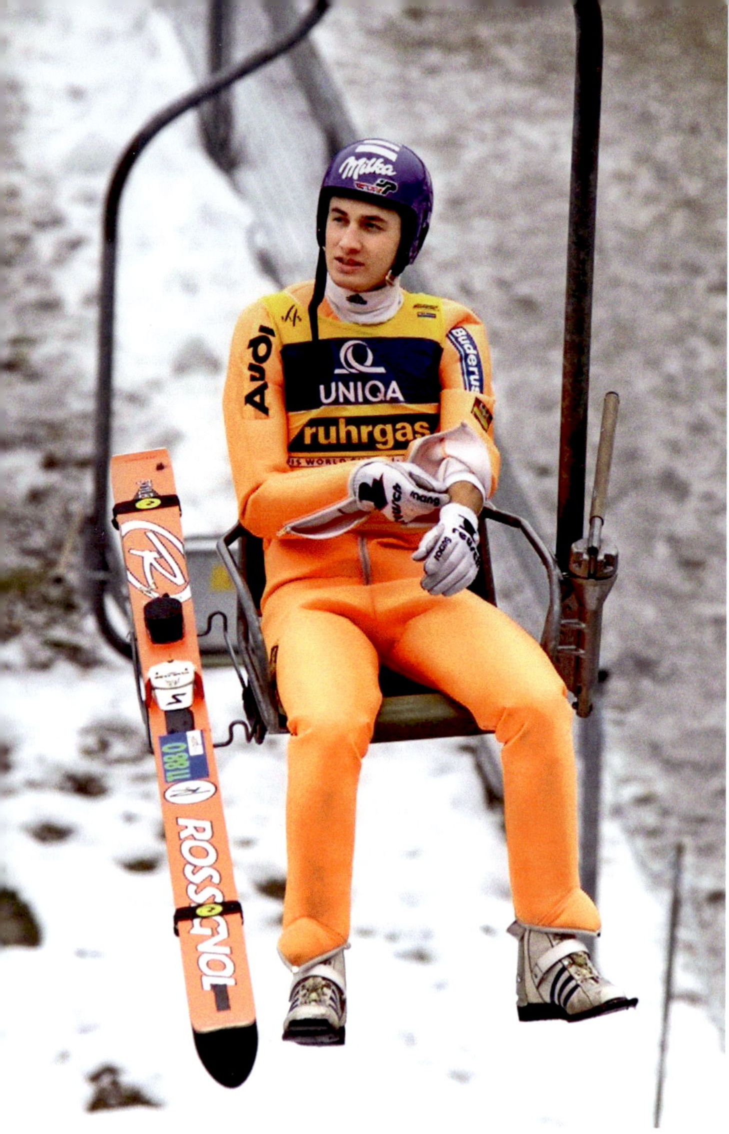

Seltene Ruhephase: Martin Schmitt im Lift auf dem Weg zur Schanze.

Gleichgewicht zwischen Konzentration und Ablenkung aufrechterhielten, vier erfolgreiche Winter lang. Das Duo Schmitt/Hannawald bediente die Vermarktungsmaschinerie von RTL, von anderen Medien und auch dem deutschen und internationalen Skiverband – fast ohne längere Durchhänger. Dabei lernte das Duo, sich auch Freiräume zu schaffen. Zwischen 1998 und 2002 wurde Schmitt zweimal Weltmeister (1999 und 2001), und Hannawald glänzte bei der Vierschanzentournee 2001/2002. Zwischendurch verschaffte man sich auch Distanz von den Tausenden Fans, wie 1999 in Willingen, wo ein Helfer die beiden vom Flughafen in Frankfurt abholte und möglichst inkognito direkt ins Hotel verfrachtete. Auf den Schanzen hielten sie ihr Niveau, bei den Olympischen Spielen in Salt Lake City 2002 gewann Hannawald Silber auf der Normalschanze, außerdem brachten diese Spiele eine Bestätigung für das ganze Team. Im Mannschaftswettbewerb zeigten Stefan Hocke und auch Michael Uhrmann im zweiten Durchgang, dass sie eine fast schon verlorene Medaille zurückerobern konnten. Schlussspringer Schmitt gelangen dann die entscheidenden letzten Zentimeter gegen den Finnen Janne Ahonen. Die Deutschen gewannen nach zwei Durchgängen und insgesamt acht Sprüngen pro Mann mit 974,1 zu 974,0 Punkten. Ein knapperes Ergebnis ist in dieser Disziplin nicht denkbar.

Ende eines Kapitels deutscher Sportgeschichte

Auf eine gewisse Weise ist es folgerichtig, dass der erste große Hype in der Art zu Ende ging, wie er begonnen hatte und wie er verlaufen war: abrupt. Und auf extreme Weise. Um solch eine Welle der Begeisterung auszulösen, müssen viele Menschen in allen Bereichen gute Arbeit leisten. Fallen gleich mehrere Beiträge weg, dann geht es schnell.

Noch einmal, in der Olympiasaison 2002, hatte Sven Hannawald dominiert und im März 2003 seinen zweiten Gesamtweltcup gewonnen. Es war der letzte große Höhepunkt, dann ging das Kapitel der ersten Skisprung-Popstars zu Ende. Der Weltverband beschloss neue Regeln, weil einige Fliegertypen so aussahen, als stünden sie am Rande der Magersucht. Einer davon war Sven Hannawald mit 64 Kilogramm Körper-

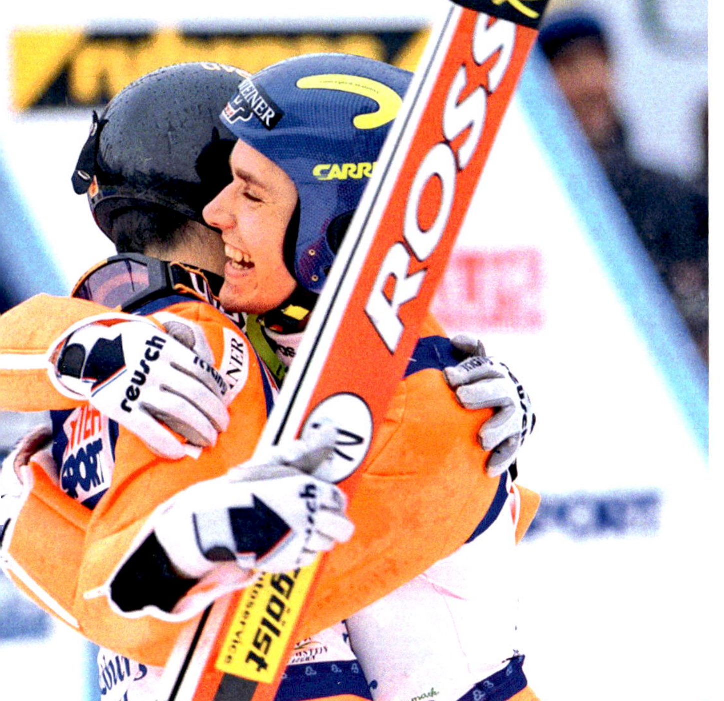

Weltmeisterschaft 1999 in Ramsau (Österreich): Martin Schmitt gewinnt Gold auf der Großschanze, Sven Hannawald Silber. Und mit der Mannschaft gewinnen sie zusammen Gold (auch auf der Großschanze).

gewicht bei 1,84 Metern. Also wurden die weiten, fast segelartigen Anzüge nun wieder enger geschnitten, womit es sich nicht mehr lohnte abzunehmen, denn man segelte kürzer und brauchte eher Muskeln für einen kräftigeren Absprung. Schmitt verlor seine Form, weil sein vertrauter Absprung, jener instinktive aus der puren Selbstsicherheit gespeiste Vorgang, ihn nicht mehr so schnell in die Luft brachte. Hannawalds Blockade hatte noch tiefere Gründe.

Skispringen im großen Erfolg ist eben auch Stress, nur dass die Überanstrengung für Kopf, Körper und Seele eine Zeit lang von all dem Zuspruch überdeckt wird. Im Frühjahr 2004 begab sich Hannawald wegen eines Burnouts zur Behandlung in eine Klinik. Die sportlichen Wege von Schmitt und ihm trennten sich wenig später. In der Saison 2003/2004 gab Hannawald das Skispringen auf, kehrte aber, nachdem er die Gründe seiner Krankheit erkannte, in den Sport zurück. Auch als passabler Rennfahrer in der Mittelklasse des Motorsports ging es fortan um Adrenalin und Konzentration, jedoch nicht mehr um die strenge Einhaltung des Gewichts, um ständige mentale Überlegenheit und die Erwartungen Tausender entrückter Fans.

Die wiederum beruhigten sich auch bald, schon deshalb, weil sie älter wurden und sich wunderten, was diese Zeit mit ihnen gemacht hatte, damals. Manche Fans teilten später ihre Erinnerungen im Internet, da waren etwa die Poster von Skispringern, die sie aus Zeitschriften ausschnitten und übers Bett hängten. Andere fragten sich im Rückblick, wie es sein konnte, dass sie, statt Samstagabend in der Ortsdisko zu tanzen, ihr Taschengeld dafür investierten, fünf Dörfer weit zum Autohaus zu pilgern, weil dort deutsche Skispringer Autogramme gaben.

Auch die wurden älter und reifer, und Martin Schmitt hatte diese extrem erfolgreiche Skisprungkarriere schon früh wieder beendet, nämlich am 1. März 2002 in Lahti, mit dem Weltcupsieg Nummer 28, der sein letzter gewesen sein sollte. Der viel längere Teil seiner Karriere folgte dennoch.

Ein ungewöhnlicher Karriereverlauf

Zahlreiche Karrieren, wohl die meisten Laufbahnen steigern sich langsam. Am Anfang steht das Talent, das unbedarft drauflosläuft, -dribbelt oder springt. Es sammelt erste Erfolge, muss aber bald den langen Weg der Niederlagen und Verletzungen nehmen, um vielleicht zehn Jahre später den sportlichen Höhepunkt zu erklimmen. Bei Springer Schmitt war es umgekehrt. Noch fast im Jugendalter lag ihm die Welt zu Füßen, aber dann, so schien es, lief er zehn Jahre lang dem eigenen Erfolg hinterher.

Aus Effizienz-Gründen mag das falsch gewesen sein, auch Werbeexperten raten dazu, dann Abschied zu nehmen, wenn das Bild des energischen Siegers noch frisch glänzt. Aber Schmitt dachte so nicht. Leistung bemisst sich nicht an der Vergangenheit, sondern der Gegenwart. Schmitt liebte seinen Sport, und er sagt rückblickend über seine Möglichkeiten: „Ich habe immer noch was gesehen." Manche Siegertypen haben einen Erfolgslauf, ahnen dabei, dass es besser nicht mehr geht, und hören punktgenau mit einem Sieg auf. „Bei mir war das ein anderer Weg", befand Schmitt, er glaubte an eine zweite Erfolgsphase.

Tatsächlich erreichte er diese noch einmal. Schmitts Medaillen der späteren Jahre stehen vielleicht im Schatten der frühen Euphorie, sportlich gesehen aber stand dahinter eine weitaus anspruchsvollere, lange und schmerzhafte Vorbereitung. Ein Winter bitterer Niederlagen, eine Umstellung im Athletiktraining, eine lange Zeit der Zweifel. „Mein Selbstbewusstsein war auf dem Level eines scheuen Rehs", sagt er. Phasen der Hoffnung wechselten sich ab mit Phasen der Enttäuschung. Und doch hörte Schmitt nicht auf, an ein Comeback zu glauben, so, als wolle er sich auf dieser, seiner Karriere von niemandem einbremsen lassen.

2009 war es dann so weit, Schmitt gewann bei der Weltmeisterschaft in Liberec Silber auf der Großschanze. Für die Mannschaft und den neuen deutschen Chefcoach Werner Schuster war das ein großer Erfolg. Schmitts Leistung trug auch zum Beweis bei, dass dessen Trainingskonzept funktionierte. Die Zeit sollte das Fundament sein für eine in Ruhe ausgearbeitete neue Erfolgsphase. Für Schmitt persönlich hatten sich die Erfolgsmaßstäbe verschoben, Sieg und Gold waren nur noch schwer erreichbar, doch die persönliche Leistung blieb: „Es zählte das Gefühl, dass ich es wieder konstant unter die besten Sechs schaffen konnte", sagt Schmitt, „aus eigener Kraft, das war mir enorm wichtig." Dieses Niveau hielt er bis zum Karriereende im Jahr 2014, in dem er es nicht mehr in das Olympiateam geschafft hatte.

Ehrgeizig blieb Martin Schmitt also bis zum Schluss, wie schon damals, am Anfang. Seine Form, seine Chance, seine Unversehrtheit war ihm schon immer heilig, auch im Jahr 2000 in Planica, als er und Sven Hannawald nun schon Stunden nicht schlafen konnten, weil die Partyband nicht daran dachte, Ruhe zu geben. Da platzte Schmitt der Kragen.

Er stand auf, zog sich an und nahm in großen Schritten die Treppe hinab. Dann stand er schon mittendrin in der Party, wurde aber gar nicht beachtet. Schmitt war's recht, er suchte ja keinen Spaß, sondern die richtige Steckdose. Mehrere standen zur Auswahl, wobei Schmitt eine größere Steckerleiste in der Nähe der Bühne bevorzugte. Er griff zu und zog den Stecker aus der Wand. Doch es rührte sich nichts, vermutlich, weil das immer so ist: Erfolg findet man nicht im Offensichtlichen, sondern man muss ihn schon suchen. Und tatsächlich: Schmitt fand noch einen zweiten, unscheinbareren Stromanschluss, noch näher dran an der Band und der Bühne. War das die Quelle des Krachs? Das Herz der Party? Warum nicht probieren?

Es regte sich dann noch der eine oder andere Protest, Musiker mögen es nämlich nicht, wenn ihre Verstärker und Instrumente einfach vom Strom gerissen werden, weil sie dann leicht kaputtgehen. Andererseits mögen es Skispringer auch nicht, wenn sie unausgeschlafen auf Monsterschanzen fliegen müssen. Immerhin, Schmitt wurde nun auch als Skispringer erkannt, was ihm im folgenden kurzen Disput doch gelegen kam. Die Party war gesprengt und dabei blieb es.

Endlich war Ruhe.

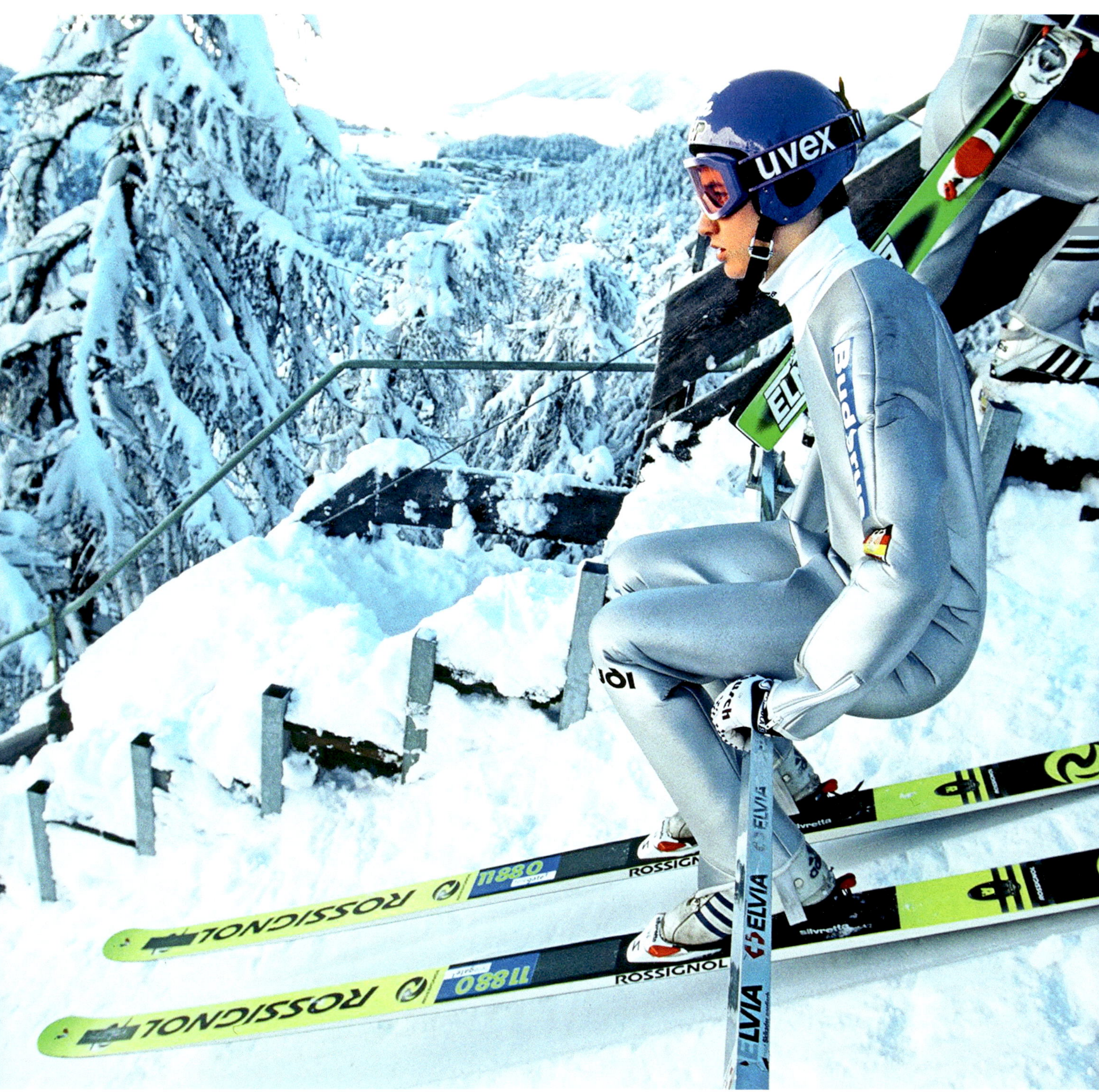

Martin Schmitt in der Konzentrationsphase vor einem Trainingssprung in Sankt Moritz (November 2001).

12

Österreichs Superadler

Sie haben zehn Winter lang zusammen alles erreicht und waren doch nie ganz zufrieden. Über extreme Erfolge und ständige Enttäuschungen des besten Skisprungteams der Geschichte.

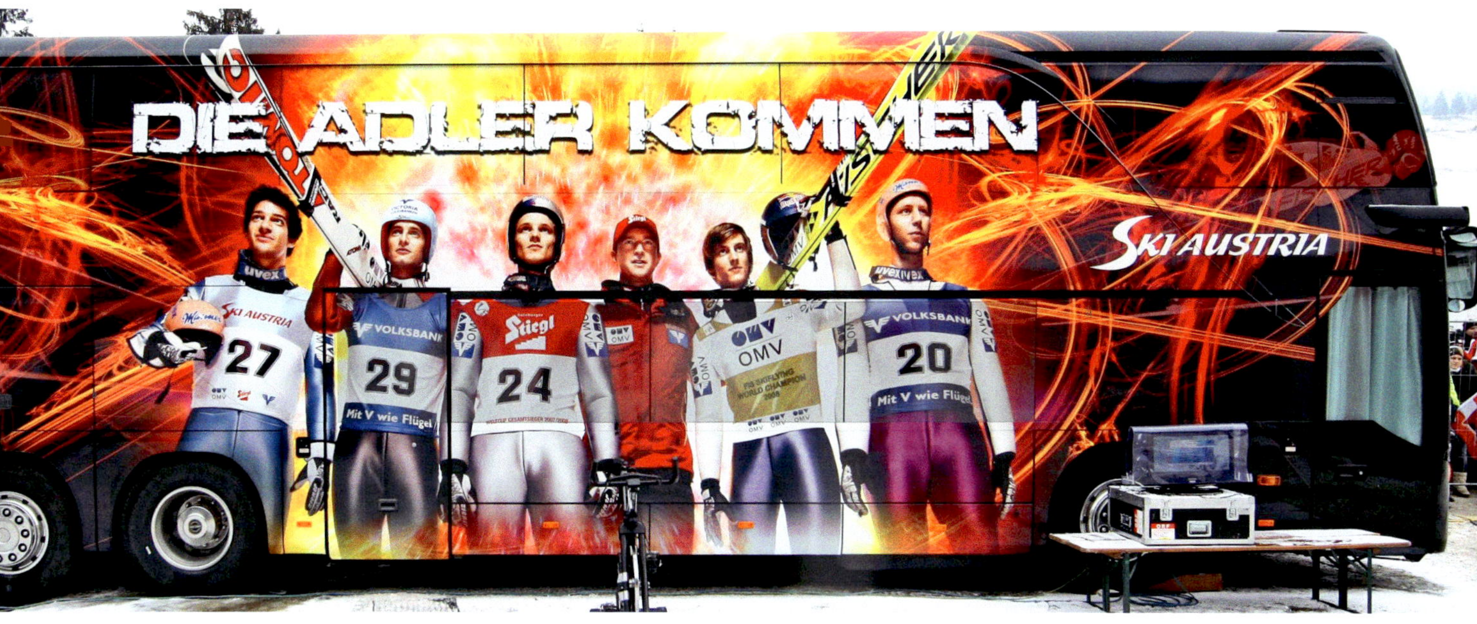

„Die Adler kommen": Der größte Komfort für die besten Springer.

Ein Skispringer ist in seinem Sport alleine. Im Anlauf, beim Absprung, in der Luft. Nirgendwo ist es einsamer als in einem dem Menschen fremden Element, aber genau dieses Fliegen, das Entkommen aus menschlichen Grenzen, ist ein Teil der Faszination. Denn dem Skispringer kann da oben niemand helfen, außer er sich selbst. Jeder hat seine eigenen Formtiefs, Materialprobleme, seine Ängste. Dieser Einzelsportler profitiert zwar auch von einem Team, aber oft ist der Skisprung-Teamgeist anfällig. In der deutschen Spitzenmannschaft zur Jahrtausendwende um Martin Schmitt und Sven Hannawald hatte die Zusammenarbeit und die gegenseitige Solidarität noch gut funktioniert, beim besten Team der Geschichte dieses Sports, das wenige Jahre später entstand, nicht mehr.

Zehn Jahre hielt die Epoche des österreichischen Skisprungwunders an, es gab keinen Winter ohne Medaillen, aber so gut wie immer Stress. Und könnten auch ganze Gruppen manisch-depressiv sein, in diesem Fall wäre die Diagnose nicht ganz falsch. An den Moment, als ihm diese Dimensionen klar wurden, erinnert sich Andreas Kofler, einer der Topspringer des Teams, noch genau. Erstmals hatte er sich als das empfunden, was er, der stille, stets tüftelnde Athlet, eigentlich gar nicht anstrebte. Konnte das wahr sein, er – ein Star?

Man hatte ja nun diesen Bus. Ein großes Luxusmodell, das sich der Verband nach den ersten Erfolgen und kluger Vermarktung leisten konnte, das entspanntes Reisen von Weltcup zu Weltcup garantierte und auch mehr Sicherheit als die Fahrten im Pkw. Der Schriftzug „Die

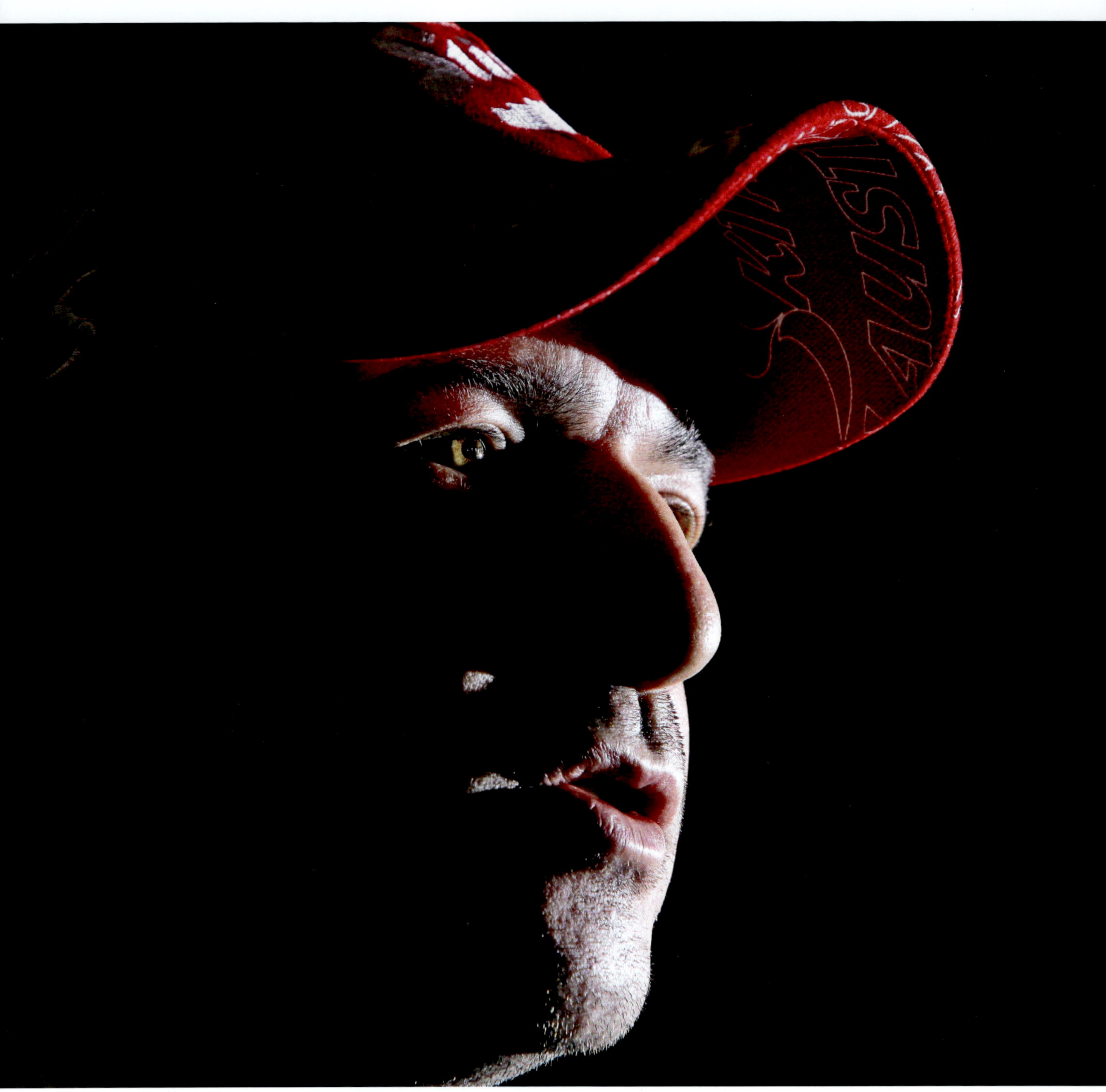

Alexander Pointner, Chefcoach der Superadler ab der Saison 2004/05 bis 2014. In dieser Zeit wurde er der erfolgreichste Trainer im Skispringen.

Adler kommen“ schmückte die Seitenwände des Busses, dazu die riesigen Konterfeis der Helden unter ihren Helmen, mit schweren Skiern auf den Schultern. Schon lange waren dies keine Adler mehr, keine gewöhnlichen Sportler der Lüfte, sie waren mehr, und so hatten sie sich auch bald genannt: die Superadler.

Die Superadler mit dem Supertrainer

Man war eigentlich auf dem Weg nach Zakopane in Polen, als die Fahrt spontan gestoppt wurde, für einen Autogrammtermin in einem Hotel, irgendwo im österreichischen Flachland. „Da waren sehr viele junge Leute auf einmal“, erzählt Kofler, „wir haben uns gefühlt wie Popstars, als würden wir hier zu einem Konzert ankommen.“ Das Ganze dauerte dann anderthalb Stunden, zwischendurch gab man Interviews und Kofler hätte das alles nicht geglaubt, hätte er es nicht mit eigenen Augen gesehen: „Dass die alle kommen, nur wegen uns! Das war schon extrem.“

Es war die Zeit, als die Mannschaft ihre Anfänge hinter sich hatte, der Erfolg dieses Teams sich schon herumgesprochen hatte in Gesellschaftsschichten jenseits der reinen Wintersportfans. Was Andreas Kofler bei dem Zwischenstopp noch als ungewöhnlich empfand, wurde zur Normalität. Und bald erkannte man: Fast alles an dieser Mannschaft war extrem – das Talent der Besten, die auch hohe Qualität der hinteren Springer, das bis zur Selbstaufgabe große Engagement des Trainers Alexander Pointner, die kreativen Trainingsmethoden, der Kampf um einen Platz im Weltcup-Team, vor allem aber der andauernde Zweikampf der beiden Besten, Gregor Schlierenzauer und Thomas Morgenstern. Nicht gerade alltäglich war es auch, dass man am Ende einen Trainer hatte, der bis heute mit 32 Medaillen bei Großereignissen der erfolgreichste Coach in der bisherigen Skisprung-Geschichte ist, dessen Vertrag der Skiverband später aber nicht mehr verlängern wollte.

Begonnen hatte alles bereits im Jahr 2002 mit einer Enttäuschung. Pointner wurde nicht Cheftrainer, sondern Übungsleiter im B-Nationalteam, und weil er nicht nur kreativ und voller Ideen, zudem offen für neue Methoden und Wege war, dazu auch voller Energie und Ehrgeiz, konnte er das nicht verstehen. Aber Toni Innauer, damals Rennsportdirektor für Skispringen und Kombination im Skiverband ÖSV, befand, Pointner sei noch nicht so weit. Denn die Zeit als Coach für die zweite Reihe, also auch für die Springer der Zukunft, war wichtig für den jungen Trainer. Morgenstern, Kofler und andere Talente übten da mit ihm. Pointner, der dem Verband nun erst recht zeigen wollte, was in ihm steckte, suchte nach neuen Methoden und neuen Trainerkollegen, teils auch zwangsweise, weil ihn viele andere Experten mieden. „Ich galt als überehrgeizig und rücksichtslos, ich konnte niemanden von meinen Plänen begeistern, da ich es nicht für notwendig empfand, sie anderen mitzuteilen“, schreibt Pointner in seiner Biografie.

Seine Art war zunächst von Nachteil, seine Ideen aber fruchteten. Pointner versuchte das Sprungtraining, also auch das Schnellkrafttraining aus dem Kraftraum zu holen und an die Skisprungsituation anzupassen. Dazu zimmerten und bauten mit steigender Begeisterung Sportler, Betreuer und Techniker neue Geräte mit Gurten, um mit Entlastungen und Widerständen zu arbeiten. Unter anderem erschufen sie einen Indoor-Schanzentisch aus Holz, auf dem sie mit Inlineskates das Abspringen in der Bewegung trainieren konnten. Ergebnis des Experimentierens war ein neuer Trainingserfolg, ein Team, das gemeinsam etwas schuf, und ein Überraschungseffekt. Denn die anderen Gruppen sollten davon möglichst nichts mitkriegen, weshalb man teils im Wald trainierte oder, wenn es dann auf die Schanze ging, in der Mittagspause.

Pointners Bilanz war auf den ersten Schlag ein Rekord. Seine Schüler erreichten im Weltcup 2002/2003 drei Siege, 17-mal kamen sie unter die besten drei, und den zweitklassigen Continental-Cup beherrschten sie mit 16 Siegen. Ein weiterer Winter folgte, dann kam der Frühling und Alexander Pointner wurde Cheftrainer der österreichischen Springer.

Gregor Schlierenzauer – ein Naturereignis

Seine Ideen, seine Methoden hatten Erfolg, seine Energie erschien unerschöpflich, genau wie die Auswahl an großartigen Springern wie Thomas Morgenstern, Andreas Kofler, Wolfgang Loitzl, Martin Koch und zunächst auch noch die erfahrenen Martin Höllwarth und Andreas Widhölzl. Und tatsächlich, wiederum zwei Winter später gelang bereits der erste große Coup: 2005/2006 brachte zwar noch nicht die erhoffte Dominanz im Weltcup, dafür belegte das Team die Plätze zwei, drei und vier bei der Skiflug-WM. Kurz darauf folgten die Winterspiele in Turin, Morgenstern wurde Doppel-Olympiasieger, Kofler gewann Silber. Zwei Talente, wie man sie selten als Trainer bekommt, und dazu eine Gruppe verlässlicher Top-Ten-Springer, was wollte man mehr? In diesem Team konnte jeder, vom Top- bis zum Ersatzspringer, seinen Platz finden und seinen Sport genießen über die nächsten Jahre. Doch abermals verlor Pointner wegen seiner besessenen Art einen Teil seines Betreuerstabs, und dann kam auch noch ein Naturereignis über ihn und das Team, ein Phänomen, wie es nur alle paar Jahrzehnte in einer Disziplin erscheint: Gregor Schlierenzauer.

Der Adler in der Natur, etwa der Steinadler, zählt zu den Einzelgängern. Gemeinsames Beutejagen ist ihm fremd, sein Territorium verteidigt er tapfer gegen Artgenossen. Er lebt ein Leben in monogamer Beziehung, hat also Zeit und könnte über sich und die Verbesserung seiner Fähigkeiten lange nachdenken. Der Superadler ist ihm nicht unähnlich.

Ein paar Monate nur blieben dem Großtalent Morgenstern aus Spittal an der Drau in Kärnten, um seine Goldmedaille und vielleicht auch seinen neuen Status zu genießen, dann zog er sich einen Bänderriss zu, fiel für die kommenden Trainingswochen aus und verpasste auch den ersten Teil des Skisprung-Grand-Prix, der Sommer-Wettkampfserie. Da tauchte erstmals der Tiroler Schlierenzauer in der Sportöffentlichkeit auf, noch 16 Jahre jung. Im ersten Versuch schon landete er auf dem Podest und gewann später noch einen Wettbewerb. In der anschließenden Wintersaison verging eine Woche, dann holte er seinen ersten Weltcupsieg, kurz darauf noch einen, und bei der Vierschanzentournee errangen Österreichs junge Springer zwei starke Plätze in der Gesamtwertung. Rang zwei belegte Schlierenzauer, gerade noch 16 Jahre alt, Vierter wurde Morgenstern, 20.

Schnell war es klar, dass diese beiden auf lange Zeit die Besten des österreichischen Springer-Kosmos darstellen würden, sie brachten in etwa gleiche Fähigkeiten mit, aber unterschiedliche Naturelle. Schlierenzauer besaß ein recht starkes Selbstvertrauen, Morgenstern eher mehr Teamgefühl, sensible Seiten zeigten beide. Weil Schlierenzauer sich nach seinen ersten Erfolgen zunächst wieder zurückzog, blieb Morgenstern das Feld überlassen. In der nächs-

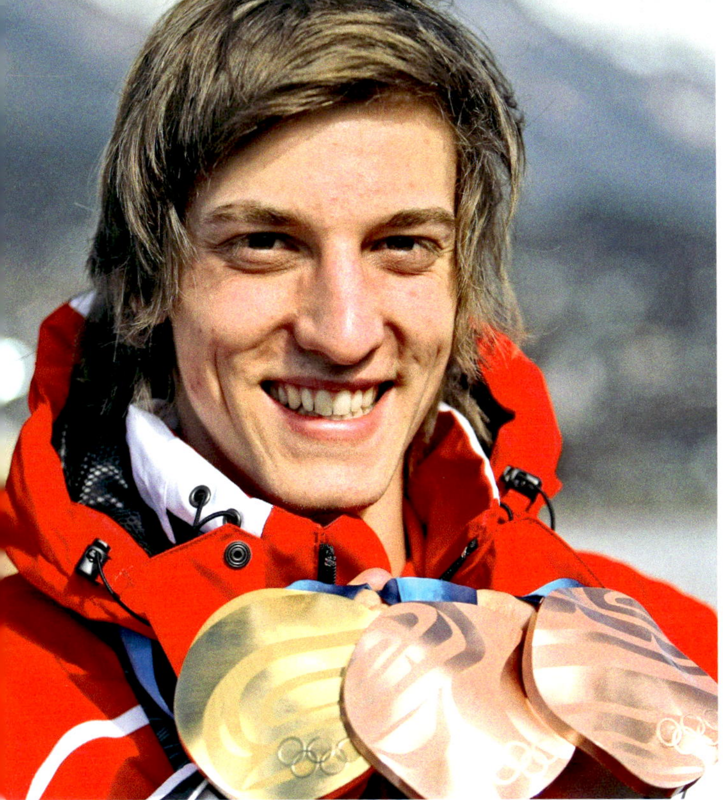

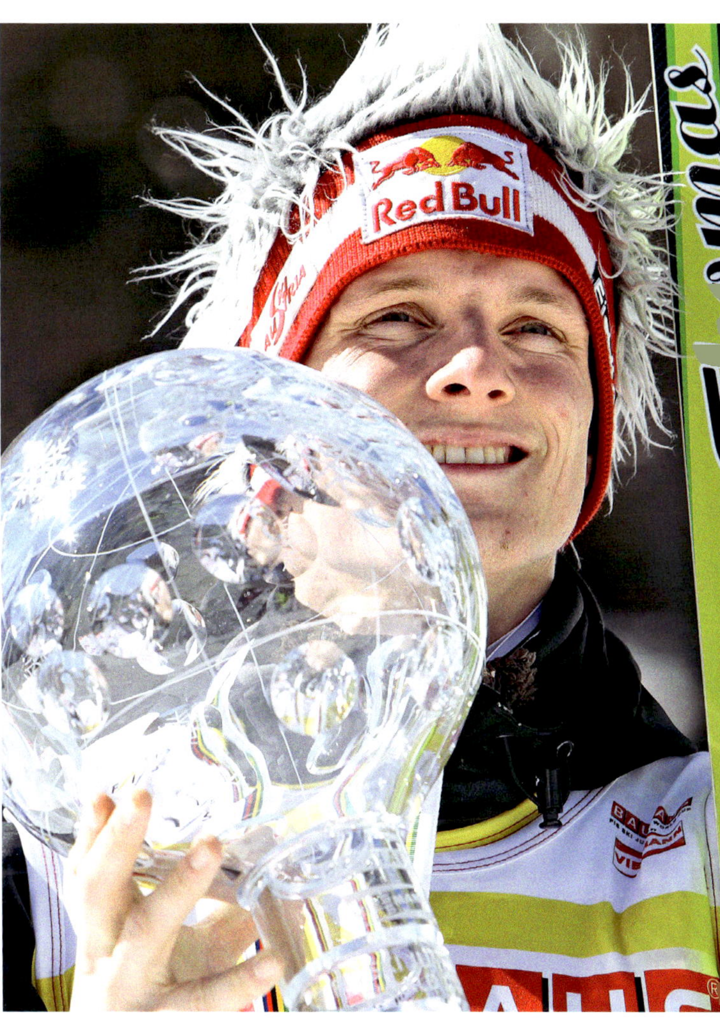

Ein Naturereignis: Gregor Schlierenzauer präsentiert in Innsbruck seine Medaillenausbeute der Olympischen Spiele 2010 in Vancouver (oben). Thomas Morgenstern jubelt im März 2011 über den Gesamtweltcupsieg (rechts).

ten Saison gewann er den Gesamtweltcup, der Ärger ging trotzdem los und flammte bis 2014, bis zum Ende der Superadlerphase unter Pointner immer wieder auf. Oft, so schien es, wiederholte sich ein Muster. In der Saisonvorbereitung blieb es meist harmonisch, in den ersten Weltcupwochen auch noch, dann, im Januar, deutete sich eine Formtendenz an, und im Februar, bei WM oder Olympia, gewann der eine, während der andere unterlag. Dieser beschwerte sich bei Pointner über mangelnde Aufmerksamkeit, während der Überlegene triumphierte – bis zum nächsten Winter, in dem die Rollen oft umgekehrt besetzt waren. Pointner, der nicht nur zwei manchmal schwierige Hochkaräter zu betreuen hatte, sondern fünf bis sechs weitere Könner, wurde immer stärker beansprucht.

Der ständige Ärger im Team

Pointners Erlebnisse mit den beiden Ausnahme-Springern gleichen den ersten Spannungen im Kindergarten. Sie sind objektiv lächerlich, aber sie sind nun mal da, immer subjektiv begründet, und die Betroffenen leiden darunter. Einmal, so Pointner, habe sich Morgenstern stundenlang im Zimmer eingeschlossen, ein anderes Mal habe wiederum Schlierenzauer Tränen vergossen und alleine den Team-Bus ins Hotel genommen, sodass alle anderen warten mussten. Denn zuvor war er Fünfter geworden, Kofler dagegen Vierter und Morgenstern Zweiter. Im Jahr 2010, so schreibt Pointner, behauptete Morgenstern, er habe vom ÖSV-Chef persönlich die Zusage, er müsse seine Sprunganzüge nicht mehr selber bezahlen. Schlierenzauer wiederum wollte schon immer sein Privatteam, was ihm – logischerweise gegen den Willen des Trainers – auch später teils gelang. Oder die WM 2011 in Oslo, und die Frage, wer macht den Schlussspringer, quasi den Anführer, beim letzten Springen, dem Teamwettkampf? Zuvor hatte Schlierenzauer zwar Gold auf der Großschanze gewonnen, Morgenstern aber eine Sternstunde erlebt. Angekommen war er als aktueller Tourneesieger, gewann dann Gold auf der Klein- und Silber auf der Großschanze und war auch noch vorzeitiger Gesamtweltcupsieger. Schlierenzauer aber meinte, er selber sei der passende Schlussspringer für diesen Wettkampf.

Später, als beide zurückblickten und versuchten, das Ganze zu verstehen, analysierte Morgenstern einmal, dass er eben nicht jenes große Selbstvertrauen hatte, das man für diesen Zweikampf benötigte. Die Chuzpe, mit der der junge Gregor anfangs auftrat, die subtilen Attacken, die Alleingänge seien für Morgenstern völlig unpassend gewesen, hätten ihn bis zuletzt gestört. Als er 16 Jahre alt war, habe er sich untergeordnet, sagte Morgenstern, „als Gregor in den Weltcup kam, habe ich den Respekt vermisst. Er hat sich verhalten, als wäre er schon immer da gewesen.“ Schlierenzauer wiederum erklärte, sein provokantes Verhalten damals war jugendliche Unbekümmertheit und zugleich auch notwendige Folge der Situation: Seine Art habe er sich angeeignet, um mit dem enormen Druck und der ständigen Öffentlichkeit umzugehen. „Im Nachhinein war es sicher nicht die beste Methode“, sagte er, „aber ich kannte keine andere.“ Es war so, als würde er sich „unter einem Umhang verstecken“.

Und so blieben alle lange in ihren Rollen gefangen, Pointner immerhin sprach 2011 in Oslo ein Machtwort und Morgenstern führte das Team zum WM-Sieg. Eine Weile schon hatte er darüber gerätselt, wie das sein kann, dass zwei Athleten einander derart den Erfolg missgönnten, obwohl sie doch längst wissen mussten, dass beide in etwa das gleiche hohe Niveau hielten. Der Moment des Erfolgs des anderen war offenbar derart schmerzhaft, dass sie die Verantwortung für den eigenen Misserfolg kaum ertrugen. „Es scheint einfach eine Charaktereigenschaft von Siegertypen zu sein“, formulierte Pointner, „dass sie Niederlagen und negative Erlebnisse auslagerten und andere dafür verantwortlich machten.“ Meist war dies der Chefcoach, der dem anderen angeblich mehr Zeit widmete.

Als Pointner erkannte, dass Zuwendung und Harmoniestreben das Problem nicht lösten, war längst klar, dass sich jeder Superadler mehr und mehr um sich selbst kümmerte. Der stillere Andreas Kofler, der in etwa an dritter Position hinter den beiden Cracks und vor fünf anderen auch sehr guten Springern lag, hatte die Situation irgendwann verstanden: „Du musst dich selber aufstellen“, das war sein Schluss. Die Superadler mit ihrem Reisebus und den auf den Postern im großen Schulterschluss abgebildeten Skispringern war ein Trugbild. In Wahrheit kämpfte mehr als die Hälfte der Mannschaft permanent um einen Startplatz. Kofler konnte diesen Kampf annehmen, ohne jedes Mal zu verzweifeln: „Das war ein wahnsinniger Druck, hat aber auch angespornt.“ Und er findet, dass das System umso besser wurde, je ehrlicher man wurde. In diesem Sport der einsamen Flieger

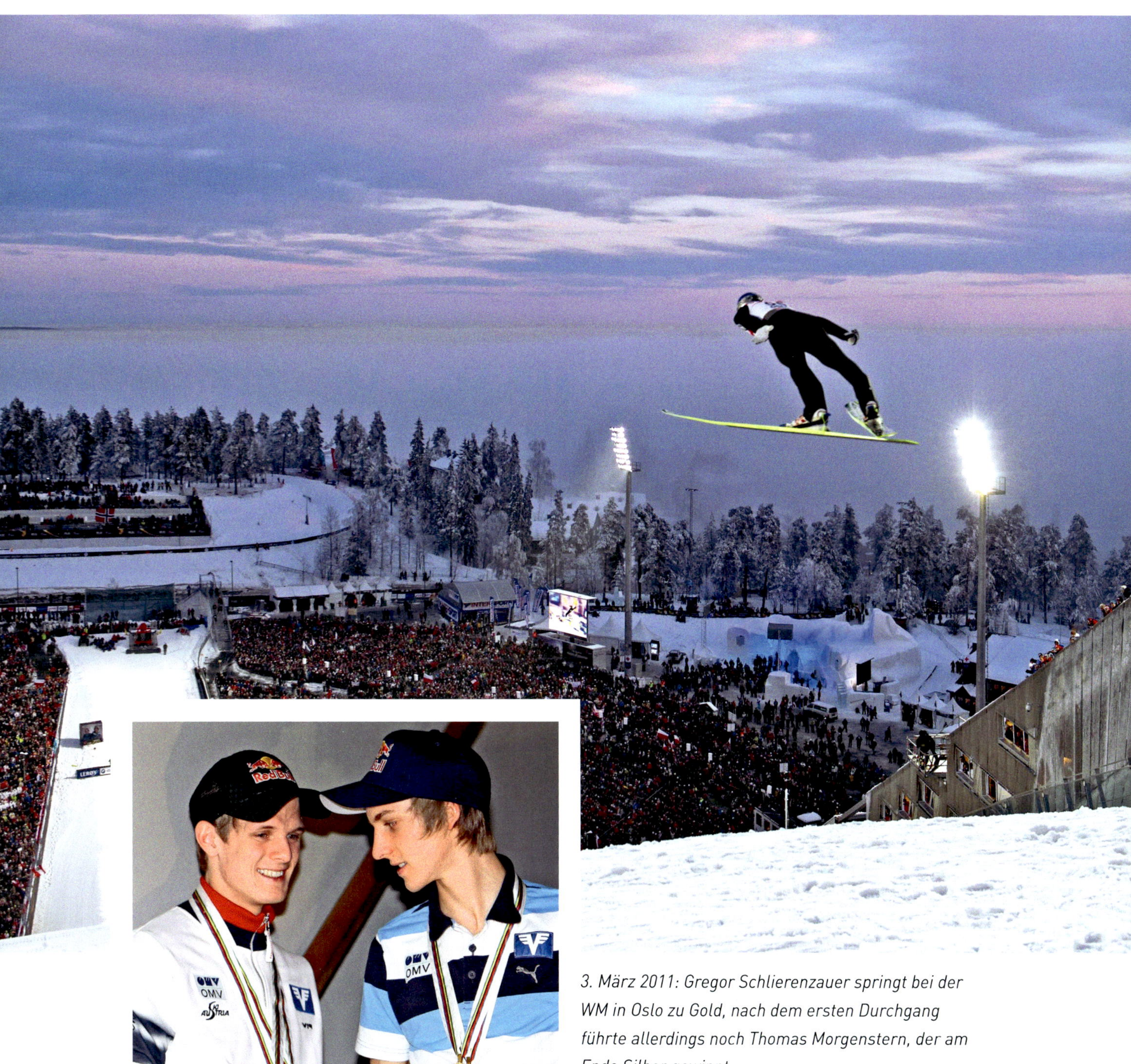

3. März 2011: Gregor Schlierenzauer springt bei der WM in Oslo zu Gold, nach dem ersten Durchgang führte allerdings noch Thomas Morgenstern, der am Ende Silber gewinnt.
Morgenstern und Schlierenzauer am nächsten Tag bei der Medaillenfeier im Hotel.

hieß es eben nicht: Acht Freunde müsst ihr sein, sondern eher, wie Kofler sagt: „Es müssen nicht alle beste Kumpel sein.“ Allerdings wusste Kofler auch, dass selbst Superadler nicht ewig fliegen, dass auch diese Epoche einmal zu Ende geht: „Irgendwann geht es so heiß her, dass du dir einfach der Nächste bist. Bei so einer langen Phase ist es dann ganz normal, dass es ein bisschen zu bröseln anfängt.“

Grandiose Bilanz anspruchsvoller Jahre

Die Bilanz bleibt überragend, trotz oder gerade wegen ständiger Reibung. Alexander Pointner, der auch lernen musste, dass sein Harmoniebedürfnis ihn selbst belastete, der in dieser Dekade immer wieder auch Phasen mit Depressionen durchmachte und überwand, war am Ende der Superadlertrainer, der Coach, dessen Schüler viermal den Einzel-Gesamtweltcup gewannen, dreimal Zweiter wurden und dreimal Dritter. Neunmal lag das Team am Saisonende im Nationencup vorne. Sechsmal hintereinander – zwischen 2009 und 2014 – gewann einer seiner Springer die Vierschanzentournee. 99 Einzelsiege sammelten sie im Weltcup. Und eine weitere beachtliche Marke wurde erreicht: 17 Goldmedaillen bei Olympia oder Weltmeisterschaften gewannen die Superadler, 32 Medaillen wurden es insgesamt. Und doch, Pointners letzte Saison war nochmal ein wildes Auf und Ab, eine Verdichtung all der Reibungen und Probleme, der Dramen, Happy-Ends und persönlichen Niederlagen, die der Sport bietet.

Gleich zu Saisonbeginn 2013/2014 bekamen gewissermaßen die Hyperadler der Superadler Probleme, die lange wirkten: Andreas Kofler stürzte in Klingenthal und verlor seine Form. Morgenstern verletzte sich in Titisee-Neustadt am Handgelenk, und Schlierenzauer gewann zwar schnell zwei Weltcups, ließ dann aber nach, wohl auch, weil er sich zu sehr auf Details konzentrierte, nämlich die millimetergenaue Einstellung der Stützkeile in den Schuhen.

Pointner wiederum fühlte sich prächtig und setzte zunehmend auf die Jüngeren. Unter denen befand sich ein gewisser Thomas Diethart

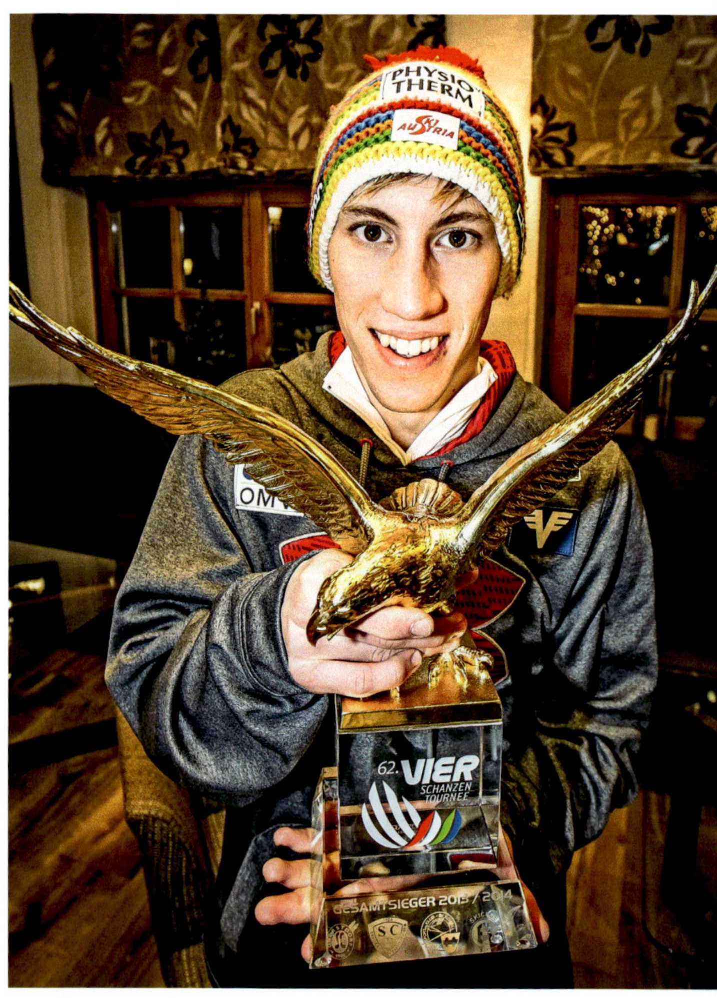

Thomas Diethart sorgt mit dem Gesamtsieg der Vierschanzentournee für den größten Erfolg des österreichischen Teams in der Saison 2013/14.

aus dem niederösterreichischen Flachland, dessen grandiose Veranlagung Pointner natürlich nicht entging. Diethart war genau das, was ein Trainer in Bedrängnis braucht. Im Hintergrund formierten sich die Kritiker im Verband, all die verdienten ÖSV-Basistrainer, die teils zu Recht protestierten, dass sich da oben ein Elite-Team selbstständig machte und den Rest abhängte. Doch der Elite-Chef verhalf dem unerfahrenen 21-jährigen Diethart zum Sieg bei der Vierschanzentournee, auch mit seiner Neurocoaching-Methode. Er schaffte es, Dietharts Konzentration wach zu halten, indem er ihm ganz spezielle Aufgaben erteilte, etwa seinen direkten Rivalen Simon Ammann zu beobachten und abends von dessen Verhalten zu berichten.

Sotchi – ein olympisches Desaster

Dietharts Tournee-Triumph bei der vierten Station in Bischofshofen war deshalb wichtig für Österreichs Verband, weil es am Ende der Saison der einzige große Erfolg blieb. Die Ereignisse überschlugen sich nun. Thomas Morgenstern, der schon in Titisee-Neustadt gestürzt war, nach Wochen wieder auf die Schanze ging, weil er wie alle bei den Olympischen Spielen in Sotschi dabei sein wollte, war wieder fit und prüfte beim Skifliegen am Kulm seine Form. Er verlor die Balance, stürzte schwer und erlitt unter anderem ein Schädel-Hirn-Trauma.

Wie alle ÖSV-Springer war auch Morgenstern von großem Ehrgeiz getrieben, und auch weil Pointner ihm versprach, einen Platz im Olympiateam freizuhalten, meldete er sich tatsächlich rechtzeitig fit. Die Spiele wurden dennoch eher zu einer Enttäuschung, was wiederum mit einem neuen Belag unterm Ski zu tun hatte, mit dem Österreichs Kombinierer den Winter über famose Erfahrungen gemacht hatten. Das Problem war, aus irgendwelchen Gründen konnte diese Spezialpräparation in Sotschi, wo sich alle Österreicher Hoffnungen machten, zumindest im Einzel nur Gregor Schlierenzauer zur Verfügung stehen.

Natürlich verdarb das die Stimmung im Rest der Mannschaft, in so einem Fall ist es auch egal, ob das Wunderwachs tatsächlich zunächst knapp war und allen erst für den Teamwettkampf zur Verfügung stehen konnte. Und egal war es dann auch, ob man Schlierenzauer, dem Rekordhalter mit damals 52 Weltcupsiegen (heute 53), den ersehnten Olympiasieg als Einzelspringer gönnen wollte. Auch wegen dieses Vorfalls blieb Sotschi 2014 für Pointner „ein Desaster“.

Schlierenzauer belegte im Olympia-Einzel nur die Plätze elf und sieben. Immerhin, mit der Mannschaft sprang noch eine Silbermedaille heraus, was eigentlich eine großartige Leistung war, für die Ansprüche dieses Erfolgsteams aber eine weitere Olympia-Enttäuschung bedeutete. Pointners Vertrag wurde schließlich nicht mehr verlängert, zu viele Gegner hatte er im Verband und zu viel, so schreibt er, habe er am Ende auch selber von vielen Mitstreitern verlangt.

Es war eben etwas auseinandergebrochen. Jeder dachte zunehmend an sich, und das wohl schon seit Jahren. „Gebröselt“ hatte es also, wie Kofler es ausdrückt – jener Springer, der 2006, noch in den Anfängen der Superadler, mit Morgenstern auf dem Olympiapodium in Turin stand, wo sich die beiden jungen Springer und der Rest der noch unschuldigen Super-Mannschaft dermaßen freuten, dass es fast egal war, wer von ihnen nun Silber und wer Gold gewonnen hatte.

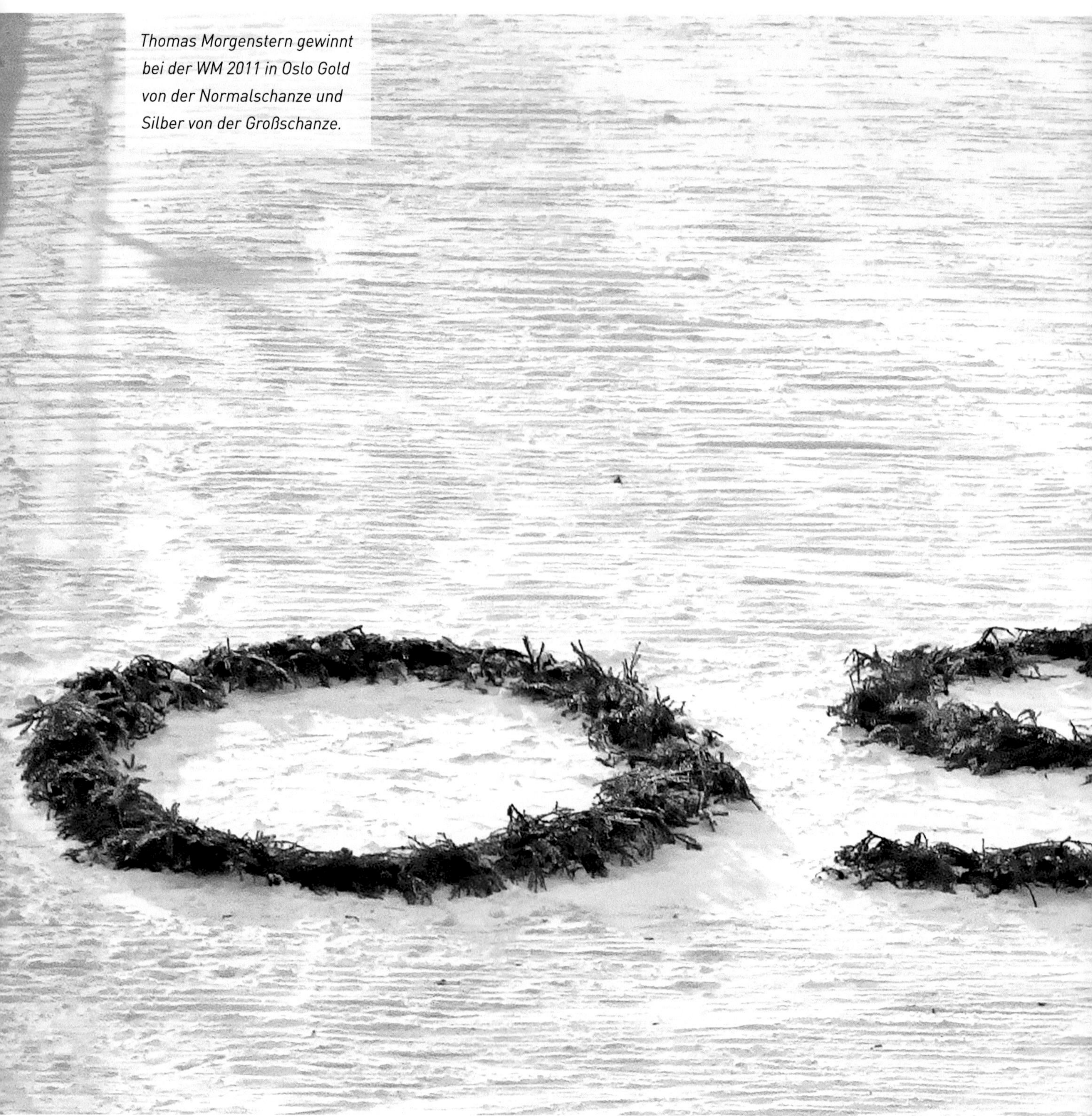

Thomas Morgenstern gewinnt bei der WM 2011 in Oslo Gold von der Normalschanze und Silber von der Großschanze.

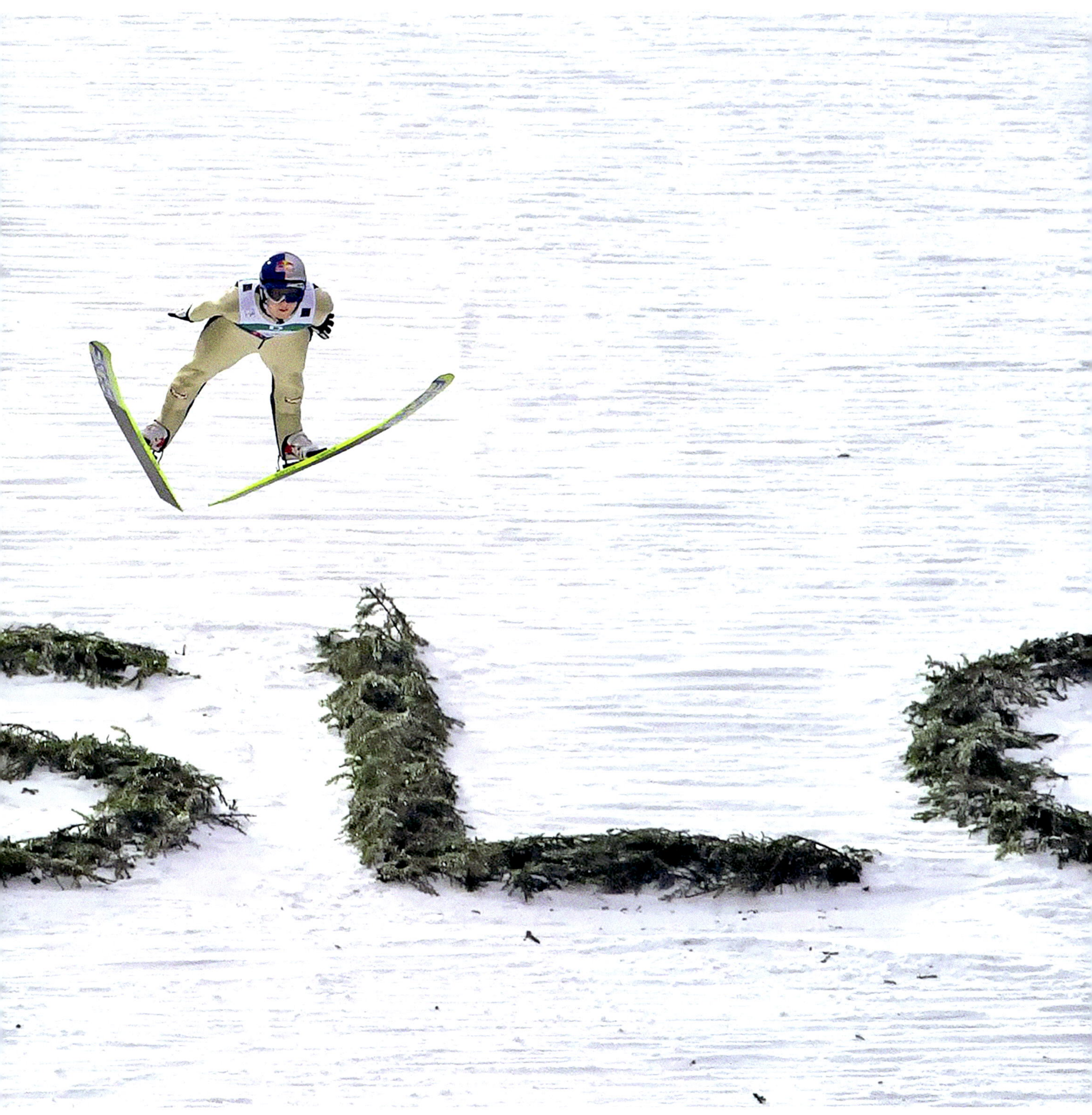

13 Der Süchtige

Trainingswütig und hochtalentiert, alkoholkrank und gewalttätig: Der 2019 verstorbene Matti Nykänen schwankte hin und her zwischen den Extremen eines Sportgenies.

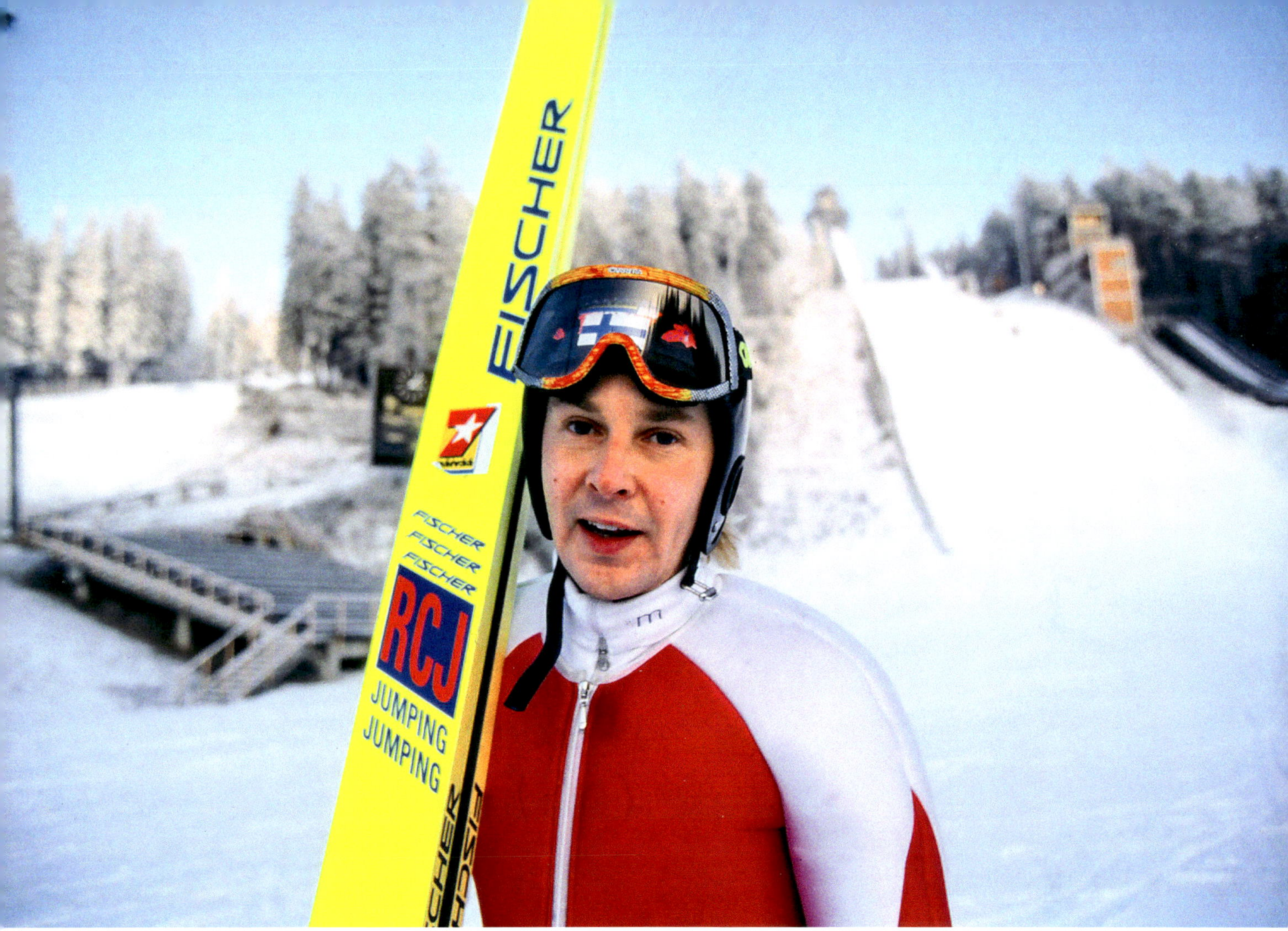

Matti Nykänen Anfang der 1990er-Jahre.

Nicht jeder Skifahrer fühlt sich wohl unter einem Helm. Er umschließt den Kopf, anfangs engt er irgendwie die Gedanken ein und wenn die Kopfhaut juckt, kann man nicht kratzen. Für Matti Nykänen aber war der Helm wie bei jedem seiner Skispringer-Kollegen eine Selbstverständlichkeit, und außerdem noch viel mehr. Setzte er die Schutzhaube auf, dann war er nicht gefangen, sondern im Gegenteil, es öffnete sich die heile Seite seines Lebens. Der Helm gab Sicherheit nicht nur bei einem Sturz, sondern auch für die Gedanken. Sie wurden klar und strukturiert. Die vielen Rätsel des Lebens blieben draußen. Wenn Nykänen auf dem Balken sitzend den Helm aufhatte, dann war alles gut, denn er war Skispringer, er war er selbst.

Diesen Zustand bezeichnen die finnischen Nykänen-Biografen Jouko Vuolle und Arto Teronen als „Mattis Welt", es ist auch der Titel ihres Buches, das bislang nur in Finnland erschienen ist. Auf ihre Weise sind die meisten Skispringer besessen, es ist ja auch ein verrückter, suchtnaher Sport. Nykänen aber war der extremste von ihnen und wohl auch einer der außergewöhnlichsten im gesamten Leistungssport. Aber was war dieses Extreme an Nykänen? „Es war wie bei Dr. Jekyll und Mr. Hyde", sagt Vuolle.

Extrem trat Nykänen zunächst in den Ergebnislisten in Erscheinung. In seiner Zeit war er der Beste in nahezu jeder Altersklasse. Seine Bilanz im Weltcup überragte alles, was bisher auf Schanzen geleistet wurde. Nykänen brachte es auf 46 Siege, und zwar mit scheinbarer Leichtigkeit. Jens Weißflog, sein großer Konkurrent in den 1980er-Jahren, sagt, Nykänen sei noch eine andere Nummer gewesen, jedenfalls in der kurzen Zeit von dessen Karriere: „Allein schon die Gesamtweltcupsiege, da hatte er vier, also drei mehr als ich.“ Sein 46-Einzelsiege-Rekord, aufgestellt binnen sieben Jahren, hielt über mehr als zwei Jahrzehnte, ferner zählte er zu dem Quintett, das alle wichtigen Ereignisse gewann: Gesamtweltcup, Tournee, Weltmeisterschaft und Olympia. Denn unter seinem Helm konnte er fast immer aufblühen. Doch letztlich musste er ihn auch wieder absetzen, dann war er zurück unter den Menschen, im Dschungel.

„Ein einsamer Mensch“

Normalerweise ist es so: Wird ein Job zur Hölle, so darf man immer noch kündigen – wird aber das sonstige Leben zur Hölle, entkommt man ihr nicht so einfach. Ähnlich erging es im Großteil

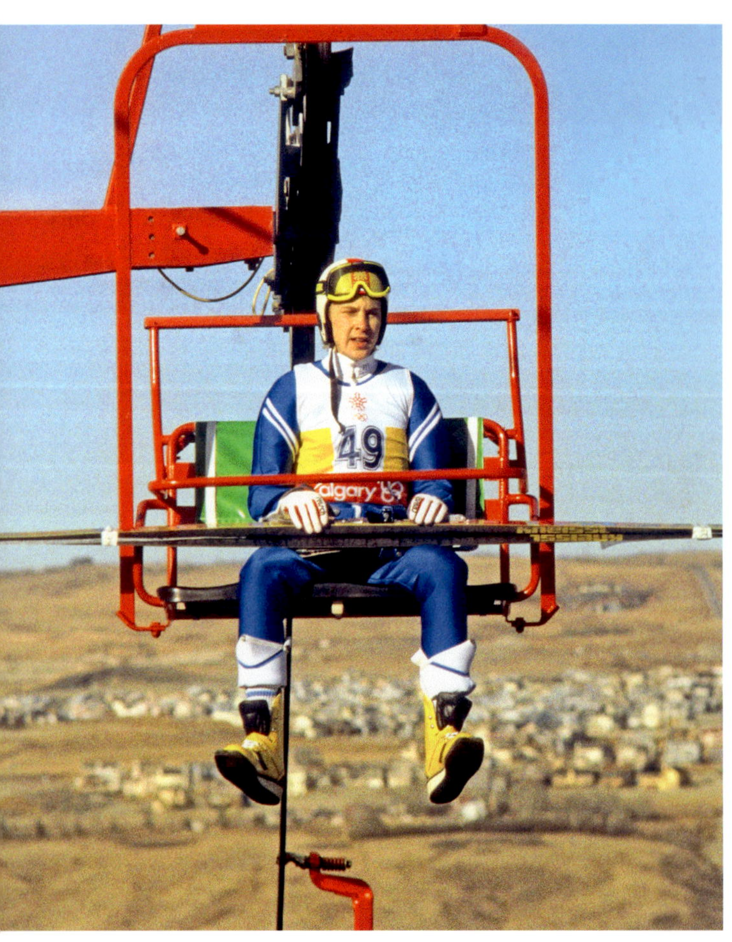

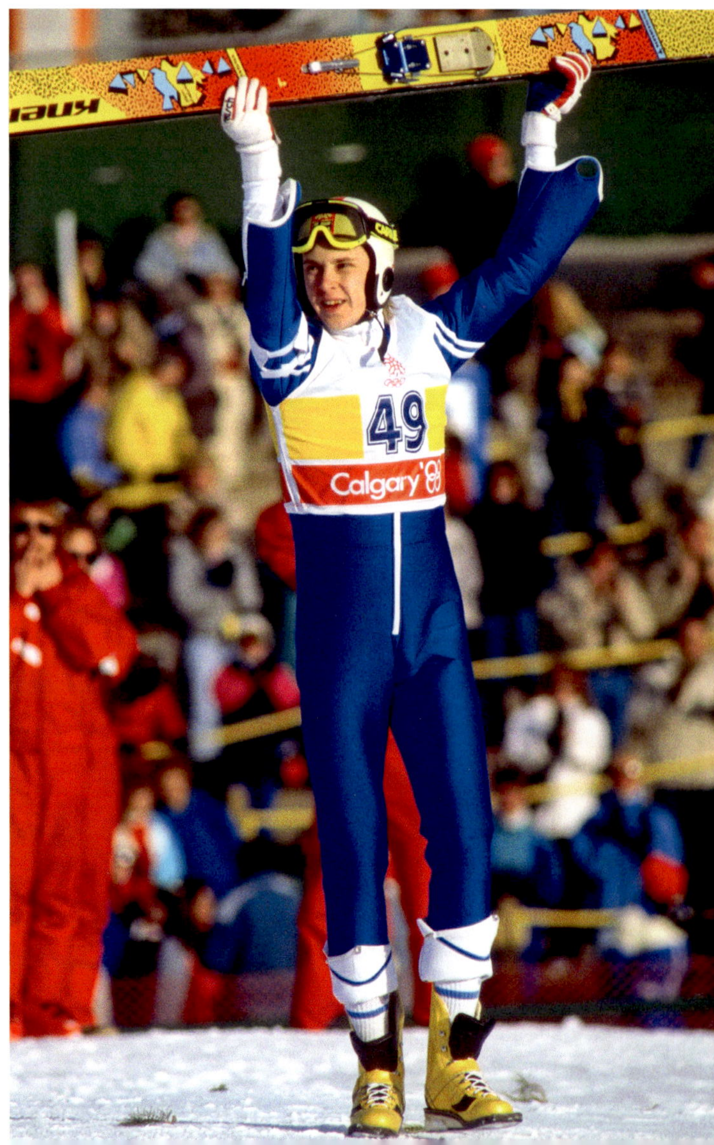

seines Lebens auch dem finnischen Sport-Idol, das 2019 im Alter von 55 Jahren starb. Seine Familie erklärte, die Todesursache seien Entzündungen von Lunge und Bauchspeicheldrüsen gewesen. Womöglich schwächte ihn auch eine Diabetes-Erkrankung, die wenige Monate zuvor diagnostiziert worden war. Dass die Hölle ein „besserer Ort“ sei als sein Leben, das hatte Nykänen schon früh festgestellt. Denn im Dschungel dieses Lebens jenseits der Schanzen, da kannte er sich nicht aus, da wechselten sich der liebenswürdige und der destruktive Anteil seiner Persönlichkeit ab. Jener, der ihn auf Empfängen und Partys in den Mittelpunkt brachte, und jener, der ihn zunehmend isolierte. Dazu kam ein weiterer Teufelskreis, der sein Sozialleben belastete – die Alkoholsucht. Nykänen, das Genie auf der Schanze, wurde gewalttätig gegen seine Freunde und auch in seinen Beziehungen, was ihn mehrmals ins Gefängnis brachte. Teronen sagt: „Letztlich war er ein einsamer Mensch.“

In seinem Elternhaus konnten die Autoren keine der offensichtlichen Ursachen, etwa Gewalt, für Nykänens Temperament finden. Sein Vater war Taxifahrer, ein zuvorkommender Mensch, von dem es heißt, er habe den Gästen stets die Tür aufgehalten. Nykänen hatte drei Schwestern, zwei ältere und eine jüngere. Die Eltern hatten also viel zu tun, waren auch nicht immer da, „es war wohl nicht immer leicht“, sagt Teronen. Aber Matti entdeckte schon bald seine Welt, an der Jyväskulä-Schanze, ganz in der Nähe.

Er übte springen, wo es ging. Auch die Schulbank war für ihn ein Schanzentisch, und seine Eltern beschlossen nach ersten Einwänden, ihm seine Freiheit zu lassen. Als Matti in den örtlichen Skiklub eingetreten war und echtes Training genoss, ging es schnell. Zwölf Jahre war er ungefähr alt, als in Jyväskulä mal wieder Nationaltrainer Eijo Kirionen vorbeischaute, um Talente zu sichten. Sämtliche Jungs der älteren Jahrgänge hatte er bereits begutachtet, dann erst fiel sein Blick auf Matti Nykänen. Coach Kirionen beobachtete dessen Sprünge und bereits gut entwickelte Technik immer wieder, dann sagte er: „Der wird mal ein großer Springer.“

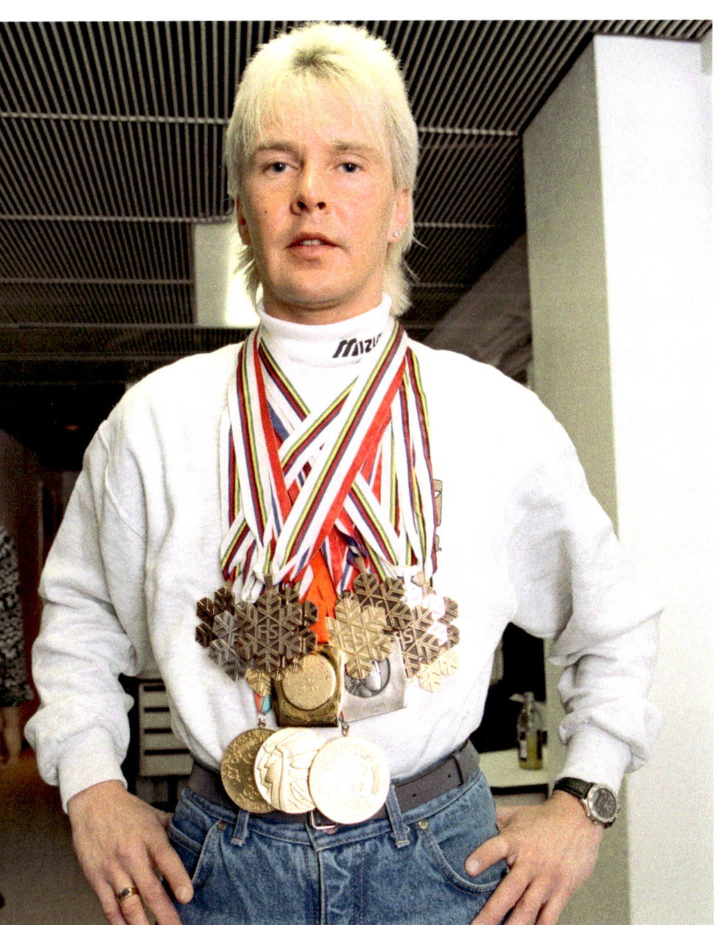

Olympia 1988 in Calgary (Kanada): Matti Nykänen auf dem Weg zur Schanze (links) und als gefeierter Held nach seinem Sprung zu Gold (Mitte). 1994 präsentiert er nach seinem Karriereende all seine gewonnenen Medaillen (rechts).

Ein Schlüsselerlebnis. Nykänen begriff damals wohl, dass dies eine seltene Chance war. Dass er mit exakt dem Sport, den er schon jetzt leidenschaftlich gerne betrieb, auch noch ein ganz Großer werden könnte. Wie es bei vielen Hochbegabten der Fall ist, so war auch für Nykänen nicht nur im Jugendalter, sondern auch später, als er Tausende finnische Mark verdiente, Geld nur eine Nebensache. „Er hatte tatsächlich eine allein innere Motivation", sagt Vuolle. Die Frage, was soll ich mal werden, was könnte mir Halt geben im Leben, stellte sich gar nicht. Nykänen verbrachte die Nachmittage auf der Schanze, und manchmal aß er gleich in der Schule zu Mittag und ging danach – statt nach Hause – direkt an die Schanze, um immer weiter zu springen. Daraus entstand dann wohl die Grundlage aller Erfolge, sein überragender Absprung.

Steiler Aufstieg

Eigentlich ist es kontraproduktiv, früh abzuspringen, weil der Athlet so schon vor jenem Punkt abhebt, an dem der maximale Krafteinsatz möglich ist und man am höchsten hinaufkommt. Nykänen aber hatte sich angewöhnt aggressiver und früher zu springen, vielleicht, weil es bei ihm keine sichtbaren Folgen hatte. Dank seiner überragenden Technik und seines guten Fluggefühls erreichte er auch so die richtige Höhe und verlor beim Wechsel in die Fluglage womöglich auch weniger Geschwindigkeit.

Langsamkeit war allgemein kein Problem für Nykänen, der schon mit 18 Jahren seinen ersten Weltcupsieg feierte. Die Karrierekurve verlief ähnlich schnell und hoch wie sein Absprung. Schon in der Saison darauf, mit 19, gelangen ihm zehn Weltcupsiege und der erste Gesamterfolg. Und auch im Alltag ging es bald hoch her. Nykänen feierte seine Erfolge ausgiebig, noch während der Karriere fing er an zu trinken. Gewissermaßen war er irgendwann in der Jugend abgesprungen und ohne die gewöhnlichen Reifeprozesse – etwa Kämpfe in der Pubertät, Rückschläge und Siege in der Schule, Erfahrungen mit guten und schlechten Freunden – direkt im großen Leben gelandet. „Er ist nie groß geworden wie ein erwachsener Mensch", sagt Vuolle, „er war noch so jung, als er ein echter Superstar wurde, und er blieb immer ein Held. Aber, er wurde niemals erwachsen."

Doch die heile Welt musste er ja wieder verlassen, in dem Moment, wenn er den Helm abgenommen hatte. Im Nachhinein halten es Beobachter und Ärzte für sehr wahrscheinlich, dass Nykänen an ADHS litt. Dabei ist die Aufmerksamkeit gestört, der Betroffene neigt zu Hyperaktivität. Auch die Fähigkeit, bei Entscheidungen einfachste innere Einwände zu berücksichtigen, ist teils blockiert. Das dürfte erklären, weshalb Nykänen so schnell aus der Haut fahren konnte, sich zweifelhaften Beratern anvertraute und ein Mensch ohne Heimat blieb. Er hatte wohl die Sehnsucht nach Nähe, umgab sich aber meist nur mit Kollegen und besseren Bekannten. „Jene wenigen, die zu echten Freunden werden konnten, erkannte er nicht", sagt Vuolle.

Matti Nykänen am 6. März 1988 im finnischen Lahti.

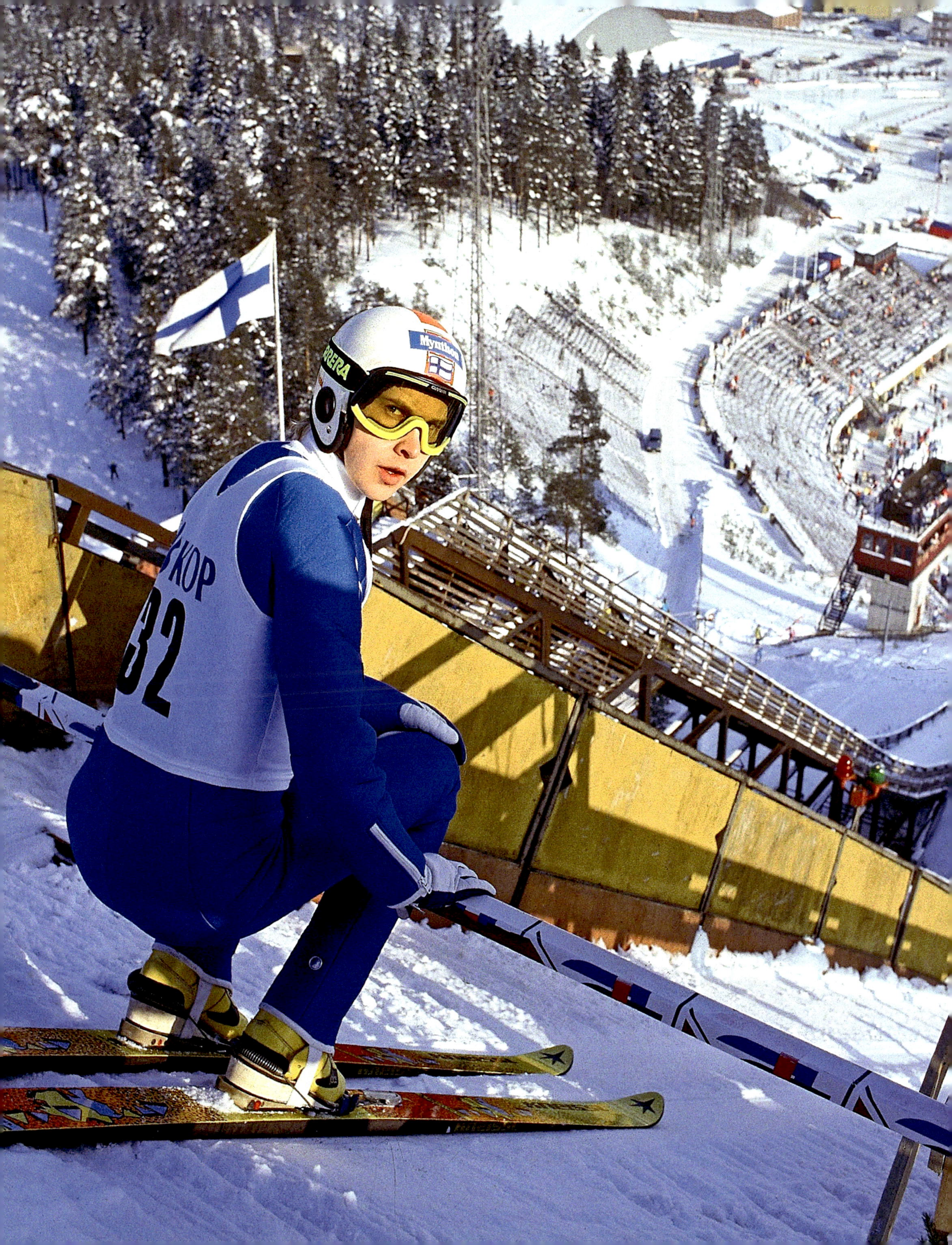

KOP
32

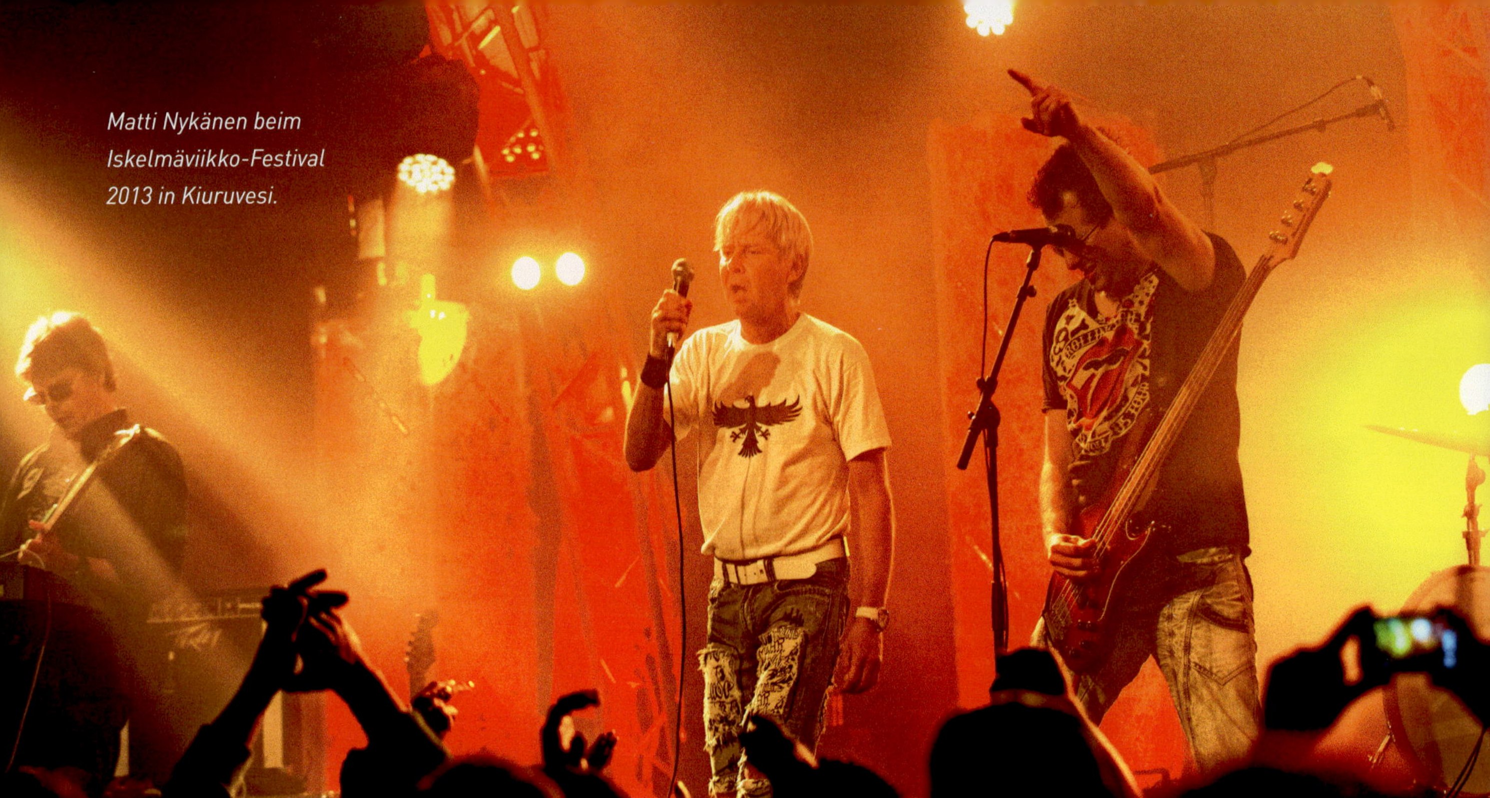

Matti Nykänen beim Iskelmäviikko-Festival 2013 in Kiuruvesi.

Dass er selber zu verlässlichen Freundschaften kaum fähig war, hieß aber nicht, dass er sich nach solchen nicht sehnte. Nykänen warb sogar um sie, jedoch mit den falschen Mitteln. Er galt sogar als eifersüchtig, nicht nur Frauen, sondern auch Kumpels gegenüber, die sich vielleicht von ihm abwenden konnten und die er dann bedrängte. Diese Haltung zerstört häufig Beziehungen, weil sie letztlich egoistisch ist, das Gegenteil von gemeinsamer Gesinnung. Vuolle sagt, auch Nykänen, oder in diesem Fall Mr. Hyde, habe diese Tendenz gehabt: „Er wollte alle Menschen *besitzen*."

„Die Liebe der Menschen kaufen"

Aber das spürten in den Anfängen wohl nur die Betroffenen. Matti Nykänen befand sich da weiter im sportlichen Aufstieg, seine inneren Konflikte, seine Sorgen bekamen nur die wenigsten mit. Seine liebenswürdige Seite konnte er schließlich auch zeigen, Teronen sagt: „Er konnte sehr höflich sein, dann hatte er großartige Manieren." Bald näherte er sich aber dem Zenit seiner Karriere, dem Olympia-Winter 1988. Zu dieser Zeit hatte er schon eine Gold- und Silbermedaille bei den Spielen in Sarajewo 1984 errungen, zudem sieben WM-Titel sowie 43 Weltcupsiege. Und im Februar 1988, in Calgary in Westkanada, setzte er sich das nächste Denkmal in den ewigen Listen – mit allen drei Olympiasiegen.

Im selben Spätwinter gewann er noch den Gesamtweltcup, besser sollte er dann nie mehr springen. Er hatte schon viel Geld mit seinen Erfolgen und deren Vermarktung verdient, doch der Umgang mit dem neuen Reichtum und der Bedeutung von Geld fiel ihm schwer. Viele Geschichten ranken sich um Nykänens Glauben, er könne geliebt werden wegen seiner Freigiebigkeit. Einmal, schon lange nach seiner aktiven Laufbahn, trafen sich zum Tourneeauftakt in Oberstdorf einige Tournee-Journalisten in einem Hotel-Lokal zum Abendessen. Als sie später bezahlen wollten, erwiderte die Bedienung, alles sei schon beglichen, und zwar von diesem Herrn da, und deutete diskret zur Theke. Da saß Matti Nykänen.

Das war nicht das einzige Mal, „er wollte die Liebe der Menschen kaufen", schließen Teronen und Vuolle, was vielleicht gar nicht auf Berechnung beruhte, sondern auf spontaner Eingebung. Als plötzlicher, unbedachter und naiver Entschluss aus Mattis Welt, die so anders war als die Welt da draußen.

Nykänen war oft noch als Beobachter und Experte dabei im Skisprung-Zirkus, und eine weitere Anekdote verdeutlicht, dass er schwer mit Geld umgehen konnte. So bat er einmal einen guten Bekannten, dieser möge doch bis zum nächsten Tag auf sein Bargeld aufpassen, von dem Nykänen oft Tausende Mark bzw. Euro mit sich führte, manchmal 20.000. Biograf Vuolle sagt: „Er besaß nie eine Kreditkarte." Dennoch war Nykänen vorsichtig, er wusste ja, dass er sich abends wieder schwer betrinken würde. Als sich der Bekannte aber am nächsten Tag anschickte, ihm den Betrag zurückzugeben, wusste Nykänen von nichts.

Die Hölle

Das war schon lange nach der Zeit, in der Nykänen durch den V-Stil aus seinem Sport gerissen wurde. Anders als Weißflog, der sich vorbildlich umstellte und bald weitersiegte, wurde Nykänens Karriere im Jahr 1991 neben seinem Alkoholproblem, seinen Eskapaden und mangelndem Training letztlich auch vom V-Stil beendet. Zur Umstellung brauchte man viel Konzentration, Geduld und Systematik, lauter Tugenden der neuen Erfolgsspringer, nicht aber die des intuitiven Charakters Nykänen.

Den schützenden Helm, die heile Welt, war er nun los, auch die Ordnung eines geplanten Kalenders, und es begann das, was er vermutlich mit „Hölle" meinte. Ein Leben in Extremen, in Ehen, die nicht lange hielten, auf der verzweifelten Suche nach Freunden und Anerkennung. Nykänens Frustresistenz und Selbstbeherrschung sanken, bei Meinungsverschiedenheiten wurde er plötzlich gewalttätig, teils auch schon während seiner Karriere.

2004 verletzte er volltrunken einen Freund nach einem Streit mit einem Messer und wurde zu 26 Monaten Haft verurteilt, von denen er 13 absaß. Zwei weitere Freiheitsstrafen erhielt er in den Jahren darauf: 2006 eine kürzere, nachdem er seine vierte Frau Mervi misshandelt hatte, und 2009 eine längere über 16 Monate bis ins Frühjahr 2012. Nykänen hatte seine Frau mit einem Messer attackiert. Dieses Leben war somit nicht nur Nykänens Hölle, sondern in erster Linie auch die seiner Mitmenschen, seiner Frauen und Bekannten.

Seine eigene Misere erfasste er möglicherweise nicht immer, mit Sicherheit dann nicht, wenn er betrunken war. Matti Nykänen hatte nach dem Skispringen noch eine Karriere als Sänger gestartet, wenn man es denn als Karriere, also als Erfolg bezeichnen kann. Dazu gehören wie im Skispringen erstens professionelle Strukturen, zweitens viel Publikum und drittens eine gute Performance, in diesem Fall eine Stimme. Die Strukturen haben seine Manager geschaffen, sie organisierten Bühnen und Werbung. Die Säle waren auch voll, doch drittens, die Stimme des Sängers war allenfalls durchschnittlich. „Ja, er war ein Sänger – wenn man es singen nennen möchte", sagt Teronen, eher sei es aber derselbe Effekt gewesen, „wie wenn man einen Clown im Zirkus sehen will".

Nykänen war selbst verantwortlich, aber auch hilflos und fiel in der Folge auf halbkriminelle Manager herein. Sie überredeten ihn dazu, nach dem Singen in Kneipen zu strippen, was Nykänen in einer Phase von wenigen Wochen sogar mitmachte. Nicht alle Fans des Wintersports würden ein derart abgestürztes Vorbild später noch als solches ansehen. Manche würden sich enttäuscht abwenden, manche würden ihr Idol mit etwas Distanz betrachten. Doch in Finnland ist Nykänens Beliebtheit nahezu ungebrochen.

Das liegt vielleicht daran, dass er am Ende doch noch eine solide Beziehung mit seiner letzten Ehefrau führte. In jedem Fall hatte es aber damit zu tun, dass Matti Nykänen seinen Anhängern über Jahre große Momente voller Spannung beschert hatte, dass er, der normale, empfindsame und anfällige Mensch, ihnen gezeigt hatte, was alles möglich ist.

Eine große Gruppe von Finnlands Weltkriegsveteranen setzte sich in diesen Zeiten seiner schlimmsten Krise für Nykänen ein. Sie vertraten die Ansicht, dass er ähnlich leidenschaftlich für sein Land gekämpft habe wie auch sie seinerzeit. Und große Teile der normalen Bevölkerung haben ihn weiterhin ins Herz geschlossen, gerade deshalb, weil Nykänen sich den Gesetzen der Normalität widersetzt hatte. Gerade, weil er sich abhob von den anderen hochkarätigen, aber oft berechenbaren Siegern in diesem Sport, mit seinen faszinierenden wie routinierten Abläufen, in denen Jahr für Jahr der Beste gesucht wird, in dem viel Geld verdient, aber nicht einfach verprasst wird.

Dass er mit diesen Gesetzen nicht zurechtkam, dafür wurde Matti Nykänen geliebt, denn, wie die Biografen Vuolle und Teronen sagen: „Er hat verrückte Dinge getan. Dinge, die normale Menschen nicht tun.“

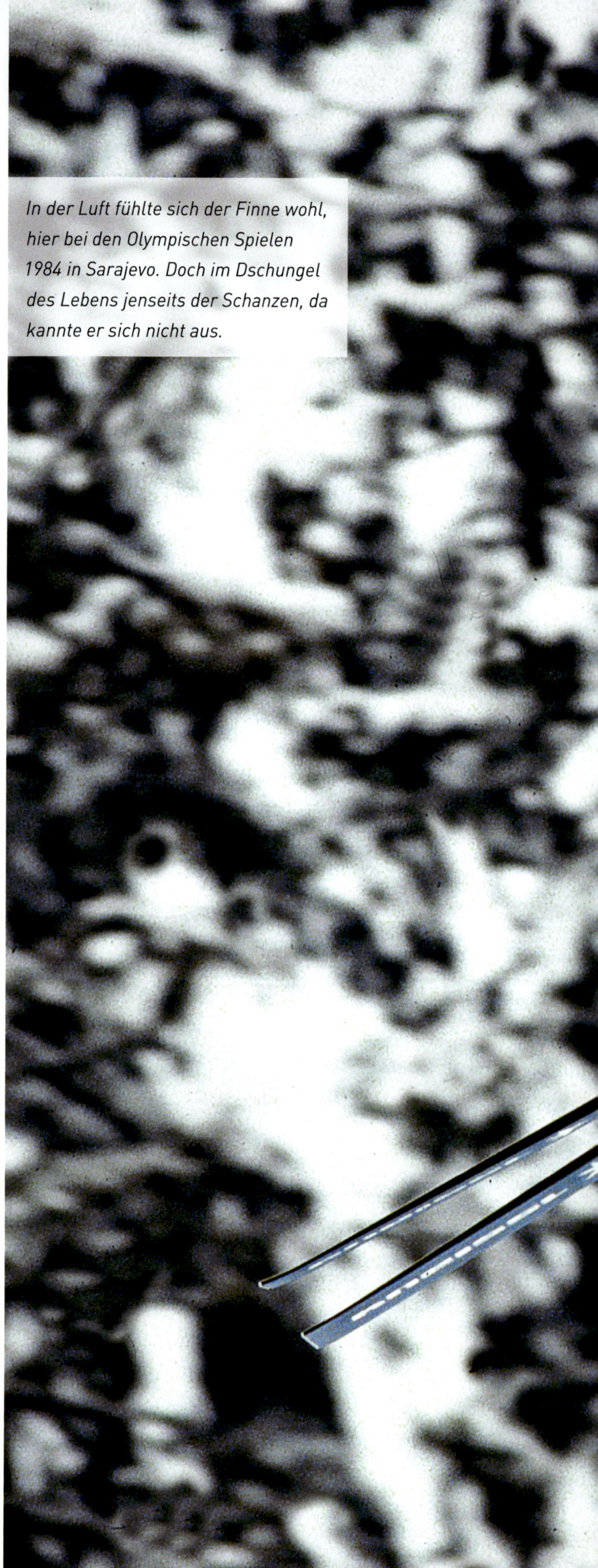

In der Luft fühlte sich der Finne wohl, hier bei den Olympischen Spielen 1984 in Sarajevo. Doch im Dschungel des Lebens jenseits der Schanzen, da kannte er sich nicht aus.

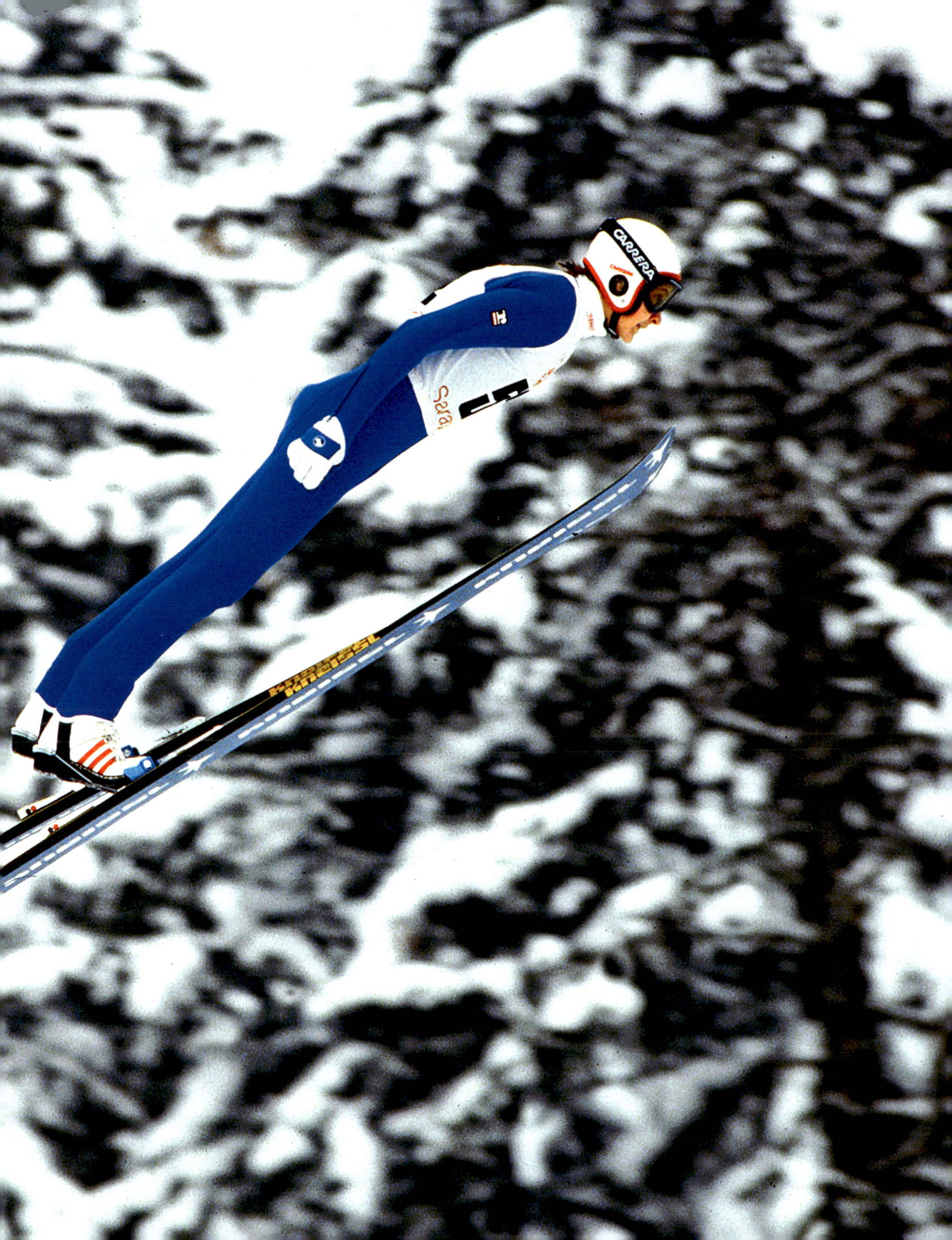
CARRERA
Kneissl

14 Adler fliegen weiter

Fernsehexperte, Kameraspringer, Skitechniker – das Leben nach der Karriere hält zahlreiche Betätigungen und Überraschungen bereit. Viele Skispringer kehren zurück, manche als Filmkomparse.

Das Leben ist ungerecht. Das Skispringerleben besonders. Michael Schmidt zum Beispiel war ein junger engagierter Athlet, der den Anschluss an die deutsche Spitzengruppe suchte, aber nicht immer fand. Oft landete er knapp hinter den Besten und verpasste das Finale. Andere hatten dieses Problem nicht. Vor allem jener Exot im Schnee, der ziemlich schwer war, mit grober Technik flog, dafür enormen Ehrgeiz zeigte. Denn er vertrat alleine seine an Regen reiche, aber an Pisten arme Nation, womit er von keinem Teamkollegen verdrängt wurde und stets weiterkam. Schmidt schied also mit einem 100-Meter-Sprung aus – und, so weiß er noch, „Eddie The Eagle war mit 60 Metern dabei".

Das Skispringen ist vielleicht gemein, aber es hat deshalb auch ein schlechtes Gewissen, sonst würde es nicht vieles zurückzahlen. In diesem Sport, sagt Michael Schmidt, kommen alle nach der aktiven Karriere irgendwann zurück und treffen sich oder finden sogar eine neue, fordernde Aufgabe. Ob als Präsident oder Vermarkter oder als Fernseherklärer, Mentalflüsterer, Wachstechniker, Entwickler im Windkanal für Strömungsmessung – oder in einem der unzähligen anderen Tätigkeiten am Rande der Schanze wie etwa Vorspringerchef. Das macht seit Jahren Michael Schmidt.

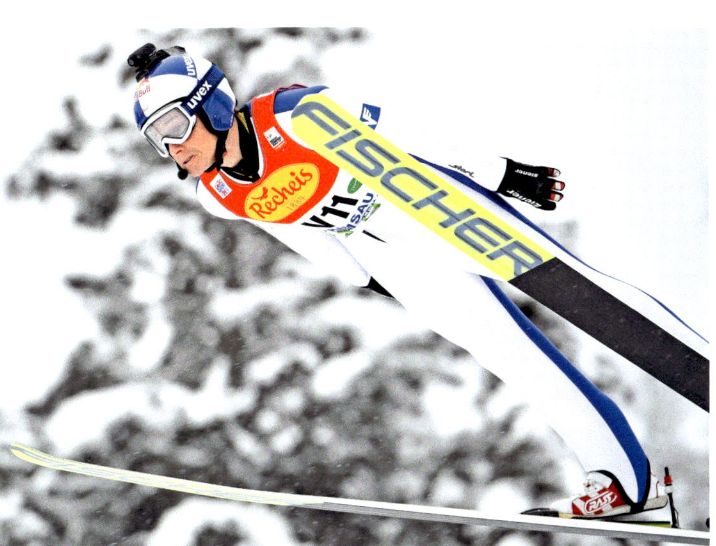

Früher Weltklasse, heute als Kameraspringer fürs ORF aktiv: Andreas Goldberger.

„Irgendwann", sagt er, „läuft man sich wieder über den Weg." Und weil er seit Jahrzehnten besonders nah dran ist, begegnete er tatsächlich den meisten wieder, somit auch dem britischen Phänomen Michael Edwards, das zur Legende wurde, genannt: Eddie The Eagle. Genauer gesagt hat ihn Schmidt am Filmset wiedergetroffen, er selber arbeitete mit, Eddies Leben wurde gerade verewigt, aber das war erst knapp 30 Jahre später.

Damals noch, als Schmidt gerade seine eigene Springerkarriere beendet hatte, musste er sich wie alle überlegen: Wie soll's weitergehen? Nicht wenige der eben noch besten Akteure haben mit dem letzten Sprung in der Karriere auch den letzten Skisprung ihres Lebens gemacht, so wie etwa Jens Weißflog. Ihn hatte keine Verletzung, kein Burnout aus der Laufbahn gerissen, wie etwa Thomas Morgenstern oder Sven Hannawald. Weißflog wusste schon zeitig, dass er noch im Weltcup seinen letzten Sprung machen würde. Er wollte dann aufhören, wenn es sich noch gut anfühlte, weil noch alle Bewegungen ineinandergriffen. Damit bewahrt sich der Sportler etwas von seinem Schwung, womöglich auch für die lange Zeit nach der Karriere. Andere Springer wiederum, gezeichnet von Narben am Knie und müde davon, der verlorenen Form hinterherzulaufen, müde vom immer gleichen Rhythmus des Weltcups mit Kurz-Weihnacht und Neujahrsspringen statt rauschender Silvesterfeier, diese Springer also hören auf, weil sie keine Lust mehr haben.

Nach der Karriere: Vorspringer

Das Urmotiv des Springens verblasst bei manchen allerdings nie. Das Gefühl, gewissermaßen Lieber Gott zu spielen und für ein paar Sekunden ein Vogel zu sein, trägt sie immer weiter. Masters heißen die Wettkämpfe der Älteren, bis zu hundert sind es pro Altersklasse, dabei sind auch ehemalige Weltklassespringer wie der Österreicher Martin Koch. Die Euphorie des Fliegens entsteht genauso wie früher, denn auch mit weniger Absprungkraft erreichen Seniorspringer 130 Meter, sie gehen eben vier Luken weiter oben in die Spur und nehmen mehr Anlauf.

Schmidt ging trotzdem einen anderen Weg. Zunächst erwog er den Trainerberuf, dann aber fiel seine Aufmerksamkeit auf eine Nische des Skispringens, ein eigenes Milieu mit speziellen Anforderungen, ein wichtiger Teil jedes Wettkampfs, aber vielen nur dadurch bekannt, dass der Fernsehkommentator, etwa nach einer Unterbrechung wegen Schneearbeiten in der Anlaufspur, bemerkt: „Aha, ich sehe, erst wird noch ein Vorspringer runtergeschickt."

Schmidt wurde Vorspringercoach. Zunächst baute er die Gruppe aus und führte halbprofessionelle Strukturen ein. 60 Springer, die auch einem regulären Beruf nachgehen, hat er nun, womit sichergestellt war, dass für die wichtigen deutschen und teils auch ausländischen Wettkämpfe genügend Vorspringer zur Verfügung stehen. Vor allem aber trägt er einen Teil der Verantwortung für die Sicherheit seiner Springer. Sehr selten kann es vorkommen, dass ein ganzes Springen nicht stattfindet, weil Schmidt gegen den Willen der Veranstalter keinen seiner Springer bei zu starkem Wind und zu viel Schnee in die Spur schickt. Und ohne Vorspringer kein Hauptspringer.

Im Grunde müsste also eine Beschreibung der Vorspringer am Anfang eines Buches stehen, denn sie sorgen erst für den entscheidenden Aspekt eines fairen Wettkampfs. In anderen Disziplinen mäht man Gras, wässert Kunstrasen oder wischt und trocknet den Hallenboden, und dann kann es sofort losgehen. Ein Skispringen aber braucht rund zehn Vorspringer, ehe der erste Wettkämpfer dran ist. Wenn es schneit, müssen vor allem dicke wässrige Flocken aus der Kunsteisspur gefahren werden, denn diese lassen sich auch nicht mit Motorgebläse wegpusten. Und auch wenn ein blauer Himmel über der Schanze strahlt, bildet sich trotzdem eine bremsende Reifschicht in der Spur, womit der erste Wettkampfspringer eigentlich gleich aufgeben müsste, gäbe es keine Vorspringer. Denn der Reif nimmt ihm grob anderthalb Meter an Sprungweite.

Auch das Landen braucht diese Probeflüge. Die Vorspringer überprüfen etwa, ob sich noch gefährliche Rillen oder Schwellen im Landebereich befinden. Insgesamt sind Vorspringer also sehr nützlich, sogar notwendig, und sie werden auch bezahlt, mit einem Honorar und mit dem Flugrausch, von dem sie nicht loskommen.

Dass die Vorspringer dran sind, wenn die Livekameras noch gar nicht laufen, heißt nicht, dass keine Prominenz dabei ist. Im Winter 2005 hatte sich der Norweger Anders Jacobsen Schmidts Gruppe angeschlossen, auch dadurch hielt er sich fit für die kommende Saison, in der er die Vierschanzentournee gewann. Davor schon hatte der Slowene Primož Roglič in Schmidts Vorspringercrew mitgemacht, er hatte eine achtjährige Springerlaufbahn mit schwerem Sturz hinter sich und hielt sich ein Jahr lang fit bis zum Beginn der nächsten Karriere. Als Radprofi wurde er unter anderem Zweiter bei der Tour de France und Olympiasieger im Einzelzeitfahren.

„Wir fliegn!“

Aber jeder kommt ja irgendwann zurück in den Skisprungkosmos, theoretisch also auch Roglič. Ein anderer höchst prominenter Vorspringer muss jedoch nicht zurückkommen, und zwar deshalb, weil er noch immer da ist: Andreas Goldberger aus Oberösterreich. Er hat eine bewegte Vergangenheit, und es ist ihm gelungen, 20 Jahre später noch mittendrin zu sein. Goldberger hatte einst zweimal Olympiabronze gewonnen, wurde Skiflug-Weltmeister, zweimal Tourneesieger und dreimal Gesamtweltcupsieger. Dann aber veränderte er sich zu einer Art Sorgenkind der Nation, weil er Kokain geschnupft hatte und etwas vom Skifahrerweg abkam.

Doch er fand zurück in Österreichs Sportmitte, und heute agiert er nicht nur als Vor-, sondern zugleich als Kameraspringer bei der Tournee in Innsbruck und Bischofshofen, wo er den Zuschauern binnen weniger Sekunden ein Gefühl für das Springen vermittelt. Dies gelingt gerade deshalb, weil hier nicht gefachsimpelt wird. Goldbergers Kamera wackelt, die Zugluft zischt um die Mikrofone, und seine Stimme klingt in der Euphorie des Fliegens verzerrt wie die eines Rockstars. Etwa bei seinem Kameraflug in Innsbruck 2012: Wenn er sich oben hinsetzt und raunt: „Da schau ma obi in den Hexenkessel“, dann fühlt sich der Fernsehzuschauer eher als Springer denn als einer von denen da unten im Hexenkessel. Wenn es dann tatsächlich „obi geht“ und Goldberger auf die Kante zurasend beschwichtigt: „Derweil geht's ganz gut“, um dann seine letzten Worte („Oh mei“) fast zu verschlucken, in der Luft doch wieder ein „Wir fliegn!“ durchzugeben und schließlich am Boden seine Anspannung und Euphorie derart entlädt, dass man Sorge um das Mikrofon bekommt, dann wird auch der Zuschauer zum Flieger.

Gefilmte Unterhaltung: Skispringer auf der Leinwand

Goldberger gelingt dabei ein Stück Unterhaltung, ja, eine Theateraufführung mit einem Spannungsbogen. Dieser Ultra-Kurzfilm, zumal eines einst gefallenen und zurückgekommenen Helden ist ein Extrakt dessen, was der gesamte Sport darstellt, insbesondere das Skispringen: Realität zwar, aber doch auch Inszenierung, mit Haupt- und Nebendarstellern und dem Zufall als Star. Nicht umsonst eignet sich der Sport immer mehr als übertragene oder gefilmte Unterhaltung, weshalb im Skispringen nicht nur Goldbergers Live-Action Erfolg hat, sondern auch Eddie The Eagle irgendwann verfilmt werden musste. Also die Lebensgeschichte des Briten Michael Edwards, dem 1987 im Weltcup erschienenen diametralen Gegenentwurf zum routinierten Dauersieger.

Jeder kommt irgendwann zurück, Goldberger als Kameraflieger, Eddie The Eagle erstens als Filmfigur und zweitens als Heimsuchung von Vorspringerchef Michael Schmidt. Dieser einst bessere und doch teils geschlagene Rivale bekam im Jahr 2014 einen Anruf, den er zunächst als Scherz verstand. Die Filmstudios Babelsberg waren dran. Man wolle einen Spielfilm drehen, man brauche Skispringer.

Ja, ja, dachte Schmidt, Schnapsideen gibt es. Dennoch ließ er sich, man kann ja nie wissen, auf ein Treffen ein. Vereinbart wurde ein Café in Oberstdorf an einem der folgenden Tage um 16 Uhr. Schmidt war pünktlich, seine Tochter auch, denn er brauchte eine Begleitung. Die beiden tranken Kaffee, der Kaffee wurde allmählich kalt, nach zehn Minuten dachte Schmidt, war ja klar, dass die nicht kommen, dann öffnete sich die

Tür und „fünf Mann kamen rein, setzten sich und begannen zu erzählen“. Danach ging es schnell.

Einige Details mussten zwar geklärt werden, etwa, dass es nicht möglich ist, mit den alten Originalskiern zu springen. Und nein, man könne nicht einfach wieder Parallelspringen wie damals Edwards, dazu brauche es längeres Extratraining, was aber sofort organisiert wurde. Die Schanze in Klingenthal war flugs gebucht, auch ein ganzes Hotel nebenan. Schließlich, bei den ersten Trainingsversuchen im sächsischen Vogtland, erschien auf dem Schanzenturm ein Unbekannter, offenbar Amerikaner und „sehr freundlich“, fand Schmidt. Er stellte sich als „Hugh Jackman“ vor und fragte: „Die fahren doch nicht da runter?“ „Doch“, sagte Schmidt, „die fahren da runter.“

Einen Schauspieler Jackman kannte Schmidt nicht, auch nicht Taron Egerton, den Briten, der Edwards spielte. Dafür war ihm Iris Berben ein Begriff, die die Oberstdorfer Filmwirtin Petra spielte, in deren Abstellkammer Eddie – zumindest der im Film – zwischendurch unterkam. Der echte Eddie lobte den Film als „wundervoll“, an anderer Stelle sagte er aber auch, das meiste entspreche nicht den Tatsachen.

Wie diese historischen Tatsachen, so spielte auch der Etat bei den Filmmenschen scheinbar eine untergeordnete Rolle. Gewundert hat sich der Skisprungmensch Schmidt jedenfalls weiterhin. Nachdem er einmal den Dreh wegen eines dringenden eigenen Termins in Norddeutschland verlassen musste, wurde seine Rückreise kurzerhand beschleunigt. Ein Kollege holte ihn ab, chauffierte ihn zum nächsten Flughafen, erinnerte sich Schmidt, „da stand ein Flugzeug, da wurde ich wieder zurückgeflogen“.

Schmidt war wichtig, wenn man schon historische Wahrheit und die Kosten nicht ganz so ernst nahm, dann umso mehr ein anderes wichtiges Gut: die Sicherheit der springenden Komparsen. Und für die war hauptsächlich Schmidt zuständig, das hieß: Ohne ihn oben an der Fahne wurde nicht gesprungen. Er war hier schließlich Chef von lauter Spontan-Stuntmen, die in diesem Filmprojekt hin und wieder auch an ihre Grenzen gingen. Für Nahaufnahmen in der Luft sprangen zum Beispiel zwei Akteure wenige Meter hintereinander. „Der vordere hatte eine Kamera an der Hacke“, berichtet Schmidt. So wurde Eddie von vorne fliegend gefilmt, umgekehrt funktionierte dies von hinten mit Helmkamera. Problematischer war der Parallelstil. Denn so schwierig wie einst Anfang der 1990er-Jahre die Umgewöhnung auf den V-Stil war, so verhielt es sich nun umgekehrt für Schmidts Vorspringer. Einigen gelang der eine oder andere Parallelsprung, aber letztlich blieb es zu gefährlich. Trotzdem mussten ja im Film irgendwie Springer durch die Luft fliegen. Notgedrungen wurde der moderne Stil also in die Vergangenheit versetzt, weshalb 1988 in Calgary bei seinem Olympia-Triumph als heil angekommener Letzter der echte Eddie parallel zu Tale trudelte, der Film-Eddie jedoch in Calgary – das für die Fiktion nach Oberstdorf versetzt wurde – beim selben Triumph im blitzsauberen V-Stil hinabgesegelt war.

Wie stark dieser Eindruck von der unerschütterlichen Jagd eines Traumes blieb, wurde deutlich, als Olympia-Organisationschef Frank King in seiner Abschlussrede ganz kurz auch auf Edwards anspielte, worauf das Publikum in Jubel ausbrach. Im Jahr darauf verletzte er sich nach einem Sturz, kurz danach endete Edwards‘ Karriere, von der er allerdings durch Werbeeinnahmen noch lange profitierte. Irgendwann kehrte er in seinen Beruf als Maurer zurück und, klar, hin und wieder auch als Besucher zu den echten Skispringern.

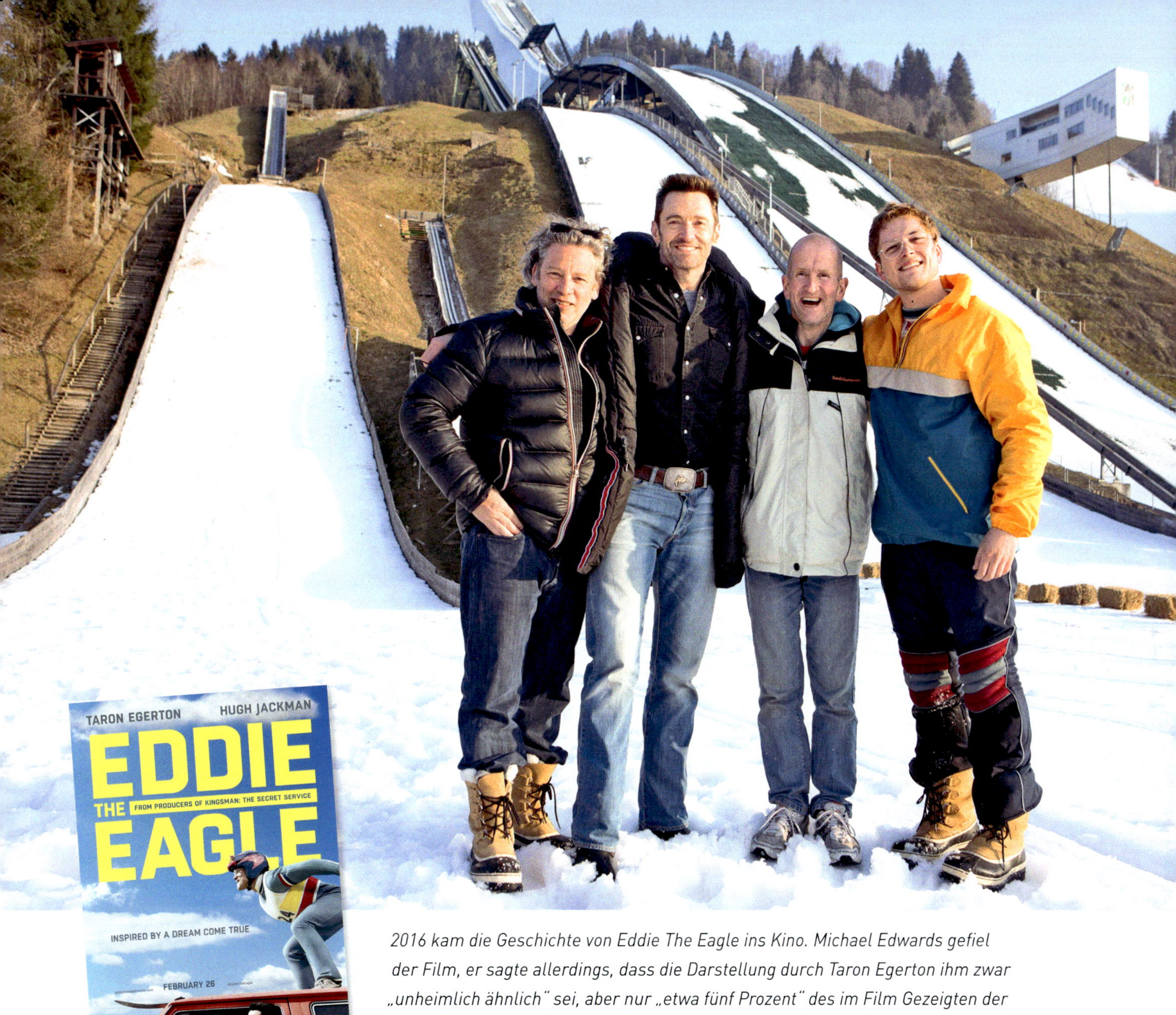

2016 kam die Geschichte von Eddie The Eagle ins Kino. Michael Edwards gefiel der Film, er sagte allerdings, dass die Darstellung durch Taron Egerton ihm zwar „unheimlich ähnlich" sei, aber nur „etwa fünf Prozent" des im Film Gezeigten der historischen Wirklichkeit entspreche. Auf dem Foto vor der Schanze in Obsterstdorf von links nach rechts: Regisseur Dexter Fletcher, Hugh Jackman (spielt im Film den Pistenpfleger Bronson Peary), Michael Edwards und Taron Egerton.

Aber, was heißt das: echt? Diese sind zwar keine Schauspieler, sie springen, um wirklich zu gewinnen oder sich zu verbessern, um einen Platz in der Skisprunggeschichte zu ergattern oder auch, um ihren Lebensunterhalt durch Prämien oder Werbeeinnahmen zu sichern. Und doch bleibt der Sport eine Aufführung, mal absehbar, mal spannend, oft großartig. Das Skispringen mit seinen Nebendarstellern wie Wind, Kälte und Schanze, mit stummen Komparsen wie Bindungsstab, Wachs und Schuhkeilen und natürlich mit den Hauptakteuren von Ahonen bis Wellinger beweist dies immer wieder.

Einmalig schön und schwierig: die Bergisel-Schanze in Innsbruck

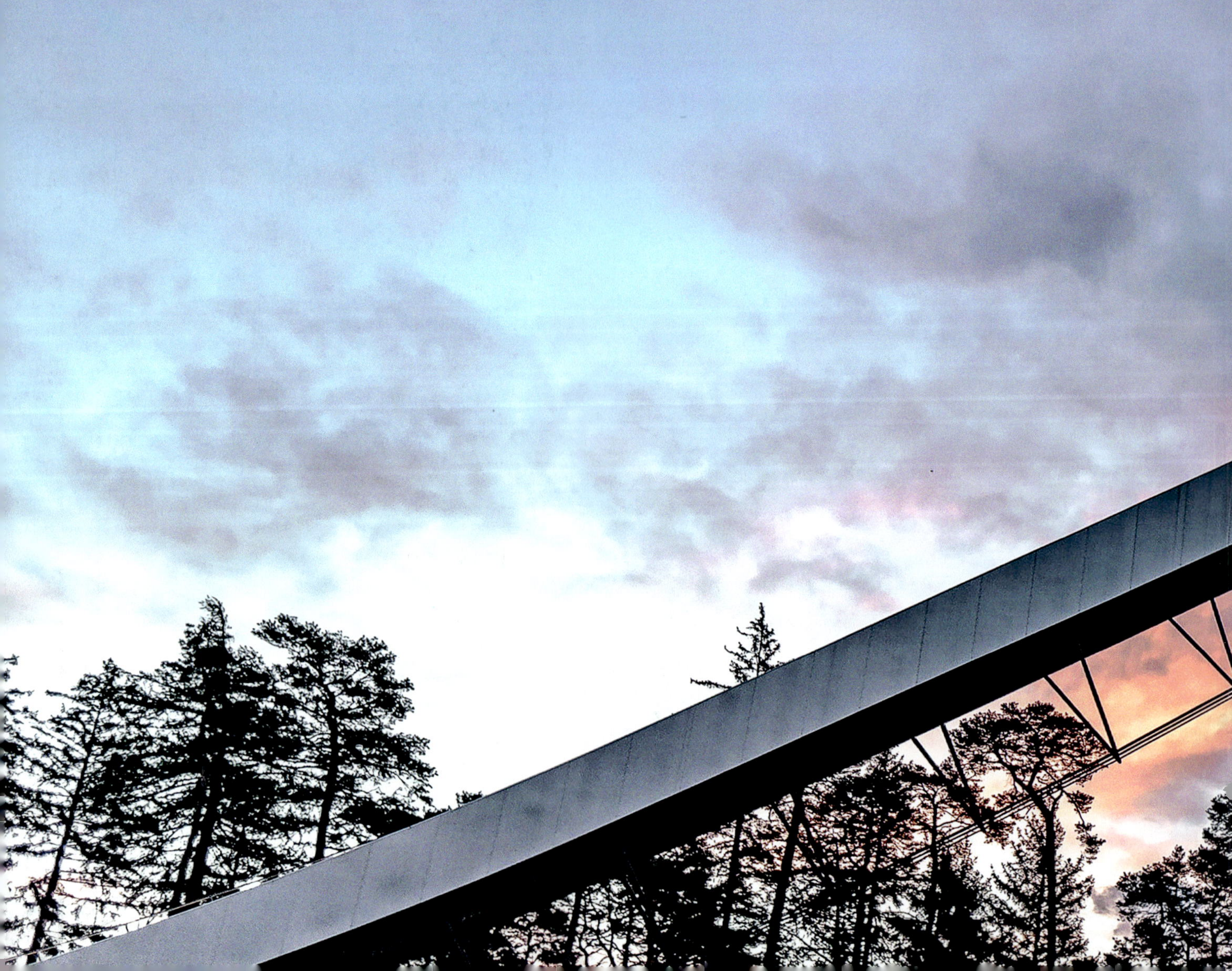